民国就是这么当官

杨英健 著

中共党史出版社

图书在版编目(CIP)数据

民国就是这么当官 / 杨英健著. — 北京:中共党史出版社,2013.10

ISBN 978-7-5098-2066-7

Ⅰ.①民… Ⅱ.①杨… Ⅲ.①总统—生平事迹—中国—民国 Ⅳ.①K827=6

中国版本图书馆 CIP 数据核字(2013)第 056331 号

责任编辑:王　兵
出版发行:中共党史出版社
社　　址:北京市海淀区芙蓉里南街 6 号院 1 号楼
邮　　编:100080
网　　址:www.dscbs.com
经　　销:新华书店
印　　刷:北京市通州运河印刷厂
开　　本:170mm×240mm　1/16
字　　数:450 千字
印　　张:28
印　　数:1-3000 册
版　　次:2013 年 10 月第 1 版
印　　次:2013 年 10 月第 1 次印刷
ISBN 978-7-5098-2066-7
定　　价:49.80 元

此书如有印制质量问题,请与中共党史出版社营销部联系
电话:010-83072554

内容简介

民国政治混乱，官海浮沉，使得整个官场政治十分混乱。靠实力博弈、互相倾轧成为民国初年政治的最大特色。

本书选取了民国初年粉墨登上民国最高权力宝座的五个完全不同类型的人物，记述了他们在官海纵横捭阖的历程，展现了他们各自的为政特点。

袁世凯是厚黑型官员：无道德，无正义，出尔反尔，卖师求荣，为权位不惜手段。

段祺瑞是铁腕型官员：当官打仗都是鹰派强人，唱黑脸，凡事不屈服、不让步，行政强硬。

黎元洪是运气型官员：貌似平庸、无能，实则精明、绵里藏针，好运气中暗藏大智慧。

冯国璋是知识型官员：有些“酸”，但有文化，有智慧，善于用心机。

曹锟是大老粗型官员：貌似粗人、稀里糊涂，但粗中有精，实干派，傻人有傻福，实则钻营有术。

这些人在民国政治舞台上纵横捭阖，使得民国政治更加黑暗、无序。本书通过对五种类型大佬的官海人生的描述和剖析，深刻揭示了民国初年政治混乱的根源。

目录

第一章 我厚黑，玩你咋的

第二章 我硬悍，当鹰派强人

第三章　我就傻，傻人有傻福

第四章 要多酸,就有多酸

第五章　我老粗，我行贿

第一章　我厚黑，玩你咋的

一个落魄子弟去进行个人奋斗，

步步钻营，层层高升，靠的是智谋，用的是绝伦的厚黑手段。

01.

风光和落魄：从豪门堕落到平地

曾爷爷死前留下一句话

袁世凯自小就生活在一个险恶的环境中。

动乱的岁月，喧嚣的叫喊和无情的杀戮，是清末最后几十年的时代大特征，也是把“人变成鬼”的“娘胎”和土壤。

如果说袁世凯后来成为官场厚黑的最大高手，人之初性本善，那这也不是他一个人的错儿。他不过是这个恶社会“精心培养”和这个恶时代“优胜劣汰”出来的一名“时代精英”而已。

察觉人性的善或恶，或许可以从他生活的家庭、周围、社会环境找寻到一些可能把“鬼变成人”和“人变成鬼”的因子。

且去看看他的家庭背景吧。

袁世凯，字慰亭，河南中州项城人，1859 年 9 月 16 日出生于离项城县城不远一个叫袁家寨的山沟里。

这山沟却不是穷人待的地方。好在袁家不是项城一般人家，是个大家族，在中州堪称称霸一方的豪门大户。袁家寨是袁家的一群山间别墅。

袁家在项城兴起，是区区几十年的事，可以说属于一夜暴发型的。袁家没有显赫的祖先，家谱都只到袁世凯曾祖父那一辈才有。袁家的“根”在哪里，祖先是谁，一概不知。这“一夜暴发”，离不开他那早死的曾祖父。袁家的历史正是从他才开始有。而这开始多少又带着扭曲后人心灵的“杀气”和让后人心寒的悲戚。

袁世凯的曾祖父叫袁耀东。事实上，他对袁家的实际贡献并不大。

这袁耀东一不会种田，二不会做买卖，三不会也没当过官。在有好爸爸才有好儿子的世袭社会里，这样的人对于家族振兴自然不管用。袁耀东对于家族的贡献就是他临死前的那一句遗世之话。

袁耀东啥也不会，一生只是读书。读书干什么？参加科举，“学而优则仕”，然后去当大官。但大清王朝的官哪是随便给人的？求官之途人满为患，读书求仕的人也如过江之鲫。袁耀东拼命寒窗苦读，不知是天资不足还是运气不好，屡考屡败。越是考不上，他就越下苦功夫，头悬梁，锥刺股。可太用功，就伤身伤心，结果不到40岁抱着一个庠生(即秀才)学位，一命呜呼。

据说他完全是读书累死的。

袁耀东没为妻儿子女们留下房子，也无田地，更别说金银，家产几乎是零。临死前，他只留下一句传世遗言：“养子不读书，不如养圈猪。”

读书没什么不好，更是向善，无缘于厚黑。但读书之后，人要在社会上生存，要去官场上厮混、竞争，“黑”就不能说可以能够避免了。

近墨者黑，袁氏家族的这个“黑”是从“近墨”开始的。

“墨”，就是大清官场。

袁耀东英年早逝后，其妻郭氏守寡，坚持不嫁人，按照丈夫的遗愿带着四个儿子去挑灯夜读，追求“读书求仕”的梦想，决不去当“猪”。郭氏懂得一些诗文，像古时孟母一样教子。在她的严督和教育下，四个儿子日夜苦读，全部“扫盲”，无一白丁，而且都完成父志，没有“猪仔”。长子袁树三考上廪贡生，三子袁凤三考上庠生，四子袁重三考上生员。三人“学”是成了，但都是秀才级别，因此“仕”很不如意，当不了啥大官，只在县衙里当当文书、师爷，抄抄写写，跑跑腿什么的，说不得好听，是跑腿的。但是，官场的贪婪、官员的凶狠却不是分职务大小的，“这个都可以有”。几位兄弟一进入衙门，有样学样儿，很快就开了窍，启动了刮地皮富家的新的发展里程。

县衙终究巴掌大，就是拼了老命去敛财、富家，摒弃一切道德良心去厚黑、升官，也折腾不出多大的气候，成就不了大人物，弄不好还自己把自己在乡邻中弄臭、弄得恶名远扬。

墙外开花，墙内才香。

高人要发家，大多会走出老家。

读书人操起了大刀

真正撑起袁家家业，为祖先争气的，是袁耀东的次子袁甲三。

他才是实现乃父读书梦的第一人。

“老二”袁甲三自小就出类拔群，读书比其他几兄弟强，且深得考试秘笈，越考越好。道光十五年，他一举中进士，成功进入官场。随后，他当官也是大走鸿运，历任礼部主事、军机处章京、江南道监察御史、兵科给事中。道光末年，他和礼部右侍郎曾国藩一起跟随“理学大师”倭仁一起开培训班，讲习程朱理学。这程朱之说，盛行几百年，谁有地位谁就对它有话语权，就可以解释、解说，是“大家”。袁甲三的水平不过尔尔，但有地位就有名气。他和曾国藩两人都是瘦骨伶仃、一副瘦不经风的穷书生样儿，但一旦讲起课来就声音洪亮，是礼部有名的“两大讲”。

“两大讲”上课、讲学，大耍嘴皮子，但似乎常常还过不足嘴巴瘾，上课之余又坐在一起喝酒、聊天。这小酒一喝上，两人就有聊不尽的话，聊着聊着，大醉而归。

因为爱酒，爱聊，两人关系非常好，比知己还知心。

清闲的日子不长。一日，道光皇帝突然崩了，咸丰帝接位。新皇帝掌管朝廷，晚上昏昏庸庸，白日也不太清醒，于是“太平盛世”不太平了。洪秀全在广西起事，闹起了太平天国。接着，各地群雄四起，土匪、造反的事情蜂拥而起。袁家所在的河南也闹起了捻党。如此乱军四起，朝廷大小君臣忙于享受，居然无人理睬。

小乱不在乎，没过几年，就演变成泱泱大祸。本来不起眼的捻党在安徽雉河集聚众，公推张乐行为首领，号称大汉盟主，然后操起家伙在河南、安徽一带和官家打起了游击战，且和声势浩大的太平天国南北呼应，搅得天朝一派惊恐，中原不得安宁。地主豪绅的好日子越过越差，幸福指数噌噌下跌。曾袁“两大讲”教授过的那些理学弟子都没法儿维生，纷纷拉下臭架子，扔下程朱课本，当起了夜黑即起的小偷，举国上下斯文扫地。

王朝上下乱了套儿，大清国天下难保，陶醉在笙歌艳舞中的朝廷大员终于着了慌，不得不操起家伙起身去灭火。

1853年，朝廷委派“书生”袁甲三为帮办团练大臣，带兵进驻安徽临淮关，参加围剿捻军的军事行动。朝廷派书生带兵，因为军官多是皇亲国戚，不愿去出战。袁甲三上了前线，第二年皇上又下令他接统宿州驻军，兼督安徽团练大臣。袁甲三读书讲课呱呱叫，打仗却很孬，一出师就大败，且败得一塌糊涂。结果，大半年部队也没恢复元气，军心怎么也聚集不起来。

朝廷可不管这些。第三年一开春，在朝廷的逼迫下，袁甲三勉强拉着队伍去迎战，因为“无能”，手下非死即逃，本人靠着一匹战马“千里走单骑”，才逃得一命。朝廷一怒之下将他调回京师，进行冷处理问责。

袁甲三一个读书人，却不得不带兵去战场厮杀，本来就是一种折磨，可上了战场，除了杀戮、人头落地，就是落败、受责、挨骂，现在还被朝廷问责，尝尽官场冷暖。

可他走后，前线换了将，还是一蹶不振。第四年，朝廷又起用他，令袁甲三率领3000名团练随河南巡抚英桂去围攻捻军。这次他在山穷水尽之时受命再次出山，项城袁家大受鼓舞，举家决定就此一搏。他的长子袁保恒，次子袁保龄和侄子袁保庆等子侄全部投笔从戎，随他出征皖北，讨伐捻党。

全家人豁出去了，毕其功于一役。袁家军一举攻克捻军老巢——雉河集，把捻军赶往淮南。这次胜利“意义非常重大”。袁家军不仅夺取了皖北，还切断了捻军与太平天国那些“反贼毛子”的联络，使得湘军首领曾国藩可以毫无后顾之忧地在长江一带全力与太平军作战。袁甲三立下如此惊天大功，书生终于熬成了战将，喜滋滋地等着朝廷封官得侯。

谁知大清官场的恶习是大功必遭大嫉。他也没逃出这个潜规则，随后就被满族大将胜保忌妒，一次被他抓住贪腐把柄，“铁面无私”的朝廷连下五道金牌，第二次把袁甲三召回京师，晾在一旁，任他坐坏冷板凳。

袁甲三再次被潜规则“潜”了，失了势。

但是，天无绝人之路。前方捻军未灭，朝廷重用吹牛拍马的“能人”到了战场，嘴皮子却不能杀敌，前线没了会打仗的能将，“剿捻”形势马上又变得险象环生，局势逆转。朝廷又不得不再次启用"污点官员"袁甲三,令他率部南下。

袁甲三"戴罪立功"出征,一发狠,骑着大黑马,舞着大刀,率众猛打猛冲,又一次把捻军巢穴——临淮关和凤阳府二城拿下,捉了不少的俘虏。

仗赢了,袁甲三拿出武将的杀气,将捻军男俘虏立斩不赦,女俘虏全部分给手下官兵当老婆、丫鬟。因为这次对捻军俘虏"敢杀敢斩",终于改变朝廷对他贪腐的坏印象,升任他为钦差大臣漕运总督,并督办安徽、河南、江苏三省军务。

在职场上,给人的第一印象往往是决定下一环节成败的关键。在官场上,印象一改变,就一好百好。以后,皇帝多次对袁甲三传旨嘉赏,赏戴花翎、穿黄马褂,他居然成为官居一品的朝廷大员。袁家也由此一跃为豪门,靠着一个"杀"字步入了兴旺佳境。

美好的东西总是那么飘忽、短暂。1863 年,袁甲三突然在河南陈州病死,享年 58 岁。朝廷赐"端敏"谥号。

袁甲三走了,袁氏下一代子孙的飞黄腾达,虽没了好爸爸、好爷爷、好公公,但有他那些官场故旧——好叔叔们。袁甲三的"崛起",为日后袁氏家族的大兴盛奠了基。袁甲三在世时,他的长子袁保恒 25 岁就中了进士,随后因随父对捻作战有功,以翰林院编修、侍读学士身份提拔为内阁学士。次子袁保龄,在父亲去世前一年,天分大增,区区 21 岁就中上了举人。

祖父读书读死,都考不上一个举人,孙子区区一读就中了。这不能说是大清国的奇迹。

在"将门出虎子"的世袭时代,好爸爸是儿子有出息的前提。

长在厮杀的"铁桶"中

在袁耀东几个儿子中,还值得一提的,是袁甲三的长兄袁树三。袁树三是老大,他这一家远没老二这么荣耀。他有两个儿子:袁保中和袁保庆。两个下一辈比起老哥的两个儿子差之甚远,堪比如老鼠与大象。袁保中读书不咋的,出钱买了个同知,买来的东西不好使,一直没正式出仕去做官的机会,只好在家经营田产,当土财主。袁保庆跟着叔叔去讨捻,多年也没功名。

袁保中因是袁树三的长子，也是袁耀东的嫡长孙，于是便在项城老家主持家政。好在叔家有权有势、豪门显宦，他在项城县尚能独持一方，官府也让他三分，宛如一个“土皇帝”。

天下不太平。项城和周围的新蔡、沈丘、阜阳四县也不例外，闹捻太厉害。捻军攻打官府，抢夺富家，项城东北张营的袁家不仅财大招风，而且还因为袁甲三“剿捻”，更是捻军攻打的头号对象。

这些年袁家靠着巧取豪夺，已是财力不菲，早成了远近闻名的暴发大户，在北京开钱庄，在陈州开当铺，四处放贷，一家30余口，三世同堂，衣食富足，全然没了老祖宗那副穷酸。袁甲三怕自己剿捻而连累家人，把老少接到陈州府。但袁家嫡长孙袁保中和四叔袁重三却不走。为啥？丢不下故土？否也，而是看准了时机，想在家乡干出一番作为，在项城办起了与捻军相对抗的地方武装——团练。

叔侄办团练，不是为了给朝廷效力，而是为振兴袁家去占地盘。趁此良机，他们在城东北40里的石腰庄找了个易守难攻的山坡，围山筑墙，修筑“袁家山寨”。经过一番建设，山寨筑成了，形成偌大的别墅群，十分宏大，方圆占地数十亩，东、中、西部并列三座三重四合院，寨门前架设高高的吊桥，寨门及四角修筑耸入云霄的炮楼，乡勇日夜防守，人称“袁寨”——实际上是袁家的私家别墅兼大本营。

有了铁桶般的袁寨后，袁家人全部迁入“铁桶”之中，自给自足，宛如乱世中的世外桃源。两年后，袁保中的儿子袁世凯就出生在这个封闭坚厚、易守难攻的堡垒之中。

此时袁保中之弟袁保庆跟随叔父袁甲三转战豫皖进行剿捻，几年折腾下来，也炼成了一个杀人如麻的悍将，且用兵很有谋略。河南团练大臣毛昶熙为了讨好袁家，把他调到河南，襄助各州府县筹划团练，统兵在项城一带驻扎，收取军费。袁世凯出生不久，袁保庆之妻牛氏也生下一儿，谁知小儿夭折。袁世凯生母刘氏产后缺奶水，而无儿的牛氏奶水极充足，两妯娌决定袁世凯由牛氏哺乳。牛氏死了儿子，把袁世凯当替身，非常疼爱这个“山寨版儿子”，越哺乳越喜爱，渐渐视如己出，惹得刘氏暗暗大吃酸醋，很快就将儿子“收回”。

这是袁世凯“铁桶”中成长的一个插曲。

因为袁家叔侄领军与捻军作对，袁寨虽然坚固，捻军还是不断前来攻打。捻军一来，袁家寨15岁以上男丁统统登上炮楼，鸣枪放炮，负隅抵抗。捻军打过来时，往往是人海战术，万马狂奔，尘土四起，遮天蔽日。蛰居别墅的袁家人见状，万分紧张，直到家丁把捻军打跑，才松一口气。小小年纪的袁世凯常常也在炮楼上被家人抱着观看双方喊杀震天的“攻守大战”，久而久之，对城池攻略司空见惯，也不害怕。

五岁时，捻军一哨人马前来攻寨。他被家人抱到城垣上，眼见捻军征尘飞起、呼啸而至，喊杀声震天，他却毫无惧色，还拍手说：“杀吧，杀吧。”

小小孩子对血的不畏惧，令人惊讶。

袁世凯跟着这样的“土包子爹爹”，日日看着血腥打杀，将来“成才”还是“成柴”呢？后者的可能性大得多。

小公子不爱读书

袁家在屠杀捻军中崛起，袁甲三早逝后，子侄没有走下坡路，继续前进。1866年，捻军势力北移，河南、安徽一带的仗少了。杀捻的袁保庆终于熬到了出头之日，奉旨以知府赴任山东济南补用。

这时他年过四十，大概是杀戮太多，除了光秃秃的头顶外，老天爷还让他没有子嗣。老兄袁保中眼看他财富偌大，却下一代没着落，便将袁世凯过继给他，一则接后，二则不让“肥水”流出袁家。

袁世凯时年七岁，便跟着袁保庆和牛氏东去山东济南。

袁家虽在征讨中暴发，但老祖宗“学而优则仕”的家传思想一直没丢下。在济南等着当官的赋闲日子里，他给袁世凯请了举人王志清做开蒙老师。但袁世凯似乎对读书并不感兴趣。王先生无论如何开蒙，袁世凯都没开窍。等到袁保庆知府上任时，袁世凯已读了一年多的《三字经》，但还识不得几个字，拿起书本就打瞌睡，一上课就蔫了人。

袁保庆着急，牛氏却不着急。两人正为孩子教育争执时，朝廷来了新命令，袁保庆由济南府知府调任南京城，先是管理淮军，接着又当江南盐运道。这盐运道专门负责监督官盐营销，掌管一省食盐的生产、运销，衙门设在南京。盐是官府垄断物资，完全是暴利。盐运道历来是大清官位中最炙手可热的肥缺，当一年盐运道，进账的雪花银子几辈子都花不完。袁保庆成了官家培植的财神爷，财源滚滚。袁世凯衣食玉锦，完全是个小阔公子。

袁保庆又给袁世凯请来了塾师。

这位塾师是位举人出身的通才，写得一手漂亮文章，拳也打得很好。他见袁世凯无意读书，干脆扔下书本，进行因材施教，每天教他习武练艺。师徒俩把教室当成练武场，大要拳脚，撒泼斗狠。

袁世凯不读书，打完拳，就是游玩。嗣母牛氏和袁保庆宠爱的姨太太金氏都很喜爱他，见他不读书，不务正业，并不管教。袁保庆却不是那种"头发长见识短"之流，并不糊涂，见袁世凯不求上进，不得不亲自对他进行调教。可教习一段时间，他发现袁世凯读书完全不入门，也不着调，也就是说，他以后靠考试由科举进入官场这条路完全不通。

大清王朝为学子们开辟了多条"通往罗马"的官场大道，不参加科举想当官，花钱可以去买，只要有钱也可以当大官。袁保庆敛有万贯家财，于是干脆换了思维，不准备嗣子将来去走科举独木桥。于是，不再教他如何去读书、考科举，而是一门心思授小儿那些官场纵横之术，把袁世凯的"起跑线"定得比任何孩子都高。

这种新式的育儿方法，袁保庆居然还有自编的教材。

当官之余，袁保庆很注意写作，当然不是写小说搞浪漫，或者写杂文去讥讽世道，而是将自己积累和当年从大叔那学来的官场心得、感悟，进行整理、记录，最后编成一本题为《自义琐言》的册子。每每有空，他一手拿着民间流行的厚黑学抄本，一手拿着自己编写的官场秘笈《自义琐言》，念给袁世凯听，进行提前灌输。遇到诸如什么"官场如戏场，然善于做戏者，于忠孝节义之事能做得情景毕见，使闻者动心，睹者流涕。官场如无此好角色，无此好做工，岂不为伶人所窃笑乎？"、"古今将兵，必先以恩结之，而后加之以威，乃无怨也。不然则叛寓随之"等等晦涩难懂的语言，或袁世凯此年龄还不能接受的东西，就细细讲解，除了语言通俗之外，还举出不少的生动实例。

这些官场经验、带兵心得，袁保庆念多了，说多了，小小年纪的袁世凯居然也听进不少，比一般孩子还真开窍。日后他宦海沉浮，将兵帅勇，很有一般人难及的韬晦，与这个时期嗣父关起门的"启蒙教育"大有关系。

袁保庆仗着自己钱多，将来可以为继子去买官，因此对袁世凯不读书完全抱着一副“有苗不愁长”的心态,听之任之。袁世凯逐渐长大,渐渐现出一副官堆子样儿。虽然只有十二三岁,很爱骑马,且骑术很好,日日骑着高头大马,在南京城走马观景,四处游玩。金陵是有钱人纸醉金迷的繁华之地,很快他不教自通,去歌楼看舞,去茶肆下棋、喝茶,去赌场博钱,啥好玩,啥着迷。

谁知好景只有区区六年光阴。1873 年 7 月,袁世凯才 14 岁,袁保庆居然意外染上霍乱,短短几日便命丧黄泉,撇下了袁世凯和牛氏、金氏孤儿寡母,急匆匆地去了另一个世界,终年才 48 岁。

这年冬天大雪纷飞,袁世凯心情黯淡地随嗣母牛氏,带着那本《自义琐言》,扶柩还乡。

还是不得不走“独木桥”

袁世凯回到项城老家,农村的生活哪有南京城里好玩?日子越过越烦,闷闷不乐。

所谓不如意事常八九。第二年 11 月,他的亲爹袁保中主持编修完成袁氏家族搬迁项城后的第一部《袁氏家谱》后,也突然患病而亡,追寻着寿命不长的老弟而去,终年 51 岁。

区区一年多一点时间,袁家连遭两次打击,顿失两大梁柱。这是咋的啦?全家不敢想象,老少惶惶不可终日。几个月后,袁家另一顶梁柱、在西北帮左宗棠办理军务的袁甲三之子、当朝一品顶戴袁保恒闻讯,匆匆地赶回了项城老家。

他回到项城,不是为追悼几位叔伯,而是考虑如何支撑、延续袁家大业。他先是协助修缮袁氏家谱,接着,急切地思谋着家族头等大事——挑选袁家下一代接班人。

这时候,当年穷秀才袁耀东四个儿子经过几十年繁衍,已扩展为一个庞大的家族。袁保恒众子侄不少,但由于家境优越,个个长期养尊处优,又久居乡野,脾气乖扈,还不听话,你说东他说西,只知吃喝嫖赌,全是不中用的孬样儿,只有袁世凯才好一些。他虽然也是身体肥胖,还算相貌堂堂,拿得出台面;另外,他在金陵长大,口齿伶俐,还可以说一口地道的南京官话。袁保恒便认为他可以培养,是袁家接班的最佳人选。

可是，他细细一观察，又发现袁世凯适应能力很不强，在这项城小镇住了一年，除了一口南京话没变外，其他一切都变了，不仅孤陋寡闻，诗文书画知之甚少，而且说什么都反应迟缓，有些木讷。这样在农村“窝”下去，自然难成大器，难堪支撑袁家的重任。于是，他决定带走袁世凯，让他跟随自己走南闯北去历练，去见世面、经风雨。

离开项城时，他把袁世凯带去了西北大漠，大有学“天山七剑”或“东邪西毒”磨练之势。

袁世凯一日日长大，在西北大漠闯荡，其实不过是日日窝在军营的家中，最多歇无聊了来一套拳脚，与“天山七剑”、“东邪西毒”完全挨不着边。袁保恒思之再三，还是决定让他去读书，免得嘴尖皮厚腹中空。因此虽然在西北征战，他对袁世凯读书督促得紧得不能再紧，只恨大西北环境太差，不能给予他最好的学习环境。天遂人愿，没过多久，袁保恒被调回京师，出任户部左侍郎。袁世凯跟着他，又来到了繁华的北京城。

这时袁家在北京做官的还有袁保恒的二弟袁保龄，他在内阁当中书，也是四品大员。哥儿俩经过考察，都认为袁世凯是袁家子之中唯一可堪造就之才。但兄弟俩按照死去的老叔的原计划出钱去为他买官，又怕抠门的夫人们不同意，自己也舍不得多年的那点积累全花在他身上，何况“长安居大不易”，京城的打点比在哪都大，开销巨大。因此两人认为袁世凯的出路还是那一条独木桥——科举。袁世凯已十六七岁，再不准备科举，就一切来不及了。两人联手拿出重金，聘请举人谢廷萱教习袁世凯八股文，延请举人周文溥教他作诗，请进士张星炳教他习字。

袁保庆之死，完全熄灭了袁世凯的仕途之光。现在有了名师指导，在堂叔们的严督之下，他尽管对八股取士厌恶之至，读书还算刻苦、认真，每晚只睡五六个小时，天不亮就起床晨读。功夫不负有心人。很快，他四书五经就背得滚瓜烂熟，试帖诗作也大有长进，只是由于基础太差，写文章还不得要领，一提笔就离题万里。

然而，速成的培训班结果能达到这样的效果已是很不错了。时间不等人，容不得他再去精修了。1876 年是大比之年，袁世凯很快就被两位叔叔送回项城老家，参加当地的乡试。

按照清朝考试制度，父母去世须守孝三年，不能参加乡试。亲爹袁保中病故三年丧期未满，袁世凯本没应试资格，但通过上一辈做工作，考试官网开一面，准允考试。怕其他人举报，考官公开对外“解释”说：“他已过继出去，没有居丧，所以可以应试。”袁世凯半瓶子醋，也跃跃欲试。

谁知，考试之后成绩一公布，他兜头被泼了一瓢冷水，名落孙山。

两个堂叔对他也是大失所望，不再带去北京继续复读。

袁世凯在事业的道路上第一次摔了个大跟头。

男人成了家还得立业

自古以来，男人肩上始终有两大重任：事业与家庭。作为个体的男人，一生需要找到两个归属，一个是感情的归属，也就是成家；另一个是事业的归属，也就是立业。眼看事业无望，袁世凯只好先成家再去立业。

年底，17 岁的他与项城于姓女孩子结婚。

于家是陈州豪门，挂过“双千顷牌”——田地多得数不清。岳父叫于鳌。于氏为名门闺秀，家里富裕，比袁世凯大两岁，但于家不过乡间土财主，她从未读过书，斗大的字不识一个。由于家境好，蛮横惯了，也不懂什么规矩礼法，小女孩却完全是乡村野妇性情。

袁世凯和她结婚后，新婚燕尔，感情不错。第二年冬，即 1878 年 12 月，于氏生下一个儿子，即袁克定。袁世凯正式升级为父亲。此子为袁世凯 32 个子女中唯一原配嫡出。这是后话。

袁克定出生才两个月，一过春节，成家了的袁世凯不得不去北京，找两个大叔谋前途，继续为事业奔波。

他的这一想法没错。大清王朝是哥当巡抚，子侄当知府，哥当知府，子侄当县令。两位大叔的官职就是靠着老爹袁甲三如此得来的。袁世凯来到北京，谋个好前途应该没问题。因为袁保恒已从户部调任刑部左侍郎，专管杀人偿命方面的大事要案。小叔袁保龄正在为自己四品升三品奔走，也是美好前途在望。

谁知他兴冲冲地来到北京城后，居然找不到可以当县令、知府的机会。

两位大叔都是忙得不得了。

保龄叔日日忙于官场方面的转圜,为自己的升迁之事折腾,袁世凯和他见了几次面,都是行色匆匆。保恒叔和他说不了几句话,就有人求见。他虽有权力安插他一个位置,但刑部几个侍郎争地位、争权力,互相盯得紧,谁一伸手徇私,对方就会联手检举、告发,因此他不好出面去为袁世凯谋差事。两个大叔都有权,一个自己的事情还顾不来,没时间;一个被人盯看得紧,没机会。袁世凯成家了,事业却无望,急了,只好跟在大叔袁保恒的屁股后面,类似刑部跟差,干起了临时工。

这跟班、跑腿,比几年前去西北大漠还历练,他耳濡目染京城官场习气,暗中倒是学了不少官场本领。但是,临时工也干不长。这年冬天,河南大旱,袁保恒调去开封帮办河南赈务。袁世凯在京师"无依无靠",于是跟着大叔去了开封。

天不假人,第二年5月,袁保恒居然也染上当地瘟疫,患病三日就赶赴黄泉去了。

袁世凯再次失去了唯一的靠山。大树倒了,猕猴散。袁世凯郁郁寡欢地第三次回了老家项城。

袁保恒一死,袁保龄的三品还没办下来,袁氏家族再次失去了通天支柱。全家人十分悲伤。悲伤之后,众人不能不反思一个事实:从袁世凯祖父辈开始,到袁世凯父辈,男人都没满花甲就早亡,其中袁耀东不足40岁,袁甲三卒年57岁,袁保中终年51岁,袁保庆更早,袁保恒52岁,未满花甲之寿纷纷滚鞍落马,急走黄泉路,不是累死,就是染瘟疫而亡,非正常死亡居多。问题出在哪?

袁家人思前想后,想到了堪舆宅第的风水,请来一风水先生察看。半仙一来,拿着罗盘转了几圈,"铁口"直断说:"袁家宅第掌禄不掌寿啊!"

"咋办啊?"

"须小仙消停一次,寻找避灾之法。"

袁家出钱请铁嘴半仙折腾了半个月的道场,他才告诉说:"唯一办法就是分宅而居。"

人走了钱却没花完,这样的短寿悲剧,袁家人谁都不愿步这样的后尘,乐得坐地分产。四世同堂的袁氏家族就此瓦解了。

袁世凯在嗣父袁保庆名下分得一笔丰厚家产。

这些年,他随着几位叔父走南闯北,在大都市生活,暗羡都市繁华,虽有厚厚家财,还是不甘心在闭塞的袁寨乡间淡泊一生,于是又拿起书本准备科举。折腾一年多,在去年成功升迁三品的叔父袁保龄的运动下,考了个秀才。

随后,他与当地一班秀才一起复习应考。人称他"中州歪秀才"。

1879 年秋,他第二次参加乡试。点墨不多的他在过独木桥时被挤落下水,再次落第。

点了黄豆不出苗。两次落第对袁世凯的仕途之梦来说是个莫大的打击。盛怒之下,他烧毁了自己所有的"歪诗"和"陋文",把笔砚摔进茅坑。万般伤心之后,决定再也不打算问津害了爷爷又害孙子的"万恶的科举"了。

可仕途进身之阶,还得必须去谋取。怎么办?唯一的办法,便是如当初嗣父所言的:去捐官。

捐官,就是花银子去买官。偌大的官儿,天大的银子。袁世凯虽继承了祖宗不菲的家产,可在项城这一年半载的乡居生活,结交文友,与诗人和唱,还办起了文社,诗酒风流,花钱如流水,考个秀才跑关系也花了重金,一读书郎坐地又没收入,只出不进,银子越花越少,远不够去买个称心如意的官职。

没钱怎么办?只能去筹款,欠债当官后再偿还。他费尽周折,东借西凑,也没凑到几个钱。一分钱难死英雄好汉。没有足够的钱,袁世凯只好死了"买官"之心。

天朝真不给人活路,袁世凯看来背负不起家族厚望了。

袁世凯在项城再待了一年,坐吃山空,日子越过越烦,又不甘心就此"堕落"下去。一日,他突然对妻子说:"天无绝人之路,我上北京去。"

"上北京干啥去?找死啊!"于氏问。

"北京还有保龄叔啊!我找他去。"

袁世凯决定还是通过堂叔袁保龄去谋个一官半职。

谁知可轻松得来的家产却不养人。那些祖先留下的家产被他这么一年多的折腾,早就耗光了。他竟穷得连路费都拿不出来。为了凑集去北京的路费,一天,无奈的他去于氏的老弟家借钱。没想到这位小舅子不但不给钱,反而拉着脸儿挖苦说:"我看你去京师也是白跑,还不如在家里呆着!"一句话呛得袁世凯干瞪眼。

他一分钱都没给。

最后,还是袁世凯一位远房亲戚"慧眼识才",借给他 100 两银子。嗣母牛氏和生母刘氏也各自拿出自己的私房钱。袁世凯这才启程上了路。

袁世凯发迹后,这位吝啬的乡间土财主小舅子从乡下跑到天津,希望能借姻亲谋个一官半职。袁世凯来而不往非礼也,回话说:"外边无事可做,还是在家呆着!"他做了大总统后,小舅子还是不甘心,追到北京。袁世凯只见了他一面,支了一些路费,再也不理他了。倒是借他100两银子的远房亲戚,袁世凯发迹后,还了他5000块大洋,回报是原来的十几倍。

这是后话。

02.

敢闯敢试,潦倒之时闯出门路

"奋斗"的"北漂"

1881年春,袁世凯带着借来的银两,屁颠屁颠来到了北京城,直接去找叔父袁保龄。

袁保龄虽已升为二品顶戴,不过仍是个内阁抄抄写写的"大抄写员",有地位没实权,还在为自己的前途奔走。北洋大臣李鸿章见他握笔杆子,干了大半辈子,生活清贫,发财无路,发慈悲地说:"怪可怜的,再熬下去要死人了。"于是以"北洋佐理需才"为由,将他调到天津,专门负责北洋海防营务,让他从军事建筑和后勤采购中赚外快,填补"人生遗憾"。

袁世凯来到北京时,正是叔父调任之时。袁保龄给他介绍了几位"朋友"后就急不可耐地匆匆去了天津。然而,皇城是公子王孙挥金如土的地方。袁世凯虽也出身大户人家,终究今不如昔,在北京城"交朋友",如何玩不用人教,很快就融入"富二代"、"官二代"圈。

和那些高官大僚、王孙贵族混在一起,吃喝玩乐,袁世凯不是头一回,不乏挥霍经验。他拿出当年富家子弟的气派,呼朋引类,本想在"官二代"、"富二代"们心中留下一个大户人家子弟的"好印象"。谁知皇天不佑人,挥金如土,没过几日,这

100 两借来的银子就花了个精光,口袋空空如也。

折腾一番,官没捐上,银子打了水漂。

等袁世凯醒悟过来时,已是哑巴吃黄连,苦不堪言。在京师才“漂”了个把月,家底居然全给兜底了,他只怪京师太冷酷,自己太脑残。没钱,在京城就混不下去。

怎么办?正在他走投无路,连回家的路费都犯愁的时候,天又不绝人之路。他恰巧遇上曾出手资助过的穷书生徐世昌。

如今袁世凯的窘境就是当年徐世昌的窘境。

徐世昌,河南省卫辉府人,长袁世凯四岁,但早年比现在的袁世凯还落魄得多。那年袁世凯准备科考,文章做得不好,却好出风头,在小小项城呼朋喝友,办起风流文社,且一办就是俩,一曰“丽泽山房”,一叫“勿欺山房”。慕名入社来的,都是些家徒四壁的穷酸文人,就创办人袁世凯一人富殷。既然文社是他办起来的,所需房屋和费用盖由袁世凯一人全包,因此也被“公推”为社长。这文社说白了,就是吃喝社,聚众作诗时还免费喝酒,遇到吃饭了就提供免费午餐,一时还真吸引了不少文人雅士。某日,袁世凯正在仰山堂读书,一个衣衫邋遢的穷秀才前来拜访他。

袁世凯只要是读书人就以礼相见,请他进入内室交谈。两相坐定,一开口,袁世凯居然与这穷酸书生一见如故,说语投机,遂结拜换帖为兄弟。

此人就是徐世昌。

徐世昌怎么跑到了小乡村找袁世凯来了呢?他幼年丧父,家境一落千丈,本是富家子弟的他穷困潦倒,沦落到在陈州授馆课童,当塾师糊口。他此番慕名前来拜访袁公子,一不是作诗写文,穷斯文;二不是为喝几口小酒解闷儿,而是有大事相求。见面后,他先是诉说自己的济世之才,接着说起自己曾经显赫的祖宗,说着说着,就直摇头叹气。袁世凯惊问:“为何叹气?真金总有发光的时候。”

“埋在黄土下啦。”徐世昌还是叹气、摇头。

“那就挖出来呀!”袁世凯打气鼓劲说。

没想到他这话还真说到徐世昌的难处和痛处了。他支支吾吾,于是说出了此番前来的目的:借钱。

借钱做什么?一不是娶妾嫖娼,二不是去还赌债,而是他落魄到连参加当年科举的盘缠都没有,因此十分烦恼,所以前来求援。袁世凯得知他北上应试没有盘缠,大方的本性一来,当即解囊相助,慷慨赠送银子 200 两。

这徐世昌拿着袁世凯的“后援资金”，一去北京，就被某考官相中，考试之后榜上有名，且中了举人。此时他正在翰林院当编修，相当于社科院研究员。

谁知今日两人北京大街上见面相认，彼此的情形完全反着了。

徐世昌见着落魄潦倒的袁世凯，惊愕万分，问明了他的窘境后，立即拉着他转身回了自己家，二话没说，拿出一堆银子塞给他说：“你好好回乡吧，算是我资助的路费。”

接了这银子，袁世凯撮了大哥一餐，没再在京城久留，立即回开封，再从开封转去陈州，准备回家——项城袁家寨。

“北上广”都找不到落脚地

谁知还没回项城，袁世凯突然想起这次自己 100 两银子全花光了，官却没捞着，羞愧万分，觉得没有脸面回家，无法向两位母亲交代。他在陈州痛苦地滞留几日后，一咬牙又继续南下，去了广东的潮州府。

他南下广东干什么？

原来，嗣父袁保庆一位老友周馥正在潮州府做官。这周馥走是的当朝红人李鸿章的门子，当过直隶总督兼任北洋大臣李鸿章的文牍(即秘书)。李大人权势灼人，区区几年，就一纸笔墨把这位大秘派去潮州府，出任知事兼办潮关。

袁世凯千里来投。周馥念及当年老友之情，把他收在手下，先让他给自己当文牍。袁世凯要笔杆子哪行？加上他说话大模大样的，官腔十足，有时还夺了老叔的威信。他给昔日大秘周馥当文牍，这样的定位自然很蹩脚，也不合适。

过了一段时间，周馥终于忍不下了，也认定他不是这块料儿，于是称出几斤银子，给他捐了个正五品的同知，然后说：“有了官职，你去找李大人谋个职吧。”

他说的李大人就是响当当的直隶总督兼任北洋大臣李鸿章。叫他去投李鸿章，其实就是为自己甩包袱。尽管如此，他还正儿八经地给“服务过的老上司”李鸿章写了一封举荐信，然后交给袁世凯说：“贤侄，你快带着信函去天津找李大人吧，他会重用你的！”

袁世凯拿着这封“伯乐信”，回了住处后，一琢磨，明白周叔叔是逼自己走人，可是去找李大人，自己仅仅是个无名无望的拔贡生，李大人是文华殿大学士出身，又是朝廷重臣，位极人臣，权势炙人，他手下的笔杆子不是举人便是进士，自己哪能去比？在潮州府当个文牍还吃力，要走人，到了他那里不碰钉子才怪，肯定没法儿混。他自惭形秽，思忖再三，认为人情冷暖，在广东是呆不下，走人，是必须的，但自己不去投奔李鸿章，也不北上伤心之地京都，而是去上海谋差事。

于是，他急急去了中国另一都市——上海城。

上海是全国最繁华的大都市。袁世凯没去过，但小时候在南京时听说过。他原以为在此谋事容易，没想到在大清国任何地方若没门子，入仕如同登天。在上海，他拼了老命折腾、奋斗，仍拓展不开，别说入门，连入仕的门缝都找不到，怀揣着的那张用重金捐来的五品同知文书，像一张空白纸，毫无用处。

世道之黑，完全没有无名之辈的容身之地。于是只好起程去了山东登州。

希望常在最绝望的时候出现

袁世凯去登州，还是投奔他人，不甘心地谋求那似乎永远看不到希望而遥不可及的仕途。

这次他像无头苍蝇去投奔的，是庆军统领吴长庆。

这吴长庆是袁世凯嗣父袁保庆的老友，且当年两人还是盟兄弟。当初袁世凯跟着嗣父在南京生活时，认识“吴叔叔”。此去，他是抱着最后一根稻草而去的。

吴长庆是安徽庐江人，本与河南项城的袁家八竿子打不着。他与袁保庆结交，却是自于吴家与袁家一段说不清、道不白的“怨恩”。

那是咸丰年间，吴父吴廷襄在庐江办团练，呼啦啦就拉起一支吴家军。谁知军旗一举，就引狼入室。一日，太平军飞兵包围庐江，将吴廷襄死死围在孤城之中。吴廷襄眼看守城不住，急派儿子吴长庆钻地洞跑出城池，赶去宿州，请求驻扎在此的朝廷正规军袁甲三驰兵救援。

这时袁甲三已是朝廷大员，交往的都是京师权贵，不是大官就是大富，否则就是皇族，哪把这土财主放在眼中，面对吴长庆的苦求，仍是一副似救不救的样子。军机重事，正是历练自己的好时机，随军参战的小辈袁保恒、袁保庆对此事纷纷建言。袁保恒支持父亲,说:“太平军正当盛隆之时,狂悍得很。我们分兵救援,强敌难打不说,还可能折兵损将,得不偿失,不能去援。”

侄子袁保庆却力主出兵救援,说:“吴廷襄虽是个当地土地主,可一片忠心可嘉。现在他孤城垂危,我们不救,就一定完蛋。既然我们奉朝廷之命,是朝廷的兵,就得发兵去救!”

两个子侄,意见一左一右,争持不下。袁甲三不置可否,好像故意考验两个小字辈似的。但救兵如救火,他们才拖几日,庐江城就被太平军攻破。吴廷襄骗敌军,没法儿骗;逃,又跑不了,被太平军活捉后,果如袁保庆所言,被斩杀示众,死前还差点被剥了皮。

袁甲三大讲朱程理学,自己却没道德,心太黑。吴廷襄与其说是被造反的太平军杀死的,倒不如说是被朝廷命官袁甲三活活逼死的。吴长庆救爹,反而害了爹,这样,恨透了黑心的袁甲三和袁保恒父子,三人绝交;而对袁家另一小字辈——袁保庆,却感激不尽。在跑去收拾父亲的残局前,他主动与“深明大义”、“胸怀大局”的袁保庆换帖,“两庆”订下兄弟之好。

因为这一复复杂杂的情感,吴长庆与袁保庆建立了不一般的情谊。后来,袁保庆赴南京任职,他正好驻兵在南京近郊的浦口。两人过往甚密,两家也过从甚密。正是这个时期,袁世凯认识了常来常往的吴叔叔。袁保庆命丧金陵时,吴长庆感恩他当年相救之心,过江视殓,扶棺痛哭,并出力帮助孤儿寡母料理后事。袁世凯护送灵柩还乡时,他又前来送行,情长义深。

铁打的营盘流水的兵。1880 年冬,他率淮军六营由浦口移驻山东登州。因为是安徽人,很受乡党李鸿章的赏识,令他督办山东海防。于是,吴长庆在山东扎下了根基。

这次袁世凯千里来投,吴长庆见故人之子长大了,却没料到他如此贫穷潦倒,当即收留,且对他格外照顾,获知他是来找工作谋前途时,痛快地说:“到我的营务处当帮办吧。”

靠着父辈长线投资的大智慧和树荫,袁世凯在走投无路之际终于时来运转,当了庆军营务处帮办后,每月拿高薪——30 两银子,另外还有两名勤务兵侍候。

这时袁世凯才 22 岁。

就这样,袁世凯在穷尽自己所有的求官之路后,在最绝望的时候开始了自己起点颇高的政治生涯,乐得他蹦跳着说:“学富八斗,腰缠万贯,不如朝中有人!”

在官官相卫、只打老百姓的大清王朝和拼爹的时代,好爸爸就是进仕的最好阶梯,就是官场无形的最有效的资源,就是死了,也有“旺后人”、“助子孙”跨上官场独木桥的神功。袁世凯就这样在最绝望的时候梦幻般地入仕了。

03.
一炮打红,成了驻朝大臣

世界都不太平

此时的大清已步入了自己的晚年,进入多事之秋。上帝也疯狂,折腾得世界各地都不太平,民不安生,兵祸迭起。

袁世凯从军才几个月,1882 年 6 月,与登州隔海相望的朝鲜国发生壬戌兵变,拉响了战斗的警报。

朝鲜一向为中国的宗藩,即附属国。这次发生兵变,祸根是在十几年前就埋下了的,如同火山摇晃、小震多次后一朝突然大爆发。

1863 年 12 月,朝鲜国王哲宗李璟死后,没有后代,12 岁的李熙以近亲家属的身份当上国王。因为年龄太小,只好由其父李昰应摄政。按照朝鲜宫廷制度,凡是以支系获得王位的,他的生父皆称“大院君”。几年过去,等到李昰应该归政儿子李熙时,朝中已形成强大的外戚势力,王国大权竟旁落在闵妃手中。这个闵妃人虽然长得漂亮,但是美女蛇,生性险鸷。她掌权后,立即把七大舅八大妈全部“上岗”,充居朝廷各个要职。

这些外戚贪婪骄横,结党营私,把朝鲜国折腾得乌烟瘴气。而东邻的日本国从明治改革以来实力大增。有了实力,就想白吃白喝白拿,夺人家的财富,抢人家的老婆,占人家的地盘,先把矛头指向了弱小的朝鲜,并煽动它脱离中国宣布独立。

1876年9月，日本海军少佐井上良乡率领一艘军舰闯进朝鲜，炮击江华岛，进行试探性攻击。李熙没有反抗，与他们签下不平等的卖国条约《江华条约》，以求平安。这个条约以保护朝鲜自主之邦的名义否认中国在朝鲜名义上的权利，确立日本在朝鲜的政治、经济利益。同样是“卖国”，但这次卖得比以前还多。条约一签字，立即在朝鲜引起轩然大波。腐败的大清政府政要们忙于自己疯狂享乐，宛如瞎子，对骤变的“国际政局”视而不见。

清王朝不管不问，闵妃有了日本的支持，干脆一边倒，用日本人训练的新军取代大院君的亲军营。这个“改革”的办法就是大量精简机关和人员，裁汰士兵。士兵们被“精简”下来，无以为生，散落在各地，纷纷当起了打家劫舍的土匪。而那些“幸运”地被留在军营的士兵，也没好日子过，久久领不到军饷，日日为那点吃饭买菜钱闹心。1882年7月，欠薪太久，实在是拖不下去了，政府被迫给他们发放一个月的饷，不过不是钱，而是以粮代饷。

官兵对这粮饷如同久旱盼甘霖。谁知高兴兴地领回家，打开 看，全傻眼了，尽是砂石糠秕，哪能当饭吃？

原来闵妃的七姑八姨和贪官们联手巧取豪夺，在粮食里掺了一半多的砂石糠秕。

久压在官兵肚子里的火一下子由发砂石糠秕引爆，纷纷揭竿而起，见着权贵豪宅就烧，抓住贪官污吏就处死，并且还袭击日本使馆。士兵一造反，城乡没吃没喝的流民纷纷跟随而去，和他们纠合在一起，四处抢杀。兵变愈闹愈大，一发不可收。一日，乱兵们居然包围了王宫，杀死大院君的胞兄。不可一世的闵妃眼看不妙，吓慌了，三更半夜扮成宫女，把脸涂上锅底灰，仓皇逃出王宫。

在乱军的拥戴下，大院君李昰应稀里糊涂地执掌了王国的权力。

朝鲜兵变的消息传到日本，日本当局当即决定派兵入朝，进行武装干涉。大清国驻日公使获知了这个消息，立即急电北京，请求朝廷快作应对准备。

掌管朝鲜事务的直隶总督兼北洋大臣李鸿章正借为过世的母亲戴孝，在安徽老家度假，疗伤休息呢。跑到天津报讯的朝鲜专使金允植等人找不到李鸿章，只好急急去见代理李职的淮军大将、两广总督张树声。这位张大人也是无才无能之辈，靠着上辈的德荫身居高位。

这位“官N代”哪遇见过这样的急情？没有主意，稀里糊涂地下令海军提督丁汝昌去登州，与吴长庆商磋办法。

丁汝昌与吴长庆会了面。两人也不是神仙，由于身居机要之外，没有决策权只有执行权，现在干起了决策大事，考虑东考虑西，顾及这个顾及那个，商而不磋。

大清政府对于朝鲜急变的局势就此没了下文，朝鲜的告急文书石沉了大海。

厚黑实战第一课

8月，在朝鲜方面一再敦请下，清廷不得不下诏，下令张树声出兵救援。

张树声则令吴长庆率六个营七天之内赶去朝鲜。吴长庆接到命令后，哪敢单独出兵？也不做声，只是按兵不动。张树声弄清楚原委后，只好派北洋海军提督丁汝昌统率三艘军舰随队护行。吴长庆这才决定启程。

吴长庆要出国打仗，袁世凯自然也得随行。他在军中管营务，就是负责军需和安营扎寨等事儿，管的是后勤，但还得负责勘察行军路线。于是，他立即以前敌营务处帮办名义，先行前去朝鲜勘定行军路线。

袁世凯第一次去打仗，就是到人生地不熟的国外去，倒是初生牛犊不怕虎，有着一身的胆子，带着几个人去了趟朝鲜，就摸清了登陆路线，返回军营报告吴长庆后，再次随军出发。

8月25日，吴长庆、丁汝昌率海军、陆军漂洋过海，呼啦啦地到达了朝鲜国。按照袁世凯勘察的路线上岸后，吴长庆带着六个营进驻了汉城南郊。

吴长庆此次出兵，主要是两个目的，一是诱捕与叛军混杂在一起的大院君李昰应，扶国王李熙及闵妃集团重新执政；二是平息兵变，恢复朝鲜的现行秩序。

第二天，吴长庆、丁汝昌、马建忠等将领联袂前去拜会李昰应。会谈时，气氛融洽，众人约好次日等候大院君回访。孰不知吴长庆在笑谈中设下了一场“鸿门宴”，专等他来入套。

既然是鸿门宴，就得有舞剑的项公。这个角色，吴长庆下令由后生子袁世凯来扮演。各部连夜做好了应急准备。

27日，李昰应如约而至。吴长庆、马建忠恭迎帐外，热热闹闹地把他请至大帐之中。袁世凯则在帐外，拦住他的扈从卫队，热情地说：“请大家就地喝酒吃肉。”一挥手，手下就端着酒肉出来招待了。

吴、马见李昰应的卫队被袁世凯成功阻在帐外，都已经上了酒桌，立即使出眼色，几人强行将大院君塞入事先备好的二人小轿。几个小兵将小轿子从后门急急抬出军营，然后，交给丁汝昌等人，星夜送去马山浦，押入军舰，随即解往天津。

以后，李昰应就长期囚禁在直隶保定府，当了宋代被囚禁在五国城的“宋徽宗”。

第一步诱捕大院君成功了。吴长庆等人使出的手段，完全是最厚黑的招式，袁世凯官场实战的第一课，就是赤裸裸的厚黑课，并且还充当了主角之一。当初嗣父的厚黑理论在实战中演绎、运用得很完美。

接着，吴长庆便开始对付叛兵乱众了。

这些叛乱兵将本是一哄而起，李昰应一抓掉，群龙无首，于是乱糟糟地慌了神儿，聚集在兵营里，熙熙攘攘。吴长庆把平乱的任务再次交给了年轻的袁世凯。

在国王李熙的应允下，一日，袁世凯率精锐部队突然赶往兵变地点，冲进兵营，见人就杀，见兵就剁，杀死几十名叛兵，弄得兵营血腥味道冲天。其余叛兵见势态不妙，或降或逃，偌大的人马顷刻就作鸟兽散了。一度成燎原之势的兵变，袁世凯几乎没费啥大劲儿就平息了。

袁世凯本是一默默无闻的营务帮办，乳臭未干。在出师朝鲜中，一次探路，两次厚黑出手，完全成功。他初试牛刀，勘察路线，没出错儿；阻拦李昰应卫队，也出手就成了；诛杀叛兵，胆子倍儿大，也赢了。除了第一次探路谁都会外，后两次行动完全是斗智斗勇，玩的是要命的狠招，三板斧，无一失手，斧斧剁中。在稳定朝鲜局势的过程，袁世凯功莫大焉。

9月12日，朝鲜国王李熙带人敲锣打鼓，迎接闵妃回返宫銮。闵妃屁股尚没坐热，就有人来报：“大清袁将军来到。”

闵妃正在吃惊之时，袁世凯已经进门了，见着闵妃，就下跪道贺说：“恭喜娘娘回銮！”

袁世凯抢在众清兵将领之前第一个前来宫中道贺。这是很冒失之举，他不过玩的是抢头功、讨好娘娘的小招儿，完全不合乎官场规则。这马屁拍得很青涩，也很唐突。但是，“恭喜”之语却让闵妃大为高兴，对后生子袁世凯印象很好。

虽然亲爹不知所去，国王李熙回了王宫还是乐不可支。不久，他亲自赐宴，邀请吴长庆、袁世凯等人。李熙也不知亲生父亲就是被这伙不露声色的玩阴的强人们掠走的，一起痛饮。袁世凯等人也是喝得大醉而归。

月底，李熙单独召见年龄比自己大不了多少的袁世凯，进行赏赐。

在短短几个月中，袁世凯竟成了朝鲜国最高层的大红人。这令许多同来的官兵们啧啧惊奇。为什么乳臭未干的毛小子会在众多清兵将领中独得朝鲜人的青睐？关键还是袁世凯本人的独特品行。

在朝鲜，他跟着吴长庆等人一起厚黑，搞阴谋，但终究是初涉官场，并且年轻无知。其他诸将在朝鲜君臣前面，个个以天朝上国和恩人自居，对他们不是颐指气使，说话没边儿，就是厚黑到底，虚与委蛇，全不掏心窝子，说话没谱儿；唯有袁世凯地位不算高，又是第一次出师，且涉世不深，还善于拍马奉承，在朝鲜君臣前面稍微恭谦了一些，因此便获得了人家的好感。

吴长庆不出兵则罢，一出兵，三下五除二就解决了问题。朝廷每次外战无不是以割地、赔款了结，他这样的佳绩在辱国丧权的大清近十年来都十分罕见，朝廷于是对赴朝诸将的"战绩"非常满意。10月，皇帝下诏奖励有功之人。吴长庆果断地把最年轻的袁世凯推了上去，列他为首功，并报告度假归来的李鸿章，说袁世凯"治军严肃，调度有方，争先攻剿，尤为奋勇"。

李鸿章一贯重乡党，听了吴同乡之言，立即和张树声联名奏报朝廷进行奖掖，于是乎，袁世凯因为"剿抚应机"的"大功"而获得皇上远距离的"以同知分发省分，前先补用，并赏戴花翎"的重奖。

在吴长庆的帮助下，袁世凯参加了第一次厚黑实战，也巧妙地打响了仕途第一炮，不仅得了"同知"花翎，更为关键的是在大权在握的李鸿章那只认乡党的榆木脑袋里挂上了号。

吴长庆把袁世凯列为"首功"后，朝鲜国的君臣更是热闹万分。汉城一些士绅在官家的暗示下，慷慨捐助掏腰包，为袁世凯立了生祠，感谢他在平乱中的杀敌之功。"民众"一折腾，国王李熙更是爱才心急，亲往吴长庆军营，向吴将军点名要"借"袁将军。

"借他做什么？"吴长庆笑眯眯地问。

"拜他为上将。"李熙说，"吴将军不可不答应！"

"拜他为上将做什么？"吴长庆还是笑眯眯地问。

"为朝鲜代治军旅。"

这样一折腾，小小年纪的袁世凯更是名声顿起，宛如少年英雄。吴长庆也是高兴地大喊："将门虎子！将门虎子！老子英雄儿好汉！"之后，他索性把一切营务交给这位世侄，自己去天津休息了。

他这一去，就是好几个月。军中皆称袁世凯为"袁司马"。

其实，"袁司马"才23岁，除了会几句官场的夸夸其谈和拍马奉承外，从军才几个月，乳臭未干，枪还没摸热过，能有什么大作为？不过是"吴叔叔"的超级提拔而已。

可他更好的运气还在后头。

新职务意味着更大责任

在国内，南方警报响起。驻扎在越南的法国殖民军对我国广西跃跃欲试，清廷北方之忧还没消除，南方又告急。1883年4月，清廷下诏命"常胜将军"吴长庆率所部八个营撤防朝鲜，退驻辽东半岛的金州，随时准备南下，为稳定朝鲜的局势仍留三个营清兵常驻朝鲜。

吴大人要走了，朝鲜的兵由谁来掌管呢？此时的朝鲜并不平静，驻朝清兵主官没一点歪本事绝对不行，需要打、杀、智、勇都有一套的"牛犊式"闯将。袁世凯早年就得父辈官场嫡传，在朝鲜官场又成功运用，还有那么个官相，又是吴长庆亲自带来的人，肥水不流外人田，自然是最理想的人选。吴长庆于是果断、大胆地决定启用袁世凯，向李鸿章奏请由"年轻有为"的袁世凯来接替自己在朝鲜担当重任。

李鸿章身为朝廷肱骨，不轻易相信人，也吝啬放官，但对乡党却是例外，几乎是有求必应，朝中流行"会说凤阳话，就把花翎戴"。吴长庆一个奏请，第二天他就发来了委任状，任命袁世凯为"总理营务处、会办朝鲜防务"。这在国内的什么级别，许多人不知道，但在朝鲜却是大清国驻朝的最高官员。

一夜之间，袁世凯就成才了。

年轻娃一下子就超越那些老棒子，奇迹是奇迹，然而，对袁世凯来说，并非完全是美事一桩，否则也不一定能轮到他，李大人"亲属的亲属"、"朋友的朋友"等一堆人在候着朝廷可能出现的每一桩肥缺呢。因为袁世凯职务高责任也重，并且面对的是朝鲜政局这个又大又烂的摊子，随时可能发生意想不到的惊天大事，风险、危险甚至是要人命的。

好在吴长庆移防金州，与朝鲜隔海相望，有事可以率兵渡海照料。

谁知"好人"命不长，吴长庆移防金州后才过区区一个月，6月就病死。

而这时，袁世凯"主政"下的朝鲜正酝酿着一场更大的风波。

当初吴长庆出兵朝鲜，令虎视眈眈的日本人慢了一拍。时机一耽误，就失去。日本人对朝鲜再插手的机会就没了。但他们吞噬朝鲜之心并没因此消逝。国内一片征朝讨朝之声，军界更是急不可待。壬戌兵变后亡日的一批朝鲜激进青年眼见日本发展很快，而朝鲜学中国泥古不化，除了腐败还是腐败，大为不满。他们要去救国，要去图强，并建立了一个叫做开化道的政治组织，国内不少高层人士也都暗中参加。这批激进分子回国后，就要求王国进行改革和民族独立。闵妃、李熙只顾自己有吃有喝，有奢靡享受，哪管什么国家强盛、民族独立？加上开化道救国、图强，也没出息，不是自己去谋取，而是一味地依靠外力——靠日本人来撑腰，亲日背华，在这边"爱国"，在那边"卖国"，图的是鸟强，不过是又跑出一伙人来与既得利益集团争权夺利。

开化道救国、图强，事情弄歪了，走了邪道，因此尽管他们摇旗呐喊，国内的守旧势力并不理会，甚至强烈反对。两者形成冲突，但有吴长庆带兵压制着，火山没有爆发。吴长庆带着主力走了后，开化道立即暗中策划、准备行动，"爱国"、"卖国"两手都很硬(其实就是向日本人卖国一手)。

危机在快速的发酵。

10月，开化道依靠的"外力"开始公开发力了。30日，日本公使竹添进一亲率1000名瓜代精兵从仁川一举杀进汉城。日本在朝鲜的兵力骤然之间达到3000人之多，远胜过袁世凯的区区3个营。而袁世凯呢，终究是毛小子，经验不足，没作出任何的反应。

竹添进一于是得寸进尺，更加"进一"步了，与开化道党徒一起准备发起事变，夺取王宫权力，在朝鲜实行日本人的统治，变朝鲜为日本属地。

当官都得有脾气

12月4日，按照原定的计划，开化道由邮电总办洪英植借庆祝邮电大厦落成名义，大宴宾客，邀请旧派的王宫贵族和各国公使赴宴。公款吃喝，好吃好玩，谁人不来沾这便宜呢！

当日，新大厦内，宾客满堂，热闹非凡。谁知酒过三巡，邮局后面突然一声惊呼："起火啦！"大厅内正在张嘴大脸的男女们顿时受惊，几秒钟后发出尖叫："救命呀！"四下乱跑，纷纷逃命。这时潜伏在四周的开化道学生激进分子手持大刀杀人，见人就砍，杀人不眨眼。刚才还觥筹交错的场面转眼之间血肉横飞，死伤枕藉……新大厦被这些爱国又卖国的激进分子折腾得一派血腥、恐怖。

当袁世凯接到恐怖分子杀人的报告后，率领卫队营急急赶去现场，凶手早已逃走，地上除了吃得肚子饱饱的尸体，就是破碎的盘盆，还有那些被人血浸泡的还没吃完被打翻在地上的鱼肉。聪明的他马上意识到事态严重，随即反应过来，大声说："快去王宫护驾！"

卫队营咚咚咚地直奔王宫而去。

他们急急赶到王宫时，只见四门禁闭，里面静悄悄的。这时另两名部将吴兆有、张光前也各自率领人马赶了过来。三人合兵一起搜索了一阵。宫墙四周不见异常。机警的袁世凯反应过敏了？眼看天色将亮，他于是下令："各队收兵回营。"

他哪里想到他的机警完全准确，此刻王宫内正经历一场激烈的生死搏杀。

原来，眼见邮局如期起火，吸引了人们的视线了，厚黑高手竹添进一立即带着300名日本精兵直扑王宫。宫内的开化道大臣金玉钧、朴永孝等人，早就在等候。见援兵来了，立即按事先约定，把睡意朦胧的国王李熙从被窝强行拉了起来，然后围住他，一齐尖声说："宫外清军叛乱，已杀奔王宫来了。"

李熙吓得一把跳将起来，魂不附体，立即抖声问道："如何是好？如何是好？"

金玉钧站了出来，厉声喝道："生死攸关，只有请日兵前来护卫，方可保全性命。"

他这一"大将决断"与他单瘦的身子很不相称。另一党徒朴永孝立即给李国王递笔，金玉钧马上进纸。李熙不明究竟，只知保命要紧，哆哆嗦嗦就写下"日本公使来卫朕”七字，然后跺着脚说：“天还没亮，就要塌了，咋办咋办？”

没人理睬他。

朴永孝卷起纸条，跑出门，将纸条交给竹添进一。竹添进一看罢纸条后，“程序合法”了，冷笑一声，喊道：“进宫！”

守候在宫门外的300名日本精兵一拥而进，就势占领了宫女成群的王宫。

日本兵一进来，就掌控了局面，王妃和宫女们抖抖索索，无人敢动敢喊。金玉钧、朴永孝就以为大功告成，弹冠相庆，冷不防从邮局死里逃生的七大臣，突然没头没脑地跑回了王宫。一进门，他们失魂丢魄地说：“出事了，出事了，要见国王陛下。”

眼看阴谋要败露，竹添进一索性一不做，二不休，下令逮捕七大臣，然后，亲自上阵，挥剑将七人当场斩杀。随即，日本兵把李熙及那些王妃一起挟到景祐宫，关禁起来。

第二天，在竹添进一监督下，政变大臣以洪英植、金玉钧、朴永孝为首组成了亲日的“爱国政府”。

袁世凯获知这些真相后，惊讶不已：昨夜王宫明明没啥动静，咋发生如此大激变？立即召集驻军诸将商议处置办法。

在“诸葛亮会”上，有人主张“坚守镇静，切勿轻举妄动”。这表面上是“维稳”，实际上是不作为。袁世凯则主张立即出兵，驱逐日本公使，逮捕开化道人。

每个人的智商高低不一，看到问题的深浅也不一致，处理问题带着各自的个性，出发点也不一样。出现了分歧，有的人干脆把傻气当勇气，有人把冲动当个性，有人把脑残当时尚，每个人都一定非要按照自己的主意行事。“诸葛亮会”变成吵架会。最后，谁也说服不了谁。“青涩的”袁世凯压不住台面，只好说：“双方各让一步。”

于是，众人选择了一个折中方案：暂不出兵，以最快速度请示国内，等候国内的“英明断决”。

为了抢时间，他们发往国内的请示电报，由旅顺口经袁世凯之叔、负责北洋海防营务的袁保龄之手，以最快的速度送给北洋大臣李鸿章。

谁知过去两日，都杳无音信，石沉大海。

这不是袁二叔没把电报送到，而是北洋大臣李鸿章觉得事情太小，不屑一顾。

而这时朝鲜这只火药桶就要爆炸了。各地获知国王失踪,不知去向,人人惶惶不可终日,似乎没了国君,每个人脖子上都没了脑袋似的没法活下去了。举国一片沸腾,群情激昂。12 月 6 日,陆续聚集到汉城的军民达到十万人之多,不少大臣跑到清兵大营,请求袁世凯出兵救主。

袁世凯还在等国内的"明示",也是等得火急火燎,但不敢大胆出兵。大臣们成成群成堆地跪在他面前磕头,磕出了血,泣不成声,个个痛不欲生,还有不少哭晕倒在地上的。年轻的袁世凯一看这个场面,再也按捺不住了,血性一上来,一拳擂下去:"出兵。"

随即,三路清军跑出军营,飞向王宫,然后像三把巨大的铁钳紧紧锁住王宫,一营攻打左门,一营进逼右门,袁世凯率亲 400 兵勇直扑正面的敦化门。三路人马喊着号子,用大木棒撞开大门,冲入了宫内。日军都是小个子,力气不足,渐渐支撑不住,退守到楼台。袁世凯将三路清军合兵一处,趁势追击,一直撵到后院,把鬼子赶向山坡。"轰、轰",突然两声巨响,官兵踏着鬼子预设的雷区。袁世凯身边两名卫兵飞上天,他本人也被气浪冲倒,一骨碌爬起来,足部受了伤。

他正不知所措时,前哨探马报告说:"鬼子兵已退回了使馆。"

袁世凯看天色已暮,于是下令说:"停止追击,回宫搜索国王下落。"

清兵占了王宫,这个消息吓坏了竹添进一。他自觉在朝鲜惹下了塌天大祸,朝鲜人绝不会轻饶他,怎么办?干脆打道回国去。于是,他放一把大火,自己烧了自己的使馆,率队出城,一路跌跌撞撞,逃到仁川港口,然后登上早已停泊在那里的千年丸号邮轮,回日本国去了。

他们一跑,一度被竹添进一挟持的国王李熙和王妃等男男女女,立即跑了出来,被"群众"拥戴着,送回了清兵军营。

李熙一见到袁世凯,拉着他的手就泣不成声:"袁君,我没想到还能再见到你!心里总是打鼓啊!"

袁世凯何尝不是心里打鼓?几分钟前因为那只地雷吓得要死,此刻更是恐惧、紧张得要死。

为什么?他打跑了日本人,也找回了李熙,但那个向国内的"请示报告"至今还没有回音。大清政府虽然凡事难作什么决断,大事采取不管不问的态度,但对下面"妄为"官员的秋后算账和问责,却从来是不会轻饶和丝毫放过的。这不能不让袁世凯担心、忐忑和不安!

十天之后,袁世凯终于收到了李鸿章大人从国内发来的"英明决断"。回电称:"值此非常之际,南方兵事未定,只宜坚壁自守,以待外来调停,不要再酿兵祸,滋生外交事端。"而此时朝鲜翻天覆地的大风波已被袁世凯平息了,如何"坚壁",如何"自守",如何去"待外来调停"?兵祸已酿,覆水难收。这份电文让袁世凯好几日睡不好觉,诚惶诚恐。

然而,朝鲜却是另外一番光景。救回了国王,既得利益集团上下都把袁世凯当成"恩公"。事变之中,朝中原来最为倚重的七位大臣被戮殆尽,腾出了新的位置,而政权没倒,一批新人上来,对袁世凯感恩戴德。李熙本来就懦弱得不像个男人,毫无主见,见袁世凯如此被人们称颂、膜拜,于是干脆内政、外交、军务大事无不借重区区二十几岁的袁将军。

有作为才有地位。袁世凯在朝鲜的地位反而因此更加巩固了。

04.

官场奇迹:升了三品再升二品

官一定要"跑"

袁世凯挫败了王宫之变,大清国赢了日本,事后日本人也没敢声张、抗议。这本是天大好事儿。但事后掌管大清外交的李鸿章,虽看在乡党吴长庆尸骨未寒的份儿上,没对袁世凯进行追责,作出"妄为"的惩罚,但生怕他在朝鲜再惹日本,对他不冷不热,处处掣肘。

这让雄心勃勃的袁世凯好不沮丧,想去做点什么事情,就觉得手脚被李鸿章缚住了,欲伸难举。在朝鲜的日子,虽然有吃有喝,还娶了几房朝鲜太太,但每日总是愁眉不展,郁郁寡欢,一副"高处不胜寒"的心态。

吴长庆当初带过来的那些宿将老兵，只知自己不易，人家当官好，不知人家当官也不易，眼见袁小子在朝鲜人前面春风得意，眼红嫉妒。妒火烧得难受，就必然出手。随军的张謇等一批老兵联合起来，决定一起向国内去告袁世凯的御状。可这御状可是随便能告的？若是人家后台硬朗的话，就等于是自己搬起石头砸自己的脚；而且朝鲜与祖国山高水长，告状还得花大钱。集体告状，就是集体的事情，谁个愿意个人去掏这笔大费用？思来想去，远水救不了近火，他们转而决定联名就近向朝鲜国王李熙控告袁世凯"贪污军饷"等十大罪状。

几人说干就干，敢作敢当，很快付诸行动。

虽然被控告的贪腐事实一一不假，但相对朝鲜其他官僚的贪腐来说，简直是九牛一毛，别说算不上"大盗"，甚至连"中盗"、"蠡贼"都算不上。李熙出啥手呢？将状子一把火烧了。

袁世凯被人背后告了状，心瓦凉瓦凉的。夜深人静之时，他联系到李鸿章平时对自己的那副傲慢态度、现在手下们玩阴的厚黑手段，想到"当官犹如当保姆"的古训，自己这当保姆，上级有意见、不信任，东家不满意；下级捣蛋，告黑状，孩子也不满意，还调皮。突然之间，他万念俱灰，对这孜孜以求的仕途看明白、想清楚了，一夜之间对当官"淡"得不行了，甚至对这权势、名利比当初的"恶科举"还厌恶万分。

既然厌恶、心烦，就干脆自己解脱。

1885 年 1 月 30 日，他以母亲牛氏病重为名，匆匆交代公务，卷起铺盖，就走人，离开这一帮惹不起阎王惹小鬼的"好人"，回河南老家去。

等到朝廷获知在朝鲜坐镇的袁世凯走人回家的报告，立即派飞马传书，想把他追回。可是这时袁世凯已离岸登舟，漂流在烟波浩渺的东海之上了。

登岸后，袁世凯没有立即回河南去，而是先去了旅顺口，拜见久违的老叔袁保龄。

老叔这些年"提钱"进步很快，兼任了旅顺港坞工程总办，加上原来的军职，已是身跨军政二界。但他见着贤侄，还是三句话不离本行。见了面，他先讲家族振兴的重大意义，从家谱上已知的祖宗袁耀东讲到袁甲三，再到袁保恒、袁保中，然后到自己、到袁世凯；接着，传授自己"当官为政"的领悟和多年总结出来的官场秘笈，倾倒自己的官场心得；最后，详详细细地介绍当今朝廷复复杂杂的人际关系，用毛笔在宣纸上画图进行讲解。叔侄俩各自掏出心窝子，进行交流之后，袁世凯又去烟台，拜见海军提督丁汝昌。

为什么去找八竿子打不着的丁汝昌呢？因为他是李鸿章的乡党，两人关系十分的密切。

袁世凯带着“异国之礼”去拜见丁汝昌。因为叔父的关系，丁汝昌对贤侄也是很爱护。在交谈之中，袁世凯详详细细地讲述了朝鲜的情况以及“自己所作的微薄工作”，特别谈了某些人红眼病的问题。丁汝昌与袁保龄是哥们，不帮哥们又帮谁呢？这次面谈后，他亲自去见李鸿章，为贤侄袁世凯当面进行疏通。

李鸿章幕僚中诸如张佩纶、周馥、章晴生等人，也与袁保龄有着较深交谊，随后，受老友之托，也少不了在李大人前有意无意谈及年轻有为的袁世凯，为“袁世侄”美言。

前有吴长庆的铺垫，加上袁保龄这些年负责海防，经常往返天津和旅顺之间，见着李鸿章少不了提起“卑侄袁世凯”，在李大人前不断提升袁世凯的印象。这样，经过好几次好几拨人马的沟通，李鸿章终于对袁世凯友好起来了，不仅对他擅离职守不生气，反而觉得他是天下少有的、才华出众的青年才俊。

一个月后，冰河开冻，袁世凯从烟台姗姗来到天津。李鸿章闻讯，居然破例亲自召见名不见经传的他。

两人见面时，李大人不但没批评小袁擅自离职，反而大大赞扬他在朝鲜种种作为。尽管许多事实不是那么准确，甚至让袁世凯听着都觉得事情从李大人嘴巴里说出来完全是南辕北辙，驴头不对马嘴，好搞笑，但他不断地表扬袁世凯“忠诚”，“有胆略”，“年轻有为”，却让袁世凯很受用。时机到了，袁世凯趁机向当朝重臣李鸿章呈上自己在烟台精心写好的《朝国善后策略》——他走后关于大清王朝在朝鲜国的应对策略，其中少不了一些对付日本吞并朝鲜的办法。

李鸿章“好好”，高兴地收下了，说：“我看了会采用的。”

可袁世凯一离开，他连翻都没翻，就搁案头上，让灰尘们去“看”了。

不知情的袁世凯还沉浸在被李大人接见的喜悦之中，在天津住下来专心等候李大人对展示自己雄才大略的建言的回复。谁知等了十多天，策书如同泥牛入海。袁世凯这才明白李鸿章水太深，自己当了“白痴”，建言被当做了屁言，只好悻悻地回了久别的河南老家。

当官如同走江湖，袁世凯的仕途就此断了？

祸兮福之所伏

袁世凯对朝鲜的忧虑不是空穴来风。他从朝鲜这么一走，不仅日本人蠢蠢欲动，连北方俄国的沙皇也看上了那块“肥肉”，对半岛进行“渗透”。很快，沙皇就与“卖国”成瘾的闵妃勾搭上。

眼看朝鲜又要沦为俄“属国”。李鸿章见势不妙，仓促之间做出一个决定：把关押在保定府的大院君李昰应护送回国，从政治上抑制闵妃。

李昰应本来就是闵妃的手下败将，斗智没有智，斗勇没有勇，去了也是白去。有人将这个问题提出来，李鸿章还是坚持己见。不过，随后，他补充了一个意见：“把袁世凯派回朝鲜去吧。”

袁世凯虽然人回了老家，暗中与朝鲜的联系没有断。表面上，他看破了官场的黑暗，厌倦了那里的尔虞我诈，但这些年的官场浸淫，那些苦乐，哪里说放下，就能放得下？他一则不甘心自己经营多年的朝鲜拱手送人，二则放手之后才懂得珍惜，对这官场还是割舍不下、弃之不了。正在焦灼不安时，他接到李鸿章的诏令。

袁世凯立即起程，赶往天津后，就去面见李鸿章。

李鸿章见着小袁，依旧还是以前的赞赏态度，并且还抚掌说：“今如演戏，台已搭成，客人也已请，就等你登场啦！”

这话说得袁世凯没有上次那么惊喜，甚至怀疑眼前的李大人是见面就张嘴巴、说了就全部忘掉的官场老滑头、政坛老匹夫。

接着，李鸿章又告诉说：“你再次赴朝，一为护送大院君回国，二是全面主持对朝政务。”

袁世凯面对托付和重任，没有讨价还价，只提出了一个要求：“我恳请大人派兵随我前往，以壮声势。”

袁世凯一贯好出风头，这次要兵无非是去显摆一下。李鸿章似乎洞穿了他的心思，笑着说：“朝鲜人听说袁大将军来了，欢声雷动，谁还敢抗拒。你带水师小队十几个人，登岸作个引导就够啦。”

李鸿章发话不给，小小的要求都没答应，袁世凯只得作罢。

9 月 27 日，袁世凯护送着三年前自己参与亲手扣留的大院君李昰应离开天津,10 月 5 日,抵达汉城,并带着李昰应谒见国王李熙。

月底,在李鸿章奏请下,朝廷正式任命袁世凯为大清驻扎朝鲜总理交涉通商事务全权代表,并以知府候补,官至正三品。

袁世凯没料到表面不动声色的李鸿章居然越级提拔自己，自己一无文凭,二无过人功绩,三无得势的好爸爸,四还刚刚职场开溜过,才去将功赎罪,就一夜之间得到别人一辈子都望尘莫及的正三品大官,真是应验先哲那句“祸兮福之所伏”的箴言的。这李鸿章的官帽子真像不要钱似的,给还就给大的,大器、大度、大方。这一下,袁世凯完全没了以前对李鸿章的怨气、不信任感,反而感激涕零,忍不住对身边人说:“袁家世代受国恩,合肥相(指李鸿章)恩遇我,真是太厚了！”

袁世凯突然蹿升正三品,连他的老叔袁保龄也大感意外。喜出望外后,他连夜上书李鸿章称:“两世受恩,一门戴德。”意即袁家两代备受李大人大恩大德,全家感恩戴德不尽。李鸿章的官场一绝,就是培养私党,且最恨见那些给“好”不知“好”或漠视这些“好”的不知好歹者,袁家如此懂得感恩,于是对袁家叔侄更是另眼相看。自此以后,袁世凯与当朝红人李鸿章的私人关系就因此次互动密切起来了。

得来全不费功夫

袁世凯也是人来疯,有了地位干劲更足更大,很快在汉城成立了他的“钦命驻扎朝鲜总理交涉通商大臣”公署。然而,牌子一挂,问题也接踵而至。就在他离开的区区几个月中,大清对朝鲜的掌控一塌糊涂,完全失控,袁世凯的“钦命驻扎朝鲜总理交涉通商大臣”公署一开张,就面临关门走人的风险。

拿住朝鲜人,袁世凯有心得,也有方法,还能打蛇抓住七寸,不差分毫地切中要害。

他拿出了“不客气”的强硬做派,当即下令追查国王李熙发出的《联俄国书》,再召开朝鲜御前会议。在会上,他严词厉色呵斥朝鲜联俄背华的“愚蠢行为”。生性懦弱的李熙一向任人摆布,第一次见袁将军对自己声色俱厉,惊恐万状,立即推说:“什么联俄国书,我不知底细啊！”

一句谎话，能把大清国其他外交官蒙混过去，但在袁世凯重火力下却蒙混不过去。他当即说："既然你不知，那就得索回文凭。"

李熙不敢不遵命。

谁知他派人去索取时，俄国人死活不交出原文，没办法了，又派人去告诉袁世凯。袁世凯冷笑一声："这有何难？把李熙叫过来。"

李熙一到，袁世凯逼着他以国王名义公开发表一份声明："凡以前所有与俄国的文书，并非出自国王、政府之手，权当废纸。"

闵妃见状，也不敢对气势汹汹的袁世凯如何，相反还怕他对自己出手，悄悄把俄国联络员撵走了。

俄国师出无名，想出手本来也没准备，只好对此事偃旗息鼓。

袁世凯大胆、果决，并且成了功。通过他之手，大清国从虎狼之口把朝鲜国"抢"了回来。这样，袁世凯在羸僵小国朝鲜的地位也巩固下来了，继续以监国大臣自居，掌控着朝鲜政局。

李鸿章的为官之道和为人之道的一个重要原则，就是扶强不扶弱。袁世凯在朝鲜顺风顺水，地位牢靠。匆匆又过去五年，李鸿章又保荐袁世凯，升迁为正二品。朝廷的官职分的分，抢的抢，卖的卖，袁世凯虽然获准一个二品顶戴，却没个合适的官职。李鸿章思考再三，给了他一个"浙江温处道"官职。

浙江温处道自然是浙江省官职，袁世凯哪离得朝鲜？仍留在朝鲜，于是只能在千里之外"遥领"、当着"占着茅坑不拉屎"的二品"温处道"。

官场就这么不可琢磨和欲速则不达，有时那样不讲道理和效率，有时又是那样得来全不费功夫，不用经过无数次的"求"悄然玉成，颠覆着"可遇不可求"的官场定则。在求官如鼠的大清官场，"官二代"袁世凯在区区八年中从一个小小帮办飞升为大清国二品大员，虽然有天时地利人和，但一不是皇亲，二不是八旗，说白了，一个找工作都找不到的无业青年居然如此升迁，不能不说这是一个奇迹。

青年才俊袁世凯的奇迹震撼了官场。许多满清官僚们满腹疑惑又嫉妒地说："皇亲国戚有多少弟子可以重用，李中堂凭啥捧着袁世凯这个破落弟子？朝廷应该追查他。"甚至有的御史准备启动问责机制。

然而，大清国的事情大多是咋咋呼呼一番，过后并无多少人会当真拿某事去真做，即便是那些事关国家存亡的大事，都无人去过问或抓落实，这样嫉妒眼红的事情,又有谁会去真管、真查呢?很快,满清官僚们一切的不满、愤怒又在他们穷凶极奢的纸醉金迷享受中一夜之间淡忘了。

袁世凯戴着宛如李中堂私人赐来的那顶官帽子,在朝鲜国优哉游哉,好不得意,好不快活。

05.

监国 12 年,“狼狈离开”的悲剧

老问题,也是新问题

袁世凯在朝鲜监国前后十年,威风一时,甚至还娶了三位朝鲜的姨太太,可谓是呼风唤雨,春风得意。然而,1894 年,朝鲜半岛突然一场风暴,又将“袁监国”的辉煌一夜之间击入谷底。

这还是与当年袁世凯的发迹之战——剿杀开化道党徒有关。

当年袁世凯突然出击,打下王宫,杀得竹添进一和开化道首领金玉钧、朴永孝等人一呼啦逃往了日本。但这些落败的人,并不甘心,没有就此罢休。以后,表面上,日本与朝鲜、大清和平相处,平安无事,但实际上,竹添和金、朴等人一直暗中卧薪尝胆,积极准备对华作战。袁世凯再度入朝后,深知斩草不除根后患无穷,对金、朴等人揪住不放,监国时在大会小会和电函中老问题老说。李熙和清廷也因此多次向日本政府交涉,要求引渡“恐怖分子”。日本均以国际公法不能引渡政治犯为由拒绝。明的不行,袁世凯就指使李熙来阴的,就派人去刺杀,也没得手。这反而使得金、朴等人更红了眼,要复仇、要报复,为此他们周游四方各国,进行反清和反朝的“爱国斗争”。

1894 年 2 月 21 日,胆大包天的金玉钧竟乔装潜行,搭乘一艘邮轮跑到了上海,住在北河南东河客邸。结果,次日被同行的朝鲜人洪钟宇以恐怖手段对付恐怖

手段,刺杀在公共租界。几乎是同时,在日本的朴永孝也被朝鲜人李逸稷刺杀,幸好小腿跑得快,逃了一命。

两个亲日首领先后遭到"恐怖袭击",遇刺不说,一死一逃,消息一出,"爱国到极致"的日本舆论一派哗然,军界更是按捺不住,叫嚷着要"征韩",要吞并朝鲜,再征讨中国。

这些年来,小小的朝鲜国处处效仿大清,越折腾越腐败不堪,国内矛盾激化。在开化道反华"爱国"、亲日"卖国"时,又爆发东学道农民起义。

东学道类似中国的义和团,反洋教,杀洋人。起义一爆发,就来势凶猛难挡,整个朝鲜半岛都卷入大风暴之中。君臣上下手足无措,只是一份份急电,请大清朝廷代为"戡乱"。

在朝负责"监国"的袁世凯很瞧不起东学道这些"草根",认为不过是些乌合之众,一击即溃,但自己手下没几个兵,心有余力不足,也不住地电请恩师李鸿章"即时发兵","造福朝鲜"。

谁知李鸿章出兵弱小的朝鲜,没啥顾虑,却忌讳它的"邻居"日本,怕它也出兵干涉,两国在朝鲜干起仗来。对于李大人的这个顾虑,袁世凯完全不赞同。在给李鸿章大人的信中,他说:日本充其量不过借口保护使馆,派百余名士兵赴汉城,没什么可怕的。李鸿章素来内战内行、外战外行,虽然掌管外交,对洋人外国并不太懂多少。看了袁世凯的来函,也就糊里糊涂地说:"出兵吧,别多想了。"

于是,在朝鲜"速为代戡"的正式请求下,6 月 4 日,李鸿章派兵 1500 名,驰往汉城。

头上有一个糊涂的领导

李鸿章派兵援朝同时,这位在国内掌握生杀大权、在外却胆小如鼠的李大人还不忘遵照《中日天津条约》的约定,亲自发电照会日本外务省:我们出兵朝鲜了。

他的这一招正好帮了日本人的大忙。

此时日本已秘密进行了战争动员,只是把握不准出兵时机,生怕出手时时机把握不准,效果不佳。李大人的这个照会一到,等于告知正在彷徨的日军界:出兵的时机终于到了。

于是,日驻朝公使大鸟亲率 800 名大兵组成的护卫队马上上船,前往朝鲜。6 月 9 日,他们强行进入汉城。与此同时,日本海军 8000 名陆战队组成的混成旅团也在仁川登陆,向着汉城急急挺进。

朝鲜半岛的局势急转直下。

日本如此迅速出兵,并且规模宏大,大大出乎袁世凯意料。统掌大局的李鸿章闻讯,更是瞠目结舌,久久合不拢嘴巴:"咋的啦,咋的啦?"

这时大清国在朝鲜只有 1500 名兵勇,哪是 8800 名日本兵的对手?袁世凯好在智勇都强,脑子反应极快,赶紧使出家传的厚黑高招——跑去与日本人谈判,并派人禀告李鸿章马上增兵朝鲜,以拖延时间。经过艰难的讨价还价,他与大鸟商定自己留 250 人日本留 400 人,其余人马全部回撤,各自回老家去,待朝鲜局势平静后,全部都撤兵。撤兵方案各自报回国内。

虽然袁世凯把自己的部队由原 1500 名兵减少到 250 人,日军从 8800 人减少到 400 人,虽然自我削弱了在朝鲜的兵力,意在迷惑敌兵,等候救兵。谁知方案报回国内后,李鸿章十分满意,击节叫好:"不错,不错,干得漂亮!"当即下令袁世凯:"将驻朝的清兵撤离回国内。"

李鸿章的这一举动,让本来施展缓兵之计的袁世凯猝不及防。

李鸿章居然来了个假戏真做,目的去求"和平"。可这和平岂是让步能让出来?他下令袁世凯全部撤兵,而他的外交老赢家、日本首相伊藤博文却不同意双方都撤兵的方案。为什么?日本的目的是要取代大清国占领朝鲜。伊藤博文向李鸿章提出一个旨在吞并朝鲜的《朝鲜内政改革案》,要求彻查朝鲜国的财政,汰减中央和地方政府官员,并且声称不管大清国同意与否,日军"绝不撤回",并逼令中国同意这个"改革方案"。

袁世觊的"厚黑"反被李鸿章弄成"黑自己人"。大势不妙,他只好自救。为了争取日本人放弃武装行动,他苦劝闵妃集团起用卓有声望的老臣,进行政治改革,先过了眼前难关。然而,改革就是让一些新人获得新的利益,对既得利益集团进行削弱、剥夺。闵妃见"改革"将损害自己七舅八姑的既得利益,断然拒绝。这个烂泥扶不起墙了。袁世凯断然决定在朝鲜发动政变,推翻闵妃集团,扶大院君执政,并将这个计划密报、请示李鸿章。

这个处置自然是对的、恰当的选择。可李鸿章会批准吗?

李鸿章在大清主管外交。李氏外交的策略就是妥协外交,一个"让",一个"忍"和一个"和"字,三字还达不到"和平相处",就拿出经营生意失败的那一套:赔。没能力赔,就割地,即"卖地"、"出卖祖业"。卖多了,也掩饰不住,李鸿章名声也臭了,国人对他痛恨之极,视之为汉奸。他在家排行老二,许多人在背后都以"李二"轻蔑地指称他。昆曲名丑杨三死后,有人撰写一副对联云:

杨三已死无苏丑;
李二先生是汉奸。

此一对联在社会上流传极广,使李鸿章名誉扫地,在公众舆论面前十分难堪,于是他自书一对联,高高挂在自家厅堂之上高调自慰,联文为:

受尽天下百样气;
养就胸中一段春。

这副对联表达的"厚脸卖国哲学",就是李大人的外交风格。这一次袁世凯拿出了断然的"拯危"非常手段,"养就胸中一段春"的他没有例外,老事情老办法:自己和人打架了,先捂住脸"忍"着,请人去调解,以达到"和"字诀。

他请谁去调解呢?

对朝鲜虎视眈眈的俄国人。

朝鲜局势岌岌可危,他一门心思寄希望于俄国的居间调停,翘首以盼"通过外交途径息事宁人"。当袁世凯试图发动政变的果决措施报过来时,当即被他同样果决地一把给否了。

之后,袁世凯又多次急电李鸿章,请求政府向朝鲜增调海军和陆军,并且说,这样做一则可对日本人示以一些声威,二则一旦战争爆发,也不至于因寡不敌众而损失太惨重。谁知他的建议还是与李大人"胸中"那"一段春"格格不入,被李鸿章"高瞻远瞩"地否决了。

袁世凯在朝鲜与日本人就像两只红眼了的斗鸡,一只斗鸡的主人李鸿章却以局外人自居,一味地等候俄国人的给力调停。袁世凯那边急如星火,哪里等得及俄国人在咖啡室的细品慢聊的调停?李鸿章见俄国人“生性拖拉”,自己连夜走访,苦求遥不可及的英国人也参与调停之列。

他只相信外国人的“智慧”,一厢情愿地调停,反使多次交锋的老对手和老赢家伊藤博文胆子更加大了。日军靠着军事强势很快迫使朝鲜当局承认了《朝鲜内政改革案》,一举剥夺大清国对于朝鲜的一切领主国地位和权利。

比窦娥还冤

大清国在朝鲜的地位活生生地失去。袁世凯孤身在朝鲜,手里只有卷着铺盖准备回国的千把士兵,以一击八,哪是日军对手?只好一言不发,保持“静默”,甘当聋子、瞎子和傻子,无可奈何地静候李大人从调停谈判桌上带回他和洋人们的“智慧成果”。

孰不知李鸿章坚信有“大智慧”的英、俄洋人的脑瓜子也不比中国人好使多少。他们参与调停,带着李鸿章和日本人关起门,躲进密室“谈判”,叽叽喳喳,事不关己,哪里能折腾出什么结果?

李鸿章赔了饭钱不说,在拖而无果的调停中,中了日本人争取时间之计,还浑然不知觉。趁此谈判机会,日军争分抢秒迅速控制了朝鲜,占领了王室。

在静候远方来鸿的日子中,袁世凯在朝鲜苦心经营12年的亲华势力顷刻之间土崩瓦解。堂堂的监国大臣,没有实力支撑,不过是一个鬼都不怕的稻草人。日本人一旦控制了朝鲜政局,王室就转而唯日本人是从,君臣上下把大势已去的袁世凯完全晾在了一边。敌众我寡,袁世凯想打,手上没兵力,力不如人,想带着这千把人拼了,又怕像上次那样弄个“不听指挥、擅自行动”的“一身骚”。他痛,并沮丧着。

糊涂的下级和没脑子的领导最能和谐相处。偏偏袁世凯不是这样的下级,在欲打不能的痛苦心情下,他觉得自己就是窦娥,当了天下最大的冤大头。这时他少年时期的挫折感又上来,情绪降落到了最低点,就变得心灰意冷,什么国家威望、大清利益,统统见鬼去,只想一走了之,来个一了百了。

6月29日,他连发三封密电给李鸿章,请求回国避难。

但李领导却比他有耐心得多,还在等着俄、英两国调停的"佳音",对袁世凯的回电则是一个六字锦囊:"要坚负,勿怯退。"

袁世凯胸中却没有那"一段春",做不到"中国要忍耐"的一套。他在朝鲜整整待了12年,风光归风光,但也得罪了不少人,还作过孽,若再在朝鲜"坚负"下去,岂有好结果?死了还得剐皮。清醒地他早已洞察局势,自知"勿怯退"反会性命难保,祸及全家,不愿像李鸿章那样去当傻子,自己往自己脖子上套绞索。

收到李鸿章的六字锦囊后,他再次犯颜致电,陈述自己目前的"囧境",说自己纵然一死,对大局也无济于事。

李鸿章是吃过洋人苦头的,阅看小袁十万火急的电文,终于意识到大军不援,仅凭他那条三寸不烂之舌和那点厚黑小伎俩,是对付不了千万兵戈的,终于被他的哀求所打动,动了恻隐之心,回电:"准允回国。"

这个回电让袁世凯长长地松了一口气,如卸重负。但是,来时容易回去难,大难临头了,说走就能走脱?袁世凯认为这样冒失地走人,人家肯定会死命地追,撵上了反而跑不了,只有"智走"。

7月17日,他换上朝鲜人的民族服饰,上面是素色短上衣,外加短坎肩,下面是宽大的灯笼裤,头上戴着一顶高高的冠帽,悄悄地登上了平远号英国兵舰,迎着大风大雨离开了汉城。

他在朝鲜监国12年,风风光光,离开却是如此得低调,低调得灰溜溜。这是他做梦都没想到的。在朝鲜,他这么一走,只留下官方为他在汉城树立的数不清的功德碑,而他一失踪,日本人马上就出马了,派人四下清除那些为袁世凯歌功颂德的功德碑和其他痕迹。

袁世凯成了把名字刻入石头、名字比尸首烂得更早的人,真是出丑出到国外,丢人丢到国际上了。

老赢家与老败将

两天后,袁世凯到达了天津。

在朝鲜的几个营清兵，一夜之间群龙无主，也顾不得什么“使命”，纷纷要求撤离回国。事已至此，李鸿章还图个啥，朝鲜又不是李家的庄园，啥也不图，啥也不管了，当即下令：“派兵舰接回国好了。”

李鸿章放弃先辈开拓的朝鲜属地，完全是一副崽卖爷田的干法，毫无留恋，也不心痛，并且放弃得不拖泥不带水，干干脆脆，只图一了百了，与那些“祸害”断个一干二净，免得自己去瞎折腾。

然而，他越想走得干净，越走不干净，越想一了百了，越是了不了。日本人对他释放出来的“善意”并不领情，相反揪住他的软肋不放，痛打落水狗。

7月25日，运载清兵回国的军舰到达丰岛海面。突然日本兵舰出现，首先强令他们投降。这些官兵在朝鲜就受了不少的气，现在要走人了，还不行，还要投降，欺负人欺到头顶了！怒火一起，爱国心也上来，誓死不投降。日军于是开炮打，清兵也进行还击。孰不知李鸿章亲自精心组建的北洋舰队不过是一只纸老虎，关键时刻发不起威。结果，在乱战中，高升号兵舰被日军击中，随即沉没，其他兵舰有的重创，有的被日军围住当了俘虏，几百名大清官兵葬身大海，喂了鱼虾。

海上的弄干净了。接着，日军进攻牙山清兵阵地。这里的清兵也被迫奋起还击。

战火一起，李鸿章“政治家的大智慧”全部被无情地击碎，成为被天下人耻笑的废物。脑残就脑残吧，废物就废物吧，李鸿章“胸中一段春”照旧，一切都想得通。但渐渐长大成人的光绪皇帝却生气了，后果很严重。8月1日，清政府宣布对日宣战。

中日甲午战争就此爆发。

但是，在甲午海战中，由大清国精兵强将组建的北洋海军在日军前面不堪一击。李鸿章和手下们亲自从英美洋人朋友那里买来的子弹、炮弹，由于吃回扣太多，给的多是假货、次品，多数打不响。官兵们在敌军的轰炸下，冒死拆开炮弹一看，弹筒里全是欧洲的沙石、柏林湾的泥土。日军海陆并进，直往中国本土打。

在威海卫保卫战中，李鸿章的老友加乡党丁汝昌躲在港内待援，被日军困住，陷入绝境，眼看就要当倭奴的俘虏，气得含羞自尽。仗打得太窝囊了。

战争的硝烟还在黄海海面上弥漫，辽东半岛上尸横遍野。这时李鸿章还是一副“不怕骂”的死样子，为了不耽误慈禧太后六十岁庆典，遵照太后之命，派出多路人马前去东京，与日本洽降。

日本并非真要打下中国，还没这个能力，不过就是要教训教训这些不听话的大清君臣，让他们吃点苦头，受受惊。现在有了下坡的梯子，于是见好就收，同意让这场使中国元气大伤的战争偃旗息鼓，进行停战谈判。

1895年4月，在一片死气的流寂中，一艘商船搭载着面目瘦削的大清国全权代表李鸿章大人驶往日本马关，与日本全权代表、首相伊藤博文"面对面"商谈投降条款。

行前，他撂下狠话："天变不足畏，祖宗不足法，人言不足恤"，即不怕老天爷惩罚我们打败仗，不怕违背祖宗不卖国的先例，也不怕人前人后的骂声，我不下地狱谁下地狱，我去了。李大人在国内说话铿锵有力，朗声洪钟，到了日本，见着小鬼子却丝毫不见这般的威风，完全是当龟孙子。

他与老对手伊藤博文面对面地谈，能谈什么，或者能谈出什么？无非是挪几下让步棋，把让步的棋子一着一着地落实，写成白纸黑字而已。伊藤博文多次与李鸿章面对面地谈过，就是在面对面中与他不打不相识，成了"好友"。不过，在这样的"面对面"的场合或者"不面对面"的较量中，李鸿章从来都是他的手下败将，未尝赢过一次。这次面对面谈，两位老友宛如继续以前一盘没下完的让步棋局。轻松的伊藤博文抱着下棋的心态，不时故意为难一下这位老友，出出他的丑，露露他的囧样儿。李鸿章实在被欺负到头上，气不过了，偶尔也红着小脸儿"力争"一下，结果不是说话不及要点，就是东扯葫芦西扯瓢，说不到点子上，到头来，除了哀求还是哀求，只恨不能给伊藤下跪求饶。

4月17日，"受尽天下百样气"的李鸿章代表大清国政府与日相伊藤博文终于签下了臭名昭著的《马关条约》，主要内容包括：

(1)中国认明朝鲜国确为完全无缺之独立自主；

(2)中国将辽东半岛、台湾全岛及所有附属岛屿、澎湖列岛永远让与日国；

(3)中国将库平银二万万两交与日国，作为赔偿军费；

(4)日本国民可在中国通商口岸从事各种货物制造，并可装运进口各种机器；

(5)开放沙市、重庆、苏州、杭州为商埠，等等。

条约签订后，伊藤博文在春帆楼摆酒与李鸿章痛饮。席间，老赢家还没忘奚落老败将，口占一上联请李大人属对，联文是：

内无相，外无将，不得已玉帛相将；

这显然是在嘲笑、奚落大清重臣李鸿章这次又“干了一桩漂亮的买卖”。李鸿章打仗不行，治国不行，谈判也不行，除了窝里斗和捞外快在行外，文才倒是不赖，略一思索，即对出下联：

天难度，地难量，这才是帝王度量。

李大人几十年形成的“对内像老虎，对外像软蛋”的所谓“大国风范”，再次显现，居然干脆撕破脸皮为自己卖国而叫好。面对这样毫无羞耻感且以卖国为乐的“国家栋梁”，伊藤还能说什么？只好一笑了之。深谙中国政坛的他知道李大人“外战”没能耐，“内战”倒是绝对一流的高手，突然想起日本在朝鲜多年的老对手、雄才大略的袁世凯，忍不住问道：“贵国前任朝鲜总理大臣现在何处？”

李鸿章饮下一口酒后，长长地喷着酒气，聊无兴趣地说：“正在辽东督办转运。”

“此人乃贵国有数之人，他日必不在中堂之下，中堂若爱之则加以重用，否则，咔哒咔哒。”伊藤做了一个砍头的手势。

伊藤博文在国家大事上获益了，没忘投桃报李，给老败家“内战”一条建议回报。而李鸿章闻言，没有做声，只是低头，使劲地夹了一碟子菜，然后独自吧唧吧唧吃了起来。

这一场中日战争给此后的中日关系投下了浓重的阴影，也对远东形势发生重大且深远的影响。而袁世凯就是这场战争的引火源，也是朝鲜局势失控的主要责任人。他虽在外战中安然回国，能在“内战”的硝烟中逃得一劫吗？尤其还有伊藤暗中点燃的这把火。

06.

新思想才能敲开官场新大门

当官犹如走江湖

1895 年 4 月,《马关条约》割地赔款的消息一传出,立即激怒了正在北京会试赶考的举人们。广东南海县举人康有为联合 1300 人联名上书光绪帝,要求“拒和、迁都、变法”。这样的联名上书,照旧如同所有的集体上访一样,最后无一例外地石沉大海,连个回音都没有。谁知会试榜发时,上书领头人康有为却荣登龙榜,中了进士。随后,还幸运地被光绪皇帝授予工部主事官衔。

光绪皇帝的这一异常举动,让这次在中日海战前后的诸当事人的命运突然之间变得叵测起来。

我们现在是四面楚歌!国民不淡定,皇帝在反思?

李鸿章从马关回国后,一身的轻松。一日,他遇上恭亲王奕䜣,无不以“大功之人”的口吻感叹说:“这日本人真是难惹。这次签订条约,为国家免了战火,天下从此可以太平了!”

恭亲王奕䜣却问他:“我听说这次兵衅都是由袁世凯鼓噪而成,此言可信?”

他要问责了。

“事已过去,请王爷不必追究,横竖都是鸿章一人之过。”老奸巨猾的李鸿章却选择了伊藤指明处置袁世凯方略的第一条——不“咔哒咔哒”。为什么这么做甚至去护犊子?

“外战”,李鸿章永远是伊藤的败家,而“内战”,他的智谋则又远远胜过伊藤千百倍。

李鸿章一贯卖国,而且一直卖国,这次卖国卖得脱裤子了,光绪皇帝终于生气了,控盘的慈禧太后似乎也对他这种卖国卖到脱裤子的做法难以容忍。于是,《马关条约》一签订,李鸿章也把自己折腾到了被清算的时候。因为千夫所指,慈禧太后又要举行生日庆典,生怕国人届时借题大作,于是找李鸿章为战争失败做替罪羊,一问责干脆下旨罢了他的官,把他撵回合肥老家,下岗赋闲。

朝鲜独立了,袁世凯这"交涉总理大臣"就没啥可"交涉"了,浙江温处道本就是个空衔。李鸿章垮台了,他二品堂堂大官竟然一时失业了。他灰溜溜地来到北京城找工作。几天后,朝廷下令:"留在军务处行走。"

所谓"行走",就是上班的意思。而这"行走",袁世凯没啥官没啥职,连个名号都没有,宛如打零工、短工,其实就是赋闲的山寨说法,说白了,就是给朝廷晾一边了。

然而,袁世凯倒不是糊涂人。

割地换和平,又息事宁人了。但这场中日战争的隆隆炮声却把袁世凯完全震醒了。以前,他与所有大清国高官大臣们一样,沉醉在天朝大国、舍我其谁的梦幻中。而这次与日本一战,无论是李鸿章督率多年的淮军、苦心经营的北洋舰队,还是刘坤一的湘军,都一败涂地,惨不可言。症结到底在哪里?其他重臣们眼看又是和平岁月了,慌忙继续一度被中断的贪腐生活,又沉迷在繁华和奢靡之中,而只有"高中文凭"的袁世凯却开始了对这场战争的思索。

经过对战争前后过程的分析,仔细对诸将各种各样的失利借口和辩解进行抽丝剥茧,袁世凯对战败有了新的看法,认为"此次兵务,非患兵少,而患在不精;非患兵弱,而患在无术。其尤足患者,在于军制冗杂,事权分歧,纪律废弛,无论如何激励亦不能当人节制之师"。有了这个认识,他的结论是:"欲使中国变弱为强,自以练兵为第一件事。"

他为什么把练兵作为国家"由弱变强"的"第一件事"呢?其实,这不是他的发明,也不是他的发现。并且,练兵是不是抓住了事情和症结的根本、是不是真正的强军之道,都很难说,但是,在这个只有吃喝、没有思想的社会和"腹中空"的满清官僚中,绝对是一个很时髦的新观点。

此时出国留洋的人不少。一些讲求军务的人"走出去"了几趟,走马观花看了一番,接着听上门传教的传教士或打将上门的洋鬼子说上几句,就认为德国陆军是天下第一军,日本人仿效它,所以国家强盛了。因此形成一个共识:中国要强盛,也须仿效德国军制。强国就要强军,强军即强国。

这个认识自然是很肤浅的。

因为强国还需要政治的清明、经济的发展和其他诸多方面的进步。除了吃喝贪污和下窑子，这些官僚们谁又知道这些呢？袁世凯终究是个高中生水平，深受这种“强军即强国”思想的影响，十分崇尚德国军制，也完全正常，甚至还超越了高中生的水平。可中国没有德国军，那要去强国怎么办？那只有去练兵，练出像德国军那样的部队，达到强国的目的。

袁世凯虽然在军务处打杂，在所有的高官大僚们忙于休闲娱乐的时候，却拿出了自己的行动，开始了“强国之举”。

他一面宣传编练新军的主张，一面自己出钱，邀集幕友旧僚在自己居住的蒿云草堂，日夜翻译有关各国兵制的书籍。经过几个月的忙碌，众人参照德国军制，还真编出了不少东西，诸如什么《练兵要则十三条》、《新建陆军营制饷章》等等，大大小小，一共十来册，全部用小楷抄写得整整齐齐。然后，袁世凯亲自抱着它们，奏报自己效力的军务处。

他的练军思想，目的是为了“求强”，其举动可以说是进步的。尤其是他利用业余时间自己掏钱请人翻译兵书军制，完全是“进步青年”和“有所作为的人”才去做的。然而，在贪腐的大清官场，他这么做真是太天真、太幼稚了。

虽然在京师身负国家社稷重任，王公大臣们对工作并不在意，对重任没有责任，人人忙于自己的享乐，内心关切的是自己何时能升迁，家人是否幸福，子孙的前途如何去谋取，无人对国家的命运、军队的前途考虑太多，太细，因此，袁世凯“献”上十来册兵制全书，没人感兴趣。

相反，倒被上级当作谋官跑官的废纸，扔在了一边。

继续耍嘴皮子

袁世凯就是袁世凯，还是那股在国外独立干事的傻劲，要做的事非做成不可。碰壁之后，才发觉国内与国外完全不一样，做事情，功夫全得在诗外。于是，拿出老袁家嫡传的官场秘术和多年练就的交际术，转而在官场广为行走，用着心思去结交京师大佬级的高官大僚，以推销自己的思想。

本来，袁世凯就爱夸夸其谈，口才好，加上多年官场的历练，嘴巴功夫已是炉火纯青。在结交阔佬政要们谈时，他不忘讲述一些自己在朝鲜的事儿。这场战争原本朝廷毫无准备，完全是突然爆发的，对方听他说起来，却是他早早就“料事如神”，只是当局未能采纳他的诸多好建议、好策略，加上国内军中全是烂将弱兵，所以败得如此之惨、如此吃了哑巴亏。经过吹嘘与自我吹嘘，潜逃回国的袁世凯居然在献书、提建议等正途走不通的情况下，通过吹牛、扯淡，走出了一条蹊径，他的新式军制诸思想完全被大佬们接受。

众大佬们通过吃喝、闲聊认识、了解了袁世凯，于是一致认为海外归来的袁世凯“有思想、有作为”，是“众所瞩目的军界奇才”。袁世凯一招曲径通幽，意外成为皇城中的政坛新秀。

很快，在京城中，湘军大将刘坤一、鄂军首领张之洞等人一谈及军事，就必说袁世凯，说起袁世凯就必赞他“年轻力强”、“志气英锐”、“处事果决”。一度把袁世凯献策束之高阁的军事大臣李鸿藻则公开断言：袁世凯“以袁家之家世将才，娴熟兵略，必能矫绿，振兴军务”。

好爸爸必有好儿子的“将门虎子观”一直是大清官场的主流共识。他这么一扬言，就连一向与李鸿章水火不容的老对头、军机大臣兼总理各国事务衙门大臣翁同龢也忍不住跃跃欲试，亲自跑去与袁世凯接触。经过三个月中的几次接触、闲聊，他也拍着桌子说：“此人不滑，可任也！”

这翁同龢是谁？同治、光绪两代皇帝的老师。他教授两位皇帝前后长达20年。这次甲午战争，就在他的引导下，光绪皇帝才下令去打的，他属于朝廷中的主战派。由于这次战败，卖国卖得脱裤子了，多数人对投降派不满，主战派和几位重臣慧眼挑出袁世凯，本来一直在朝鲜国不被人知晓的袁世凯在京师居然成为各派交口称赞的“青年才俊”、政治新星。不少人甚至建议：不能用小笼子关大鸟，让袁世凯在军机处打短工是浪费人才，得给他舞台，让他去展翅飞翔。

既然是大鸟，是千里马，还得要有慧眼的伯乐去重用、去提拔。

然而，这些大佬们并没有实际的行动，对袁世凯，也不过是要要嘴皮子，过过嘴皮瘾而已。

其实，他们也不是袁世凯真正刻意和花大心思希望去结交的伯乐。在众人喝彩中，他的目标直指朝廷重臣——荣禄。

为什么？当朝最有实权的，不是光绪皇帝，而是慈禧太后。荣禄当年曾在关键时刻力助慈禧太后发动宫廷政变，诛杀阻碍夺取朝廷大权的钦命五大臣，才使慈禧一个“弱女子”成功实现垂帘听政，为慈禧掌权立下“汗马功劳”。几十年来，荣禄一直为慈禧太后宠信、重用不疑。此刻，他握掌朝廷军、政二权，无人可及。

经过几番登门交谈，荣禄对袁世凯被人弃之敝屣的新兵制设想也拍手叫好。为什么？他高高在上，日夜忙碌，从没听说过这些外国兵制，开始是觉得新鲜，接着觉得实用，以后见军界正流行、很时髦，于是乎，每次与袁世凯见面，一反与臣子、手下在家中不谈国事的惯例，与他谈兵，论战，越谈越觉得开眼界，越谈越投机。

荣禄一看中的人，身价自然大涨。李鸿藻、翁同龢、刘坤一、张之洞等封疆大吏见时机到了，立即联合其他朝廷命员一起进行保奏、举荐“青年才俊”袁世凯。

12 月 8 日，由慈禧太后掌控的傀儡皇帝光绪帝颁发上谕：“温州道袁世凯既经王公大臣等奏派，即著派令督率创办(新军)，一切饷章照拟支发。”

就是这个连宾语都没有的谕令，把袁世凯推送上一个崭新的人生。

同月 21 日，袁世凯兴高采烈地来到距天津 70 余里的小站督办新军。

从此，小站——这个名不见经传的贫薮小镇，成为中国日后各自雄踞一方、相互征伐的军阀武夫们的摇篮。

袁世凯督办新建陆军，回国后几个月研习新式兵制的心得终于有了用武之地。一上任，便对准备作为新建陆军班底的定武军大刀阔斧进行“改革”，首先更名为“新建陆军”，其次聘请“世界上最好”的德国军官十余人担任教官，接着从天津武备学堂中挑选百余名学生任各级军官，再在部队编制上，将官兵分为营、队、哨、棚，并分步、炮、马、工、辎重等不同兵种，每兵种一个军分左右两翼，每翼辖二三个营不等，每营官兵 1128 人。然后，开始正式练兵。

至此，中国兵制的近代化，居然由不曾统率过大军、只带过几个营的人马的袁世凯揭开了序幕。袁世凯在大清军界的杀出，完全是从旁门斜道——通过要嘴皮子实现的。

官场，只有通过厚黑式样的迂回高招，才能办成事情，而袁世凯从国外一回来就做到，适应能力之强，转型之快，可见一斑。

07. “成功转型”:连皇帝都敢卖

又被时局推到了前台

孰不知在袁世凯潜心练兵时,又一场风暴悄悄地在大清王朝酝酿着。

甲午战争后,清王朝君臣们受了一惊,似乎猛然体会了一下人生苦短、祸福无常的宿命,随后更像发了疯似的穷凶极奢地享乐。对内政治更加腐败,官员们变得更加犀利、强悍,为人处世乃至执政完全一副流氓德行,不流氓、不缺德,就无法坐稳官位,就无法升迁;对外割地,赔款,似乎不出让主权,不卖国,就无和平的享乐环境可言。所谓的朝政是一团黑,一日不如一日,惹得天怒人怨。

康有为、谭嗣同、梁启超等新派人物,多是读书出身的知识分子,有知识又受传统的儒家爱国思想熏陶,不甘心国家这样烂下去。要奋起救国。如何去救?他们选择的途径就是依靠病恹恹的皇帝去变法图强。

为此,康有为一次又一次地上书光绪皇帝,提出种种变法的主张、建言。朝政被慈禧太后握控,光绪帝本没多大本领,当着皇帝不过是做做摆设,整日昏昏沉沉。眼看国将不国了,在师傅翁同龢等人的感召之下,他突然幻想有所作为,要去做一位留名青史的“明君”,经过种种考虑和选择,决定接受康有为、谭嗣同等人的变法主张,以变法打出自己出山、做“明君”的第一声炮响。

1898 年 6 月 11 日,光绪帝颁布“明定国是”诏,诏令大清王朝进行变法。16 日,他打破皇帝不召见四品以下小臣的旧例,在紫禁城仁寿殿单独召见康有为。不久,又命谭嗣同、杨锐、刘光第、林旭以四品卿衔为军机处章京(相当于高级参谋、秘书),参与新政。

戊戌变法居然由光绪皇帝一手发动,并推动起来了。

但是,掌权的慈禧太后并不支持变什么法,更不愿改变想咋享受就咋享受的现状。光绪变法诏令颁行的第二天,她就来了个釜底抽薪,将光绪的老师翁同龢解职开缺,送回原籍赋闲,命自己的亲信荣禄担任直隶总督兼北洋大臣,负责掌握董福祥、聂士成、袁世凯统率的三支部队,拱卫京畿。光绪变法充满了极大的变数。

光绪帝一则年轻,一则浑噩,仍不知觉慈禧的思想,改革的政令还是一道一道地颁布下去。而每一道诏书发下去后,都有王公大臣跑到颐和园,向在此避暑的慈禧哭诉,声称:"宁肯亡国,祖宗之法也不能变!"

他们也并不是如何爱着已经过世的祖宗,也不是想要护法,而是这些改革的某些措施稍微触及了他们既得利益集团的某些私利,就让他们受不了,暴跳如雷了。

老奸巨猾的慈禧太后不吱声,静观天下风云,反以此来辨别大臣们的"忠与奸"。

这样,事情就更加扑朔迷离、复杂化了。

慈禧虽然没有公开出面,并不代表她就没动作。没有不透风的墙。很快,北京城内风声越来越紧,从颐和园传出一个消息说,慈禧太后定于10月偕光绪帝到天津阅兵,届时宣布废掉光绪帝,另立新君。这个传言给光绪帝和他的维新大业顿然罩上了一层厚厚的乌云。康有为等维新干将闻言,先是震惊,接着惶惑,随后忐忑不安。谭嗣同提出说:"派人诛杀荣禄,翦除西太后的心腹亲信。"

杀了他的护驾大臣,这多好,有血性,还一了百了!有人顺着这个思路立即又提出:"可此举非有拥兵自重的军中大将支持不行。"

"对啊!"其他人又说,"这个人必定是位将军,该找谁呢?"

几人立刻想到了曾对维新事业抱有极大热忱的袁世凯。于是,康有为等人急急进宫,面见光绪帝,并竭力举荐袁世凯说:"此人堪当大任。"

袁世凯为何在维新派眼中如此的"好"呢?关键是他支持过维新派。

康有为初来京师,还是个无功名、无官阶的白衣寒士时,就一个劲儿要上书皇帝宣传变法,可渠道不通,每投书一次,就石沉大海一次。胸中尽是振国大策,就是没法儿递给皇帝,施展不了,英雄无用武之地。怎么办?在大清国没有别的途径,办公事也得像办私事一样,只能去找门道、托人跑关系。

这时袁世凯已是名声在外的革新派。康有为辗辗转转,好不容易慕名找到了他。袁世凯正在为自己的新兵制而激动,满脑子都是新思维,时髦得不得了。康有为一谈,袁世凯当即被他的变法热情所感动,满口答应将他的奏折代递军务处。

尽管后来光绪皇帝还是没收到这份上书，但康有为对袁世凯却感激得不得了，且一厢情愿地引他为“同志”。之后，他在上海创办强学会，鼓吹变法、维新，采用西方的新东西，议论时务。袁世凯闻讯，知道这穷书生嘴巴喊得挺响、兜里却没钱，办不了事情，慷慨解囊捐银500两，并活动两江总督刘坤一、湖广总督张之洞、直隶总督王文韶答应各捐银5000两，支持康有为去变法。就这几下子交往，穷途末路的康有为等人此刻却把正在小站练兵并于去年提升为直隶按察使的袁世凯看成了关键时刻的撑天大柱。

玄妙、难料的机会

在康有为、谭嗣同等人的游说下，9月11日，光绪帝发布上谕：“电寄荣禄，著传知袁世凯，即行来京陛见。”

9月16日，光绪帝在颐和园单独召见袁世凯。在交谈中，光绪询问他在小站训练新建陆军的情况，并且暗示他以后不必受顶头上司荣禄的节制，破格授予他候补侍郎官衔。

袁世凯是第一次受到皇帝的单独召见，突然升官不说，还获得可以不受当朝权势最大的荣禄节制的皇令，激动得热泪盈眶，高声大喊：“感戴皇恩！”连向光绪磕了好几个响头。

袁世凯的进京及被光绪超擢为候补侍郎，给京城的激进与保守两派的实力带来了微妙的变化。

荣禄立即采取应对措施。在袁世凯进京后，他立即征得慈禧太后同意，调董福祥部进驻长辛店，调聂士成部驻军天津，并急电令袁世凯回小站军营去。

与此同时，因改革而触及自己既得利益的庆亲王奕劻、端郡王载漪多次跑到颐和园，哭请太后再度训政，赶快废除那“害人害己害子孙”的变法。

康有为的变法如何“害人害己害子孙”了呢？其实，这次变法步子迈的并不大，主要内容是：在经济上，设立农工商局、路矿总局，提倡开办实业；修筑铁路，开采矿藏；组织商会；改革财政。在政治上，广开言路，允许士民上书言事；裁汰绿营，编练新军。在文化上，废八股，兴西学，创办京师大学堂，派留学生；奖励科学著作和发明。这些革新的目的就是去学习西方的文化、技术和经营管理制度，虚的多，实的少。设立几个局，建一座大学堂，修点铁路，允许民众上书，派留学生，奖励科学发明等等，并没直接触动大清政体，也充分考虑了既得利益者的利益，事实上对那些重臣高官的既得利益并无大触及。改革了，变法了，他们照样可以去诸如农工商局、路矿总局掌权，照样可以去开办实业，从修铁路、开矿藏等事项中去攫取私利。可是，这些变法措施一出，终究是变动。朝中那些既得利益者想都没想，便觉得不好、不妥。

为什么？一则他们对这些新东西，不甚懂，也不明白。康有为他们一咋呼，便以为天下要变，一成不变的利益要丢了，立即暴跳如雷；二则就是一些人明白这变法到底是怎么一回事，也知道这些所谓的措施对自己触动不大，也不愿意去动。因为做一件新事情，绝对要比维持现状费力、要多动脑筋，多一事不少一事。三则康有为几人初涉官场，以为依靠着一个病恹恹的光绪皇帝，当了他的红人，就可以睥睨天下，大出风头，光芒盖住老官旧僚。

维新派变革犯了大清官场的大忌，因此，与守旧派的矛盾消弭不了。守旧派在慈禧太后的唆使下准备出手。局势越来越紧张，京师谣诼一片，乌云压城。

风雨欲来了。

9 月 18 日晚，谭嗣同带人悄悄地钻进了袁世凯的北京寓所法华寺，向袁世凯和盘托出一个计划，劝说他在慈禧太后天津阅兵时起兵勤王，先宣布诛杀荣禄，救出光绪帝，再劫持慈禧太后，率兵打回京都，控制北京城。

袁世凯一听，就惊出一身冷汗。他的新军虽强，但周围有更多的其他精锐部队，如何能勤王抓住慈禧太后？就是抓了她，也没跑出天津，就要被重兵围住。再者，小站离北京 300 里路，长途奔袭京都，无疑是异想天开。明知不可为，但他还是拍着胸脯，满口承诺说："赴汤蹈火，亦所不辞。"

谭嗣同没和他再去商定政变的具体细节，袁世凯也不曾问及。谭嗣同撂下一句话："明日准备去皇宫。"与几名"书生"一起走人了。

次日，袁世凯再次应召去觐见光绪帝，当面受领了光绪帝下达的届时勤王的密令。

下午，袁世凯如约回了天津。

把皇上给黑了

然而,此时的袁世凯,早已不是昔日那位英姿雄发、锐气十足的“袁监国”或初回北京那个不谙京师官场而一心要强军救国的“军务处行走”的袁世凯了。

归国几年,袁世凯在大清的权力中心——京津官场——这个大染缸里浸淫,凭借着自己的高智商,成功实现了思维和做派的转型。现在的他,少了原来那副咄咄逼人的锐气,少了原来那副对工作认真的死脑筋,少了原来凡事要讲一个责任心的“乳臭”,没了那份公心、责任心和道德感,取而代之的,是“我”、“家”、“孩子”、“房子”、“银子”。他变得内敛、深沉了,说话处事深藏不露,绵里藏针。表面上,日夜为国事奔忙,事实上只为一个“小我”拼搏——为小家舍国家,为个人仕途拉关系、找大哥;表面上,满嘴都是仁义道德,出口就是引用朱程理学的名句名言,而实际上好话说尽、坏事干绝,做事舍弃道德,不讲起码良心,成了一个地道的伪君子。

正是这样,他在京津官场游刃有余,八面玲珑,与谁都关系好。也因为此,被康有为、谭嗣同等人看中。

袁世凯的这个转型,使得好端端的一个“人才”走火入魔,成了“歪才”,而这反是他极强的官场生存能力在激烈的竞争、角逐中的一个成功跨越。因为这完全与这个烂得不能再烂的大清王朝完全吻合,堪称“华丽转身”。

人在做,天在看。袁世凯成功转型了,而这个转型带给他的,是祸,还是福呢?答案只能留给时间去给出。

这次维新派和光绪皇帝把他当做撑天大柱,给了袁世凯一个难得的飞升机会。在仕途拼搏的袁世凯决定抓住它。

这些日子,他表面上对维新派和光绪皇帝唯唯诺诺,其实暗中一直在权衡形势,比较维新派与守旧派以及他们各自的后台——光绪皇帝与慈禧太后的力量,孰强孰弱,对自己的取舍进行分析、判断。当优劣胜败一目了然后,他胸中就有了决断。

他接受光绪皇帝的勤王密令回到天津后,并没去立即布置允诺皇帝起事的诸准备工作,而是趁着夜幕跑去了节制三军的“大指挥”荣禄家里。

在灰暗的密室里,他把维新派的兵变计划、光绪皇帝的密令,一股脑儿倒豆子似的倒给荣禄，当了可耻的告密者。也就是说，胆子包天的袁世凯居然把皇帝都给卖了。中国几千年历史，皇帝无数，真正敢干出出卖皇帝这种事的，只屈指可数的几个人，且都是绝世奸雄，而袁世凯就是这样的人。

荣禄一听维新派要造反，大惊失色，顾不上与袁世凯多说什么，立即连夜进京，跑进颐和园，向慈禧太后报告。

9月21日黎明，慈禧太后从避暑纳凉的颐和园怒气冲冲地回到了紫禁城，见到闻讯起床的光绪皇帝，“啪”地就是一个大耳光，打得光绪昏头转向，差点一个趔趄倒地。随即，慈禧太后喝令说：“将他关到瀛台去。”

光绪被押去囚禁在中南海一个叫瀛台的孤岛楼上，当了笼中小鸟。

随后，慈禧太后雷厉风行地宣布再度临朝训政，废除前些日子由不懂事的光绪帝一股脑儿颁布的那一系列“新政”和“变法”，并且下令抓捕维新分子。

康有为得到信儿，立即跑到英租界，在英国人的庇护下，离开又爱又恨的祖国，跑国外流浪去了。而没有走或没走掉的谭嗣同、康广仁等戊戌变法六君子，被官兵一一捕获，关进了大牢。

9月28日，六君子被绑赴北京菜市口刑场开刀问斩。在行刑时，那把名为“大将军”的大刀第一个砍在康有为之弟康广仁头上，第五个轮到谭嗣同。按大清惯例，杀平民用快刀，杀官则用钝刀，且官越大，刀越钝，因此千刀下去，血汩汩地冒，头却落不下，完全是“锯头”。面对前四人的惨状，谭嗣同若无其事，面不改色地大声说：“各国变法，无不从流血而成。今中国未闻有因变法而流血者，此国之所以不昌也。有之，请自嗣同始！”说罢，从容走到“大将军”之下……

谭嗣同深夜去找交往不深而又深不可测的袁世凯，多少是书生式的不理性和不冷静，头脑发热，终于酿成杀身之祸。这样的死，多少又有些自找的味道。他和其他五君子被杀，表明戊戌变法完全失败。

这次袁世凯黑了皇帝一把，成功地进入了荣禄阵营。

名声没臭

12月，大清朝廷委任袁世凯署理山东巡抚，统率所练武卫右军由天津小站开往山东驻扎。

次年3月,袁世凯实授山东巡抚,一跃成为显赫的地方行政长官。

然而,他这次“成功”升迁,远远不如以前在国外升官那么为人所称道。

在“君要臣死不得不死”的儒家文化下,他干出出卖皇帝求荣的奸雄之举。不管怎么说,多少有些大逆不道,为全社会的“基本道德”所不容许。

其实,袁世凯当时是没有选择,“被卷入”这场漩涡之中的。

谁都知道光绪无权也无能,实权在慈禧太后手上,变法大事难成,在弱肉强食、赢者通吃的官场规则前,他被光绪皇帝拉进了小圈子后,身处漩涡之中。当形势到了对决的时候,他不能自拔,无处可逃,两派的形势和胜负谁都看得清楚,关键时刻,他只有卖主才可自保。

他这样的选择,多少有些被逼无奈。并且,在风险万分的时局下,他采取“强者恒强”的策略,才不至于去自毁前程,落个奋斗多年,一切荣华富贵瞬间成为“一场空”的官场人最惨痛的下场,何况这样去做,还能立功,为自己的前程锦上添花。因此,袁世凯卖主黑皇帝,可以自保,可以求荣。整个官场人人都是流氓,为什么强求自己去做遵守道义的君子?黑了皇帝,一举几得,何乐而不为呢?

可以说,袁世凯对皇帝的厚黑,是大清这块烂地让他由“人”变成了“恶鬼”,怪不得他。

胜者为王败者为寇,是官场的“公理”。

尽管朝野奉行儒家文化,而儒家奉行“君要臣死不得不死”的道德法则,现在袁世凯干出了伤天害理的难容之事,但是,没有人站起来谴责他,或者背后批评一句。

在慈禧太后控制着的朝政中,真正有良知或像谭嗣同这样不怕死的,没几人。在强权之下,所谓的道德良知,于大臣们来说,早被抛弃到茅坑里去了,谁愿意去管这事不关己的闲事儿?纵使有光绪几名近亲暗中“亲者痛”,也是以明哲保身为保官、保命之道,没一个“傻瓜”对这“道德沦丧”的事情吱哼一声,自己给自己惹麻烦。

袁世凯黑了光绪之后,光绪在瀛台画地为牢。大清国的皇帝日复一日地当着“大清国囚犯”,大臣们照旧花天酒地。袁世凯“伤天害理”了,没有指责,没有背后戳脊梁骨,反而升官,名声也没臭。为此,他松了一口大气,大言不惭地说:“德不孤，必有邻。谢谢那些主持正义的朋友。”

袁世凯沾沾自喜，以“德人”自居，大清国上下的道德、良心荡然无存了，继续腐败和堕落，于是乎越是没有道德、良心的人，越敢于与人斗狠，越敢于为私利出奇招，就越是时代的英雄，越升迁。袁世凯厚黑有高招，官年年升着，权月月增，趋炎附势的人们络绎不绝投奔而来，袁府大门前常常被前来谒拜、送礼的大人们的大车、轿子堵塞得水泄不通。

08. 把官越做越大有秘诀

遇不上伯乐遇上马贩子也美

孰不知此时地球人生存竞争的“国际通则”，完全类似“弱肉强食”的丛林法则。慈禧太后等人在内执行“弱肉强食”的丛林法则，在外也要无情地“被执行”这个地球人生存竞争的“国际通则”。

大清国在慈禧太后等旧党老臣的治理下，一日比一日腐败，国势每况愈下。洋人们也是柿子专拣软的捏，频频对大清国索钱要地，要各种“利益输送”，稍遇不情愿或迟缓，就威胁要出手、要出兵，输送了利益，也没好脸色，除了呵斥还是威胁，真是欺负人欺负到头上。慈禧太后等人的对内“法则”对外“被执行”。1900年，受尽了“洋窝囊气”的慈禧太后脑子一热，暗中支持一个民间团体——义和团去进行“灭洋运动”，放纵义和团团民去烧在中国横行的洋大爷们的房子，打洋大爷们的屁股，甚至在洋人外出时堵着道路，不让通行……结果，引得洋老爷们大为生气。英法德意等八个国联合组成一支联军，打将上门。几千人马气势汹汹地从天津杀上岸后，好几万大清精兵都阻拦不住。

八国联军呼啦啦就杀进了北京城，吓得一贯威严的慈禧太后不得不拉下架子，换上宫女的便装，跳上一破骡车，仓皇逃出皇城，屁颠屁颠地西去逃命，任凭联军在皇宫里打、砸、抢。这些洋鬼子兵抢劫一空后，为了毁灭抢劫证据，就放火烧房子，慈禧太后最喜欢、最漂亮的皇宫圆明园被这么一把大火，烧成了一堆废墟。

洋鬼子们就是那么不讲理、那么霸道，占据着北京后，乐不思蜀，直把人家当自家。

慈禧太后逃到了西边的西安城后，蓝眼红毛的洋鬼子兵还扎营在紫禁城内，睡她的龙床，坐她的龙椅，把她没来得及带走的一件件高档衣服当抹布使……急得她喉咙都哭嘶哑了，眼睛哭肿了。过了好几个月，北京传来的消息还是说：洋鬼子没一丝走人的迹象。

鬼子不走，慈禧太后忽然想到“屡次能退敌”的“神人”——李鸿章，再次请他出山。

这时年迈昏庸的李鸿章正在广东某栋别墅里猫冬。上次他被慈禧太后撵回家，先是去了一趟国外旅游，回来后出任两广总督。上次下野，不过是休息了一段日子，换个马甲就出来了。走马上任时，他还是忍不住说了一句牢骚话：“每次都是这样的戏：出了事免职，事过不久就回来了，不累人吗？”

放几天假去玩了一番，回来照样当官。李鸿章自然还是想得通。本来在南方，官当得好好的，日子过得好好的，没料到在“国难”的关键时刻，又被慈禧太后选中北上“救国”。

这一次，慈禧太后是重症下猛药，为了让李鸿章出面与八国联军商谈把战争停下来，不惜授予他直隶总督兼北洋大臣的重职。

1900年6月，李鸿章开始北上了，但上次被卸磨杀驴的教训尤难忘记。坐船急急赶到上海后，就以身体不适为由，停下来观望、拖延去“救国”。

7月30日，慈禧太后再次发电催促。终究直隶总督兼北洋大臣这两顶可以造福子孙的官帽子诱人，李鸿章又开始启程。

李鸿章到了北京，大清国的皇宫，被烧掉的，成了灰烬，没烧掉的，都被洋大兵占据着，金碧辉煌的王宫成了洋人放军马的栏厩，这停战谈判还有什么可谈的？无法谈，也不可能讨价还价。李鸿章的任务是把洋鬼子兵请回去。于是，与洋人的“停战谈判”转为“请人家回自家去”的交涉。如何把他们请回去呢？他还是“老智慧”、老办法——卖国加上死皮赖脸地苦苦哀求。

打家劫舍的强盗哪里会发什么善心？更何况是在每次都是不谈则已、一谈必定收获比期望还远高得多的李中堂前面。八国联军的谈判代表分毫不让，恼火了，反而条件加码，李鸿章又被迫答应。肥肉如此容易吃到，要求分利的国家也增多，比利时、西班牙和荷兰三国趁乱加入，使得原来的8国增加到11个国家。李鸿章以卖国来“救国”的策略，真是越折腾，麻烦越大。

这么折腾一直闹到第二年9月，还没有结果。慈禧太后在外流浪，没有皇宫生活的好条件，真是“苦不堪言”。李鸿章不得已，再次咬牙签下比当初《马关条约》还卖国十倍的《辛丑条约》。

这个条约规定：(1)惩办主战官员，杀死、流放高级官员100多人；(2)拆除大沽到北京沿线所有炮台；(3)割地；(4)赔偿，赔洋人银子4.5亿两，年息4厘，本息共9.8亿两，全中国人用50年都还不清；(5)划定使馆区，将北京东交民巷划定为使馆区，成为“国中之国”，在区内中国人不得居住，各国可派兵驻守；(6)各省官员必须保证外国人的安全，否则立予革职，永不叙用，凡发生反帝斗争的地方，停止文武各等考试5年；(7)对德、日“谢罪”，大清政府分派亲王、大臣赴德、日两国赔礼道歉，在德国公使克林德被杀之处建立牌坊，永久纪念。

李鸿章再次完成了人生中的又一次“和谈”壮举。

然而，这次谈判完全是超难度的大工程，李鸿章因为受的“百样气”太多，近一年的“被欺凌”和瞎折腾终于把“胸中一段春”也弄给没了。作孽太多，老天也不宽恕。签约两个月后，12月7日，李鸿章就在国人的唾骂声中吐血而死。

临死前，他在遗疏中竟不忘当“伯乐”，保奏“后起之秀”袁世凯，并且称：“环顾宇内人才，无出袁世凯右者。”

他为何如此保荐袁世凯？看中了袁世凯什么潜质或者特质？无人能知。有些老政坛对手则气愤地说：“李中堂不是啥伯乐，而是马贩子一个。”

那么，八国联军在北京“大闹天宫”的时候，袁世凯在做什么呢？他不是组织部队去抗击侵略祖国的八国联军，而是指挥手下对义和团进行斩杀，对追杀洋人的同胞搞斩草除根、株连九族，大讨洋人们的好。人们后来从袁世凯此时“帮洋人杀同胞”的行为和后来仿“伯乐”李鸿章签订出《辛丑条约》的山寨版卖国条约《二十一条》等举动，才看出李鸿章“识才”的“慧眼”是多么的超前和犀利。

洋祸害终于要撤兵走人了。这时慈禧太后已“流浪”到了河南荥阳，准备向北京进发。接到李鸿章的死讯和奏疏，她当即下令提拔“宇内人才第一名”的袁世凯署理直隶总督兼北洋大臣。

在李鸿章的保荐下,41 岁的袁世凯再次飞升，接下李大人丢下的衣钵，当了“李鸿章第二”。

11 月 21 日,他由一营亲兵护送,从山东济南北上,26 日抵达高阳。同一日,他的老恩人、护理直隶总督周馥护送着总督官印也到达高阳。第二日,袁世凯摆设香案,遥对慈禧太后行大礼参拜,然后接下了这颗象征权势和荣华富贵的沉甸甸的大印。

官场上混得有靠山

1902 年 6 月 9 日,清廷实授袁世凯直隶总督兼北洋大臣,并加赏太子少保衔。袁世凯正式进入大清国的最高领导层,成为屈指可数的高级干部。

袁世凯出任直隶总督后,在短短一年中,快速将原小站新建陆军班底扩充为北洋六镇,除第一镇以满洲八旗兵丁为主干、不归他节制外,其余五镇都由心腹大将出任统领。

虽然大权在握,袁世凯的靠山,不是慈禧太后,而是她的心腹荣禄。八国联军入京时,荣禄仓皇之间没来得及跑出城,随后就被西逃的慈禧太后诏命留京办事,两个月后,才跟着跑去西安。谁知他随慈禧太后在外面折腾一番,年初回到京城后,每逢开会就请假,不见人影了。

在官场上,干部们出现不出现,露脸不露脸,十分重要,也尤其为人关注。难道荣禄他也会逃会?

原来他的身体已大不如前了,想参加也去不了。袁世凯敏锐地觉察到这座靠山要垮,荣禄不久就要告别人世。这个念头让他不寒而栗,没有后台,在朝中如何站得住脚？必须未雨绸缪,赶紧寻找一位“朝中人”替代荣禄。

找靠山如同救兵、救火一般紧急。经过左右权衡、一一比较,袁世凯瞄准了庆亲王奕劻。

这庆亲王奕劻是有名的王亲贵族,是乾隆皇帝的第十七子永磷之孙。因为这割不断的血脉,他是清末极少数享有“世袭罔替”的亲王,即俗称的“铁帽子王”。他这个“官N代”，与别的肥头阔脸的官二代、官三代不一样，虽然养尊处优，吃的比谁都好，喝的比谁都多，但骨瘦如柴，好像饿得发慌，两眼出奇地大，却毫无光彩。到了晚年，他的嘴巴闭不紧，下巴松弛。就是这副样子，也全然不掩他贪婪而昏庸的“官N代”本性：既无能无才，又十分贪财。对此，他公开对外声称：“我老庆细大不捐。”意即受贿不论大小、多少。

这样一位贪鄙无能的家伙，慈禧太后却十分看重他，有意以他去替代将去的“国家梁柱”——荣禄。因此，拿下他，更加成为袁世凯必须去做的事情。

要拿下这样一位贪虫，于袁世凯来说，易如反掌。这些年官场上混，他摸到了独到的出世法则和人生信条：只要有两件宝贝，就没办不到的事情。这俩宝贝，一是刀子(枪杆子)，一是银子。对庆亲王，他自然是去用银子攻。

这次回京，大清的君臣上下笑脸多的人很少。

为什么？这次八国联军打进北京城，完全像疯了的野兽一样，不管是黎民百姓还是亲王府殿，一律尽砸尽烧，尤其对那些财富万千的皇宫、王府更是尽情破坏、摧毁。为啥如此“仇富”？一则太后、王爷乃至其仆从比一般老百姓更怕洋人，抢劫老百姓说不定会有一些阻拦甚至反抗，去皇宫、王府抢劫，连起码的阻拦都没有，简单轻松；二则皇室王府比寻常百姓家更富有，收获更大，抢了之后要砸要烧，想宣泄情绪，有的是砸不完的物件，可以砸到手抽筋，想折腾多久可以折腾多久。在这些板着脸儿不高兴的人群中，奕劻的小脸儿拉得最长。

八国联军进京，圆明园烧了，紫禁城抢了，堂堂的庆王府也没例外，被这些“外来强盗”砸了个稀巴烂。爱财如命的庆王爷回家一看，很生气，天天敲着桌子，不敢骂洋人，就骂下人，乱发脾气。袁世凯得知这一情况后，觉得攀附的机会来了。

他立即联合那桐、徐世昌、端方、盛宣怀等朝廷大员去解领导之忧。如何解忧，劝说没用，得用钱砸。几人决定集资，在北京什刹海西的黄金宝地——李广桥为奕庆王兴建一座大庭园，作为新家。

急事特办。军民齐上，偌大的庭园很快就胜利竣工。规模十分宏大，其中假山、流水、古树、敞轩应有尽有，还有精仿的西式楼房。这得花费多少银子啊！袁世凯慷慨地出了大头。

此园建成后，因为是居家用，那些楼、轩、斋、馆所需的陈设和家具极多，全部由临记洋行一手承办，结果，购进来的都是进口的新奇洋货。这个洋行不是别人开的,而是袁世凯和北洋诸大员与天津绅商暗中集资来股开办的,对外以巡警道杨以德的名义,由其弟杨以俭为总经理。虽然是来股的公司,其实是众人襄助袁世凯的金库,专门为袁世凯联络北京的那些贪婪的权贵提供资金支持并经办具体事项。该行还负责刺探宫中、政府及各要员的行动,便于袁世凯见机行事,及时应付官场风云。这个洋行实际上是袁世凯办理“进奉”和行贿、说情等事的“私人秘书处”,相当于袁世凯的财库和驻京办。各股东则从袁世凯的权力中获取其他利益,进行补偿。

庭院建成后,贪财的奕劻亲王乐呵呵带着家人住进了新王府。

之后,临记洋行每日做到与庆王府通电话一二次,报告有什么新货到行,征询老太太、大小姐有无购买之意。只要他们说要,就立即送来,不收取分文。奕劻白得新住宅,还不时有新奇洋货搬进,高兴得见着原不屑一顾的袁世凯就笑脸盈盈,问长拉短,十分亲热。若逢着前来巴结的外人,他还死夸袁世凯“英俊多才”、“国家栋梁”。

在袁世凯尽力靠近奕劻之时,老靠山荣禄的身子一日不如一日。1903 年 4 月,他一命呜呼。

荣禄一死,奕劻就要入军机处为领班大臣,坐上王朝官吏第一把交椅。这个消息一传出,在保定的袁世凯立即差副官携带银票赶往北京,拜访亲王。庆亲王一见是银票,起初不肯收,假装推让了几下。

袁世凯的副官说:“王爷就要入掌军机了。实乃国家之大幸。庚子拳变,八国联军进京,就是靠着王爷和李中堂主持大局。现李中堂不在了,事事都要仰仗王爷。宫保(即袁世凯)素对王爷十分敬重。这次王爷入军机,老佛爷左右太监多,少不了要向王爷道喜讨赏钱。这点钱是宫保给王爷备下的一点零用钱,数目小,王爷千万要收下,否则某回去不好交差。”

话说到此,奕劻也不客气,装都不装了,笑纳了银票。

袁世凯给他备下的“一点零用钱”,数目是白银 10 万两。事后,奕劻乐得直抓头搔耳:“这袁宫保,一出手就是 10 万两,蛮大方嘛。”结果,对其他送贺礼的行贿者,反觉得他们太小气,收了礼也不给好脸色。

奕劻入主军机处后,袁世凯为彻底拿下他,把关系做硬做铁,又打起了他的儿子的主意。袁世凯比奕劻小 23 岁,完全不属同一代人,于是和他的儿子载振结拜为兄弟。以后，庆王府无论是年节、生日还是嫁娶、子孙满月周岁等等大小诸事，袁世凯这个“结拜儿子”都早早一切准备停当，不费王府一分钱，且把大事小事办得圆圆满满。庆王府的吃喝拉撒，全由袁世凯一人包了下来。声称“我老庆细大不捐”的奕劻完全被袁世凯的糖衣炮弹俘虏，脾气最大的他在袁世凯前也变得服服帖帖。

而袁世凯的这般本事，除了祖上的为官秘笈管用外，更多的是后天获得的。这些年在大清官场扑打滚爬，使他越来越精明，深得官场三昧。聪明的他在这方面天赋很高，不仅一学就会，并且运用得精妙，可以说是大清官场成功运用这些官场术且玩得好的数一数二的“杰出人物”。

09. 超级的“才华”可用金钱打造

复杂的人简单地处

大清王朝完全是慈禧太后的“一言堂”，因此，袁世凯单单拿下奕劻，还不足以成就最大的事业，他必须拿下大清最高主宰——慈禧太后。

对付慈禧太后这个妇人，袁世凯的办法还是现成的——用银子攻。谁知让他料想不到的是，原以为高不可攀、不费巨力极难拿下的慈禧太后，拿下来，居然比庆亲王还简单得多。

慈禧太后在外当了一年多的“女流浪汉”，回銮京师后，也是一进宫就伤心不已：自己睡觉的床被洋鬼子住过，玷污了；自己玩耍过的珍宝已被他们抢走，找不着了；连自己的宫殿，鬼子们移不动，也进行大破坏，里面连起码的生活物品不是没了，就是坏了。经过一阵时间的整理后，各处还是残迹犹存。这让生性讲究生活品质的慈禧太后好不懊恼。

她气归气，洋鬼子肯定是惹不起，也不敢去惹了。伤心气过之后，她决定自己的事儿还是自己办，便委命刚刚走马上任、离京师最近的袁世凯赶紧筹款，为宫殿置办珍宝“以备急用”。

这时直隶省内多数地方还没恢复正常秩序，兵祸没消逝，老百姓还在外地流浪，到处田土都荒废着，官府就是向百姓摊派，也难找到人，并且缓不济急。为了迎合慈禧太后的“急用”，袁世凯自己筹措了一些款子，可太后玩耍的那些珍宝，也不是普通的一般玩意儿，不花大钱，买不到。唯一的途径是去骗，骗太后，但据说她身边有专门的鉴宝人，害人则会害自己；去骗珠宝商，他们都是北京城里的大户，背后无一不牵着某大官大僚，也惹不起，因此骗这条路完全走不通。可这点钱又不够用，袁世凯眉头一皱计上心来，于是邀集直隶省的那些藩、臬、司、道官员前来商议如何去筹款。

尽管家财万贯，官员们对这样雁过拔毛的事儿，谁都不愿出钱，一听集资、筹款，脸色就蜡黄，个个叫苦连天。袁世凯只好也退一步说：“只是暂时借用一下诸位的私人款项垫办一点，以后收了赋税，会陆续归还。”

他声言以后用公款偿还，这些“铁公鸡”还是不肯解囊，反而向他诉起穷来，连哭带泣的，个个简直家里早已是没米下锅。同是官场之人，这假诉苦岂能骗得住袁大总督？他见这些“铁公鸡”丑态百出，知道再敲打也起不了作用，于是说道：“既然大家都穷得没法过日子，我就不勉强了。此事儿暂时作罢。”

众人脸色这才由阴转晴，笑嘻嘻地各自坐着轿子回去了。

谁知袁世凯并没有作罢。事后，他不动声色地派几个精干的手下，去天津几个大票号，和掌柜的接洽说：“有一些公款想存到票号，利钱能给多少？”

票号掌柜“明白”地说：“你们这是公款私存吧。”

对方说：“不要乱说乱传，给个最高利息吧。”

掌柜说：“最高只能到 8 厘。”

“听说别人在票号的利钱比这个数字要高得多。”

来人与票号掌柜在柜台前为这利息进行死磨。

票号掌柜费尽口舌，也不能让他们相信最高是“8 厘”，可又舍不得放弃这偌大存款，为了取信于“客人”，只好把账簿搬了出来，并将某官署或某官的存款数及利息多少一一指给他们看。孰不知这些人都是在上海滩干过包打听的袁世凯的“侦察兵”。他们当即把有关个人存款数字，偷偷一一记清，然后撂下一句话：“明儿我们就把款子送来。”

“侦察兵”连夜赶回北京，将探得的情况一一报告袁世凯。当夜，袁世凯一声令下，手下那些精悍的兵勇趁着黑夜杀进票号，把这些“赃款”统统没收，威胁掌柜说：“不准出声张扬出去，否则以同案犯论处。”

这年月官家拆房子、抓人丁，老百姓都不敢言语一声。这次兵勇没收了贪官污吏的赃款，掌柜哪敢讲出去当个明知故犯的“同案犯”?!

过了一两日，袁世凯把当初那些哭穷的官僚们请进了总督府。在会议上，他侃侃而谈，讲了手下几个“侦察兵”去天津票号查案的大致经过，念了一下名单和数字，正在众人脸色发青、不知所措的时候，突然猛地拍着桌子说：“这些掌柜实在可恶，竟敢冒用诸公名义招摇撞骗。为了惩罚他们，我已把这些冒名顶替的存款暂时借用了。”

这些“铁公鸡”的银子、款项无一来路清楚，不是索贿受贿，就是损公肥私，巧取豪夺弄过来的。袁世凯这么一说，谁敢承认赃款是自己的？只好破财消灾，哑巴吃黄连，不再出声了。

这一次“侦察兵”出击，袁世凯一共没收了约100余万两银子。有钱就好办事。很快，就圆满地为慈禧太后置办了宫中的珍玩，并且还为她筑了一座大戏台。

以前，慈禧太后对袁世凯的印象很粗略，只听别人说过他如何如何优秀，如何如何有能力，通过这次实践的检验，对他的“才华”终于有了真切的认识，对他的“过人能力”深信不疑了。

就这样，袁世凯通过一次置办珍宝，花了区区100万两银子就把“天下第一”的慈禧太后给拿下来了，总花费还不及奕劻的几分之一。

挥之不去的忧患意识

自从23岁遁入大清官场这个大黑缸后，袁世凯在里面扑打滚爬二十几年，把自己锤炼成一名杰出的官场老手，为官之术已炉火纯青，同时多年的打拼和耳闻目睹的一场场盛极而衰的悲剧，又让他深知官场险恶。结交上慈禧太后之后，他不像别的人那么得意忘形，觉得有了依傍的大树而沾沾自喜，相反有了一种重重的说不出的忧虑感。

为什么?

谚语云:木秀于林风必摧之。大清官场几乎每日都在出演因为"红眼"而互相攻讦、告黑状斗得两败俱伤或一败涂地的闹剧。袁世凯得了太后欢心,自然有人会嫉妒,背后进"谗言"、说坏话,甚至使出"史上最下流"的手段搞小动作、下黑手。而太后常常也不明察,且很多时候处事相当"情绪化"——情绪好时,谋反杀人放火的行为,她会认为是好事,进行褒奖;情绪不好时,就是天上掉金蛋砸在眼前的好事,也会说成是坏事,万恶不赦。袁世凯做下属,就是做得最好,最完美,也难保太后一"情绪化",啥事儿稍微折腾一下,就使自己苦心所做的一切弄巧成拙,甚至前功尽弃。

在奕劻和慈禧太后的昏庸统治下,像袁世凯这样的朝廷高官,也成了绝对的弱势群体,这不能不说是延续了几百年寿命的大清王朝的莫大讽刺和悲剧。

既然是弱势群体,如何避免朝廷冷不丁的飞来横祸,或者不让煮熟的鸭子飞走,成为诸如袁世凯这样的"智者"日夜思考的大问题。当然,这个问题难不倒袁世凯这样高智商的人。很快,他就有自己的办法了,即去把随在太后身边、寸步不离的大太监李莲英拿下了——这样若有人说"咬"他袁世凯的坏话,李大太监就可以当场进行"堵嘴",塞住这个"堰塞湖",万一堵不住,也可以及时通风报信;另外,李大太监若是逮着机会,还可经常在太后前替自己美言。只要做到时时联络,保持联系通道畅通的话,就完全可以避免背后遭黑手的悲剧了。

袁世凯找到了自己给自己"上保险"的办法,可又如何拿下一人之下万人之上的李莲英呢?

人家虽是宫内一名太监,但也不是不食人间烟火的"神仙"。这样,袁世凯就一定有办法拿下他。

袁世凯同李莲英相识,是好几年前的事。当时他刚从朝鲜回国,在京师军机处打零工,除召集一些同僚呼吁改革军制外,便是遍结京中名流,以求荣升。没有官职的太监李莲英也是他结交的重要目标之一。当时他的结拜兄弟阮忠枢正在李家当教馆先生。这阮忠枢邋里邋遢,生性没有政治野心,人家求官,他甘当一介文人,做李太监的刀笔吏。

自古以来,越是邋遢、越是无常之人,越是有才,诸如古时的嵇康、阮籍、山涛、向秀、刘伶、阮咸、王戎,还有他们之前的东方朔和之后的唐伯虎等等,平时无一不是疯疯癫癫,而实际上都是才华横溢的高人。这个阮忠枢和他们差不多,也是个罕见的怪才,过着晨昏颠倒的生活。每天深夜,他不像常人那样睡觉,而是伏案操笔,直到晓至天明,为李莲英当笔杆子,写文章。李莲英起床时,他把一夜起草好的文件交给他,才昏然睡去,一直睡到下午三四时,一觉醒来,在青灯之下饱餐膏火,过足了鸦片烟瘾,又开始办理李太监交办的文书事项。识字不多的李太监有啥笔墨难题、文章大事,拿到他这支破笔之下,都迎刃而解,且他的文笔快得很,想要就有。因此,这阮忠枢虽然可能俩月仨月不洗澡,不换衣,一身恶臭,但很受李莲英赏识。

为了拿下李莲英,袁世凯决定先拿下阮忠枢。

这阮怪才没政治野心,袁世凯要搞定他,几乎使尽了"手段"。送礼去,他不收,赠点宝贝,他没兴趣;给官当,人家全不放眼里,瞧都不瞧。智商极高的袁世凯几乎使出浑身本事,花尽平生最大功夫,都没和他结成"哥们"。怎么办?袁世凯不得不继续动脑筋,想得掉头发,还是无计可施。

正在这时,时来运转了。

一日,袁世凯像往常一样跑去和阮怪才闲聊。聊着聊着,两人话语之间便扯到了女人身上。这似乎找到一个共同话题。阮怪才无意中还泄露了一个天机,说他看上天津某某妓院走红的妓女小玉,很想纳这位美女为妾。袁世凯劝他说:"娶个鸡婆,你就不怕有碍君誉?"

听他这么一说,阮忠枢终究也是个拿笔杆子的,就不作分外之想了。

又过一段时间,袁世凯不知用了一个什么计策,诓着阮怪才一同到天津去玩。两人到达天津时,天色已晚。袁世凯便说:"一同到我朋友那里过夜吧。"

两人驱车来到朋友家宅中。阮怪才踏进这深宅大院,只见红烛高烧,筵席丰美,好不热闹,心中很蹊跷,心想我倒有口福,到此便可饱撮一顿。谁知他一脚刚跨进二院门,院门口丫头一声高叫:"新姑老爷到——"于是,厢房两边鼓乐齐鸣,屋内携出一位红头遮面的新娘。

阮怪才就当了新郎。而这位成亲的新娘,正是他日思夜想想纳为妾的妓女小玉。

原来,袁世凯表面反对,暗中却派人将小玉赎了身,让她一夜之间脱出让人打让人骑的妓院,“还俗”成了良家姑娘。

阮怪才终于被袁世凯抓住软肋,打开了缺口。从此,他对袁世凯感激之至,无论公谊、私交对袁大人唯命是从。通过他,袁世凯很快就可去见到李莲英了。

与李大太监相见,袁世凯很郑重,准备得也很充分。一见面,就奉上一笔厚礼,然后拿出自己多年练就的那副超级口才,和李大人进行“高智商的交谈”。两人言来语去,非常投机,马上就成了一见如故的知己。

以后,袁世凯常去李府,瞧不起人的李莲英也奉他为上宾。不久,二人换了金兰之帖,结识成了“无血缘”的兄弟。

自筑一道保护墙

大清官场最险恶,上下、左右都是你防我,我防你。官员们生息在同一片天空下,侍奉同一个朝廷,心与心的距离却非常遥远。而袁世凯之所以能拿下李莲英,其实还不是那超级口才,绝招还是那份超级见面大礼,还有就是接着不断的花钱,而且敢于花大钱。他与李大哥的来往只是金银古董和绝世宝贝。用这些身外之物,他完全打通了李莲英的心,在最易情绪化的慈禧太后身边筑起了一道至为关键的“护身墙”。

以后,袁世凯一直受慈禧太后赏识,从未失宠,保持很高的权位,都和奕劻、李莲英等人经常在她面前美言和运动大有关系。

大清国已烂到只有通过行贿逢迎,人际关系才和谐,国家机器才能运转的地步,于是也朝着自我毁亡的路上急速而去。

1904 年春,日本和俄国为争夺中国和朝鲜的利益发生冲突。2 月 8 日子夜,日军突袭中国旅顺口,日俄战争爆发。随即,中国的辽东半岛成为日俄两国大兵大动干戈的战场。因吃过洋人的亏,慈禧太后生怕决策一失误,自己就“卷入”战争且拔不出腿,弄成几年前惹得八国联军进京那样不可收拾的局势,可又不甘心我中华大地就这样任由洋鬼子们践踏,于是急急召见“国家栋梁”袁世凯进行“亲民”和“问计”——询问中国是否能抵抗日本,以决定下一步的国策。

慈禧太后一向对手下喜怒无常,又值她最为烦恼的洋鬼子在大清王土上火并,最容易"情绪化"的时候。袁世凯突然接到召唤,不知要自己赶来做什么。到了京师后,并没直接去皇宫见太后,而是先跑去哥们李莲英家里,摸太后的底细。

李莲英没谈国家大事,首先交代袁世凯必须置办的礼品清单,然后才对他说:"近来太后情绪一直不佳,说话要留神,喜欢听的就多说点,不喜欢听的就别说。"

这让袁世凯很为难,自己不是神仙,咋知她喜欢听啥不喜欢听啥?犯难地说:"老弟跪见太后,连脸色都看不见,咋知她是喜欢还是不喜欢呢?"

李莲英"扑哧"一笑,说:"老弟,你看你,聪明一世糊涂一时。这有何难,你回太后话时,看着老哥我的脚。若我两脚并拢,就赶紧住嘴不要说了,那是太后不喜欢听;若老哥我两脚分开,就是太后喜欢听,你就大胆地说。"

袁世凯拎着礼品进宫,见慈禧太后。李莲英已先一步候在她身边。

袁世凯见着慈禧太后,立即跪伏在地上,拜了几拜,然后就细心听候掌管着所有臣民生杀予夺和国家危亡大权的慈禧问计国家大事。

她问话时,袁世凯两眼紧紧盯着李莲英的脚,看着双脚的变动而回答每一句话。

这一招果然灵验。慈禧太后虽然心情不好,袁世凯却很合她的心思,她居然还破好几日闷闷不乐说话就训人之例表扬了袁世凯。

袁世凯这次对日俄战争进言了何国策?他的官场法则就是大清官场法则:"只论利害,不计是非。"这次唯李大太监双脚并拢、分开说话,全顺着慈禧太后的情绪开嘴,能有什么高见?结果,问计变成了一场博傻。

之后,慈禧太后根据袁世凯的"建言"决策:大清国坐视日俄两国在辽东半岛厮杀,而保持着所谓的"中立",任兵火焚民、万物蹂躏,好像人家争夺的地盘,完全与自己无关。两把刀子在自己的肚皮上厮杀,自己血淋淋的,居然当着看客。这"执政智慧"连"阿狗的智慧"都不如。

搏杀一年之后,日、俄两军把富饶的辽东打得白骨累累,万里荒芜,各自把自己的军力耗尽,无力再战了,于是撇开大清朝廷,一起跑到美国进行和谈。经过讨价还价,战败的俄军同意把中国旅顺口移交给日本。对此,慈禧太后的国策是"量中华之物力,结与国之欢心"——只要洋人高兴,不惊扰自己的皇宫小太平,不影响自己的享乐,就满足了,满意了。手下重臣、官僚诸如庆亲王奕劻、李莲英、袁世凯等人也莫不都是如此的态度。

拍马屁拍到驴屁股上了

国家、民族、疆土、百姓……都已不关大清君臣们的事，任凭是落在日本人还是俄国人，抑或其他人手里！既然国家和别人的事都不关他们的事，相反，只有自己的私事才最重要。

袁世凯有李莲英这座“桥梁”，连通“最高领袖”，慈禧太后喜欢什么，想要点什么，就由李莲英转告，袁世凯及时输送。为了讨得老太婆的欢心，袁世凯通过李莲英主动把自己所能搜刮到的奇珍异品，一一送进皇宫，任由慈禧太后把玩，哄得她高兴了、开心了，目的就达到了。

尽管如此，袁世凯有时还是拍马屁拍到驴屁股上了。

袁世凯终究是个“海归”，见过世面，追求时尚，于是时不时地给太后送点洋气的东西。一次，他从西洋不远万里，给她弄了辆奔驰牌小汽车。小汽车送进了紫禁城内。这是宫中第一辆汽车，慈禧太后见司机居然坐在自己前面，立即变色，厉声喝道：“成啥体统！”就不坐了。袁世凯巨资买来的轿车成了一个摆设。他从西洋国弄过来的自行车，也因为老太婆人老体衰，没兴趣学，也扔到储藏室沾灰尘去了。

袁世凯用朝廷的钱，买朝廷的官，做自己的事儿，花钱打了水漂也不心疼。他如此花大钱给慈禧、奕劻、李莲英等上级送礼行贿，别人也掏国库，给他送礼行贿，大清国官场上下形成了一条金字塔式的受贿行贿网络，偶尔有几个不知情或者脑残的人举报上司或同僚，到头来往往是自己搬起石头砸自己的脚，临死前都不明白被举报者一直连着中央。

举国都是一群乱子，一切乱相应验“国之将亡，妖孽丛生”的古话。

少数的豪族达官们乐享社会的极大财富，穷凶极奢；苦不堪言的，只是那些低头干活的黎民百姓。

这个恶社会埋藏的危机在进一步积聚。而危机的酿成，袁世凯也有一份“功劳”。

10.“退一步，进两步”

“打碎的牙齿”和血往下咽

袁世凯花偌大的银子稳住慈禧太后，套住奕劻，拉住李莲英，在大清官场纵横捭阖，很快人人皆知如今的他要人品没人品，要道德没道德，不是啥好鸟。可谁又能咋的，奈他何？在你争我夺、生死较量的官场中，他照样如鱼得水。

天朝就是青睐这样的人。其他人只能羡慕妒忌恨。

1907 年夏，李莲英母丧，袁世凯封了一个 40 万两银子的“红包”。10 月，慈禧太后过 73 岁大寿，袁世凯进贡狐皮大衣两袭，镶宝石如意一只，金丝编镶珍珠凤凰一对，一人高的珊瑚一座，价值连城。基于他杰出的表现，慈禧对袁世凯的赏识与提拔，在汉族官吏中可以说是极其罕见的。

可惜，人生无常。这样的好景前后只持续了七八年，袁世凯的人生又面临一次生死危机。

这个危机，就他十几年前在戊戌变法时当叛徒告密埋下的一个祸根。

1908 年 11 月 14 日，光绪帝在瀛台驾崩，时年 38 岁，堂堂大清皇帝被画地为牢，“限制人身自由”十几年，就这样死在“牢里”。第二日，慈禧太后也在中南海仪銮殿死去。病危之际，她宣布将载沣之子溥仪带到宫中教养。光绪崩后，溥仪继位为宣统皇帝。因他年仅三岁，载沣任摄政王，代皇帝行政，像当年朝鲜大院君李昰应那样代儿子理政。

前后两日，光绪帝和慈禧太后相继死去，大清国大搞国丧。老妖婆死了，袁世凯没太多的伤感，只感到一种树倒猢狲散的失落。然而，光绪之死，却让他高兴。因为若慈禧先死，光绪一旦得势，清算当年戊戌变法叛变告密的老账，他袁世凯肯定跑不脱，不死也得脱一层皮。而如今呢，38岁的光绪居然先 74 岁的慈禧太后一日而死，岂不是天助袁氏？！

但是，袁世凯的这种庆幸和得意并没持续多久，该来的还是拦不住地来了。

这个宣统皇帝的父亲载沣偏偏是光绪的亲弟弟，以前无权无势，忍气吞声，现在咸鱼翻身，第一件事就想着要为死去的老哥报仇。因当年袁世凯告密，光绪被囚禁在瀛台小岛，他对恩将仇报的袁世凯的恨却一直没有消解。据说八国联军打进京城后，他在逃亡途中常常独自坐地玩耍，在纸上画大头长身的鬼形，画完后又随手撕碎，有时也画乌兽，在乌龟背写上“袁世凯”三个字，甚至还把它们贴在墙上，取出小弓箭，搭上箭头射击，再扯下撕碎。他还经常提笔写下“杀袁世凯”之类字条。但他没来得及报仇，就带着深仇大恨去了阴间地府。载沣上台摄政后，第一件事不是想如何治国，也不是想如何理政，而是要去算旧账，替老兄复仇，杀老贼袁世凯。

他的复仇打算马上得到了光绪皇后隆裕太后的支持。她深知自己一个妇人家和一个刚上台的小孩子干不成大事，便拿着载沣拟就的将袁世凯革职拿交法部治罪的谕旨前去征询奕劻、张之洞等王公的意见。谁知她把这个意思一说，大叔奕劻第一个反对，怒气冲冲地说：“杀袁世凯容易，你想想，北洋军造起反来谁负责？”

接着，重臣张之洞也极力反对。张大人振振有词说：“王道平平，王道坦坦，太后刚去世，南方革命党活动日趋厉害，内忧外患之际，内部相互倾轧，不合时宜。且袁氏手握重兵，杀一人若激起兵变，你们驾驭得了？”

准备为夫报仇的隆裕完全泄气了：再退一步，何尝不海阔天空？何必那么执拗，干啥不是活着！

载沣还是纠结，仍不罢休，嫂子不管此事，当老弟的吞不下这口恶气，不报家仇，就不谈国事。而除掉袁氏，没其他人支持，自己也办不成，怎么办？那就一步一步走，先把他从“庙堂”赶走，也算是为家兄出了口恶气。1909 年 1 月 2 日，他一狠心，以宣统皇帝的名义发出一个上谕：“军机大臣、外务部尚书袁世凯，夙承先朝屡加擢用，朕御极后复予懋赏，正以其才可用，俾效驰驱。不意袁世凯现患足疾，步履维艰，难胜职任，袁世凯着即开缺回籍养疴，以示体恤之至意。”

身体好端端的袁世凯能吃能喝，能跑能跳，却被摄政王载沣强加一病：足上有疾了。袁世凯“被足疾”了，虽然“被其才可用”，但还是要被赶出官场，回家去。皇权很强大，袁世凯很弱小，眼看“政治生态”恶劣到了极点，他也不恋栈。

接旨第二日，他就入宫，晋见摄政王载沣，谢恩辞行。

1909 年 1 月 6 日，袁世凯携家小离开久居多年的京城，回到河南老家。

这一日,这个“恶社会”给袁世凯狠狠地上了一课。平时,偌多的亲朋好友、官场同僚,认识的不认识的,前来送礼的、慕名拜访的,没完没了,几乎挤破了家门。今日,袁世凯落魄了,只有好友杨度和学部侍郎严修两人前来送行。偌大的车站冷冷清清。

这是袁世凯 20 多年“出仕”以来从没有过的情况。以前就是自己刻意去躲,想秘密地走,都躲不掉“欢送”、“迎接”的人群,多则上万,少则也有几百人,事后还被告之这已是精简得不能再少的最低人数。

今非昔比。让袁世凯泄气的还有坐车。

以前去哪里都是豪华专车,这次没有了。回老家乘坐的火车不过是短短的一节车厢,并且还是挂在一辆货车的屁股后面。

人情冷暖,世态炎凉。袁世凯仿佛回到了当年来北京求功名无着、盘缠花完的境地,大为感触。而大清王朝就是这么扶强不扶弱,就是这么势利,你落魄了,你倒霉了,人家就不尿你,你能咋的?袁世凯已不是昔日权威一时的袁世凯了,只好把心中一切的苦和着“打碎的牙齿”一起往下咽。

挂在屁股后面的车厢跟着长长的货车开动了,袁世凯离开了带给他欢乐和悲伤的北京城。

他离开北京后,并没回老家项城,而是去了河南彰德府的洹上村,在那里买下一栋私人宅邸,然后,开始了田园隐居生活。

高人常常是醒着装醉

袁世凯放逐在山野,等于是“被提前退休”了。

跑到洹上村隐居,大权旁落,袁世凯经过了一个极其艰难的适应过程:先是很烦躁,开口一说话,就露出心里的“恨”,他恨天恨地恨人世的不公,慢慢明白真的是退下来了后,接着是很无聊,没了工作,心在漂泊,无所依靠,时间无法打发,慢慢对无聊适应了,再就是胸中总有一股很无奈之气出不去、堵塞在胸口,时常感觉自己像虎落平川被犬欺的无力无助,呼天不应喊地不灵。时光流逝,他的心境却一直苦不堪言。

他万万没想到正是这次大难不死的官场被逐,不仅让他因此躲开了即将而来的清国大厦将倾的伤害,也成为他再次走向历史顶尖舞台的开始。两年的隐居生活只是他仕途跃进途中的一次休整和蛰伏。

时光飞快地进入了1911年秋。

10月11日,袁世凯正在洹上村的养寿园庆贺自己52岁的寿辰。亲友宾朋在戏台子前,边饮酒边看戏,突然有人报告说:"湖北发生兵变,武昌城被叛军攻占。"

这个消息把正在杯觥筹错的袁世凯震惊了,立即说:"撤去酒宴,停止唱戏。"

兵变于昨日发生,还在进行之中。众人议论纷纷。袁世凯历经官场风雨,磨练得一双火眼能够洞察世事,隐约觉得这绝不是一场寻常兵士哗变,但一直没有插言,静听着众人叽叽喳喳的讨论,思索着。最后,他叹了口气,说了句谁都听清楚的话:"烂到骨子里,大清气数尽了。"

果真如他所言。

武昌兵变第三天,武汉三镇全部落入起义造反的革命军之手。湖北新军协统黎元洪被起义士兵从床底下揪出来,刺刀架在脖子上,很快就就职革命军大都督,并宣布成立"共和的中华民国"。

武昌成立了一个新国家!一石激起大清国这潭死水中的千层浪。骄横一世的朝廷上下终于清醒过来,陷入一派恐慌和混乱。经过紧急磋商,决定派从没带过兵的陆军大臣、满清王孙荫昌领着当年袁世凯练就的北洋军火速南下平叛。

若说这支北洋军还算是强大的话,完全是朝廷这几年把精力转向别的军,忽略了它而保留了一块"净土"。袁世凯走后,手下几员铁杆将领段祺瑞、冯国璋等人极力维护,部队才没被那些烂军、腐败的将军同化。强军须有强将带。朝廷选中的"官N代"荫昌并不是啥将才,别说打仗,就是带部队行军都十分困难。大军开动后,袁世凯的那些老部下们慢走观望,很不听话,每日行不了多远就停下来宿营,故意与"满清王孙荫昌"逗着玩。而对于段祺瑞、冯国璋等人的不听话,荫昌毫无办法,更别谈对策。

远水不熄近火,武昌革命之火越烧越大。

荫昌"无能",而朝廷大小官员全是能吃会玩的公子王孙,没一个会干正经事儿,打仗更是无能人,荫昌已是"矮子中的高子",其他王孙"烂泥扶不上墙",荫昌不行,"满朝人才"的朝廷居然无人替代。革命之火越烧越烈。众人终于意识到能应付义军的军事将领，还是只有被放逐在洹上村当着“钓翁”的袁世凯。

然而，谁都知道袁世凯是只“烫手的山芋”，为人阴狠险鸷，居心叵测，启用他就会烫手灼伤人，而不起用他，就得自己上战场去拼杀。这吃苦、卖命的行当，当朝君臣谁愿去呢？即便现在武汉陷落了，对国家危亡大事，就是动嘴巴的都没几个，要去上战场、打仗更是无人。最后，朝廷几位重臣商量来商量去，还是不得不决定起用“阴鸷”、“很坏”的袁世凯去武昌指挥作战，力挽狂澜，以拯救大清王朝。

袁世凯就是那说去就去说来就来的人？这十几天来，他的态度是“哥笑看，沉默不语”。眼见清廷火烧眉毛了，狡猾的他欲就而偏不，尽管秋雨瓢泼，他竟然在洹上村池塘的小船上，披着蓑衣，冒雨搞起了垂钓。这一厚黑的高招急得清廷上下火急火燎，派出前往洹上村劝说袁世凯出山的人马，一拨一拨，不绝于途。

在各路人马的劝说之下，袁世凯才缓缓抛了久经考虑的“出山条件”：

(1)明年召开国会；

(2)组织责任内阁；

(3)解除党禁；

(4)宽容武昌起义人员；

(5)授予袁指挥前线军事全权；

(6)宽筹军费。

面对袁世凯的要挟“组合拳”，清廷要么不答应，坐视江山眼睁睁地垮下去，要么答应，以权力和金钱换取平安。10 月 27 日，朝廷不得不作出让步，咬牙答应袁世凯的条件，并授他为湖广总督兼钦差大臣，前去镇压革命党。

10 月 30 日，袁世凯带着人马从彰德南下，进驻湖北孝感，督促自己当年练出的劲旅——北洋军猛攻革命党占据的汉口。袁世凯的手下大将冯国璋等人拿出了大力气为“老首长”卖命，11 月 1 日，正式将汉口攻陷。同日，清政府发布上谕，宣告解散皇族内阁，委任袁世凯为内阁总理大臣。

袁世凯出山三日，就当上了内阁总理大臣。

这职务堪比庆亲王奕劻、摄政王载沣的位置啊！当年退一步，如今进两步，无论如何都合算。

两边吓两边骗

袁世凯大权在握,但维稳的责任也大,如若大清王朝垮了,这内阁总理大臣也会在一夜之间没了。

但是,如今的武昌革命党远非昔日太平天国或捻军可相提并论,清王朝已穷途末路。袁世凯深知自己去与革命党唱对台戏,未必能成赢家,于是决定以议和为主的方式去实现与革命党的"双赢"。为此,他写信给自己的老熟人黎元洪,申明实行君主立宪的政体可破除当前满汉之间的"主要社会矛盾",说我们何必汉人打汉人呢?完全是"微言大义"!

谁知革命党并不尿他。11月8日,黎元洪复信,坚决拒绝搞什么"害人害己害子孙"的君主立宪制,但看在老熟人的情面上又表示:为使人民免遭涂炭,若袁世凯明确表示实行共和制的话,那么可推他为共和国第一任大总统。

其实,黎元洪也是大清臣子,并非就那么一心爱民。他刀架在脖子上逼着参加了革命,没料到革命居然还成了,可是搞君主立宪制,皇帝不变,总理大臣袁世凯占据重位,自己往哪摆?他对袁世凯提出共和制,一是为自己赢到副总统位置,二是为了赶快将革命收场,免得夜长梦多。

袁世凯也不理睬他。

11月16日,袁世凯在北京公布组阁名单,手下共患难过的铁杆亲信全部上榜,当年"车站相送"、"人走茶不凉"的严修得到的回报是出任内阁度支部大臣,杨度是"上不着天下不着地"摸脑袋的统计局局长。袁世凯开始了权力布局。

袁世凯比黎元洪强,官场之术娴熟,一边加强自己在清王朝的权力,一边派人继续与革命党议和。很快,他的特使、北方议和代表、追随袁世凯多年的"老秘书"唐绍仪和革命党第二党魁黄兴密谈,达成"共识",即只要袁世凯逼着大清皇帝退了位,就举他为民国大总统。

黄兴为何把自己就要打下的江山白白让给半路杀出的"袁咬金"呢?原来革命党大多"不自信",对彻底推翻大清皇帝信心不足,于是决定出让"总统之位",曲线谋取革命成功,且把这桩好买卖向权重的袁世凯吆喝,希望与他成交。于是乎,不自信的革命党把隐居的"钓鱼翁"袁世凯进一步推向大总统高位。

这,无疑是袁世凯梦寐以求的。

但袁世凯又是何等聪明过人,明知革命党急不可待,却故意忸怩作态,在革命党和清廷之间玩弄欲擒故纵的把戏,似是而非,欲去不去,有时还突然发一下疯劲,大棒两边都乱打。

他发疯了啊,两边树敌!要做什么呢?其实,这才是他厚黑手法的"最高境界":两边吓两边骗,从两边哄中获取更大的话语权,再以一方作牌,去要挟另一方,攫取更大的权力。

好事总是那么多磨。他这番聪明,却差点反被聪明误,坏了大事。

12 月 25 日,在革命党中享有崇高威望的孙中山突然从国外远渡重洋回到上海。南方革命党人为之一振。他们有了自己真正的领袖,立即反对把革命胜利果实拱手送给半路杀出的程咬金——袁世凯,反对议和之声立即高涨。这让袁世凯猝不及防。有利于他的局势急剧逆转,并且革命形势止不住地发展。12 月 27 日,宣告独立的南方 17 省举行代表大会,选举孙中山为中华民国临时大总统。

1912 年 1 月 1 日,孙中山正式在南京就职。1 月 3 日,选举黎元洪为副总统。月底,中华民国临时参议院宣告成立。让袁世凯始料不及的一个与朝廷相对抗的崭新的中央政府诞生了。

孙中山突然之间神速地成立了新政府,还当上了民国大总统,这让眼看就要坐上宝座的袁世凯落了空,懊悔莫及的同时也大为恼火。他当即下令自己的亲信部将冯国璋、姜桂题、张勋通电大清朝廷,主张君主立宪制,反对共和,并呼吁王公贵族立即认军费,捐军粮,有钱出钱,有物出物,支援前线。从来一毛不拔、只进不出的奕劻居然都破天荒,带头认捐银 10万两,隆裕太后也下令从宫廷拨发内帑黄金 8 万两,其他皇亲贵族纷纷认捐四五万不等。大清皇族终于改变以往的吝啬,拿钱买平安了。

有了钱,袁世凯下令手下的北洋军铁杆们整军备战,准备与南方革命政府抗衡下去,一决高低。

局势变得复杂了。在这乱局中,一直冷眼观戏的列强黄毛们又照例开始了插手。

孙中山领导的革命党要去推翻腐败的清政府,若成功了,以后英、美、法、俄就要与一个强硬的中国政府打交道,要赔偿军费,要割让土地,要开放通商口岸,就没清王朝这么轻便、容易,而且不再随心所欲,因此它们自然愿意选择清政府“续存”,于是几国对清廷表示不承认南方革命政府,并宣称:“若内乱不止,便以武力干涉。”

唉呀妈呀,洋人又要出手了,谁不怕啊!革命政府内部本来就是一伙乌合之众,马上意见纷纭,尤其是那些倒戈而来的“革命党”,本就是清廷的老走狗和黄毛们的老洋奴,对列强畏之如虎。于是,不少人埋怨孙中山“理想太高”,说他的那一套国家独立、民族图强的理想不合中国的实际,假、大、空,在“民智如此低下”的中国完全不可实现,比海市蜃楼还飘渺,不可及。与袁世凯长子袁克定磕过头的把兄弟汪精卫一贯号称是“孙中山的信徒”,居然气势汹汹地当面质问“导师”:“你不赞成议和,难道是舍不得总统吗?”

孙中山革命多年,意志坚定,品德也很高尚,“恋栈”并非想霸着大总统之位或舍不得放弃,而是对袁世凯是否真心拥护民主共和不信任,对他的为人和品德没信心。而黎元洪、黄兴等人已与袁世凯达成了“退位——让位”(北京清帝退位——南京大总统让位)协议,见民国政权内部矛盾重重,列强们又要出手了,一心要履行协议,让袁世凯出来“救国救民”。为了顾全大局,孙中山不得不个人服从大家,1月 16 日正式致电南方议和代表伍廷芳,请他转告袁世凯:“如清帝实行退位,宣布共和,则临时政府决不食言,立即可正式宣布解职,以功以能,首推袁氏。”

孙中山当了半个月的临时大总统,就准备下台了。这革命党“改天换地”的“大智慧”和“大魄力”如此之弱弱,尤其是众人自己联手,把最革命、最有智慧的革命领袖孙中山赶下台,以后的命运可想而知了。

逼迫清帝退位

接到伍廷芳转来的孙中山的这封密电后,袁世凯心中的焦虑顿时少了许多,心情终于又阴转晴,也轻松了许多。

此刻,袁世凯面前有两种清晰的选择,或者当着皇帝手下的大清内阁总理,或者当着受革命党约束的民国大总统。他研判形势,认为依靠腐败的清王朝去与革命党作对,纵有洋人在旁边跟着呐喊、助威,要取胜也难,另外大清王朝君君臣臣个个毫无信义，就是与革命党作战把仗打赢了，替他们消了灾，说不定正是自己削官免职遭杀戮之日；而选择革命党这一边，执政时虽有些掣肘、牵制，但自己终究是大总统，且南京政府已是人心所向。因此，他决定去走革命党的捷径。

随即，北洋军起兵讨伐革命党的态度急转直下。

袁世凯加快了对大清朝廷逼宫的步伐，死逼死磕皇帝皇后们退位下台。可要下台谁愿意？袁世凯的办法还是打、吓、哄、骗，他拟出一套清帝主动退位的优待条件，然后交与“老搭档”、“老没智慧”的奕劻，再除了一派恐吓之言外，并无其他的多余言语。

让自己轮也当不上的皇帝退位，去搞共和，求得自身平安，奕劻等少数皇亲贵族倒是同意，为什么？他们虽然贪腐无比，却并不是傻子，像局外人想象的真昏了头，相反，对腐败的程度，他们比其他人更加清楚、明了，深知大清已烂到没救了，何必一定要把船翻了，全部淹死水里？袁世凯和皇帝两位“神仙打架”，自己跟着“下界受苦”，何必呢？不如图了眼前的“优待条件”，苟且一点，各自把日子过好了？皇位不皇位，祖宗大业不祖宗大业能值几个钱?!

他们想得通，但良弼、铁良、载沣、载涛、载泽、善耆等一些皇家少壮派，还是榆木脑袋，坚决反对，也拒不接受“退位优待”。于是，事情还是迟迟不能议决。

拖拉、迟疑是大清朝廷办事的一贯特色，袁世凯本是心知肚明，但这一次却等不及了。他的心腹、邮传部大臣梁士诒立即恫吓皇族：财政支出不敷一月军费！打仗没钱了。但此举并没使少壮派妥协，良弼等人一激灵还成立了松散的保皇党组织——宗社党，与袁世凯的议和政策与议和派抗衡。一方相逼，一方不让，矛和盾对冲起来，不可避免地冒了火花。

一次，袁世凯退朝后，出中南海东华门回自家的锡拉胡同住宅去。车到东安门大街，突然街道右侧飞过来一颗炸弹。炸弹落地时，他的双辕马车刚好越过弹着点，“轰隆”一声巨响，右侧辕马受伤，幸运的是它没有跌倒，左侧辕马则无恙，继续跑。马车御手很机警，见发生意外，加鞭策马，用最快的速度，“飞”回锡拉胡同袁府住宅。

袁世凯没有受伤，下车后，笑着对人说：“今日有人跟我开玩笑。”

回到住宅后，右辕马因流血过多，倒毙而亡。

袁世凯虽没受伤，但借此不再上朝“报到”了。随后，他的亲信段祺瑞、张镇芳、张勋、杨度、陈昭常等武将文臣一拥而上，每日电来电往，又是通电拥护共和，又是历数皇族种种罪状，皇室的种种丑闻纷纷大白天下，要求翻案的、告状的、与皇室撕破脸的，搅得皇宫内外不得安宁，政局一派混乱。隆裕太后知道他们的后台老板就是袁世凯，采取了治本措施——去笼络袁世凯，下诏封为一等侯爵。

谁知以前准被接受的爵位，这次却被袁世凯一口回绝。

随后，梁士诒、赵秉钧、胡惟德等袁世凯的心腹不时入宫，面见隆裕皇太后。众人对着这个妇人又是威逼，又是恫恐，使尽大男人欺负"孤儿寡母"的手段。而要放弃眼前的荣华富贵，这些皇族们哪里又甘心？吓也没吓出让袁世凯理想的让步局面。

清帝退位迟迟不能议决，共和制便不能早日实行。1月22日，孙中山在南京发表声明，向袁世凯提出解决国事的五点建议：

(1)清帝退位，放弃一切主权；

(2)清帝不得干预临时政府组织之事；

(3)临时政府成立地点须在南京；

(4)孙总统须俟各国承认临时政府，国内改革成就，和平确立方行解职；袁在孙总统解职以前，不得干预临时政府一切之事。

孙中山将新政府许袁世凯出任大总统的承诺公开发布，目的就是敦促他早日迫使清帝退位，早日结束帝制，早日实现共和。袁世凯原本是偷偷与革命党达成协议，孙中山的声明一公开，一切内幕大白于天下。这下让他如同躲在阴暗之中突然见了天日，好不尴尬。

但是，他马上就"被"革命党解围了。

1月26日，革命党人彭家珍听说宗社党领袖、皇族少壮派良弼阻止清帝退位，决定采取恐怖手段炸死他，于是躲在良弼的住处。当他下朝回家时，他突然扔去一颗烈性手榴弹，又是"轰隆"一声巨响，当场炸断良弼一条腿。彭家珍本人则被自己当场炸死。次日，良弼也不治身亡。这次恐怖活动后，宗社党群龙无首，人心顿时涣散，终于因为一"人亡"而"政息"。

与此同时，袁世凯手下那些铁杆们在段祺瑞率领下，50人集体联名致电内阁、军咨府、陆军部并各王公大臣，要求实行共和，威逼隆裕太后。

隆裕太后见大势已去，无可挽回，2月3日，万般无奈地正式授权袁世凯全权与南方临时政府商议退位条件。

袁世凯立即抖擞精神，提出对清室的优待条件。经过几番激烈讨价还价，2月12日，隆裕太后带着年仅三岁的皇帝溥仪，在紫禁城代表大清王朝举行最后一次召见大臣仪式，宣布接受优待条件，颁布清帝退位诏。至此，统治中国长达268年的爱新觉罗氏王朝宣告结束，退出历史舞台，皇族成"草根"了。

2月15日，南方临时参议院正式选举袁世凯为临时大总统，并且称赞他为"中华民国之第一华盛顿"。

当年美国革命军领袖华盛顿在美利坚合众国成立时是拒当总统的，但"中华民国之第一华盛顿"袁世凯没有拒绝。第二天，他就回电，欣然接受临时大总统之职，然后发出通令：全军官兵、全国官吏自2月18日（阴历正月初一）起，一律剪发，表示拥护，咸与维新，喜庆共和。就这样，全国一夜之间由封建帝制"转型"为共和国了。

随后，袁世凯巧施计策，蒙骗南方代表，迫使孙中山和临时政府同意他在北京就职民国大总统，废了孙中山当初解决国事五点建议的第三条。3月10日，袁世凯在前清外务部公署内举行盛人的人总统就职典仪。

短短五个月内，隐居三年之久的袁世凯，从洹上村一"钓鱼翁"一跃为堂堂中华民国总统，并且成功坐上了"全国老大"的位置。

11. 步步走向集权

官场之"忌讳"

袁世凯一个区区"高中生"，居然成了中国的"第一华盛顿"，不管以前雄心壮志有多大，也应该满足了。谁知当上临时大总统了，他还是有烦恼，经常对左右的心腹抱怨说："我当大总统，还不如当总督时权力大。"

这是实话。民国搞共和，不是大清国了，内阁总理、参议院及各党派对总统权力的掣肘很大，要想像大清时那样想干啥就干啥，胡作非为，或者任意妄为，时时不免受到制衡，手脚受到牵制。袁世凯虽然是民国临时大总统，可在大清这个染缸浸泡这么多年，当了总统就能扭转“大清惯性思维”，几乎不可能，因为在潜意识中，他都是处处自比大清皇帝。俗话说人比人气死人，货比货就得扔！这么一比，事情肯定没希望和想象的“美好”。因此，尽管已是万人之上了，袁世凯仍不满足。

让他万万想不到的是，与他爆发冲突的第一人，就是他当年的小秘书——现任国务院内阁总理唐绍仪。

唐绍仪确实不是袁世凯的“外人”。他追随袁世凯二十多年，在朝鲜时就是他的西文秘书，以后又跟随他一起在小站练兵。这次就是他作为北方代表，去与南方革命党谈判，施展出超级“谈判专家”本领，才使得双方达成逼退清皇帝由袁世凯出任大总统的交换协议，为袁世凯荣登大总统宝座立下首功。随后，经袁世凯暗中同意，他还加入了孙中山领导的同盟会，以刺探他们的情报。

谁知两人刚上任，没过多久就发生争执，闹起了后人所说的总统把持的总统府与内阁总理主持的国务院之间的“府院之争”。

府院之争的根源，不是昔日“小秘”唐绍仪一当官人就变坏，而是“老首长”袁世凯要去违背临时约法搞大权独揽。

唐绍仪受到西方教育多年，不仅能说一口流利的英语，而且西方思想入脑入心，凡事要学西方。当了内阁总理，就要搞责任内阁制，即总统管总统的事情，国务院的事情不要插手，由总理自己管。而袁世凯还是“中式思维”：大总统就是原先的皇帝，得一言堂。这样，唐总理就犯了“官场”的忌讳：不听话。

随即，两人在任命王芝祥、冯国璋的官职时就忍让不住地爆发了冲突。

6 月初，直隶省议会选举王芝祥为直隶都督，袁世凯不予承认，便不在唐内阁拟定的任命书上签字。 袁、唐二人闹僵了。 6 月 15 日，唐绍仪愤而提出辞呈，身穿便服，悄然坐了一辆人力车，带着两三个随从人员，到前门车站，登上了去天津的火车。此时，距其担任总理不足三个月。

随后，袁世凯毫不客气地下令免了他的国务总理一职，任命“唯袁公是从”的陆征祥为国务总理。可这陆征祥无才也无能，出席参议院会议发表政见时，言辞无状，全院哗然，结果他提出的六位新内阁成员，全部遭到否定。8 月，参议院提出弹劾陆征祥失职案。谁知这陆征祥一被弹劾就更没出息了，干脆装病住进医院，不出门了。他没当20天总理，就要蔫了。袁世凯不得不又换人，把亲信、内务总长赵秉钧推上了前台，由他去代理国务总理。

这样，袁世凯大总统就可以大权独揽了。

当官就得杀人发狠

然而，由赵秉钧去当内阁总理，还不能由袁世凯一人定，必须通过参议院的批准，在黄兴的疏通下，9月，参议院通过赵秉钧为内阁总理。

根据临时约法，参议院成立后十个月内，应进行国会选举，再去选定内阁总理。这样袁世凯把赵秉钧当幌子，自己像皇帝那样去独揽大权、一言定天下的局面还是面临不可预测的危机，必须再过选举一关，赵秉钧的总理地位才能确定下来，袁世凯也才能保持“一言堂”的强势。

1913年初，全国举行大选。国民党取得了压倒性胜利，参众两院共取得392个席位，其他党派总数加起来也不过223席，不及总席位三分之一。国民党组阁已成铁的事实。按国际惯例，国民党准备推举其实际领袖、代理理事长宋教仁竞选内阁总理。

为此，宋教仁踌躇满志，准备利用国民党在国会中的绝对优势组织真正的政党内阁，完成国家实行民主政治的夙愿。

这样一来，临时国务总理赵秉钧自己就坐不住了，他先袁世凯而慌神了。

1月，宋教仁离开北京，前往南方进行竞选拉票。所到之处，他鼓吹民主，抨击袁政府专权政策，锋芒毕露，完全是反对党的做派，言论、风采轰动一时。3月20日，他圆满完成了湖南、湖北、安徽、江苏等省的竞选活动，从上海火车站登车返回北京。国民党要人黄兴、蔡元培等大佬到车站送行。10点40分，火车进站，宋教仁和黄兴等人边说话边在月台上行走。当走到检票处时，“砰！”一声枪响，子弹从背后射中宋教仁。他身子一歪，倚靠在铁栏杆上，接着又是“砰、砰”，两枪响起，都没击中他。站台已是大乱。黄兴等人惊慌异常，边扶着宋教仁边派人找巡警，捉拿凶手。

有趣的是,这一晚偌大的车站内连一个巡警的影子也没有。

众人将宋教仁抬到站外,在马路边截住一辆车,送去沪宁铁路医院抢救。由于子弹是从背部射入,离心脏太近,手术十分困难。当晚虽然子弹取了出来,但宋教仁仍没脱离危险。在弥留之际,他委托黄兴致电大总统袁世凯,语气诚恳地说:“伏冀大总统开诚心,布公道,竭力保障民权,俾国会将确立不拔之宪法,则虽死之日,犹生之年,临死哀言,尚祈鉴纳。”

3月22日黎明,年仅31岁的宋教仁一声长叹,去世了。

宋教仁去世第二日,一名古董商突然向上海巡捕房报告,说他前几日到江苏驻沪巡查长应桂馨那里兜售古董时,应桂馨拿出一张照片对他说:“只要杀死此人,可给1000块大洋。”他没敢答应,今天看报纸上宋教仁相片,觉得很像“此人”。巡捕据此线索,当晚把迎春坊妓院的所有通路堵个水泄不通,将正在此“潇洒”的应桂馨逮捕。结果,应桂馨供出刺杀宋教仁的真凶是兵痞武士英。

次日,武士英被捕。巡捕再去搜查应家,查获大量的往来密电、函件及手枪等武器。

4月26日,江苏都督程德全迫于孙中山、黄兴等人的强烈要求及舆论压力,将在应家查获的所有文字材料公诸于众。应桂馨原是上海滩帮会头目,因巴结沪军都督陈其美,由陈出面推荐给孙中山,负责总统府侍卫队。但他是个酒色之徒,狂嫖乱赌,还吸食鸦片,弄得自己常常晨昏颠倒,被孙中山撤职,因此一直对孙中山怀恨在心。这样的一个烂仔,却被袁世凯最贴心的特务洪述祖相中,且还给一个挂名虚衔“江苏驻沪巡查长”。这次刺杀宋教仁,就是洪述祖在袁世凯授意下一手策划的。在程德全公布的电文中有这样的话:“来函已面呈总统总理阅过……”白纸黑字,铁证如山,全国舆论大哗。

宋教仁被刺的真相终于大白天下,就是——“总统总理”——袁世凯和赵秉钧。黄兴在送宋教仁的挽联中愤怒地写道:

前年杀吴禄贞,去年杀张振武,今年又杀宋教仁;
你说是应桂馨,他说是洪述祖,我说确是袁世凯!

盖子被无情地揭开,并且掀了底。袁世凯见势不妙,立即下令洪述祖避居青岛,且让他发表声明,说所有电文与中央无关,均系应桂馨假称中央名义伪造的,此凶杀案完全是应桂馨那帮邪人办的邪事,与“总统总理”无关。

用纸去包火,岂能包得住?国民党方面谁也不傻,你说无关就无关?民国了,共和了,还用如此卑劣手段杀人,还得了!

袁世凯厚黑了,杀人了,知道这事没完。怎么办?于是准备开战,用枪杆子来解决一切现存和疑似问题。

开战就是烧钱。可偌大的国库早被那些蛀虫和每年偿还外国的赔款掏空了,哪里还有什么钱?没有钱,要准备打仗,这让袁世凯好不为难。他不可能掏自家钱,国家没钱怎么办?于是决定去借。向谁借?中国人都吝啬,于是他派赵秉钧、外交总长陆征祥、财政总长周学熙到东交民巷汇丰银行,与汇丰银行等列强五国银行团签订了2500万镑的巨额借款合同。

洋人历来无利不起早,比中国人还贪婪,借款可谋暴利,但又担心虚架子的袁世凯还不起,因此借款的条件是派外国人在中国政府的财政、银行、币制、审计等部门当顾问,监视财政开支。这些有涉国家主权的条件,袁世凯像当年李鸿章大人一样,一咬牙,指示赵秉钧全部答应,画押签字。这就是有名的善后大借款。

巨款借下了,如此屈辱的借款条件都答应,赵秉钧得了袁世凯的意,却因为当败家子,犯了全国人的怒,5月1日因涉嫌宋案被迫辞职,一走人一了百了。袁世凯于是委任心腹大将段祺瑞代理国务总理。

段祺瑞是袁世凯小站练兵时一手培养的亲信,又是亲戚。他一上台,立即着手准备和国民党打仗。孙中山此时也从日本考察铁路回国,力主武装讨袁。6月,袁世凯借口国民党派的江西都督李烈钧、安徽都督柏文蔚、广东都督胡汉民通电反对中央善后大借款,与中央离心离德、分心就是分裂,下令免去他们的职,同时派兵南下,进驻江西,准备武装弹压。

7月12日,李烈钧在江西、湖北组织讨袁军。15日,黄兴在南京敦促江苏都督程德全宣布反袁。18日,陈炯明在广东宣布独立。接着,上海,安徽、福建、湖南、四川等省先后宣告独立,反对袁世凯杀人、卖国。尽管反袁的省份不少,且多是大省,但袁世凯拥有装备精良的国家正规军。国民党在向袁世凯交权后就把所有武装上缴,由中央政府统一收编、裁汰了。现在仓促上阵,讨袁军都是临时拼凑来的乌合之众,哪里打得过大军压境的袁兵?结果,不足两个月,讨袁军在各战场全线溃败。

孙中山、黄兴被迫再次亡命日本。

孙中山、黄兴等人领导的“二次革命”宣告失败，袁世凯再次扫平了集权路上的一大障碍——政党政治。7月31日，他正式命熊希龄任国务总理，由他和梁启超、张謇组成内阁，俗称“人才内阁”。

黑了你咋的?

1913年10月6日，国会开幕，打败了国民党的袁世凯被正式选举为中华民国大总统，去掉了一直挂在大总统前的“临时”二字。就任大总统后，他把总统府迁入中南海，家眷也随之住进皇宫，全家过上了大清皇帝一样的幸福生活。

袁世凯的大总统去掉“临时”二字后，一年前筹划刺杀宋教仁的应桂馨也出了狱，并兴冲冲地跑来北京。

因为宋案泄密，他牵出了后台袁世凯，给大总统找了麻烦，这次北上，他对袁世凯先前答应的“毁宋酬勋”之事不敢提，只是希望大总统念他出了力还为此平白无故坐了好几个月牢的“苦劳”，得个一官半职，改善一下谋杀宋教仁后的窘迫处境。谁知他居然打错了算盘，到了中南海，袁世凯拒不接见，且矢口否认和这个“黑帮流氓”有过任何一丝关系或牵连。

流氓遭遇流氓，小流氓被大流氓黑了一手，应桂馨只得自认倒霉。1914年1月19日，他满腹怨气地登上开往天津的火车离开北京，准备回老家去。

在火车上，他被人当胸刺入一把电刀，命赴黄泉。这位专门走夜路的老兄，杀人无数，夜路走多了终于撞上鬼，以自己杀他人的方式把自己的卿卿小命断送了。

这是袁世凯军法执行处侦探长郝占一的杰作。

应桂馨被人暗杀，吃了报应。这个消息传到时任直隶都督且与宋案牵连极大的赵秉钧耳朵里，兔死狐悲。随后，他言语之中也露出极为不平的意思：“如此这般，以后谁还肯为大总统出力？”

袁世凯哪能容忍一个由自己一手提拔的手下居然对自己心存不满，且逢人就一张大嘴巴发牢骚，隐约泄露天机？于是乎，在应桂馨死后一个月整，2月19日，为袁世凯当上大总统曾立下汗马功劳的赵秉钧突然在天津都署内，七窍流血，中毒暴毙。

袁世凯拿出了家传并融合大清官场最上乘的厚黑之术对异己一一斩杀，斩草除根。

赵秉钧身亡后，他生前的心腹王治馨也大难临头，出现在袁世凯暗杀的黑名单上。他曾担任过京师警察厅总监，因为与赵秉钧是哥们，对袁世凯很多秘事和底细一清二楚。袁世凯对他很反感，没有好印象。王治馨不死，也就等于赵秉钧未亡。恰巧，有人举报王治馨手脚不干净，贪污公家500块大洋。这不值一提的500块小数，袁世凯竟亲批“枪毙”。

严厉惩腐的手谕一下，京城高官大吏无不为之惊讶、动容和感慨，纷纷要求大总统“法下留情”，念王治馨的“警界功勋”免于一死。

袁世凯对乞恩之文概不批复，前来乞恩之人概不接见，铁面无私得比包公还包公，大有要杀“民国大贪”第一刀的气魄。

10月23日，总检查厅长岁文轩、步军统领江朝宗亲自坐监行刑，对“大贪污犯”王治馨执行枪决。

王治馨一死，袁世凯居然动“感情”了，流着泪，对左右之人说：“我们相知二十多年，看他这种结局真是难过。但是没办法，案情重大，贪污啊，不得不以公灭私啊！”

这个假公济私的做法，大清官员都会干，也干过，不算奇怪。而袁世凯居然为一要官同犯连杀几人，手段不可谓不黑，而这种厚黑之术乃是叔父袁保庆早年对他“不从之，取其命矣”教诲的生动运用。

袁世凯当了大总统，比以前当监国、当候补侍郎、当巡抚、当总督更坏、更狠、更毒，更没人性，官越大，人越坏，于是乎，所谓“民国”在他一手遮天之下，哪里还有什么共和、民主的影子？宋教仁临终前的遗言，无非就是一个天真烂漫的幻想而已。袁世凯不仅杀敌手，也杀自己人、心腹，终于变成一个恶魔。身为民国大总统，袁世凯运用大清官场的老思维、干出甚至比大清官场更恶的卑劣事，于是把自己也一步步送向了一条不归之路。

12. 都不是什么好鸟

当官就是为子孙创业

家和国一直是中国人不能舍弃的命题。但大凡杰出领袖,走得出国家,却没几人走得出"家"这个"港湾"。因此中国多的是模范丈夫、好爸爸,领袖们的温情也一直是他们最擅长打的牌。

袁世凯上台后,两年时间倏忽过去,而中国积贫积弱的局面丝毫没有因为"中国第一华盛顿"执政而解决,国家还是那么羸弱,政府还是那么腐败,老百姓还是那么苦,多数人吃了上顿没下顿。亡,百姓苦;"兴",百姓也苦。而袁世凯高高在万人之上,当着共和制民国的大总统,统治术还是旧瓶子装老酒,一切照大清的旧。"新社会"了,各级官僚机构还是大清时那些老人,官员们依旧是旧思维,旧管理,旧吏治。"大当家"袁世凯没有富民强国的思想,也没去变革的念头,胸中没有国家、民族、百姓,心中挪不走的,还只是那个小我和小家。而且他的个人小算盘拨打得比以前更响,更加勤快,锱铢必较得比精算师还细致。

照理,他应该满足了。

可是,有一段时间,他总是显得那么忧心忡忡,到了哪里视察,去了哪里休假,都是愁眉难展,长吁短叹。人不多的时候,就对心腹们叹气说:"其他孩子都不怕,只有这个克定,是个残废。我最放心不下。我的那点积蓄什么时候买套房子给他。我需要照顾他啊!"

"克定"不是哪个穷得没饭吃的草根小子,也不是袁世凯哪位同僚、旧友遗下的还在漂泊不定的"世侄",这些人袁世凯没心思也不会去挂念。他正是袁世凯本人的儿子,且是袁世凯与原配于氏所生的大公子。

克定本来好好的,爱玩会耍,谁知一次骑马玩耍时不小心掉下来,居然把腿摔坏,并且治不好,从此落下终身残疾,走路就瘸。好在他人废官没废,清末荫候补道员,后升任农工商部参议、右丞。武昌首义爆发后,他受父亲之托,拉拢革命党人汪精卫,两人在袁世凯面前结为异姓兄弟(因此也才有后来汪精卫逼着“导师”孙中山放弃民国临时总统之事)。袁克定虽后天废了一条腿,仕途没受影响,官一直在当着,下海多年,财也一直发着,只是吃喝玩乐时,需要被人抬着出去而已。他“享受生活”的那股劲儿,一直没落下。

但“慈父”袁世凯还是放不下他。

其实,袁世凯这其中考虑的,并不是残废儿子的生计,而是另有“大谋”。

为此,他处心积虑,开始导演一场新的大戏,为外号“袁大瘸子”的“克定”弄下一栋“超级大房子”,建立一个真正的“家”——中国第一大家——“袁氏皇家”。

“皇家化”分“三步走”

袁世凯的“皇家化”进程,主要分“三步走”。

首先,他借口国会中的国民党议员与“乱党”李烈钧“勾结谋乱”,勒令解散国民党。这么一弄,国民党不合法,国会就没了他们的席位。国民党议员被驱,国会因不足法定人数,被迫休会,没办法再开,就等于被废了。1914 年 1 月 10 日,袁世凯正式发布命令,全体国会议员即日起就地遣散,每人发 400 块大洋路费,回老家自己过日子去。“不爱家爱国”的国民党议员被袁世凯早轰走了,剩存的议员谁个不爱家?乐得用布袋子背着 400 块大洋,嘻嘻哈哈地坐着马车回老家,老婆孩子热炕头去了。

“第一步走”圆满完成,接着袁世凯实施“第二步走”方案。8 月,他的御用约法会议制定《修正大总统选举法》,于 12 月 29 日公布。新选举法规定:(1)大总统每届任期 10 年,连任不限;(2)继任总统候选人由现任大总统推荐三名候选人,书之嘉禾金简,藏之金匮石室,交大总统选举会选举。这个新选举法完全是袁世凯为自己量身定制的“萝卜坑”。按照这个法儿,他不仅可以成为终身总统,10 年接着 10 年地“连任”下去,并且只要他高兴,还可将三个儿子一起推为继任总统候选人,让大总统选举会去选。这样,大总统无论怎么“选”,都跳不出袁世凯设下的这个“萝卜坑”,永远属于袁氏家族。

爱家、爱儿子的袁世凯为子孙们创业,把接任的“萝卜坑”都挖好了,还是不满足,得陇了,还望蜀,于是,“第三步”战略加速推进。

这一步,比前两步推进得有些不一样。

首先,时间大大提前了。

早在年初,京城内就开始流行一些传说,说法各异,意思无非就是一个:“共和不适于中国,非改弦更张不可,否则不足以救亡,不足以兴国。”这刚好应验袁世凯上台后“民主”、“共和”好几年,国家还在“亡”还在“烂”的现状,现在“烂”的根子找到了,就是“共和不适合国情”。

其次,这一步比前两步,袁世凯走得更加诡秘、怪异,让一般的“聪明人”都难以察觉出其中的端倪。如何诡秘?何等怪异?偌大的国家在各地、时间相隔不远,纷纷出现各种各样的、令人难解的而指向一致的怪事。

第一件“怪事”,是从袁世凯居住的中南海居仁堂传出来的,惊动政府高层和民间街坊,沸沸扬扬好几个月,都没有止息,且越传越广。

事情的大致是这样:一日,袁世凯的茶童照例端着用碧玉制成的杯盏,侍候在正在午睡的大总统床旁。袁世凯还没醒过来,依旧鼾声如雷。茶童捧着香茗静静地站在床边,看着大总统,谁知越看眼越花,越看越模糊。等他定睛,细眼一看时,床上睡的哪是袁大总统?竟是一只巨大的蟾蜍!他吓得手脚冰凉,魂飞天外,手中的茶杯“啪”地落到地上,顿时粉碎,碎得都是一般大小的“沙粒”。熟睡中的袁大总统没被惊醒。茶童自知闯下大祸,心里没了主意,跑去找侍奉领班,请教该如何是好。

领班听罢他的叙述,惊诧不已,沉吟片刻,突然笑着说:“这般好事,你还怕什么,实话实说吧!”

茶童不明所以,只好决定去“实话实说”,于是又回到袁世凯的卧室。袁世凯一觉醒来,没喝上香茶,又见心爱的茶杯已成“沙粒”,脸色一沉,问茶童道:“这是怎么回事?”

茶童不慌也不忙,支吾几声,见袁大总统脸上的确不高兴了,才怯生生地说:“小子不敢说。”

袁世凯问:“怎么不敢?”

“小子怕大总统怪罪。”

“你说吧!”袁大总统说。

“刚才我看见床上睡的不是大总统。”

“胡说，不是我，那是谁？！”

“是……是……是一条五爪大金龙，遍体金麟，闪闪发光，就快要腾空而起了。”

袁世凯听罢这话，一屁股坐下，没再言语了，顺手从桌上拿起一件值钱的玩意儿递给茶童，沉着脸说：“这事不要对别人讲。”

茶童退下去，一场灾祸逢凶化吉了。

袁世凯睡觉时居然变成“五爪大金龙”抑或“大蟾蜍”了，你说怪不怪？此事虽袁世凯交代“不要对别人讲”，反而从居仁堂传到中南海，又从中南海传到北京城，很快飞出主流政坛，成为街坊邻居们饭后茶余的谈资。

这事儿的怪异没有止息，第二件“怪事”接着又来。

没过多久，居仁堂里又传出出现大赤蛇的事儿。这个传言也是绘声绘色，大意是说，在居仁堂的某间房子里，一日突然出现一条大蛇。这条巨蛇通体深红色，隐约之间还有鳞甲，像打闪电一样吐着怪舌，毫不惧人。袁大总统闻讯，也赶去看热闹，而大赤蛇不移动，俯首下视，居然还向他作点头状，似乎在交谈什么。过了不久，它才循着房梁行，慢慢去了屋子的西隅，钻入墙边一个洞穴，倏忽就不见踪影了。

这个传说还是与龙有关的蛇！

此事没了，从袁世凯老家河南又传出第三件“怪事”。一日，袁氏祖坟的坟丁从项城老家急匆匆跑进京城，在居仁堂内室客厅里，气喘吁吁地报告袁世凯说：在大总统生父袁保中墓旁突然长出一条紫藤，长一丈多，蜿蜒盘绕，状似龙形。袁世凯的几十个妻妾子女听了，异常兴奋，纷纷说：“龙哩，又是祥瑞之兆。”

袁世凯听罢，也很高兴，厚赏了坟丁。

袁保庆的大孙子袁克定决定不顾自己腿脚不方便，回老家去看看。几日之后，他从项城回信告诉老爷子说：“这藤长得十分快，已比我的手臂还粗，且色鲜如血，或天命攸归，此瑞验耶！”

袁世凯回了家信，叮嘱袁克定招募坟丁，筑起大墙护卫起来，以防附近农家的牛羊践踏。

“五爪大金龙”后，又是似龙的“大赤蛇”，还有“龙藤”，诸如此类的怪事一时间在官家、政坛、民间、街坊广为流传。这些小道消息，比当初清廷垮台、善后大借款那些事儿更让那些刚剪下脑后那条小辫子的人们更感兴趣，更有嚼头，说的唾沫四溅,听的摇头晃脑。

可民间的“怪事儿”还没结束,在上层也出现了。

一次,民国政府的文武高官齐聚在东单牌楼五条胡同,为袁世凯几乎是“发小”的老友徐世昌祝寿庆生。前清皇帝溥仪的国文老师陈宝琛也应邀在列。祝寿,除了送礼、吃喝之外,还演戏看戏。京师名角一起来了,为时任国务卿的徐世昌寿辰大唱堂会,合演“盛世大剧”——《大登殿》。

京剧老生孙菊仙扮皇帝,最后一场有一折戏,是百官请皇上登宝座。演到这儿时,年过七旬的孙菊仙出人预料地违背原来剧情突然“谦虚”起来,就是不上座,站在座旁,连说:“不敢不敢。”旁人愣了,演戏就是作假,这戏演的皇帝都当了,坐下椅子有啥不敢的?这时孙菊仙竟自编台词,来了一段道白:“自从清室退位,从前皇帝已经没有了。现在民国,并无皇帝。将来皇帝,并无出现。我何人?我何人?我何敢?我何敢?”忽然指着徐世昌,“哈!现在谁个是你的皇帝?”又转而指向陈宝琛,“哈!现在谁个又是你的皇帝!”退三步,将髯口一掀,大声道:“哈!我又是谁个的皇帝!哈……”

孙菊仙的这场临时自编自演的皇帝戏,让保皇派陈宝琛看得心酸不已,倚席掩面老泪纵横。回到家中,他还是激动万分,吃不下睡不下,难掩心中的情绪,挥毫写了一首思念皇制的诗。

怪事年年有,今年特别多,并且都是与皇帝有关。

其实,这一切都是袁世凯为恢复帝制而炮制的幕幕假戏,是他“三步走”战略中的“第三步”精髓。什么龙呀、蛤蟆呀,都是居仁堂传出,一幕幕怪事、异象,都有着袁家上下的影子。于是乎,袁世凯要当皇帝、家天下的司马昭之心,很快就路人皆知了。主流社会的政客们谁又是傻子?心中明白,只不过是嘴巴上不说罢了,任由民间那些“草根”热炒。

5月1日,袁世凯按新颁布的《中华民国约法》下令撤销国务院,在总统府内设政事堂,首脑称国务卿,由徐世昌担任;国务卿配备副手两名,分称左丞、右丞。政事堂为大总统府公牍上传下达的办事机关,类似大清的内阁大臣。大清时内阁转发皇帝命令,多用“内阁奉上谕”字样,政事堂发布命令都被要求加上“政事堂奉策令”之类的套语。

要当皇帝,就是搞复辟,使历史车轮往后退。单单就退帝制咋行?太明目张胆。

为了掩人耳目，袁世凯又大力表彰誓死不嫁的贞妇，举行祭天拜孔大典，推出一系列复古“组合拳”，把复辟气氛渲染得愈来愈浓。这一下前清遗老遗少们兴高采烈，以为袁世凯念及前清恩泽，要恢复大清基业，还政于清皇帝了。于是，越来越多的人加入鼓噪复辟的行列。“中国人素质太低劣”、“中国只宜君主制”、“共和政体不适宜于中国”等论调甚嚣尘上。

袁世凯想得更远，去建立袁氏王朝，让子孙后代当皇帝，世世代代住大皇宫，可万一全国反对怎么办？为此，未雨绸缪，决定购买军火，有反抗就武力镇压。民国造不出大炮、汽车，也造不出好枪好弹，只有拿钱向外国人买。那些洋人也不是好家伙，明明知道袁世凯要称帝，买枪买炮是去搞武力弹压，趁机漫天要价，又是强压，又是诱逼。1915年5月，袁世凯为了从日本人那里借得巨款被迫接受日方提出的旨在吞并中国的《二十一条》。

这个条约的主要规定有：

(1)承认日本继承德国在山东的一切权益，山东省不得让与或租借他国。

(2)承认日本人有在南满和内蒙古东部居住、往来、经营工商业及开矿等项特权。旅顺、大连的租借期限并南满、安奉两铁路管理期限，均延展至99年为限。

(3)汉冶萍公司改为中日合办，附近矿山不准公司以外的人开采。

(4)所有中国沿海港湾、岛屿概不租借或让给他国。

(5)中国政府聘用日本人为政治、军事、财政等顾问。中日合办警政和兵工厂。武昌至南昌、南昌至杭州、南昌至潮州之间各铁路建筑权让与日本。日本在福建省有开矿、建筑海港和船厂及筑路的优先权等等。

二十一条，条条损害中国的主权，条条要中国人的命。袁世凯和“恩师”李鸿章的卖国在思想和行为上完全达到高度一致，他本人也成为“李鸿章第二”，按照这个趋势发展下去，他甚至大有追而超过“恩师”了。有人卖国，就人有护国。《二十一条》卖国的消息一出，举国哗然，反对舆论一派沸腾。

怕啥舆论？爱咋说就咋说吧。袁世凯不予理睬。媒体叫叫嚷嚷，喊破嗓子也是说了白说，骂了白骂，没有任何效果。反对者的弱势反而助长了更多“识时务”的“俊杰”们明白目前和未来的“时务”取向，立即调整自己的行动方向，进而主动地向袁世凯投怀送抱。年过七旬的戏子都会大喊、大声呼唤“皇帝”，带动着更多的人投入到复辟行列之中。

执政不可无“砖家”

北京城内复辟帝制的喧嚣声一浪高过一浪。盛夏时节，美国霍普金斯大学校长弗兰克·J·古德诺不远万里，漂洋过海来到了中国。

他是美国行政法的大权威，据说著作充栋，比他个子还要高。他来中国做什么？主要是为中国“把脉看病”，看什么病？国力总强大不起来的体制病——即从行政法的角度来考察中国目前的政体，到底哪里出问题了。

洋权威来给中国看病，安的啥心，不会是来骗钱的吧？

其实这个担心没必要。

因为这个古德诺虽是洋人，但和袁克定私交甚好，一直对中国有感情。早在民国成立时，他在北京担任过两年总统法律顾问，因为极力主张在中国实行总统制，反对责任内阁制，宣传中国必须建立强有力的中央政府组织，曾荣膺袁世凯和民国政府颁发的二等嘉禾章。这次他再度来到中国，是在举国一派复辟呼声中为自己一直倡导的“总统制”鼓与呼？非也。这位美国佬、行政法的“权威”，此行中国的主要目的，是要“调研”“民主与君主政体哪一种更适合中国的国情”，从而寻找出一个更合适中国发展的政体，“从科学层面”来再次为全体中国人指点迷津。

通过“调研”，他一改以前一贯坚持中国不搞总统制就绝对完蛋的结论。8月3日，在《亚细亚日报》发表一篇题为“共和与君主论”的文章，其基本观点来了一个一百八十度的大拐弯，报告不仅完全否定总统制，反而认为中国只有实行君主制才是上上策，才不会亡国。为什么？他说中国人民智低下，不具备参与政治的品质，在此情形之下，实行共和制有弊无益，反而是祸害；比较而言，还是君主制更符合中国的历史习惯。中国如果不搞君主制，不恢复皇帝，智者会变蠢，愚者会更愚，大官小民全活不下去。他的科学结论是：科学研究表明，中国人选择君主制，恢复皇帝则生，则旺，国家则强大；选择共和，就是自找死路，自己从悬崖走向万劫不复的深渊，永远没有出头之日。

随后，这篇妙文在东京及伦敦等全世界各主流大报转载。中国必须恢复帝制，弄出皇帝，成为“世界共识”。

国内必须与国外“接轨”

“国际名人”古德诺发表了“共和与君主论”，“国内学者”杨度闻风而动，随即昼夜伏案挥毫，忙得汗如雨下。

他要干什么？去与国际接轨，写文章“传播真理”。经过十几日的通宵夜战，他也发表了自己的“新著”《君主救国论》，全文两万字，分上、中、下三篇，立论就是“只有君主制才能救中国”。

这杨度也算是历尽坎坷后才获得成功的学者。这个“救国论”是他“带血的认识”，也是他放弃过去回忆后的大彻大悟的“觉醒”。因为他本人就吃过那“好得不得了”的君主制的大亏。

那是1903年。那一年为了标榜新政，大清朝廷在传统科举项目之外，增设经济特科，希冀通过经济特科考举，选拔一些襄助新政洋务的“专才”。刚从日本留学归来的“海归”杨度参加了此次“新科举”考试。发榜时，高中一等第二名。这本是件十分幸运之事，谁知一等第一名居然是梁士诒。发榜后，慈禧太后向军机大臣瞿鸿禨询问他对这次经济特科录取人才的意见。这瞿鸿禨和阅卷大臣张之洞有仇，存心给张一个难堪，乘机进言说：“今年一等一名梁士诒是个纯牌康梁新党。梁士诒与梁启超的姓相同，而名字中最后一个诒字，又与康有为相同，康原名康祖诒，因此这梁士诒正好是‘梁头康尾’。”

慈禧太后一听此人与要变法的“康梁乱党”有关，马上下令取消一等一名资格，并追查阅卷大臣张之洞的责任。平素与张之洞有仇的御史们也乘机弹劾，一时闹得满城风雨。杨度本来没事，这个梁士诒下台，反可由第二名替升为第一名，可他与梁士诒系同科考取，且在考试作文中洋洋洒洒地大谈新学。御史们一查，他也有了“新党嫌疑”。结果，他这个一等二名不仅白考了，而且弄得一身“恶臭”，被朝廷追捕，在国内无立足之地，不得不逃往日本。

他可以说是深受封建君主制祸害的人。这次为何如此吹捧害人也害过己的君主制呢？难道他挨过鞭子的打反认为鞭子好？否也，而是他逃亡到日本后，坏事又变为好事。因为那场可恶的科举，他“一夜返贫”，在东洋国不得不当流浪汉，谁知一次偶然机会,居然和八竿子都打不着的袁克定认识,且一见如故,成了挚友。在袁大公子的慷慨支助下,他不仅不愁生计,有大肉吃,有大酒喝,钱想怎么花就可以怎么花。除此之外,两人还可以谈文学、谈经济,谈政治。袁克定虽然有钱,学识却有限,但又"雄才大略"(其实是野心勃勃),杨度于是把他比之为"当代唐王李世民",自己则以"盛唐谋臣"房玄龄、杜如晦自居。袁世凯辛亥上台后,他咸鱼翻身,步入政坛,既当官又搞学术研究,当双栖明星。随着袁世凯当了这么多年的大总统,落魄书生杨度也早成为名闻东亚的亦政亦儒的"学界名流"。

他的这篇《君主救国论》写成后,平时可以自由进出总统府的他故意不去,特意委托总统府内史夏寿田,请他转呈给大总统袁世凯阅看。袁世凯看后大加赞赏,当即提笔,写下"旷代逸才"四字评语,并命政事堂制成一幅巨大的金字匾额,派人敲锣打鼓送去杨度府上。

杨度好歹不过是一"专家型人才",一下子凭着一篇与专业无关的文章居然杀进政治学术界,且还成了"旷世逸才",真可堪比房玄龄、杜如晦,甚至远超他们的智商和才学。在杨度得意洋洋之时,袁世凯密令心腹、奉天巡抚段芝贵加紧印刷杨专家的"旷世之作",广为发送,供人学习。

"理论联系实际"

1915年8月底,袁世凯在总统府接见"海内杰出人才"杨度。

虽然两人熟悉得不能再熟悉,这次会见还是由内史夏寿田作陪。会见是在完全真诚和坦率的氛围中进行。杨度当场向袁世凯提出成立一个专门宣传"君主救国论"的组织。袁世凯当即否定:"不好!"随即,坦诚告之说:"外人都知你我关系,还以为是我指使你干的呢!"

杨度就是杨度,有着"读书人的执拗和迂腐",面对大总统的否定,态度坚决地表示:"度主张君主救国也非今日始。君主立宪,度是最早宣扬之人,且学术自有自由,大总统不必顾虑。"

在"学术自由"的幌子下,专家和"砖家"鱼龙混杂,他们折腾得转型时期的民国上下思想一派混乱。偌大的中国,明明白白的道理常常无人接受,越是荒诞不经的“真理”，反倒越受到众人的追捧，比如袁世凯倡导寡妇守节、尊孔学儒，许多人就跟着欢呼，弄得寡妇们纷纷自杀殉节，学校老师上课非孔老二不讲。袁世凯何尝不知喉舌的厉害和煽情的力量，于是也不顾虑了，爽朗地准允说：“那你们就放手去做了。”

8月24日，杨度联合学界泰斗孙毓筠、严复、刘师培、李燮和、胡瑛等名流在石驸马大街自家住宅成立“民间组织”筹安会，自任理事长，在门口挂上筹安会招牌，同时对外发表成立宣言。这“筹安会”意即“筹一国之治安”的缩写。该会的宗旨：“研究君主民主国体，二者何适于中国”。把“君主”与“民主”国体一起“研究”，实际上是直接、赤裸裸地指向和宣扬“君主救国论”。

结果，他们的“研究论文”一出笼，有明白人就说：“没穿内裤，还要翻筋斗给别人看，研究个鸟，献丑啊！”

同一天下午，和袁世凯攀宗联谱的亲信袁乃宽在石驸马大街宅邸中，与段芝贵、雷震春、江朝宗等军界、警界要人，一起召开军警特别联席会议，一致宣布拥护君主制。

随即，梁士诒、朱启钤，周自齐等京官发动、组织各省公民请愿团，准备以请愿、游行的“民主形式”要求袁大总统宣告实行“与民主制完全对立的君主制”。北京、安庆、长沙等地先后成立了商会请愿团、人力车夫请愿团、孔社请愿团、乞丐请愿团、妓女请愿团、和尚请愿团……梁士诒大言不惭地宣布：“本人毁家纾难，倾家荡产，也要把帝制搞起来！”然后，他咬紧牙关，拿出大钱，拼凑起全国各请愿团“总团”——全国请愿联合会。

9月16日，全国请愿联合会以各省人民的名义，向参政院呈上请愿书，要求在中国进行政治转型，实行君主立宪制。

“民意”来了，各大佬还有一怕：历来强势且不讲理的列强不答应中国转型怎么办？洋佬一要横，称帝的事情还是得黄。谁知一切不是问题，十几年坚持打压中国的日本内阁总理大臣大隈重信和半个世纪凡中国事必插手的英国驻华公使朱尔典，各自正式代表本国政府对外表态：赞同袁世凯称帝。

从来不讲理的两个大列强罕见的“开明”，又获得国内上下一片高声喝彩！孰不知凡是敌人支持的，并非好事反而是坏事。上层人士哪里细想这个简单道理，立即呼应着洋佬，呼应着“国内专家”，宣扬复辟，颂扬帝制。在极度的喧嚷和叫嚣之下,不少民众也糊里糊涂地跟着引颈叫喊着:“帝制帝制!”

这些效果,正是袁世凯所希望的。

但高明的他凡事必厚黑,欲擒故纵,似乎啥都没看见,啥也没听见,对一切很冷淡,既也不担心残疾儿子没房子住,也不忧虑家人没钱花,淡定得出奇。

当官须有“民意”

箭已上弓,却不见发出。

那些日夜盼望袁世凯早一日称帝、自己跟着分羹喝汤,去封王封侯的热心人,个个急得跺脚乱跳。全国请愿联合会“总监”梁士诒已经毁家一搏,眼看袁世凯迟迟不声,偌大的银子就要打水漂,心急火燎,连夜与杨度等“领导人”紧急磋商,次日开始连续三次,集体到参政院上访,呈递请愿书,声称袁世凯再不答应君主立宪,就发动全国马上举行中国从没有过的大游行、大请愿,进行大示威。

梁士诒等人上访的态度是:袁世凯再淡定下去,再不去称帝,几万万国人活不下去了!国人活不下去,我们这些精英,作为“社会的良心”,必须站出来,要带着小民们求生路,去游行,去请愿,去示威。中国三千年历史都没有过民众游行、请愿或示威,他们要破三千年先例,且是全国性的大行动,政府哪能不管不问不出手?在这样的“逼迫之势”和“空前高压”之下,袁世凯才于25日出面,下令召集国民会议,议决国体。

10月,各省开始举行国体投票,并选举国民代表。

12月11日上午9时,参政院召集国民代表大会,并以总代表名义汇查全国各省“民意公决”的投票结果。各省国民代表共计1993人,赞成君主立宪票共计1993票,百分之百拥护。全国要求实行君主制的“民意”达到了巅峰。参政院秘书长林长民说:“代表以起立方式进行表决。”

“呼啦”一声,全体代表齐刷刷地起立,一致通过袁世凯出任皇帝。

随后,参政院派出代表,敲锣打鼓去袁世凯居住的中南海居仁堂起居室,递送皇帝推戴书。

9时半,袁世凯收到了参政院推选他当皇帝的推戴书。

狡猾的他却以“民国初建,本大总统曾向参议院宣誓,愿竭力发扬共和,今若帝制自为,则是背弃誓词,此于信义无可自解者也”为理由,一把拒绝了推戴。

他施展的还是欲擒故纵的智谋,意在吊众人的胃口。

这可急坏了那些等着分羹喝汤的人们。他们拿出了不舍的韧劲,继续努力。

下午5时,参政院复会,讨论并通过第二次推戴书。该推戴书称颂袁世凯有“经武、匡国,开化,靖难、定乱、交邻”的六大功绩,功超百王,德亘万古。像他这样的奇才,全世界没有过,人类历史上也没有过。这样于国家、民族有大功的“功超百王,德亘万古”的“神人”,找都找不到,现在出了一位,不重用不让他去当皇帝,就是作孽、犯罪啊!袁世凯别说是去当皇帝,就是去当天王也不过!众人继续推戴袁氏当皇帝,并且要求他:“不得推辞。”

当晚,这批人马再次前去居仁堂起居室,呈送推戴书。

一日两扰。不去当皇帝都不行了。袁世凯被纠缠得连常人起码的日子都没法儿过下去了,正常的生活和起居秩序不仅被打断,而且被打乱,还累及家人。他“实在”是“没办法”了,不得不接下了这份沉甸甸的皇帝推戴书,然后吩咐家人:“赶快给人家拿赏金呀!”

袁世凯“屈从了民意”,所有的人都皆大欢喜,喜笑颜开。

12月12日晨,袁世凯对外正式发表文告,宣布接受“全国民意”,正式接受代表们的推戴,下令改国号为“中华帝国”,于1916年元旦起为“洪宪元年”。

13. 只83天,就不得不脱下皇袍

好处不能独占

接受当皇帝的“民意”,袁世凯扭捏了一大番。现在登基中华帝国大皇帝,就不客气了,登基仪式自己操办,并且丝毫不马虎。1915年12月19日,他下令设立登

极大典筹备处,任命朱启钤为处长,正式筹备“袁氏天下”的帝制。

谁知他看似不认真时,人们认真得很;他一认真,问题就出现。

“民意”推举完成了,参加选举、推戴的国民代表 1993 人完成了“历史使命”,国民代表大会自然也就宣告结束,代表们哪里来哪里去,各自回家。约法会议议长、大典筹备处副处长孙毓筠于是主持会议,宣布每名代表发路费 100 块大洋,路程远的省份发 200 块大洋。

他打算就这样把“大伙儿”遣散了事。可“大伙儿”哪有这么好打发?获知这个“报酬”后,群情哗然。有的喊道:“我们也不是虾子灯、螃蟹灯、凤凰灯,随你拍来迎去。大家抬你做龙头灯,我们连龙灯尾巴都沾不上。今天的事情不解决,没个完!”

孙毓筠还想解释,他们哪里还容得他去解释,一起喊着:“给不给?”

孙毓筠没有做声,当即就把他们惹恼了。这些人“被气坏”,不仅动粗口,而且还要动手。孙毓筠一见情势不妙,便急忙开溜,快腿跑回自己家中,闭门不出。

这群人既然能在激烈的竞选中当上这有选举权的代表, 个个都是非凡人物,平时在地方本就是流氓加地痞,都是只能得便宜不能吃亏,无利不占没好处不干事的贪婪之徒,这次爱多吃多占敢于出手,才抢得代表资格。他们本以为拥戴了袁世凯当皇帝就能捞不少好处,甚至有个一官半职,得个什么知府、巡抚官儿回家,没想到事情一完,对方竟以区区 100 块大洋打发,哪里肯依。孙毓筠跑,他们就集体尾随,跟着闯入孙家,跺脚狂呼乱骂。

孙毓筠躲在卧室里闭门不出,他们就砸家什,毁门窗,并且一举掀翻了孙府伙食房煮饭炒菜用的大铁锅。眼看家什被砸,孙毓筠心疼不已,只好打电话给警察局要求宪兵来解围。

众人都是国民代表,听说他打电话给警察局,胆壮得很,说:“警察?! 莫说警察,天兵天将来了也得加钱。”继续进行打、砸、抢,并且专挑贵重的珍品破坏。

孙毓筠无奈,为了家产少受损失,只得走了出来,大声喊着说:“莫砸了莫砸了!”接着解释说:“我提领的经费已经用尽,的确没钱了!”

领头的代表则说:“嘿!这可真是床头金尽,提裤子就他妈的认不得客人了!这样的嫖客,你今日是当不成的!”

其他代表一起振臂高呼:“加钱!加钱!”

这时,荷枪实弹的军警从四面八方包围而来。包围就包围吧,代表们在老家就

“体会”过这样的场面,现在大功在身,警察来了照样有恃无恐。警察对这些天不怕地不怕的代表们能怎么着,也没办法。后来,还是大典筹备处正处长朱启钤闻讯,急急赶过来,进行转圜地说:“每人再加200块。”

推戴代表们这才骂骂咧咧,领了钱,各自散去。

骑虎不下

推戴书收下,又花费不多把推戴代表打发走了。万事俱备,袁世凯专等明年元旦御极登基了。

谁知事情还是“不顺”,一波三折。

袁世凯于12月19日下令设立登极大典筹备处,没过五日,23日,云南都督蔡锷就在昆明向他发出通牒式的电报,要求立即无条件取消帝制,并将杨度、孙毓筠、严复、刘师培、李燮和、胡瑛、朱启钤、段芝贵、周自齐、梁士诒、张镇芳、雷震春、袁乃宽等搞复辟、闹帝制的“十三太保”“明正典刑,以谢天下”。并且,他还限定袁世凯在24小时之内答复,气势咄咄逼人。

原来天下还有反对帝制、不喜欢袁世凯搞家天下的人!袁世凯处心积虑地完成这“三步走”只差最后登台亮相,“皇室化”就大功告成了,哪会受蔡锷的“威胁”而罢手?!

蔡锷见袁世凯不答复,25日正式通电全国各省,宣布组织护国军,云南独立,讨伐复辟帝制、大搞倒退的独夫民贼袁世凯。

蔡锷起军讨伐的消息传到中南海,简直晴天一声霹雳。袁世凯没料到蔡锷居然说到做到,大大出乎意外。他正在召开国务会议,收到蔡锷讨袁通电,竟脱口而出:“我本不主张帝制,都是你们逼的。”

他这么一说,那些平时拍马溜须且狂热要求“君主救国”的大员们个个一声不吭。他们之中也个别人赞同帝制是言不由衷的,只是为了保住金饭碗或求得更大“进步”,才不得已随波逐流,跟着为复辟帝制而摇旗呐喊。哪料到区区几年光阴过去,民国就已不是原来慈禧太后或哪个昏庸的皇帝、摄政王说什么就是什么的时代了,路遇不平,还是有诸如蔡锷等这样血性汉子敢于一声吼,且毫不犹豫地起兵反对。

当皇帝和“家天下”计划受阻，袁世凯立即找到当过云贵总督的李鸿章弟李鹤章之子、时任审计院院长的李经羲和因为涉嫌热河行宫盗宝案手脚不干净而辞职赋闲在家的“智叟”熊希龄，希望他们前去和蔡锷进行调和，大事化小，小事化了。

李、熊虽然都是蔡锷的老上司，但因蔡锷反对称帝制态度十分坚决，调停马上就宣告失败。

袁世凯也是枭雄一个，除了洋人之外，没有中国人能吓得住他，他在中国也不怕谁。尽管西南声言一登基就兵戈相见，1916 年 1 月 1 日，他还是如期在中南海登基，并将总统府改称为新华宫。

蔡锷没有食言，也是同一日，在云南宣布正式成立云南护国军政府，誓师北伐讨袁。

袁世凯才披挂上身的皇袍成了惹祸袍。

5 日，袁世凯在新华宫丰泽园设立临时军务处，宣布派曹锟统帅大军前去镇压蔡锷起义。

但是，双方开战后，曹锟的北洋军士气低落。而蔡锷的护国军士气大振，且越战越勇。不久，反袁军以云南为基地，影响扩及贵州，威逼川、湘。袁世凯手下的四川督军陈宧、湖南督军汤芗铭连连告急，每份电报都标着“万急”、“万万急”字样。袁世凯不得不大量往四川、湖南派兵。

尽管袁军占绝对优势，但讨袁护国军还是难以平息，且势不可挡。27日，护国军进入贵州，忠于袁世凯的巡按使龙建章落荒而逃，贵州当即宣布脱离袁世凯独立。

当官就准备挨骂

袁世凯逆历史潮流而复辟称帝，除了那百十个渴望分羹而趋炎附势之徒，佯作拥护外，完全不得人心。当初喧嚣一时的拥戴之势，不过是梁士诒等人煽动媒体作假，折腾出来的“虚张声势”。多数内心反对的人保持了沉默。诸如蔡锷、黄兴等人则静观其变，暗中做着反抗的准备。

当年因参加维新运动被通缉，流亡日本的文人章太炎，在民国成立时当过孙中山的总统府枢密顾问，在宋教仁被刺后参加讨袁。这次袁世凯称帝，他毫不客气地站出来，公开唱对台戏。他把袁世凯当初颁给他的勋章做扇坠，故意衣衫褴褛，大摇大摆地“堵”在新华门，破口大骂袁世凯，什么猫呀狗呀国贼呀，全是最难听最不入耳的话语。

章太炎是民国革命的元老，名气太大，影响也很大。杀不能杀。袁世凯先是准备去和他对骂。但“中州歪秀才”的水平全然没章太炎这般文采，对骂肯定要吃亏。另外，大皇帝身份去这么做似乎也不恰当，因此骂不能去。袁世凯拿这“章疯子”无可奈何，只好派人把他软禁在东四钱粮胡同一栋房子内，好吃好喝供着，免得他去堵门。

这时恰好章太炎的弟子、四川万县师范学校校长钟正懋来到了北京。袁世凯闻讯，大皇帝居然赐宴师范小校长。席间，袁世凯对钟正懋说：“你老师和我过不去，你去劝劝。中国向来有两块万岁牌，一块是大成至圣先师，一块是当今皇帝。太炎何不让一块给我。”

钟正懋跑去，劝说老师成人之美，坏人好事的做派害人不利己，没必要不自重。但章老师犟骡子脾气一上来，学生怎么劝也劝不动，耷拉着脑袋失败而回。

当官哪能不挨骂？袁世凯想得通。

然而，这时候全中国人都已不能接受复辟，不能再接受腐败、卖国、落后、专权的代名词——“皇帝”。反袁火焰越烧越烈。3 月 15 日，广西的实力派、督军兼任省长的陆荣廷突然宣布广西独立。护国军不仅控制云南、贵州，又势连广西。

护国军讨袁节节胜利，袁军的围剿战略屡遭挫折。正当袁世凯焦头烂额时，手下亲信大将冯国璋、李纯、靳云鹏、朱瑞、张勋五将军联名发来密电，要求他“取消帝制，以安人心”。这五位大将军都是袁世凯一手提拔的，重用与亲近的程度，除了比自家亲人差点外，再就没人比他们亲了。他们公然背叛，表明袁世凯最看重的北洋集团已分崩离析。

不久，袁世凯的密友、盟兄弟徐世昌也暗中来信，敦促大哥赶快取消帝制。

袁世凯披着这皇袍却是众叛亲离，好不尴尬。

这个关键的时候，原来表态支持袁世凯称帝、中国实行君主制的英、美、日、德、意等国也落井下石，公开表态反对袁世凯称帝。“无人不怕”的洋人也表态不支持帝制了，事情还有啥好折腾的了?!3 月 21 日，袁世凯不得不在新华宫召集会议。

他手下的重臣杨士琦、张镇芳、朱启钤、梁士诒、倪嗣冲、徐世昌、段祺瑞等人与会。气氛阴沉沉的。面对国内一片混乱的局势，谁也没办法。袁世凯淡淡地说了一句："都是我不好，不能归咎于别人。"接着，说出了取消帝制的想法。

此言一出，在座十几人中，只有当初联合十四省将军上书袁世凯"速定大位"而被袁世凯封为"一等公爵"的安武军军统倪嗣冲作出一副"金刚怒目"的样子坚决反对，喊着说："谁敢反对帝制，臣誓死扫荡而后快！"但"倪大炮"的意气冲动，当即被袁世凯制止："丹忱(倪嗣冲字)，不要闹了。"

其他人没有一个或喊或闹，甚至没说一个不字。袁世凯于是决定把一切"退回去"。

第二日，袁世凯发布文告，向全国宣布取消帝制。

这次发布文告，仍由国务卿徐世昌副署发表，宣布袁世凯仍任中华民国大总统，并恢复黎元洪副总统职位。中国政体又"退回"到了 1916 年 1 月 1 日之前。

至此，从 1915 年 12 月 12 日袁世凯宣布称帝，至 1916 年 3 月 22日帝制取消，前后帝制只维持 102 天。若从洪宪元年帝制实施，到颁令取消洪宪年号为止，袁世凯只当了 83 天皇帝，就脱下了自己穿上的惹祸的皇袍、皇冠。

袁世凯的皇帝梦宛如昙花一现，就凋零，醒了。而"袁大瘸子"等一大干系人，几乎是半醒半醉去天上的皇宫梦游了一番，也跟着落地，掉回到了人间。

但是，这凡间却已遍地是要焚烧他们的烈火了。

14.

众叛亲离，被活活气死

官场最最痛苦的事

尽管袁世凯宣布取消帝制，但已燃起的烈火并没因为他"退回去"而熄灭。相反，全国人因这次他复辟帝制而看清了他要当皇帝、想“搞家天下”的本质更加清醒，且不再饶恕。于是乎，反袁浪潮继续扩大，越发不可收拾。

继云、贵、桂宣布独立后，江苏、上海、广东、安徽、江西各省的当政者也纷纷相继宣布讨袁。东北胡子出身的张作霖与人联手，将袁世凯的亲信、镇安上将军段芝贵驱逐出境，并声称要追究他“盗卖木材、贪污”的责任。连张作霖这样的“草根”、“土匪”，都敢对他袁世凯如此不敬，袁世凯异常气愤。

但，袁世凯对他们，也是无可奈何了。

就在短短几个月中，原来如此强势的袁世凯居然变得如此无力、无助了。大厦将倾，大势已去，这让人惊心动魄的坏消息日日都有。在官场上久经坎坷的袁世凯怎么也淡定不下来，豁达不起来，每日被这些消息气得头昏脑胀。原本特棒的身体居然不行了，他不得不开始服用中药进行调理。

但他每日照旧下楼，到居仁堂办公。

可是，比张作霖驱逐段芝贵可怕得多的坏消息，还是一个接着一个报告过来。5月初，陕南镇守使陈树藩公然驱逐陕西督军陆廷章。陈的反叛与张的反叛虽然结果是一样的，但“性质”却完全不一样。陈的陕军是属于袁世凯的嫡系北洋派，他本人是袁世凯的心腹段祺瑞的心腹。这表明嫡系军——北洋高级将领的背离也开始公开，并且明目张胆了。

嫡系的公开背离，若不是到了彻底没救的地步，如果尚有一丝的希望，谁又会去做这样“亲者痛仇者快”的傻事呢？因此，更坏的事情还在后头，马上就会发生。

而事情一旦发生就是致命的打击。

5月22日，四川督军陈宧宣布四川省及他本人与袁氏断绝一切个人关系。陈宧既是袁世凯在西南最倚重的将军，又是袁克定的把兄弟，私人感情甚笃。当初他为了劝袁老爷子登基，伏地九叩首，用膝盖爬到袁世凯跟前，鼻子嗅着他的脚大喊：“大总统如若明年不登基，正位中国，我死都不回来了！”谁知曾哭着求“早正大位”的陈宧不仅宣布独立，还声明和“袁氏”断绝一切个人关系，一刀斩断以往一切情义，做得如此的恩断义绝。这虽是大清以来高官大僚们趋炎附势、落井下石、人走茶凉的一贯做派，袁世凯当初被载沣撵回老家时也体会过，但哪一次都没这次被陈宧反背“伤”得深。陈宧的决绝宛如他亲手拿着长剑一把刺进袁世凯的心脏。袁世凯接到电报后，哆哆嗦嗦说了句：“二庵（陈宧字）爱我如此，夫复何言？”竟半日不能言语。

如此重击,可坏消息还在后头。

一周之后,袁世凯倚重的另一将军、湖南督军汤芗铭也在长沙宣布湖南讨袁独立,在袁世凯受伤的胸口上再活生生地刺上一刀。

这汤芗铭是当初鼓吹帝制最得力的地方要员。他原本是李鸿章的同乡,嘴巴特别甜,被袁世凯派去主政湖南。为了迎合袁世凯的皇帝梦,他招募一批穷酸秀才,把他们软禁在长沙一座大豪华院落内,备下名烟名酒,连娱乐的妓女都一一准备,对他们只一个要求:伪造出"湖南人民推戴袁大总统为皇帝"的"民意",并写出极工美的劝进书即可。

最后,秀才们把劝进书写好了,用极工整的蝇头小楷一笔不苟地缮写在特制的表章上,文尾落款"湖南靖武将军臣汤芗铭谨奏"。汤芗铭将劝进书放进特制的金丝楠木小匣中,派特使专程晋京。

在袁世凯下决心称帝的关键时刻,汤芗铭起了最为关键的作用。在段芝贵联合十九省督军、省长通电要求实行君主立宪时,汤芗铭叫得最凶:"如有阻碍救国大计,望为前驱,除此公敌。"袁世凯称帝后,御封八位有功之人为侯爵,他汤芗铭荣居首位,使得坐镇长江上游的实权派人物曹锟都不得不羡慕、眼红,在致汤芗铭封爵的庆贺电文屈曲地奉承他"威震三湘,名冠八侯"。

这个汤芗铭才能平庸,做事只知道贪财,很不得人心,他一切荣耀完全是袁世凯一手给的。谁知这位要为"前驱"的"八侯之冠"居然在袁世凯最需要他的时候也反叛了。对汤芗铭的叛变,袁世凯气急败坏。这一天,他骂人骂得很凶,几乎见人就骂,且远不是"混蛋"或"混蛋加三级"之类的语言,都是不堪入耳的河南乡间粗野之言。

这汤芗铭把袁世凯最后一根精神支柱给弄垮了。

前后不过一个星期,陈宧和汤芗铭先后宣布断绝一切个人关系,甚至还要"讨袁",袁世凯终于被这"一个湖北混蛋"、"一个安徽混蛋"气得病倒了,不再下楼了。但他在楼上卧室里仍坚持下床,坐着看公文,有时还会见一些重要来客。

袁世凯继续硬撑着。

厚黑一辈子栽在无名小辈手里

快速把袁世凯送上黄泉路的，不是“湖北混蛋”陈宧，也不是“安徽混蛋”汤芗铭。而是另一个人。他就是服侍袁世凯多年的河南小同乡——唐天喜。

这唐天喜和袁世凯是同乡，原在豫剧班唱小旦，人长得十分俊美。袁世凯在家当少爷时就喜欢上他，发迹后一直把他带在身边，还给他在军界谋了闲差。在搞帝制前，唐天喜已以旅长身份混到京汉铁路北段护路司令了。帝制取消后，前线还有零星战事。唐天喜主动请缨，在袁世凯面前边哭泣边请求：“天喜蒙大总统 30 年养育之恩，如今要上前线去打蔡锷。”

此举使得袁世凯的心有了一点儿的安慰，感到手下总算还有个别人不会负自己一片恩情，于是拨给他一批人马枪械，言珍重之语，依依分别。

可他哪里料得到，这唐天喜才到湖南，就被赵桓惕以区区 30 万两银子买下，翻然反叛，并且当夜就率兵袭击他本应去增援的马继增部。马部猝不及防，被他背后一击，全军立即溃散而逃。仓促之中，马继增都止不住溃兵，转眼之间，身边没有一个人马，只剩下自己孤零零地站在阵地上，无奈地含愤举枪自毙。

唐天喜这一举，使得整个前线战事急转直下，完全不可收拾了。

袁世凯收到唐天喜叛变的急电，已近疯狂，精神失常地叨念：“天喜反了！天喜反了！”

唐天喜确确实实把袁世凯重重地击倒了，第二天早晨，他就不能下床，也不能再去办公了。

老爷子一夜之间垮成这样了，急坏了居仁堂内所有的人。三儿媳急在心上，竟偷偷从自己身上割下一块肉，熬成一小碗汤，然后让人端着送去给公公喝。袁世凯看到碗内那一块漂浮的白肉，马上警惕地问：“是什么？”当意识到有人在“割股”时，连声说：“不喝！不喝！”

三儿媳为什么这么做？原来传说喝了人肉汤，病得最重的人也能起死回生，慢慢愈好。老爷子不喝这比灵丹还妙的“人肉汤”，自然更是没救了。进入 6 月份，袁世凯的病情进一步恶化，整个人都不行了。

6 月 1 日，总统府召法国名医贝希叶和名中医萧龙友入府治疗。两位医生初步诊断是得了尿毒症。由于袁世凯不信西医,拒不吃西药,拖延了数日。眼看他病入膏肓了,还如此顽固不化,大公子袁克定于是站了出来,主持大局,并决定用西医救人。

但一切已经为时过晚。袁世凯的病已无可挽回了。贝希叶医生先进行导尿,导出来的却是尿与血混合的血水。袁世凯深深地呻吟着,似乎很痛苦。既然尿都变成了血,这病哪里还挽得回来?当晚,他召集最信得过的徐世昌和段祺瑞两人到床前,说:"总统的职位应是黎宋卿(即黎元洪)的,我就是好了,也准备回彰德。"以后,又断断续续地说:"他害了我,他害了我!"

这个"他",到底是指谁呢?家人猜测是说唐天喜,也有下人说是陈宧、汤芗铭二人。但到底是谁,无人能知。不过,他们当初极力拥戴劝说袁世凯称帝,当他大势将去时又纷纷"独立"、断绝一切个人关系,确实是袁世凯的"催命鬼"。后来有人以中药的两个汤头名称为题做了一副对联:

起病"六君子";
送命"二陈汤"。

徐世昌和段祺瑞走后,袁世凯就昏迷不醒了。

官场如战场,绝不是浇地种菜那么简单。袁世凯厚黑一辈子,却居然栽在唐天喜这无名小辈之手,真是冤得不能再冤了。

可是,老天爷就是这样作弄着凡夫俗子,也作弄着那些官场的"神人"、"牛人"们,奈其何哉。

当官结局:不被打死,就被气死

该来的阻止不了,该去的拉不回来。

1916年6月6日,是旧历五月初六,三个"六",本来六六大顺之日。这一日上午10时,袁世凯在中南海居仁堂病逝。死前,他神志很清醒,说了句:"这个事我做错了。"——这是他对世人说的最后一句话。

袁世凯只活到 57 岁，如同他的先辈一样，都没有活过花甲之年，就赶赴了黄泉。

当官有风险，除了被排挤、流放之外，下场也是多种多样，不是被打死，就是被气死，袁世凯走了后一条路。这种风险其实就是宿命，无论你官多大，财多厚，最终都得与普通老百姓、乡野的"草根"一样命赴黄泉，方式不一样，结局却是一样：谁也带不走身前的一文钱。

袁世凯死了的消息传出后，万民称好。他的五弟袁世辅正闲居在苏州，没有伤心，并且还对人说："这是袁世凯装死，因为他见不得人了。"

直到袁世凯的灵柩运到彰德，他才相信老哥这回是真的死了。

袁世凯因为复辟称帝而气死，死也应该遗臭万年。谁知这么一死，一了百了之外，"独夫民贼"的帽子居然被摘掉，民国政府对他一改以前声讨的态度，反而一片赞声，袁世凯摇身一变，又成了"国家梁柱"、"人民领袖"。国务院下令在全国下半旗 27 天致哀，文武百官停止宴会 27 天，民间喜庆哀乐停止 27 天，隆重悼念袁世凯。一度被举国反对的洪宪皇帝袁世凯最终还是穿着皇帝服入殓，身后的丧事也一概按照清代皇丧的规矩一一办理。

袁世凯虽死，还是皇帝，甚至待遇没变。官场就是这么无情，又是这么地有情！

在中南海怀仁堂停灵 27 天后，6 月 28 日，正式出殡，运往河南老家下葬。灵柩出新华门时，民国继任大总统黎元洪带着文武百官，一起向袁灵柩行鞠躬大礼，然后，海陆军仪仗队 2000 人开道，灵柩换上 80 人"皇杠"，送到前门火车站。京汉线铁路已经为此全线停止运营。在军队鸣 101 响礼炮声中，袁世凯的灵车缓缓开动。

随后，列车沿途经过大站，都停下来，各地的地方官员举行盛大的路祭活动，弄得全国一派悲哀气氛。

次日，灵车抵达河南彰德。同行到达的，还有民国的大小将军、官员、前清遗老亲贵、文人、和尚、喇嘛、道士、祭行工人，共约 2000 人之多。

8 月 24 日，正式下葬。

1918 年 6 月，袁世凯逝世两年后，河南省省长田文烈主持袁墓最后竣工仪式。墓地共花费 73 万多元大洋，落成后，代总统冯国璋派总统府秘书长张一麟致祭。

墓碑正中上有徐世昌手书的九个大字：

大总统袁公世凯之墓

袁世凯生前被如此声讨、漫骂，为什么死后有如此的厚遇？因为继任者需要他遗留下来的衣钵——那种狡诈、专横、霸道、自私的帝王做派和只关自己既得利益而不管国家、民族的那种无法无天的恶官、坏官做派，需要“袁世凯精神不倒”，自己继续袁世凯之路，把他的官场厚黑和纵横之术发扬光大，引为己用。

因此，民国注定还是在袁世凯原来的老路上继续蹒跚地走下去，不会有太多的改变。

第二章　我硬悍，当鹰派强人

生性好强，不讲理，是典型的强人，实实在在的鹰派，

打仗、当官用的都是铁腕手段，毫不让人

01.

一块钱起家：史上最划算的发家术

先辈们的血

地球人都知道，这世界上最好的职业是去当官。

世上有各种各样的职场升迁传奇，官场的发迹史更是五花八门，但大多不外乎几种模式：突然遇上贵人相助，偶尔拾得战机打了一胜仗咸鱼翻身，或姐妹被大贵看上当了妻妾，或自己上山、打家劫舍……这些模式无不付出的多，最终才有了收获。而发生和成功的概率非常小，大多是肉包子打狗有去无回，甚至丢了卿卿性命，很划不来。

不少人都幻想白手起家，以最小的支出获取最大的效益，且成功实现"跃入豪门"理想。因此，无论是官场，还是财场，最理想的做法就是：少付出，甚至不付出，空手套白狼。

这是所有职场人和官场人的追求极致。

段祺瑞的发迹，就是以"支出最小"而实现的一个发迹奇迹。

不过，他的成功多少带有点"先辈们的鲜血"的宿命论影子。

段祺瑞，字芝泉，1865 年 3 月 6 日出生于安徽六安县一个叫太平集的地方。

段家原籍并非安徽，是江西饶州迁过来的外来户。明末江西发生战乱，段家老少为了躲避兵祸，举家逃难，千里迢迢跑到安徽，先落户在英山县。清初，其九世祖段本泰从英山迁寿州南乡。道光年间，曾祖父段友杰因妻子把一碗羊肉送给路过的穷人吃，怒火冲天的他一气之下失手将妻子打死。当地人纷纷打抱不平，说段友杰为人太吝啬、太狠毒。恶名一出，又失去妻子，段友杰无脸再在南乡待下去，三十六计走为上，他再次搬家，迁到了六安县太平集。

太平集紧邻合肥西乡边界，地处六安合肥两县交界，是一个官家“三不管”的地带。

段祺瑞的祖父叫段佩，粗识文字，年轻时在乡下种田，胆子忒大，发财心强烈。可是，这年头，官家发财轻松容易，穷人要发家，路子却很狭窄，他尝试了多个行业，无一不以失败告终。要赚钱，杀人越货贩私盐。于是，他与居家不远的刘铭传一起结伙偷贩私盐。这是违法的勾当，钻的是官家垄断食盐的空子，但是暴利，于是，越干，赚钱越多。

咸丰年间，刘铭传、段佩拿着私贩食盐所赚来的第一桶金，转行办团练。拉起队伍后，不仅打太平军，也与官府唱对台戏，遇着前来村子骚扰的游勇散兵，逮着便杀。后来，他们与张树声等人办的团练连成一气，呼啸山林。对于这样杀人越货的土匪，官府无力也无心去剿，和解的办法是“虎不与狮斗，官不与匪争”，干脆送钱送粮招安。刘铭传、段佩等人当土匪就是为了赚钱发财，招了安，不愁吃穿，还受官府调遣，可以进入主流社会，于是乐得去当“准国家公务员”了。

同治元年，刘铭传、张树声、周盛波、唐殿奎、吴长庆等人率领各自的团练武装，一概编入了淮军。段佩初任铭字营哨官，不久升为马队管带，后官至记名总兵。

段佩升了官，段家却被迫又搬了一次家。

段佩办团练时曾杀过刘姓两个土豪。他加入淮军后去省外打仗，仇家纠缠不放，总是要报复。段祺瑞之父段从文不得不于 1869 年率领全家搬迁到寿州城内。

不久，刘铭传、段佩在平捻之后衣锦还乡，段家一时声威气壮，不再怕那些土财主、粗豪门，也不愿再返回贫瘠的太平集，举家又迁往距合肥县城仅三里地的城西桥大陶岗，在那里先盖了一些房屋，接着建起别墅，第二年买下 100 多亩田地，成为当地大户。

段佩从贩私盐起家，当土匪“进阶”，居然在大清国闯出一条光明大道。这并不奇怪，完全抓住了时代的脉搏。在这个撑死胆大的、饿死胆小的乱世，安分守己的人是死路一条。段佩胆大妄为，反而成为“人上人”，成功地为子孙们创业奠基了。

此时段祺瑞已六七岁了。祖父段佩打家劫舍,敢作敢为,父亲段从文却没得乃父遗传,老实巴交,既没当官也没读书,在家种田。眼看孩子渐渐长大了,自己教育不了,1872 年,他便把七岁的段祺瑞给父亲段佩带去江苏宿迁任所。

段祺瑞便随祖父去生活了。

必先苦其心志

先贤孟子虽然没当过大官,却一语道破"官场成才"的玄机:"天将降大任于斯人也,必先苦其心志。"也就是说,当官需要前期的"秉性磨砺",段祺瑞在小时候就经历了这种"人生的心志磨砺"。

不过,他的磨砺是"先甜后苦式"的。

爷孙俩在宿迁军营生活。段佩的主要精力不再是治军了,转而治家——主要是抚养大孙子。他十分疼爱长孙,关爱之余,把段祺瑞送到牛角湾某私塾读书。

可是,少年段祺瑞有着祖父的秉性,对文墨没兴趣,喜欢舞枪弄刀,喜欢军营生活,日日逃学,跟着士兵们一起舞枪弄刀。在宿迁时,他不仅调皮,读书不用功,而且还穿得很邋遢,一天到晚留着一串长长的鼻涕,也懒得擦一擦,连仆人都嫌脏说他:"你叫什么少爷呀!一点也不爱干净。"

段佩在宿迁驻防多年,平静无战事,一心一意照看孙子,每日接送上学,当着"超级保姆"。段祺瑞也一日比一日长大。祖父很喜欢他,溺爱不及。尽管他还是个十二三岁的孩子,还是为他和圩内吴家丝线店老板吴懋伟的女儿订了亲。

好事终有尽头。1879 年闰三月,段佩忽然在军营病故,离开孙子,远赴黄泉。段祺瑞才 14 岁,再没办法在军营住下去,只得哭着,与清兵们一起护送灵柩,返回了合肥老家。

段佩亡故后,段家失去顶梁柱。大清豪门,必须有大柱大梁"撑家",没梁柱,家必撑不住。段佩走了,段家失去了大梁,家道陡然中落,大走下坡路,很快就彻底"返贫"了。

回合肥老家后,段祺瑞被段从文送到附近的侯大卫庄继续读私塾。

塾师姓侯。可段家已大不如从前,段从文本来就不会营生,段祺瑞下面有三个弟妹，生活十分窘迫。段祺瑞去读书，学膳费用也不能按时交纳，常常拖欠。这侯老师虽是清高的读书人，却也脱不了俗，欺贫爱富比乡间的那些势利眼还厉害，很看不起这落魄子弟段祺瑞。一次，段祺瑞又交不起伙食费了，他扣下段同学的一方旧砚台和一张旧书桌，瞪着眼睛说："不交膳费，就别想领回去。"

侯老师非常严厉，"铁面无私"得不食人间烟火。他的女儿却对段同学非常好，每逢私塾里打牙祭，总是在他的碗底埋下两块大肉。段祺瑞十分奇怪，吃了也不好去问。一日，老师女儿问他："你碗底每回都加了两块肉，是谁给你的？"

段祺瑞回答："是师母给我的吧。"

姑娘红着脸笑说："是我给你加的。"

这件事让段祺瑞终身难忘。许多年过后，他做了国务院总理，侯老师去北京找他，重续师生之谊。段祺瑞没计较以前那些"不快"，把他当作贵宾接进府中，非常优待，除非有政要大事，一日三餐总是陪着一起用餐。这于强人段祺瑞来说，是对人一种极其罕见的"超级礼遇"。侯老师离开北京时，段祺瑞送钱送衣服，还让人将侯家几间旧房翻盖一新。段祺瑞下野后，寓居上海时，生活费靠蒋介石每月赠送的那些"敬仪"度日。即便如此，仍从这笔钱中分出一些，按时寄给侯氏父女，直到自己去世为止。

段祺瑞此举，虽然有些发迹了啥也不计较的大人大量风范，也多少有着去搏个"尊师重教"佳话的思想，但乡里更多人的理解是他是在"报恩"。他是报侯老师的恩，还是报侯姑娘的恩呢？无人知晓。

这是后话。

最终，段祺瑞还是因为交不起学费，读了一年多，便被侯老师撵回家。

辍学了。可段祺瑞却不愿和村子里的同龄人一样去种田。他不喜耕作，无心种田，时常想着如何像祖父那样去闯出一番前途，急得老爹日日唠叨："不怕苦，吃苦半辈子；怕吃苦，吃苦一辈子。你这伢子咋办啊?!"

天涯去"流浪"

1882年，段祺瑞已是18岁的大小伙子了，还是对放牛、养马、打柴的农家低碳生活不安心,没心思去种田当农夫。

这时恰好沈姓邻居的一位老人要去北京探亲。段祺瑞决定和他同行,出去自闯前程。

既然儿子对放牛放马的农家低碳生活没兴趣，段从文见他执意要去流浪,也就只好同意了。

同意归同意,但家里很穷,他只能给儿子一块银洋的路费。

段祺瑞怀揣这一块钱,没有“我去当流浪儿,你和妈妈好好过”的悲壮,高高兴兴地从合肥出发了,谁知他与沈氏步行了一段路程,转而去山东威海,去投靠族叔段从德了。

段从德在清军中任管带(相当于营长)。这一日,他出操回营,正躺在烟榻上吸着大烟,吞云吐雾。一名亲兵入内报告说:“大人,有人求见!”

段从德正在云雾里翱翔,不想见人,摆摆手说:“不见!不见!”

亲兵说:“是从大人老家合肥来的,说非见你不可!”

“合肥的谁?”段从德口气有些和缓了。

“一个毛小伙子,说是你的大侄。”

段从德这才睁开眼睛说:“让他进来。”

不一会儿,一个衣着单薄、风尘满身的年轻人进来了,远远见着段从德,“扑通”一声跪下,叫道:“叔父,我给你磕头了。”

段从德一眼便认出是族侄段祺瑞,忙放下烟枪,将他扶起,然后操着合肥土话问道,“伢哩,你咋么来啦?”

“我是来奔叔父大人来的。”

“都是自家,叔就是叔,别大人大人了。”段从德接着问道,“谁和你一起来的?”

“就我一个啊。”

段从德不大相信地追问:“这么远,你是咋么来的?”

“走路来的。”

“走路?”

“嗯哪。”

这下让老叔惊讶得说不出话,从合肥到威海至少有两千里路,且兵荒马乱的,他竟独自一人步行到此!段从德望着颇有些胆气和毅力的族侄,突然哈哈大笑,拍着他的肩膀说:“伢哩——够种咦!”

带兵打仗的人日日在死尸里闯,就喜欢那种胆大、吃得苦又不怕死的人,段从德高兴地收下了段祺瑞,并且安排他在营中当司书。

段祺瑞就此开始了自己的军事生涯。

一年之后,在家闲着没事的老爹段从文千里迢迢,步行跑到威海看望儿子。

谁知他第一次出去“流浪”,世面是见了,领略了外面精彩的世界,却丢了性命。

他丢命不是在外头,而就在家门口。

他返回合肥时,离家只二三十里了,到了一个叫西七里塘的地方。一攀谈同行的浪子见他带着不少银子,眼看月黑风高,见财起意,半夜起床,悄悄将他一把抹了脖子,把段祺瑞省吃俭用给父亲带回家的盘缠掳掠一空。

段从文被害时年仅 38 岁。

噩耗传至威海,段祺瑞立即请假回家奔丧,但没有获准,只得致函合肥知县,请求官家缉凶。

段母范氏也携带次子到县府报案。不久命案告破,凶犯被斩首正法。可是,这并没缓解范氏的心情,因为哀痛过度,次年 5 月也过世。

段祺瑞去“流浪”,却当了兵,眼看有出息了,没料到段从文去探望一场,居然引得一死两亡,家破了。这与原来老祖宗一巴掌打死妻子的凶事,一起成为段氏家族两段难解的奇巧之事。

1885 年,李鸿章接受淮军的盛军主将周盛波、周盛传兄弟俩的建议,奏准在天津紫竹林创办天津武备学堂(即后来的北洋武备学堂),派淮军将领杨宗濂为总办,拟选拔一批淮军士官和弁兵入学。在族叔的推荐下,时年 20 岁的段祺瑞在威海驻地报名,结果,如愿考入天津武备学堂炮兵科。

段祺瑞靠着一块银元和一双草鞋踏上了军旅生涯,开始了新的人生。他发迹后,段家人常说:“我家是一块钱起家的。”但在官二代、富二代占据的大清国官场,段祺瑞“一块钱起家”的发迹之路事实上没这么轻松和容易,还很漫长,需要非同寻常的奇遇才能实现人生的大跨越。

而这些奇遇正在向着这名幸运的年轻人走来了……

02.

一遇贵人:“大乡党”李鸿章

“三炮”起不了家

1885年,段祺瑞考入天津武备学堂后,在炮兵科学习,也就是说,当上了有“十将九炮”(即军中流行的升官惯例:十位将军中有九位来自炮兵部队)之称的最有前途的炮兵。炮兵虽然出人才、出将才,但是个技术兵,要当好,也不是那么容易。然而,在大清王朝,一切皆有可能,任何事情都不是绝对的,说当好炮兵,也许就能当好。

在武备学堂,段祺瑞一改当年不爱读书的习惯,刻苦用功,处处争先,几年下来,在众同学中成绩优异,并且炮技高超。当然,他在同学们眼中炮技高,到底高不高,是骡子是马,必须拉出去溜溜。

1886年,21岁的段祺瑞自己为自己做主,遵从当年祖父与宿迁吴氏定下的婚约,与吴姑娘在合肥正式完婚,在立业之前先成了家。岳父吴懋伟既是丝线店老板,又是宿迁举人。其子叫吴光新,即段祺瑞的妻弟。

段祺瑞新婚回校后不久,北洋大臣李鸿章前来学堂视事。学堂总办荫昌决定为他专门举行一场马、步、炮、工程兵综合演练,请李大人现场阅兵,检验自己的“办学成效”。

这天上午,马科、步兵科演练得十分顺利,步兵没死人,骑兵没发生马前失蹄的尴尬,李鸿章也很高兴,哈哈不断,大谈“强军才能强国”的道理,并且兴致勃勃地说从这次演练看到了新军的希望,大清大有前途。

这也让荫昌又惊又喜。

下午,按照演习计划,炮科进行实弹演练,即去打海上的活动靶子。谁知吃罢中饭之后,老天爷就作祟,先是乌云密布,一会就飘起毛毛小雨,随即海上风力逐渐增大,接着就翻起了浊浪。在浊浪中,安放在波峰浪谷中的浮动靶子剧烈地跳动着,忽隐忽现。要打中难度很大。大炮多是花大钱买来的洋货,这些洋玩意儿,官兵能用会使就已经不错了，要在这风雨中打海上的活动靶子，简直是捉鸭子上架，完全玩不了。负责演习的陈管带心中没底，生怕学生们现场出丑，反扫前来观看演习的那一大堆朝廷命官的兴，一怒之下问自己的罪。于是，他硬着头皮去跪见李鸿章，婉转地说："天下雨，大人身体要紧，演练是否改期？"

李鸿章这些年只要出国访问，每次无一例外都是议和、赔款、割地，别无他事，受尽洋人的"百样气"，也吃过洋人的大亏，只恨自己打不了他们。此刻他对这些当初打着"长我国威"旗号购买过来的洋炮寄于极大希望，内心也盼望自己创办的学堂的炮科官兵能在关键时刻拿出手段，在需要的时候为自己打洋人几炮，出出胸中憋得不能再憋的恶气。因此，尽管此时海上风雨增大，旗帜吹得呼啦啦地响，他仍兴致很高地说："不必了。区区小雨，何足挂齿？"

陈管带一听这话，"这……这"，真是有苦难言。

李鸿章说："尔等开始吧！"

演练只好按时冒雨进行。

谁知第一炮就打偏了，连靶边都没挨着。坐在山顶上的大棚子里观操的李鸿章满怀希望，被当头泼了一头冰水，顿时不悦，嘴巴开始翘起。接下去，"轰——轰——"几门炮也打得不好，全部落空，甚至连浪花都没激起。希望越大失望越大，李鸿章满脸怒色，扔下手中举着的望远镜，从座椅上站起，转身就要走人。在场的总办荫昌等人马上紧张起来，吓得脸色比李大人更加难看。众人心里咕噜："完了完了！李大人不高兴了。"

谁知这时"咚——"一炮飞出，"轰——"炮声刚落，就有人喊道："打中啦！"

"轰——"第二炮又打中了。李鸿章停住脚了，从随从手里接过望远镜。接着，"轰——轰——"又中了。李鸿章脸上终于浮起了笑容，转阴为晴。

荫昌等人马上带头鼓掌，大声喝彩："好啊！好啊！"

李鸿章问道："炮谁打的？"

"这……这……"忙于鼓掌的荫昌又脸红胀起来了，"卑职马上去查问。"

在这个关键时刻三发三中的小兵，不是别人，正是炮科的段祺瑞同学。

演练结束后，李鸿章特地把段祺瑞叫到了跟前，拉着手问道："你叫什么名字呀？"

段祺瑞回答："学生段祺瑞。"

“哪里人氏呀？”李鸿章继续问道。

“安徽合肥人氏。”

这一下轮到李鸿章惊讶不已了。他瞪着小眼睛，仔仔细细地打量着眼前乳臭未干的年轻人，接着又追问了一句：“你真是合肥人？”

“是的。城西大陶岗的。”段祺瑞回答。

“好啊好啊！人才，杰出人才！”李鸿章由惊讶转而大声赞叹。

三发三中，就是堂堂北洋大臣眼中的“杰出人才”？自然不一定。关键和玄妙的就是最后的身份核实。

原来这李中堂素来重乡党，是有名的“老乡亲”，名声也绝不是浪得虚传。在几十年的为官生涯中，他对安徽同乡，不管有才没才，一律格外重用。而段祺瑞不仅是他的安徽大同乡，抑或再小一点的凤阳老乡，而且是地地道道的合肥小同乡。这才是外号叫“李合肥”的李鸿章最大的兴趣点和兴奋点。

是合肥小同乡了，大清官场的一切森严、李中堂的威严都在无形之中消弭。接下来，李鸿章又询问段祺瑞的家世，得知他祖父和族叔均在自己手下的淮军当过将领，且与刘铭传、吴长庆等人一起剿过捻，更是高兴起来。一贯矜持的李大人一破平时不轻易与下属亲热或多说话的先例，居然向着21岁的段祺瑞拱手作着揖说：“将门虎子啊！”

这让段祺瑞有些惊讶：父亲段化文不过一区区农夫，手无缚鸡之力，且被歹徒害死，在“李合肥”眼中居然是“将”，自己是“虎子”！在万分惊诧之中，李鸿章又开始发问了，不过接下来问的都是一些军事方面的问题。

段祺瑞本是炮科优秀生，李中堂又不懂炮，几句简单的甚至是外行的“军事方面的问题”，自然对答如流。李鸿章忍不住又把段祺瑞大大褒奖，转过头对荫昌说：“他熟知军事，俾易造就，是一个难得的可用之才。”

段祺瑞三发三中，“李合肥”三次表扬，从“杰出人才”、“将门虎子”到“难得的可用之才”，可以说是一炮赢来一顶高帽子，段祺瑞三炮在师生前面挣足了荣耀，甚至令总办荫昌都有些眼红，甚至预言说：“小段估计三炮要起家了。”

李鸿章的视察结束后，学堂很快归于平静。但是，段祺瑞的命运并没因此出现转折，也没什么大变化，“三炮起家”的预言没有成为现实。为啥？不是李鸿章乡党观念陡然没了，而是他忘记了。

原来李鸿章也是“光说不做”的官场办事作风，说了就走，走了就忘。他在观操棚里说过的那些话语，完全是一时情绪化的脱口而出，一转背，完全忘却，丢之脑后了。这次段祺瑞能够打中，其实也无别的技巧，用强力——既然风大浪高，就用强力发炮，炮弹飞出的力量大，速度就快，落点就准。他三炮炮炮命中，就是一个“强”字，如果还要添加一个字，便是：“强力”。被接见之后，段祺瑞宝贝似的捧着“将门虎子”和“杰出人才”、“难得的可用之才”几句废话，细细回味、等候……最后，还是没有回音。

几个月后，他终于认清了现实，万分失望。对李鸿章这几句话，年轻的他先是“发了疯”的想，现在不得不开始“拼了命”地忘，几经痛苦，才努力忘掉“过去发生的一切”。

三炮起家，不过是一个传说，事实上，起不来家。官场没有硬后台，一切都是折磨人的空话和废话。

当了民工头头

1887 年，段祺瑞以“最优等”成绩从天津武备学堂毕业，随后被派往旅顺口监修炮台。

打炮高手变成了修炮台的小监工工头，完全专业不对口不说，还日日与只会挑砖头砌墙、大字不识一个的建筑民工混在一起。为了糊口，段祺瑞只好熬着。

但是，机会是为有准备和熬得住的人而准备的。

两年后，1889 年，清政府决定选拔五人去德国学习军事，进行“强国”。

当军机处把留学名单最后送到李鸿章手里时，他一看名单，五人中山东籍的竟占三人，而安徽籍的只有两人，心里顿时就大怒，当即把手下骂了个狗血淋头，最后点着他们的鼻子说：“尔等就重宗乡。自古皖人善战，岂可无人?！”说罢，气呼呼地提笔便将山东籍的勾去一人。

皖籍的选谁呢？他开始在脑子里进行扫描、搜索，近身的亲属弟子去学习德国军事，太苦，去了也会吃不消，跑回来还得重新安排工作。另外，他们也犯不着到国外去受这样的洋苦，国内好位置有的是，可以随便给。而那皖籍学员派谁去呢？只能是近亲之外的关系户,且是无背景、无家势的“穷人家的孩子”,他们去了,一则感恩自己,二则能吃苦,不会跑回来。思来想去,合适的人选还真没有。在“极力搜索”中,李鸿章突然想起天津武备学堂的那位合肥小同乡段祺瑞,便问手下:“天津武备学堂不是有个学生么?叫什么?”

这亲信皱着眉头说:“大人,那里学生上千呢!”

“就是那个会打炮的。”

亲信还是忍不住“扑哧”一笑:“大人,那学堂会打炮的也不少呢!”

“去年观操见过的,那个合肥伢。”李鸿章画了这么久的“龙”终于点到那个“睛”。

这位亲信也去观操过,之下有印象了,可自己也是“说了就走”之徒,哪还记得那伢子的名字?便派人连夜去天津询问。次日,他告诉李鸿章说:“叫段祺瑞,已经毕业,去了旅顺口炮台!”

李鸿章管他毕业不毕业呢,提起笔,便在名单上一挥:“段祺瑞”,且把段祺瑞列在赴德留学生名单首位。

李鸿章这么一操作,军机处拿着名单就犯了难,谁也不知“段祺瑞”是何许人,急得要命。最后,一位精明的幕僚分析说:“按照李大人的办事风格,此段祺瑞必定皖人无疑。”

众人开始按图索骥,经过四处打听,才从荫昌那里获知当年武备学堂确实有过此人,如今在旅顺口监修炮台当教习,于是派人急急赶去旅顺口,果然寻得已湮没在旅顺口众兵勇中的“打炮高手段祺瑞”。

就这样,24 岁的段祺瑞结束了旅顺口炮台小工头无聊的日子,随即远涉重洋,去了万里之外的德国。

两年后,这批留学生学习结束,要从德国回国了。李鸿章又特批小老乡段祺瑞独自一人留在德国,在著名的大兵工厂克虏伯炮厂实习,进一步进行深造。为了栽培这位小同乡,他居然破天荒,先后两次亲自写信给“小段”,勉励他“精学苦造”。

段祺瑞在这个世界上最先进的火炮厂实习两年,1891 年夏,坐着轮船回国。

小炮兵段祺瑞的这一次命运转机,印证了一句古话:“不怕生坏命,只怕生坏地。”而“合肥同乡”李鸿章就是他命运转折中的大贵人。

03.

二遇贵人:“好上司”袁世凯

“海龟”还不如“土鳖”

1891年底,学成归国的段祺瑞来到了北洋军械局任职,虽然是罕见的“海龟”人才,却只当了个挂名的局委员,没干多久,便哪里来哪里去,调回原来供职的威海武备学堂,换了个岗位,不是当官,任随营学堂教习。

局委员也好,学堂教习也罢,两个都是无所事事的闲职。

大清朝廷就这么昏庸,官场腐朽不堪,吏治烂到了根,政治也是一团糟糕,花费重金培养了人才,反而不任用,弃之敝屣。只是折腾个啥呢?有人才不重用,那些行伍出身的兵头、将领更是看不起那些“书斋军官”。段祺瑞学成归来,满肚子都是先进的新军事思想,在军械局被闲置,到了武备学堂也是无人理睬,相反还因为留过洋、有文化,更被人们瞧不起,不受重视则罢,还遭尽白眼。

在学堂里,他凡事遭打压。“海归”回来的生活,还不如当初旅顺口那位拿着马鞭和民工一起维修炮台的监工呢。

“海龟”还不如“土鳖”。

满怀希望地出国、带着希望学习,怀揣着期望归来,反而掉入如此料不到的落魄境地,这种压抑、这种嘲笑,非是一般人所能承受。灰暗、孤独、压抑、无聊,段祺瑞看不到阳光。日子一年又一年地过去,年年“展望”不到希望。

1894年,朝鲜发生兵变,大清国与日本在黄海大打出手,甲午战争爆发。日军进攻威海时,段祺瑞受命率领学堂的一帮学生伢子协助清兵守卫炮台。但没干几日,战争就宣告失败。此战,时间不长,战役不大,李鸿章花费巨资建起来的北洋海军几乎全部毁灭,祸及威海武备学堂。

威海武备学堂主要是培训海军官兵的。这下海军没了,学堂走下坡路,一日不如一日。大环境变差,小环境更糟。在接下来的日子里,段祺瑞更是无所作为,在学堂里混着日子,过一日烦一日,上班长吁短叹,下班唉声叹气,心情就是一个“烦”字。

甲午战败了，袁世凯等人认为日军“专以西法取胜”，必须学习德国军制。朝廷先是不接受新军思想。后来一个叫汉纳根的德国人为了卖枪卖军火，向慈禧太后等人建议。这下朝廷信了，于是才准备募练洋枪队，决定先编练十个营官兵，名曰定武军。李鸿章签订《马关条约》买来“和平”后，朝廷下诏“练兵自强”，并派袁世凯去担纲。

1895年底，袁世凯受命在天津小站练兵。为了练好兵，练精兵，他认为“宿将及有根底之学生”是练兵的根本，于是决定“选宿将及有根底之学生，使督串营伍，研究操法”。可环顾四周，身边就那么几个跟着从朝鲜逃回来的老仆从和小秘书，没有任何势力，哪有什么“宿将”和“有根底之学生”？没有人马，只能白手起家，艰苦创业。第一步，便是先去揽人，招兵买马建班底。

到哪里去招人呢？他只好四下去找熟人，要他们推荐。一次，他逼着荫昌“推荐人才”。荫昌虽然当过多年的学堂总办，但心在官场，对学堂学生几乎没兴趣，也没记住几个学生的名字，被袁世凯逼急了，挠着后脑勺子想了老半天，终于想起了一个人，半摸脑袋半没把握地说：“当年李合肥有个小乡党，中堂说是难得的可造之才。名字好像叫做段祺瑞。”

袁世凯得知他的恩师是李鸿章，立即敏锐地意识到牵住李鸿章的马仔，与李大人交往就又多一条路子，马上来了极大兴趣，详细进行询问。可是，荫昌结结巴巴，说了老大半天，也只能说一说当年那桩雨天放炮三发三中的旧事，其他情况一概不知。袁世凯一问再问，他也只能反反复复地说那场炮战如何精彩、如何曲折，如何提心吊胆接着如何一切因为那三炮豁然而解的阴晴转化心情，而演习之后的后续之事啥也说不上来。

袁世凯没办法，只好到军机处进行查询，结果又获知段祺瑞是留德学生，且在那里读过好几年书，大喜过望：自己大喊研习德国军制，连德军是啥样儿都没见过，具体咋练也不明究竟，老天爷偏偏让自己挖掘这样一位留德多年的人才，岂不是有意相助吗！求才心切的他顾不得细问，立即将段祺瑞列上招罗人才的第一名。

段祺瑞又成了“人才名单”上的“第一名”，命运再次出现了转机。

段祺瑞于是离开混得再也混不下的威海武备学堂，高高兴兴地去了天津小站。

袁世凯核实他和李鸿章确是“合肥乡党”关系后，便委任他为新建陆军的炮营统带，具体负责操练新式炮兵。

比铁榔头还倔犟

段祺瑞年纪轻轻,“被赋闲”了四五年之久,到了小站,又受到袁世凯的重用,终于到了金子发光的时候。有了用武之地,他马上拿出干脆利落的办事作风,很快就组建起来了一个偌大的炮队,计有官兵1523人,马474匹,各种炮60门。

这是近代中国第一支装备正规的炮兵。

袁世凯好歹也是“海龟”,在小站练兵开始后,开始“炼心”——潜心学习、琢磨大清官场之术,从“海归”进行“本地化”,快速地“自我转型”。在冷静的观察和思考之中,他敏锐地悟出“有枪就是王”的“乱世自强”之道,于是把这次练兵当做自己在乱世中抓兵权、摆脱从朝鲜归来一无权二无势之痛的唯一途径,因此,一手狠抓练兵,一手狠抓培植私党,两手都硬。

事情也按照他预订的思路走,许多人纷纷掉入他的怀抱。

在培植死党中,段祺瑞是他拉拢的重点人物。段祺瑞如此年轻,竟能如此快捷地组建起一支炮队,且肚子里确实有不少外国人那一套军事思想,可算得上小站人才中的前几名;另外他还牵着当朝红人李鸿章,因此,袁世凯拉住了他,不仅练兵有尽心助手,往上打关节也有得力助手,于是一心要培养他为心腹亲信,不久令他兼任随营学堂总监。

谁知年纪轻轻的段祺瑞却是一副死脑筋。这些年,他没事干,在威海学堂日日读儒家经典书籍,被那些“传统文化”一浸淫、熏陶,性格变得十分僵硬,又加上在德国待了几年,染上西方独立军人的思想,独立心有余,合作心不足,因此与大清官场的结伙、拉帮结派的习气格格不入,完全是一副不谙官场的“稚气”。袁世凯屡次拉拢,他俨然一门软硬不吃的“钢铁大炮”,并且对袁世凯那一套小九九不仅不吃,遇到“领导不正确”的时候,作为下级还“进行拒绝”,硬到底。

新建陆军成立模范团时,袁世凯本意让自己的长子袁克定来当团长。段祺瑞对这位大公子很熟悉,回答说:“我看他不行吧。”坚持不同意。

袁世凯之后专门找他交谈,“沟通”了老半天,段祺瑞还是不同意。袁世凯还没碰到过这样的“硬人”,谈了也没结果,最后生气地说:“你看我行不行呢!”

这一下段祺瑞没话可说了。

但最后他还是不同意让公子哥袁克定去当团长，搞什么“老子巡抚、儿子知府”那一套“不正之风”。这气得袁世凯不行，眼看肥水要外流，心疼不已，最后只好硬着头皮，不顾身份，自己兼了这模范团团长之职。

段祺瑞如此比铁榔头还倔犟，老奸巨猾的袁世凯甚至使出比对“怪才”阮忠枢还厉害百倍的“霹雳手段”，但好几年还是“收”不下这个“段大炮”。两个人生息在同一片天空下，心与心的距离却总是如此遥远。对段祺瑞，袁世凯拉不近，走不亲，不放心，不得不抱有戒心，可弃之又可惜，就像嘴巴里含着一块味道极佳又啃不动的骨头，是含着还吐掉，矛盾得难受。

打出一发“美女弹”

不知是天助袁世凯，还是要说服段祺瑞。正在袁世凯为“延揽”段祺瑞这个“超级人才”焦头烂额时，机会出现了。

1900 年 5 月 18 日，段祺瑞原配吴氏患病在济南去世，丢下嗷嗷待乳的一男一女。段祺瑞葬了吴氏，带着孩子来到天津，悲伤未去，就又当爹又当妈，还有繁重的军务撂不下，没过几天，就累得晕头转向，回到家里就犯傻。家顾不上了，军也管不住，一肩担子两头眼看就要折断了。

大炮没了炮闩，有最好的弹药也无法打出去。无疑，“段大炮”需要一个坚强的炮闩——女人，来替他撑起这个家，然后才能像原来那样一心扑在工作上，“大炮”才能正常，才能隆隆轰响。

这时，袁世凯亲自登门来访了。他此来不是谈工作，也不是谈人生，而是专门来为段祺瑞说媒，要把自己的表侄女张佩蘅嫁给他。

张佩蘅虽是袁世凯的表侄女，却不是一般的表侄女，是由袁世凯“一手带大”的、如同亲生女儿一样的表侄女。

这表侄女也算是官宦人家出身的“富二代”。袁世凯河南老家有个亲姑母，早年嫁给陕西张姓某人，生有一个儿子。这个表弟与袁世凯不一样，很会读书，二十几岁就中了翰林，后被派去新疆为官。谁知僻远的新疆的官儿并不好当。一次，当地发生骚乱,官府首当其冲,他活生生被人毒死在官府,撒手留下老母、寡妻和一个年仅两岁的女儿张佩蘅。袁世凯获得表弟的凶讯,立即派人把姑母、表弟媳和表侄女,一起接到自己身边照顾、抚养。

张佩蘅两岁时就来到袁府,与袁世凯夫妇等人生活在一起,十几年如一日都是在袁府度过。所以,说她是由袁世凯一手带大的,还真不是夸大其词。

段祺瑞突然陷入情感、家庭和工作的"三大困局"中,袁世凯敏锐地发现这正是笼络的好时机,于是擅自做主,登门说亲,说:"无妻不成家,无梁不成屋。你少不得一个女人。我想把侄女张佩蘅许配你为续弦。"

英雄难过美人关。段祺瑞以前有老婆,什么美女也不是"关"。现在,老婆死了,家里这么乱糟糟,女人自然少不得。每个人都有软肋,段祺瑞也不是神仙。何况他见过这漂漂亮亮的张佩蘅,袁世凯一提起,他对这小妮子还真有一些喜欢,于是一口便答应了。

这桩良缘就要结成了。可袁世凯与姑母和表弟媳张母一说,她们头摇得像拨浪鼓似的,说:"不愿意。"

"为什么?"袁世凯轻轻地问。

"哪个女儿都是娘心头上的肉,更何况我们母女俩吃的苦比别人多得多。"表弟媳张母说。

"这个与苦比别人多有什么关系?"袁世凯问道。

"因此我对女儿的幸福看得更重、更宝贝。"表弟媳说,"段祺瑞是个操大刀卖命厮杀的武人,女儿又是去当续弦,且还是两个孩子的后妈,我不同意。"

这是一桩多少带有一些"政治交易"的婚姻,表弟媳虽然是寡妇,还是很明白的。袁世凯苦口婆心,劝了一年多,她和姑母都没有答应。

1901 年春节时,袁世凯还是劝个不止,并且说:"弟媳呀,段芝泉是我看中的,你放心就是了。"

这些年吃喝都是这个孝顺侄儿的。张母见袁世凯如此坚决,如此耐性,一年多了还不死心,只好选择了沉默。于是,5 月 31 日,袁世凯便出面主婚,将段祺瑞与张佩蘅结为夫妻。

张佩蘅在袁家长大,视袁家为娘家。张段联姻后,段祺瑞与袁世凯除多年袍泽关系外,无形中又成了亲戚。两家结成了"打不散"的亲戚。段祺瑞对人有傲骨,百毒不侵,对沾亲带故的亲人却完全没免疫力,什么亲属、乡党,完全一袭“李中堂风骨”,亲得不能再亲。以后,张夫人不断去袁家见于夫人,段祺瑞则常随在袁世凯左右,关系迅速地升温。

就这样,袁世凯还是老办法,一发“美女弹”就如当年拿下阮怪才一样打下了“段大炮”,且牢牢拴住了这块原本“走不亲、拉不近”的“铁骨”。

此时袁世凯已成功拉拢并“收服”分任工程营统带兼讲武堂总教习的王士珍和督操营务处帮办兼步兵学堂总监冯国璋。段祺瑞与他们一起以袁世凯为中心,组成护卫“铁三角”。三人在袁世凯这位好领导的大力栽培下,快速发迹,快速成才。段祺瑞出任练兵处军令司正使,冯国璋为军学司正使,王士珍为军政司正使,三人并称“北洋三杰”,其中,王士珍为“龙”,段祺瑞为“虎”,冯国璋为“豹”。袁世凯有了三员大将鼎力相助,完全实现了对于新建陆军的控制权。

这次段张联姻,并非就袁世凯一人获益,完全是“双赢”之举。袁世凯在新军中有了最得力、最贴己的心腹大将,段祺瑞则因此成为袁世凯前数一数二的红人,为新军中最有权势的少壮派。11 月 7 日,袁世凯升任直隶总督,保奏段祺瑞“以知府仍留原省补用,并加三品衔”,兼充武卫右军各学堂总办。

之后,袁世凯和众人一起协力把北洋新军的局盘做强做大,先后建成北洋军第一至第六镇,为全国第一大军事武装。段祺瑞先后担任过主力第三、四、六镇的统制,成为北洋军的头号“大哥大”。

04.

一造共和:“三句话就把清家皇上推倒了”

一损俱损是官场主调

段祺瑞升迁得如此之快, 谁都知道全靠袁世凯一手超级提拔, 谁都眼红,嫉妒，恨，但都没有用。

袁世凯在大清官场里纵横捭阖，完全是靠实力说话，有“龙、虎、豹”三大将鼎力拥护，以武力捍卫话语权。但是，组结成利益小集团，并不是就完全没风险，尤其是大清国这样的乱政之中，“树倒猢狲散”甚至“一锅端”的惨剧时常发生。

以袁世凯为中心的北洋军集团也没走出这个神秘的怪圈，折腾几年下来，“树倒猢狲散”的日子也不可避免地来临了。

1908 年 11 月慈禧太后驾崩。没过多久，袁世凯就被摄政王载沣强行开缺回籍养疴。消息传来，四人小集团受到重击，段祺瑞如何惊愕、如何失措，无人能知。

在小集团的一团乱麻之时岁月步入了 1909 年，过了元旦，袁世凯第二日就离开北京回河南老家去。平时趋炎附势的人们无一来相送，偌大的车站只有形单影只的杨度和严修小哥俩儿的单瘦身影。铁路局连给袁世凯一辆客车都不肯，给他的一节车厢还是挂在货车“屁股”后面。世态如此炎凉，社会如此势利，让落魄的袁世凯的沮丧心境更加添一股凄凄惨惨的悲凄之情。

谁知当袁世凯的“屁股车厢”随着货车进入保定车站时，随从走进车厢来，向闷闷不乐的袁世凯通报说：“段大人在车下等候拜谒。

这使垂头丧气的袁世凯顿时一振，立即说：“快让芝泉上来。”

段祺瑞登上车厢后，袁世凯拉着他的手，用浓重的河南土话说：“这次全亏了你，这次全亏了你！”

其实，在大清朝廷的重压之下，段祺瑞啥忙也没帮，也帮不上啥忙，袁世凯说“全亏”了他，纯粹是情急之下言不达意的“乱说”。袁世凯一垮台，朝中人士纷纷忙着与他撇清，躲闪都来不及。段祺瑞自然也怕受到连累，影响仕途。不过，聪明的他没出现在北京车站送行，而是偷偷地跑到与之相隔几百里的保定来见，既避了嫌，又在袁世凯前送了人情。而潦倒的袁世凯见他独自来见，大为感动，认为这才是真正的铁杆部下，是“打不散”的好亲戚。段祺瑞见着他，也被他那样儿折腾得忍不住动了真情，回答说：“大人只要用得上我，只管言一声，祺瑞赴汤蹈火，在所不辞。”

袁世凯颤抖着声音说：“古人云：人生得一知己足矣……”说不下去了。隔了好一阵子，他才从万分的悲痛和万分的感动之中“清醒”过来，颤抖着说：“我在北京城花 30 万大洋买下的那座府学胡同宅子，我今后不会来北京了，就留给你用吧。”

从不接受别人物品的段祺瑞欣然地接受了这个巨赠。

货车要开走了。两人依依惜别。突然,段祺瑞转过头对自己的卫队长说:“你带着卫队随车护送袁大人回河南。”

火车启动了,突然,从不外露感情的袁世凯大声喊道:“芝泉,你将来才堪大用,要珍惜自己,好自为之啊!”

这声音之大、之重,于袁世凯来说,实属罕见,饱含着他对段祺瑞的一片深情和重托。多少年以后,两人还互相记着。

权倾一时的袁世凯黯然下台了。作为他的铁杆,段祺瑞也马上被列入上面不得意的名单,进入仕途下降通道,次年12月被朝廷调任江北提督,驻江苏清江浦,负责本地治安。

段祺瑞从野战军将领变成了治安官。

唱红脸也要唱黑脸

但是,这种糟糕的情况并没持续很长的时间。

1911年10月,武昌起义突然爆发,政局发生急剧变化。为了对付武昌首义后成立的湖北督军府,大清朝廷慌忙决定派陆军大臣荫昌督率两镇北洋军前去剿灭。从没打过仗的荫昌受命后,身穿袍褂,脚蹬一双长统军靴,领着北洋主力呼啦啦开赴湖北。谁知这些北洋将领都是袁世凯的铁杆部下,素来“不知有朝廷,惟知有项城”,路上很不听话。结果,荫昌乱糟糟的,晕头昏脑,急急救援反把武汉三镇全给丢了。万不得已,朝廷只好决定去起用“全国唯一军事能人”袁世凯。10月14日,任命袁世凯为湖广总督。

袁世凯托故不就,进行“欲擒故纵”。清廷像当初与洋人打交道一样,如同脖子上被人套上绳索,一拉就让步,不得不给袁世凯加权升官,改任为钦差大臣,并全面节制调遣全国的陆海军。袁世凯这才同意“出山”。

袁世凯一出山,段祺瑞便走向了前台。

随即,在短短几天内,朝廷先后给江北提督段祺瑞下达三道电谕,十万火急。23日,谕令江北提督段祺瑞多带队伍赶赴湖北;仅隔一日,又命段祺瑞为北洋第二军总统,冯国璋为北洋第一军总统,即赴信阳准备作战。段祺瑞才定下启程日期,第三日，又来一道电谕，催他率领炮标标统吴光新开赴前线。

这些命令都是由袁世凯步步操控下达的。

段祺瑞带兵急匆匆地赶到达前方，谁知来救火，却并不使劲、卖力，消极作战。为啥？暗中配合袁世凯与朝廷周旋，讨价还价要官要钱。可袁世凯另一大将冯国璋由于不知情又立功心急，一味地猛打猛冲，在武汉三镇大肆屠城，杀得“捷报”频传，并且他还力主武力解决黎元洪主掌的湖北省军政府。袁世凯很快与革命党达成若确定共和政体、先推翻清室者为大总统的协议。冯国璋反而帮了倒忙。

人心隔肚皮，袁世凯说不能明说，劝他也不明白，生怕冯国璋这只“豹子”坏事。袁世凯只好决定派最信赖也获知这个协议的段祺瑞去取而代之。11月28日，袁世凯推荐并任命段祺瑞为湖广总督兼领北洋第一军，指挥北洋军在湖北与革命军的对峙和作战。冯国璋则被调去了后方。

袁世凯如此安排，实际上是以段祺瑞掌控的军事行动配合自己与清室、革命党三家之间的谈判，或进或退、或打或停，以段祺瑞的枪杆子和大炮来说话，步步进逼——清室一硬，段祺瑞在前方就败，袁世凯以革命党就要北上来压清廷；革命党一硬，段祺瑞在前方就开始大打，袁世凯以倒向清王室来迫使革命党让步。段祺瑞一会儿下令炮击，一会儿声言和平，心领神会地配合着袁世凯进逼清帝和革命党。两人一文一武，一前一后，一红脸一黑脸，配合得宛如一个人一般默契。

关键时刻的刀斧手

可是，两人的配合还是出了问题，意外地让大局失了控。由于袁世凯拖拖拉拉，总想谋取更大的权势，贪心而误大事。1912年1月1日，从海外回来的革命党领袖孙中山突然在南京宣布成立中华民国，并就任中华民国临时大总统，一举成为了民国的掌权人。

这下让袁世凯气坏了，马上就下令开打。段祺瑞于是挥师猛攻，武昌战火再燃。为了逼得革命党“狗急跳墙”，段祺瑞亲临战场，吹着哨号，指挥着放炮，隆隆的炮声终于吓坏了革命党内妥协派，让步的腔调立即占了上风。在汪精卫等人又逼又骂下，孙中山被迫电告袁世凯：只要他迫使清帝退位，宣布共和，就移交总统职位。

孙中山表态愿意下台换和平,这边革命党的问题就完全解决了。可是,清帝那边却不愿放弃皇位,犹犹豫豫。1 月 23 日,在前方的段祺瑞突然向朝廷发去一份电报,先说手下与革命党"勾结",搞叛逃,前线乱得不得了,接着报告说"侧闻共和思想,近来将领颇有勃勃不可遏之势",意在吓唬那些养尊处优的王公大臣们。这封危言耸听的电报,引得皇宫内一片慌乱。

然而,偌好的皇位、美妙的皇室生活,谁愿说放弃就放弃?太后、臣子虽恐慌不已,而皇室退位的问题却一直决断不了。

隔了一日,1 月 25 日,段祺瑞再次致电内阁,公开唱起了黑脸,把矛头直指"阻挠共和"的载沣等亲贵,并声称各路将领声称如遭"压制则立即暴动"。由于袁世凯之前的巧妙布置,大清国的军事主力几乎都集中在段祺瑞控制之下。他若和各路将领"暴动",大清国不仅没救,皇上、太后和臣子都要当俘虏,亡国君臣从来哪有过好下场?非得人人去学前朝崇祯皇帝上吊自杀不可!宫廷内又是哭的哭,闹的闹,一派慌乱。

怕归怕,恐惧归恐惧,但昏庸的君臣哪料到段祺瑞也会"反叛"呢?众人还是研判段祺瑞不过是因为手下逼迫太甚、情不得已才往上报告、诉苦而已。因此,一夜混乱,王公大臣们还是没作出任何决断,睡了一觉,第二日照样该享受享受去了。

第三日(26 日),段祺瑞联合北方诸军 46 名高级将领,联名发出致内阁代奏电,直接要求朝廷"请明降谕旨,宣示中外,立定共和政体",并提出"以现在内阁及国务大臣等暂时代表政府……再行召集国会,组织共和政府"。也就是说,要求朝廷撇开已成立的南京临时政府,将手中权力和全国政权直接移交给袁世凯领着的内阁。

接到这封电报后,朝廷的王公大臣们纷纷从妓院、饭馆赶回来,再次进行研究。但众人还蒙在鼓里,有人疑惑地说:"段祺瑞和这 45 名屡受浩荡皇恩的人对朝廷如此忠心耿耿,会要求组织共和政府、要我们下台吗?"

人人都说此电文系伪造。

可随后一查证,完全属实。这下众人才恍然大悟:段祺瑞并没他们想象地那么忠诚,也成了"要灭亡皇室的共和派"!

事情闹到这地步了,王公大臣也没啥办法去救局,只好拖,一拖再拖,任事态去发展,任"国家"去烂,任政权去垮。但是,这烂也要有个过程,垮也需要时间。孙中山临时总统当了一个多月,袁世凯逼宫再没结果,他"临时总统"就要成为"正式总统"了。袁世凯哪里等得住?急得跺脚。

2月5日,段祺瑞又联合北洋第一军八名协统以上将领发出代奏电,称"共和国体,原以致君于尧舜,拯民于水火。乃因二三王公迭次阻挠,以至恩旨不颁,万民受困","瑞等不忍宇内有此败类也",将"率全体将士入京,与王公剖陈利害",为此他付之于行动,将自己的司令部由湖北孝感回迁到河北保定。

段祺瑞要对朝廷实行兵谏了。大兵一来,还不像当年八国联军入京那样,躲都没地方躲?他这一招法果然灵验。朝廷无人再敢说阻挠共和的硬话了。谁愿以自己的身家性命去为朝廷"博傻"呢!满朝都是一心为己的"明白人",见势不妙,各人纷纷忙着准备自家进退,寻找出路,撂下这皇室不管不问了。

隆裕太后一个妇人家哪支撑得住这个即将倾倒的大清王室?一个星期后,2月12日,她以宣统皇帝名义颁退位诏。绵延260多年的清王朝终于正式覆亡,退出历史舞台。

2月15日,袁世凯被南京临时参议院推举为中华民国临时大总统,段祺瑞随之被袁委以陆军总长之职,成为民国的军事总管。

在这场推翻清王朝的斗争中,段祺瑞拥兵以实力逼迫,主张共和,其目的是协助袁世凯夺权,但在客观上迎合了历史潮流,促成了共和。若干年后,有人把他的这番作为吹嘘为"一造共和"。在段府自家内,此事更是被家里人吹嘘得神乎其神,上下口承相传一个"神话":前清末年,老段带兵去打汉口的革命党,他忽然带头给清家打去一个电报,说什么兵力单薄,粮草缺乏,劝清家皇上退位。这么一来就把清朝给交代了,神州中国迎来了共和。这个神话在段府口耳相传多年,大小仆从人人对段大人这一神举无不"挺心服"的,且成为他们日常说话的口头语言。一次,段府厨房一连几天开出来的菜都是吃多了就挖心的白萝卜,号官就说:"怎么大师傅净给咱萝卜吃呀?"旁边有人用手往里边指着段祺瑞吃饭的地方说:"你想吃好的,到那一桌吃去!"这时,旁边另一个人搭茬了:"他呀,他没有这个能耐!"说着用手一比划鼻子:"人家三句话就把清家皇上推倒了。你,成么?"

段祺瑞好像就是世界上"最牛的牛人",一封电报抵得上千万大军。

05.
二造共和:把袁世凯“国葬”了

为领导辟谣

民国了,段祺瑞剪掉了头上的辫子,穿上了笔挺的新式军装,照旧还是大总统袁世凯的护驾主将。

1913年3月,内阁总理赵秉钧因涉嫌刺杀宋教仁,被迫自己砸了饭碗,辞职走人。5月1日,段祺瑞以陆军总长身份代理国务总理,随后又与“老首长”联手,以武力挫败了孙中山、黄兴人领导的“二次革命”,迫使他们流亡日本,有国不能归。

1914年5月1日,袁世凯废除临时约法,取消国务院以政事堂代替,改总理为国务卿,由徐世昌担任国务卿,段祺瑞继续担任陆军总长。尽管职务不时变化,在民国政坛,段祺瑞仍是举足轻重的大佬,且是北洋派袁世凯之下的“老二”。

袁世凯当初小站的“几人小集团”经过一番打拼,如今成了掌控全国的“垄断性大利益集团”,区区那么几人几乎垄断所有的国家权力。至此,无论是段祺瑞、王士珍、冯国璋都极度满足,并且陶醉了。谁知袁世凯当了大总统,却还嫌不过瘾,又想当代代相传的皇帝。结果,老大的“雄心”使得这一坚固的既得垄断利益小集团第一次走到了分裂的边缘。

1914年,袁世凯大搞复辟,把这年闹成了地道的“复辟年”。折腾得轰轰烈烈,就是要造势。孰不知越是希望办成某事,越与人愿违。和他走得最近、打天下功劳最大的段祺瑞却反对他称帝。起初,他认为昔日的北洋几人该得的都得到了,啥也不缺,啥也不想了,功成名就,现在合理合法去赚大钱谋大利,日子很安稳,因此打心底里不相信袁世凯还想去当被推翻且众人在推翻皇帝过程获益的那个臭名昭著的皇帝。为此,他多次在私下和公开场合为“老首长”辟谣,带着怒气骂说:“纯粹是无稽之谈!是捣乱分子想损坏大总统的美誉。”

可是,终于一日,陆军次长、段祺瑞的亲信徐树铮忍不住告诉“首长”说:“总统府有人暗中策动袁总统做皇帝，段芝贵都是局中人。”

又是损害“美誉”的话，段祺瑞不高兴了，严肃地责备自己的心腹说：“树铮，你怎么也信起这种没根据的话？”

“此事是从总统府传出的，不可全信，不可不信！”

段祺瑞是袁世凯一直最为信赖的心腹。如果说段祺瑞是袁世凯的化身的话，那么徐树铮就是段祺瑞的化身，两人就是这么铁的关系。徐树铮还是极其聪明的“智多星”、“诸葛亮”，若不恰当地把段祺瑞比喻为刘邦的话，他就是韩信。此刻段祺瑞听徐树铮坚持这么说，知道他不是喜欢随便乱讲的口舌之人，没听到可靠的风声绝不会这么告诉自己。徐树铮走后，他当即派人把段芝贵叫了过来。

段芝贵是合肥南乡义城集人，论辈分还是段祺瑞的叔辈。这个“段叔”与段祺瑞都出身家道陡变的家庭，有着相同的“自我奋斗走出合肥”的经历。段芝贵父亲当过县衙，而他本人小时候贩卖过黄烟，后由叔父段日升保送进入小站随营学校。因是同乡，由李鸿章的儿子李伯行带去日本士官学校学习，回国后在袁世凯手下当参议官。在小站时，段家叔侄就在袁世凯门下效力，但段祺瑞官职比叔父段芝贵大得多，人们反称大叔为“小段”、小侄为“大段”。本来合肥人就“他乡遇老乡两眼泪汪汪”，特别重乡党，讲乡情，重亲情。两段既是乡党还是叔侄，关系十分要好。

此时段芝贵正接替段祺瑞担任北洋军第一军军统。

段芝贵来到了段祺瑞府上。谈话中，段祺瑞先问了军队的事，然后把话题转入帝制传闻，说：“这些事你都听说了吗？”

“听是听说过，谣言不断，好像老头子眼下并无此意。”心知肚明且积极参与忙活帝制的段芝贵却虚晃一枪，在“贤侄”加“大段”面前说起了假话。

“总统府是否有人劝进？”段祺瑞接着问。

“不清楚了。”段芝贵说完，反问“贤侄”，“假若，我说假若老头子有这意，你看法如何？”

“万万使不得。此种事必遭天下人反对。”段祺瑞严肃地说。

段祺瑞留过洋，见过西方民主，是“反清造共和”的有功之人。这些年继续在官场历练，虽然权倾一时，但脑子并不糊涂，对大势所趋还是看得准，知道民国和共和观念已经深入人心了，这皇帝是当不得的了，如若霸王硬拉弓，使历史倒退，就可能自己让自己来个连锅端，因此有“万万使不得”之言，且这也是他对于复辟帝制的真实看法。

段祺瑞清醒,其他人却没他那么清醒,希望从复辟帝制中分得好处的,大有人在。

随后,段祺瑞又问了一些人"老头子要称帝"的事,众人都矢口否认。既然都说没这事儿,段祺瑞也就放下了心:这样的糊涂事,谁傻谁干,大家都是历经过生死且在大风大浪的官场历练多年的人,没有这样低智商去拖历史车轮后退的!于是,他便对此事也不在意了。

谁知,他不在意了,外面帝制的风声却越来越大,参加宣扬帝制和折腾的人还真不少,且越来越多。段祺瑞的疑虑还是难以消除,于是干脆跑去向"老首长"一探究竟。

谁知他一开口,"纯粹是无稽之谈!"袁世凯表情严肃,很生气,当即就打断了他的话。

停了一下,他又问段祺瑞:"我说过这种话吗?"

"没有。"段祺瑞老实地承认。

"有些人就爱造谣!"袁世凯板着脸儿说,接着劝道:"你不要听信这些无稽的谣言。"

"老首长"的这一席话完全消除了段祺瑞的一切疑虑。他终于完全放心了,悬着的一颗心也完全放了下来。

于是,他成了袁世凯称帝复辟的"辟谣大王",见人就痛斥造谣惑众者,声称绝无此事,多数时间忙于为袁世凯辟谣,竟然把自己折腾成了"辟谣大王"。

实行"三不主义"

然而,事情就不知咋的,段祺瑞越是辟谣,谣诼越是盛行,传说袁世凯要称帝的谣诼不仅没结束之势,反而各种各样,并且越传越多,复辟帝制的风声更紧了。段祺瑞还是疑窦难消,又跑去当面询问袁世凯。他仍然断然否认:"完全没有此事。"

段祺瑞再三询问称帝之事,且在一些人前反对帝制的态度很明确,终于引起了一心要去称帝的袁世凯的警觉。

怎么办?自己去称帝,段祺瑞如若反对的话,他又是陆军总长,兵权在握,必是一个大障碍。袁世凯于是决定暗中剥夺他的兵权，先打算以蔡锷取代他。谁知这个计划才一实施，他就惊讶地发现蔡锷这个人似乎比段祺瑞还不可靠，还反帝制。真是官越大人越是糊涂。袁世凯赶紧悬崖勒马，接着又决定让王士珍去代段。

谁知王士珍偏偏有官不当，硬不接受总长，还拒绝说："都是小站时的老友，抹不开面子。"之后还是极力推辞。

在寻找替段最佳人选中，"复辟年"走到尽头，倏忽过去了。1915 年 5 月，为了获得日本支持称帝且准备武力镇压反对势力，袁世凯签署卖国的《二十一条》，引起全国公愤。早在 2 月 1 日，段祺瑞就以陆军总长身份领衔 19 省将军致电中央政府，宣称"有图破坏中国之完全者，必须以死力拒之"。但袁世凯还是硬签署了这个丧权辱国的《二十一条》。有了钱之后，他将复辟帝制的工作由秘密转向公开。于是，"民间"要求他称帝的"呼声"也是一浪高过一浪。

这让明察大势、知道绝不可为的段祺瑞焦急而痛心。

可是，称帝的怪事一茬接一茬，他想淡化都没办法了，解铃还得系铃人。于是，他第三次跑去找到袁世凯，准备苦口力谏。

袁世凯开始被他一问，很是紧张，不知所措。段祺瑞立即明白是怎么回事了，于是不顾一切，痛陈利害说："此事关系国家安危及袁氏身家性命，万不可做，万不能做。"

谁知"老首长"脸色大变，勃然大怒地厉声喝道："这是克定与杨度等人讨论的问题，你何必这样大惊小怪？！"

段祺瑞随即起立站起，硬脾气一上来，也大声地说："因为我是受总统数十年的知遇，不敢不直言奉上，此时悬崖勒马尚可挽救，稍纵即逝，悔之晚矣。"

袁世凯见他如此扯气魄，干脆不答话，不理睬他了。

人家都不理了，段祺瑞还能说什么？说啥都没用了，只好辞出，垂头丧气地回了自家府上。

但是，称帝这逆天下人的事情确是干不得，要掉脑瓜子的，袁世凯糊涂，段祺瑞却不糊涂。既然私底下人家不理睬，以后，他又两次以总长等身份前去"请见大总统"，但铁心要当皇上的袁世凯也来了个公事公办，都以身体不适为由，拒绝和他再见一面。

几天后，"小老叔"段芝贵来到段府拜访。说话时，他婉转地劝"贤侄"说："老头子一向很器重你，可你在帝制上一直顶牛，他怎么不生气呢？总统、皇帝还不是一回事呀?!”

“那可不一样。”段祺瑞坚持说，“以前见面拉拉手，称帝就要下跪，最恨这种长子变矮子的游戏。”

段祺瑞顶着牛，不让步，而袁世凯要当皇帝已是王八吃秤砣铁心了。段祺瑞先是恨自己被一帮糊涂人愚弄，继而对袁世凯的糊涂也很生气。而袁世凯恨他聪明的脑子不开窍，不仅不接受段祺瑞的“思想”，反而不顾多年的情谊，转而打压段祺瑞。

“大瘸子”袁克定首先放出风声说：签订《二十一条》就是因为军人无能，无力抗日，老父亲才不得已选择“中国要忍耐”才去卖国。于是，专管治贪惩腐的肃政厅开始弹劾段祺瑞的心腹徐树铮，查处他的贪污，一查就抓了个正着，揪住他在订购军火中侵吞40万银两军火费之事。打徐，意在击段。

段祺瑞见已无法劝解和阻止袁世凯去称帝了，苦思几日几夜，认为自己受袁氏几十年知遇之恩，与他一起扛过枪，一起打过仗，一起分过赃，一起被大清压过，一起逼朝廷滚蛋过，而张夫人又是袁家抚养长大的，“不是女儿胜似女儿”，部下、战友、亲戚，几重身份，若自己跑出去声罪致讨袁世凯，道德上就会被人指斥，这样去做不妥，于是决定称病辞职，一走了之，脱离这场“连锅端”的大祸。

5月31日，他向袁世凯提出辞呈。“老首长”没有立即接受，但先准了他两个月的假“去思考”。

段祺瑞称病请假后，在家里休息。“有病”了，袁世凯不断地派人往段公馆送东西，什么鸡汁呀、参汤呀，差不多天天都有人送过来。

可段公馆的人都知道袁世凯生性厚黑，心狠手辣，当年国务总理赵秉钧就死得不清不楚，生怕这些鸡汁、参汤下毒。段祺瑞不敢吃，公馆里也没人敢吃。结果，这些鸡汁、参汤送过来，仆从收下了，来人一走，随即就倒掉。

7月31日，两个月的假到了，段祺瑞还是懒懒散散，在家的时间比上班的时间多得多。这样勉强维持了一个月，8月29日，袁世凯正式宣布解除段祺瑞的陆军总长职务。

段祺瑞求之不得，干脆躲在家里，实行“三不主义”——不出门，不办公，也不见客，把自己与外界隔绝，以示自己不参与。

当官要明大势

段祺瑞不去凑袁世凯的场，不去分那一羹，免得到时被“连锅端”，而想分羹喝汤的人却多得多，拥戴袁世凯称帝的人越来越多，往袁世凯家里去的人络绎不绝。

由于个别一些人疯狂造势，拥戴的声势越来越浩大，妓女们都宣布要游行，就一个要求：袁世凯早就皇帝大位。

1915 年 12 月 12 日，袁世凯决定称帝，定次年为洪宪元年。果然如段祺瑞所料，消息一出，举国反对。1916 年元旦，袁世凯正式称帝。当初被袁世凯选定取段而代之的蔡锷在云南带头打响了讨袁的第一枪，这一枪响居然一呼百应，群起响而应之不少。中国人随群心理强烈，有人带头反对，各省纷纷宣布独立。很快，北洋系内部也有人暗中倒袁。

袁世凯戴上皇冠就陷入内外交困的泥坑，折腾几个月，走投无路了，终于意识到称帝这事儿完全是自己吃饱没事干给撑的，干得又是敌手不买账，身边得利者不领情，只好自己来熄灭引起的大火，自己消灭惹下的祸。3 月 19 日，袁世凯派人拿着他的亲笔函，来到段府，请段祺瑞前去政事堂商量后事。

20 日下午，段祺瑞应约来到了中南海政事堂。

在袁世凯的主持下，段祺瑞与黎元洪、徐世昌等人商议弥祸办法，决定取消帝制，袁世凯继续当大总统，任命段祺瑞为参谋总长，黎元洪为副总统，徐世昌为国务卿。几位大佬再次进行了权力分配，完成一次新的分赃。

22 日，袁世凯正式对外宣布取消帝制，“洪宪”皇袍穿了不过 83 天。可是，他把局面弄砸了，现在对前来善后的段祺瑞、徐世昌等人，还是死死不放权，“把持”着大局，坚持自己还要一言九鼎。这时各省反袁、独立将领纷纷要求他马上退位。战火难熄。老友徐世昌调解无效，劝谁都失败。结果，眼见自己无力扭转局势，干不了，于是徐世昌不干了，向袁世凯提出辞职。

袁世凯要的是真正能熄火的能人，既然他不能熄火便也不挽留。徐世昌走人后，他接着提出由段祺瑞接任国务卿。段祺瑞同意“掩护撤退”，但趁机提出了出任的条件：须实行责任内阁，即由他来掌握实权。山穷水尽的袁世凯无路可走，只得同意让步让权。

4月22日，段祺瑞出任国务卿，5月8日，改称以前的“国务总理”名称。

段祺瑞正式上台后，因为他以前是公开反对称帝的，所以局面尚还有救，“掩护老首长撤退”也可行。他开始与蔡锷的西南护国军商讨谈判，并提出由心腹徐树铮任国务院秘书长。这个安排与还不愿放权的袁世凯发生争执。袁世凯不仅不对“掩护撤退”的段祺瑞领情，黑心一起还指使亲信陈宧等人继续对西南用兵，准备大打出手，把局面弄砸，折腾得完全不可收拾。段祺瑞坚决反对对西南继续用兵。

一次，两人争执起来，袁世凯气得指着他的鼻子问：“和又和不了，战又不想战，你到底想干什么？”

段祺瑞也不示弱：“如果总统坚持用兵，我就辞职。”

“好，你辞职吧，你辞职吧！”

段祺瑞回去后，果真递交了辞呈，来了个骑驴看唱本——走着瞧。

这么一弄，袁世凯折腾得自己众叛亲离，手下亲信们纷纷宣布独立，陈宧等人也“变节”，大势完全已去。袁世凯还想像以前一样威风的话，已是一条完全走不通的死胡同。无力回天了，撤退也不可能了，完全被“天下共诛”，他终于被前方各种反叛的消息气坏，6月6日一命呜呼。在临终前，段祺瑞去看望他。袁世凯在写好的嘉禾金简上列了三个“接班人”：黎元洪、徐世昌、段祺瑞。他还是没忘记段祺瑞。

袁世凯去世了，国不可一日无主。由谁来任总统呢？徐世昌手里没兵权，基本上是属于“无效推选”。段祺瑞的对手是武昌首义的黎元洪。当三人同时打开袁世凯留下的嘉禾金简后，谁都想当大总统，谁也不愿意让步，因此谁也不说话。

这时恰好外国使团打电话来问：“谁当总统？”

三人面面相觑，各自打着各自的主意。谁都想当，谁都不敢说你俩不能当就我能当，许久都没一人做声。为了打破僵局，段祺瑞说：“徐菊老（即徐世昌），你先说说吧。”

徐世昌也想接任大总统呢，怎好就说自己当了？立即把球踢回去，拼命摆着手：“还是总理先说。”

段总理不说话，突然之间宛如变成了傻子，对他踢回来的“球”看不见也听不见。黎元洪也欺负徐世昌没兵权，催他发言：“菊老，还是你先说吧。”

徐世昌没办法了，只好先声明自己不做总统，然后说了一通不痛不痒颇带牢骚的话，最后才表态说：“总理总揽全局。最好还是由总理拿主意。”

黎元洪在武昌起义时是清兵将领。起义一爆发，他“骑虎难下”反成了“骑金马”的福将，被人从床底下拖出来参加革命，革命居然成功了，随即被革命党稀里糊涂当成“大功之人”，且成为“民国缔造者”之一。他自然与后来掌权的袁世凯北洋派不是一路，反是权力竞争者。而黎元洪也不是什么精明的人，一贯稀里糊涂，当上副总统完全是属于瞎猫撞上死老鼠，偏偏出了这样的福气，运气特好。但他这次一犯迷糊就把“第一候选人的好运气”踢了出去。他没料到段祺瑞和徐世昌都是袁世凯的手下，是北洋派的。当他把砝码推向徐世昌时，徐世昌见自己没希望了，被逼无奈了，自然是站在北洋派一边，于是说出“最好还是总理拿主意”，而段祺瑞正等着他这句话，马上接口说：“很好！”

停了一会，他又说了一句：“很好。”然后站起身，不看任何人，就走了。

就这样，天时地利人和的段祺瑞凭着自己的聪明，以秒杀的方式抢下了袁世凯仓促之间留下的大总统之位。

这让黎元洪气得肠子都发青了。

可是，段祺瑞回去后，对此事反复进行权衡后，还是决定让出大总统之职。为什么？因为袁世凯这么一闹，使得北洋派臭名昭著，成了人人喊打的过街老鼠，京外的局势，就他一人肯定难以平息。而黎元洪是南方派，若他来当总统，则可以平息南北争端。北京局势已完全控制在自己手里，担任责任内阁总理的话，完全可以手握政府的实权，何必在乎那虚无的名声呢？于是他与徐世昌商量之后，决定把大总统之职让给黎元洪。

黎元洪本已沮丧之极，突然接到段祺瑞的电话，说要把大总统相让，突然之间像捡了洋落、中了彩票似的，喜不自禁。

他好像怕人再会抢去似的。第二日，急匆匆地宣誓就职。同一日，他任命段祺瑞为国务总理。

新总统上台了，袁世凯已死了，以前一切帝制与共和的争执都成为了云烟。段祺瑞掌握了实权，并没与袁世凯一个死人过不去，去搞什么踏着死人的肩膀往上爬的官场缺德事儿，反而对袁世凯来了个丧事喜办——宣布对袁世凯进行国葬。

对于袁世凯的国葬，段祺瑞亲自主持，亲自执绋，随后亲自将灵柩送往河南彰德。刚刚脱下太子袍的袁克定对段祺瑞“以德报怨”的“大义之举”很是感激，再三致谢说：“此事得亏总理！”

何尝不是？没有段祺瑞的“有情有义”，在关键时刻站出来力挽狂澜，袁世凯死后不仅无葬身之地，恐怕还要被人鞭尸，更别奢谈如此隆重的国葬了！

袁世凯死了，共和政体重新得以确立。段祺瑞就势登上权力顶峰，并实际成为掌控民国的主宰者。不少趋炎附势之徒纷纷把这次“重新确立共和”的功劳全部归功于段祺瑞，而不是首先起兵反对的蔡锷和其他将军，将一切美丽光环都套到段祺瑞头上，有人干脆谓之“二造共和”。

举国这样趋炎附势，扶强不扶弱，段祺瑞权大势大后，以国务院总理身份接管中央政府大权，在军政部门大力发展自己的势力，仿照老前辈李鸿章，不拘一格用乡党，安插亲属党羽，对自己看不惯的人就拍桌子瞪眼，跟他们较劲死磕，对乡党和与自己亲近的人，玩了命地好，尽情照顾、提携。于是乎，北洋军阀中的皖系开始形成。

06.

第一次府院之争：不是打酱油

“小徐”不可小觑

黎元洪继任大总统后，表面上，新中央班子“是团结的”。实际上，黎元洪只是名义上的国家元首，不过是“国家形象”的摆设，大权握在段祺瑞的手里。他才是国家大政方针、利益分配的真正操盘手。

然而，黎元洪不甘当傀儡，也不是有权不用的“傻子”，更不是好欺负的。

当初，他被民军从床下拉出，被刺刀逼着当上“革命领袖”，那时候，他是怕死的，怕革命的；但在此之前的大清政坛和在此之后的民国政府中，在争权夺利的搏杀战中，他完全不是“躲在床下的弱者”，也不是被刺刀逼着为苟且保命而哆嗦参加革命的“无能领袖”，相反，也算是个“超级政坛强人”，敢闯敢干，绵里藏针，看准了，甚至敢于豁出去不要身家性命。这样的敢于豁命的主自然不甘心做着“袁氏大走狗段祺瑞”的摆设。

他的这个不甘心和争夺话语权，也完全是建立在实力基础上的。首先，他这个大总统是“依法”上任的，是前总统推荐、众候选人自行遴选出来，“众望所归”上台的；二，他有国会作后盾；三，有被袁世凯打压的国民党人和西南实力派支持；三，有英、美等列强作为靠山和后台。因此，上任没过多久，他就雄心勃勃要像当初袁世凯那样放开手脚，行使大总统权力。

谁知他一放手动脚，马上就受到段祺瑞“无形铁砂掌”的掣肘。

在北京政府中，段祺瑞的势力远比黎元洪强得多。黎元洪有英美列强为后台，他也有日本强有力的幕后支持，只是出于某种考虑才不当总统而屈居总理一职，因此，他总揽军政事务后，只把黎元洪视为盖印机器，也不是上不知天下不知地地不顾现实进行“自我膨胀症”发作。

两个人都有实力，都有靠山，都想掣肘、压制对方，都只准自己多吃多占而不准对方多分一羹，针尖对麦芒，且互不相让，终于酿致“府院之争”。

两人的争权之战，首先在用人方面打响。

人事权是最大的权力，也是最肥、最容易操作的腐败，谁放弃人事权就等于放弃其他一切权力。因此，段祺瑞和黎元洪的第一次干仗就在人事权上引爆，并且一开始就火药味极浓。

南北议和后，前度轰轰烈烈的讨袁战争战火平息，全国局势一稳，段祺瑞就把政权建设提上了议事日程，继续提名自己的心腹徐树铮出任国务院秘书长。

徐树铮是江苏萧县人，天生一个聪明脑子，12岁就中了秀才。他与段祺瑞本一不沾亲，二不带故，两人完全是“神交”。段祺瑞在北洋练兵时，他千里迢迢投奔新军，随后在段手下当了一名小小司书。也就是说，是拿笔杆子抄抄写写的小文书。可这位小文书与其他文书不一样，不仅会写文章，脑瓜子还极为好使，为人精明，处事圆滑。若是这样，也还不足以被段祺瑞如此赏识。新军中比他还圆滑、还精明的人不是没有，可他智商高、本事强，还对人十分忠诚，对段祺瑞从不耍奸玩滑头，忠心耿耿。这样的做法在人心隔肚皮的官场和尔虞我诈的复杂人际关系中才是“真聪明”，是大智。因此，他的聪明和才华很快就被段祺瑞赏识。

随后，段祺瑞像当初李鸿章培养自己那样，出钱送他到日本士官学校留学。

徐树铮回国后，即成为段祺瑞跟前第一大红人，人称“小徐”，其实地位堪称“段二”(段祺瑞第二)。这一期间，段祺瑞由袁世凯一手提拔，而段祺瑞提拔“小徐”的力度比袁世凯提拔自己更有过之而无不及。袁世凯当大总统后，段祺瑞出任实权的陆军总长，徐树铮则当陆军次长。尽管陆军部还有一次长蒋作宾，部里的大小事都是由“小徐”说了算，蒋作宾不过是个陪衬。段祺瑞基本上把陆军部这个最重要的家交给了徐树铮。

在这一对利益小集团中，徐树铮在段祺瑞面前说一不二，什么事情从不会被强势的段祺瑞驳回。但段祺瑞吩咐下来的事，他却不一定照办，甚至撂一边。一次，有个姓李的安徽人在部队里犯事被撤了职，穷得没饭吃，写信到段公馆要来投效。信上，他申述了被撤职的缘由，请求段大人看在老乡的份上给他个差使。段祺瑞见他说得可怜，又是个乡党，答应给他一个差事，批交“小徐”办理。谁知徐树铮的签呈却是：“查该员无大用处，批驳，验过。”这件事于是就此打止，拉倒了。

事后，段祺瑞明明知道“小徐”否决了自己的批准，也不追问，听之任之。而这在段祺瑞与“老首长”袁世凯之间绝对是不可能的事。

徐树铮与段祺瑞的关系不一般，天下人皆知。他到段公馆来，随来随见，不用号房通报，就扬长直入。段祺瑞会客是在外客厅，而他则一直走进内厅。而有趣的是，他到段公馆来，只谈公事，不谈私事，三言两语，交代完了就走，不耽搁功夫，来去匆匆。他很少参加段公馆的大小宴会，也不陪“老段”打牌搓麻，公事公办，态度严肃。而这样一位外人，段公馆的上下人都很怕他，暗地说他脾气大，好挑毛病。因为他来到段公馆，完全以自家人自居，见着谁不顺眼，当面就一个下马威，轻者一顿申斥，重者则跟段祺瑞一说，就把他的饭碗给砸了。

段公馆的人怕他，军政界要人对他也是敬而远之，有事都避着他。因为无论什么事，只要一沾上他徐树铮，不管是谁都得听他一个人的意见。“小徐”“独裁”之后，段祺瑞也凡事支持着他。在他前面，别人分享不到一丁点儿“权力盛宴”。

徐树铮不但对段祺瑞忠心耿耿，一心护着“老首长”、“恩师”，他那传说中过人的学问、才气都是真的。在会客时，他能一手批公事，一手拿着耳机和人家通电话聊天，“五官并用”；他记性出奇好，过目不忘，什么公文、条例，看得既快，记得又牢，只要段祺瑞一问总能对答如流。谁要是不信，找公事来一核对，结果是一字不差。因此，不少人谈起他就说：“这是人家有才，你想，老头子能不喜欢么？”正因为两人如此铁关系,袁世凯搞帝制时打压段祺瑞,就查徐树铮的贪腐账,找他的碴,目的就是敲山震虎。

现在由这样一位段祺瑞的铁杆亲信出任国务院秘书长,对黎元洪来说,无疑是肚子上插钉子。他也想放开手脚去大干一场呢!段祺瑞安来如此一颗强硬大钉,比任何绊脚石都阻拦手脚,黎元洪自然反对,并且态度十分坚决,毫无商量余地,对段祺瑞说:“军人做总理,不能再以军人做秘书长。”

但是,在北京政府内,他的实力不如北洋派,折腾一通,到后来还是反不过段祺瑞的手掌,还是不得不勉强同意,让徐树铮如期上岗了。

这徐树铮一上任,完全是“小徐”的一贯做派,管他大总统不大总统,只唯段祺瑞或者他的利益马首是瞻,在办事过程中常常给大总统难堪,或干脆不买他的账。

内务总长孙洪伊虽然当年在袁世凯手下干过,但一直不是段祺瑞的人,与南方派走得近。徐树铮于是处处与他作对,掺沙子、扔“石子”,凡事不仅不配合,还故意捣蛋。孙、徐交恶。两个人都跑到黎大总统那里告对方的黑状。

黎元洪眉头一皱,计上心来,趁机宣布将孙、徐两人同时免职。

这一招完全是政坛高手最厉害的一招,表面上对不搞团结、闹矛盾的人各打五十大板,事实上是等于直接砍掉了段祺瑞的一只手。

又掐起来了

段祺瑞少了最重要的“手”,国务院和总统府之间权力的天平立即倾向黎元洪。在南方派和海军的压力下,他被迫承认当初被袁世凯废除旨在制衡国家大权行使的临时约法。这样,黎元洪才召集自己掌控的国会开会,正式“追认”段祺瑞为国务总理。

第一次交锋,段祺瑞由于轻敌吃了败仗。

段、黎之争既然拉开了大幕,没分出高低,自然停不下来。不久,两人又为是否参加世界大战吵了起来。

早在 1914 年 6 月 28 日,欧洲波斯尼亚一位 19 岁的“爱国愤青”普林西普在萨拉热窝刺杀主张吞并塞尔维亚的奥匈帝国皇储斐迪南大公夫妇,点燃了欧洲战争的火药桶,第一次世界大战随即爆发,各国列强纷纷卷入,在全世界大打出手。美、英、法、俄等国从各自的利益出发,提议中国参战,对德绝交。但日本竭力反对。先是黎元洪主张参战,段祺瑞反对。不久,出于自己利益的考虑,美国由积极劝说中国参战转而反对、阻挠中国参战,日本则由积极反对转而尽力鼓动、促进。于是,中国两大佬也一百八十度大拐弯,段祺瑞主张参战,黎元洪却反对。

为什么两人如此犯犟?除了力争话语权,舍不得让出权力蛋糕之外,关键是背后分别有着不同的列强作靠山,段亲日,黎亲英、美。两人的态度完全由背后的真正大佬左右,并不是按照国家利益、民族利益来决定。两人都不敢拂了主子的意志,又掐起来了。

黎元洪不主张出兵,于是按兵不动。可日本要求中国马上参战,段祺瑞见他久久没动静,等不下去了。1917 年 2 月,他频繁面见黎元洪,坚持要准备中国对德国绝交宣战,加入日本一方的协约国阵营。唯美国旨意是从的黎元洪遵从主子之意不出兵,也是主意已定的事情,于是拖延着说:"这样做为时尚早。"

但是,日本人催得急,段祺瑞也急了,于是拿出自己的果决作风,3 月 3 日,主持内阁通过对德绝交案。第二天,他率领全体内阁成员集体来到总统府,要求黎元洪当面批准。

这完全是"集体逼宫"的架势,比当年袁世凯逼清帝退位还气势大。

黎元洪既然是大总统,个性也犟,虽然段祺瑞木已成舟,且带人前来当面进行威胁,他还是拒签,并且说:"此乃国家外交大事,非同小可,还是多加考虑为好。"

段祺瑞阴下脸说:"大总统是反对与德绝交?"

黎元洪也不相让,照旧冷冷地回答说:"此乃大事,需慎重考虑。"

于是,段祺瑞不客气地拉下脸,与黎元洪当面吵起来了。

尽管两人唇枪舌战,拍桌打椅,但谁也不孬,各不相让。这场嘴皮架打得火热,两人都是"精钢铸"的,话来话往,分不出伯仲。但吵得两人都是火气极大,而事情还是分不出结果,停在原地。段祺瑞气呼呼地走出了总统府。

之后,段祺瑞不解气,干脆把纱帽一撂,递上辞呈,撂挑子不干走人,当夜就去了天津寓所。

段公馆上下也都跟着主人拿出决断之气,全部住到了天津,北京只留了两三人照顾房子,打扫灰尘。

段祺瑞辞职，本是给黎元洪一个难看。难道死了张屠户就吃猪毛肉？黎元洪毫不在意段祺瑞的走。但在表面上，他还是大人大量，不得不摆出“团结”的姿态，邀请副总统冯国璋、徐世昌、王士珍等人一起讨论时局。

这几人都是地地道道的北洋派，当然不愿意段祺瑞在权力盛宴上撂筷子就此走人，纷纷进行“调停”，主张把段祺瑞请回来。其他北洋派的虾兵虾将也从四面八方打电报挽留段祺瑞。黎元洪本以为走了张屠夫，也可不吃浑毛肉，这下却发现北洋派实力不可小觑，并不是这么回事。他们一闹，黎元洪就棘手了。

他的心腹智囊团也认为，黎元洪才当总统几个月，中央就这么不团结，即表明他这个大总统能力不够，领驭无方，拢不住人就没凝聚力，直接影响“领袖力”和“领袖的公众形象”。黎元洪新官上任，偏偏对这大总统形象十分的注重，平时出门都得把头发梳亮，鞋子上不得有一点儿灰尘，衣袖不得有一丁点褶皱。当意识到不把段祺瑞请回来将直接损害自己威望时，没办法了，加上他并不是什么大能力的人才，只好对参战不参战表态说：“只要国会通过，我将依法办理。”

在众人的调停和黎元洪的让步下，3 月 6 日，段祺瑞从天津回来，随后国会通过了对段祺瑞内阁信任案。3 月 14 日，外交部正式照会德国，对德绝交。

接下来，段祺瑞就按照日本主子的旨意进行着对德国作战的军事准备。

5 月初，黎元洪被迫在对德宣战案上盖章。

好心的马屁拍到驴蹄子上

然而，国会在是否参战问题上还是游移不定，一则它是由黎元洪控制，二则认为中国与几千里之外的西洋国八竿子都打不着，宣战没什么用，卷入战争，弄不好反祸国殃民，自己给自己找麻烦。各派意见不一，段祺瑞的出兵前景仍吉凶难卜。

5 月 7 日，宣战案交国会。

第三日，国会进行专题讨论。

孰知这天一大清早，成群结队的“公民代表”突然包围国会，递交请愿书，高喊口号：“强烈要求通过对德宣战案！”“不通过宣战案绝不罢休！”

“民意”再次鼎沸。

下午,议员正式开会。"公民代表"抑制不住地冲进会场捣乱。议员们则并不因此惊慌,有的还轻松地说:"民国二年十月六日选举总统时,我们已领教过一次,现在是第二次,我们有了经验,就不怕什么了。"

"民国二年十月六日选举总统"是咋回事呢?当时国会正式选举大总统,袁世凯派军警包围会场,"公民团"则把住前后门,并大喊:"今天不选出我们中意的大总统,就休想出院!"结果硬是把袁世凯给选上大总统去了。

今日面对同样的情景,吃一堑长一智的议员早就有经验了。众人经过一阵商量,决定罢会,先不审理宣战案。

他们不审理,"公民代表"照当年架势堵住大门,不准他们离去。整个会场一派混乱,"公民代表"人声嘈杂。议员则正襟危坐,一副看你等得住还是我等得住的架势。果然有"公民代表"等不住,按捺不下了,愤怒地砸汽车,揪住议员挥拳就打。议员也不是吃素的,挥拳回击。双方开始抓耳朵,抓头发,扯衣服,扯裤子……扭打起来。

眼看会场成了斗殴场,众议长汤化龙 hold 不住了,慌忙打电话向总统府求救。

"黎大总统不在,"对方回答说,"这事找总统没用,找总理吧。"

汤化龙问:"你是谁?"

对方却"哗啦"挂电话了。他再摇电话,"是我,黎元洪,你谁?"对方居然是十几秒前"不在"的黎元洪。他手里拿着话筒,且说出了自己的名字,没办法说"不在"了,但还是老口气,对汤化龙说:"通知段总理,请他解决。"

"公民代表"要求通过于己毫无瓜葛的出兵案,显然不是出于什么爱国心,而是段祺瑞的人在有意捣蛋。黎元洪又是一个高明的踢皮球:段祺瑞你想捣蛋,就自己去收拾烂摊子吧。

汤化龙没办法也踢皮球,只好去找段祺瑞,打电话到国务院,段祺瑞不在,再打到段公馆,终于找到了段祺瑞。段祺瑞倒没像黎元洪那样撂担子,回答说:"派内务总长范源濂去处理。"

但是直到下午 5 时,范源濂才迟迟赶到国会,自称是抱病而来,并且声明他对"公民"请愿之事先毫无所闻。场面一派混乱,他说着话,台下喊着:"听不清楚。"

他站起说:"听不清楚,我站起来说!"说罢又不愿"站起来说",大声地说:"你们说,我是站起说还是坐下说?"

谁知台下没人让他“坐下来说”。范源濂也是吃不得一点亏的人，才没这么傻“站起说”，立即又说：“好了，有人说坐下来说！”哗啦，一屁股坐下。

坐下来后，他说了半天，不得要领。“公民代表”不饶他，议员也不饶他。他只好站在议员这边，当着大家的面，给警察局摇电话，下令警察局：“公民代表，予以解散。”然后对议员们说：“我得回家养病去。”

“说了就走”的做派，议员们早就领教过，哪相信他这番鬼话，拦住不放人。范源濂没办法了，只好表态说：“你们尽管放心，在公民代表未解散前，我愿意留在国会内，抱病与大家共患难。”

晚6时左右，京师警察总监吴炳湘带警察赶过来了。但“公民代表”仍包围国会不散。吴总监并没下令解散，仅派警官招呼几名“公民代表”的代表入内，婉劝他们先撤退回去，什么事情从长计议。

“公民代表”的代表则要求面见汤议长或范总长。汤化龙怕，避而不见，于是由范源濂在议院警卫长室接见他们。“代表的代表”们提出三项强硬意见：(1)要求国会当天通过对德宣战案；(2)国会如不通过，政府即解散国会；(3)政府如不肯解散国会，公民将自动捣毁国会。

这个要求如此苛刻，几乎没有商量的余地。双方不得不进行磋商。晚7时半左右，双方还在紧张协商之中。门外喊着震天口号的“公民代表”忽然静止下来，排成两行，自动地让出一条空道。

原来是段祺瑞的汽车到了。

段祺瑞下车时，“公民代表”们挥旗欢呼，掌声雷动。他举步疾行，进入议院。国会因总理已到，于是议员们继续开会。段祺瑞发言说：“人民到国会来进行和平请愿，不应当以武力强迫解散。如果这样做了，就会引起军民冲突和流血事件。因此，只能采取和平劝导的方法。”

他的第一条，就是“不打”。可是“不打”，“人民”就不走人，甚至还要“自动捣毁国会”。因此对于“人民到国会来进行和平请愿”之举，不得不解决，段祺瑞于是下令吴炳湘：“给你半个小时，这件事必须解决。”

吴炳湘为难地说：“他们不散，我去了该咋办？请总理训示。”

“你干不了，我就另外换人。”“铁腕段总理”没什么讨价还价的余地。

吴炳湘见不解决问题、帽子难保，立即到门外进行“和平劝导”。但“公民代表”

还是不走,继续把议员困在院内。而议员们呢,则又把段总理围在一个休息室里。形成了"两重包围圈"。

可是,志大才疏的吴炳湘还是没"劝导"成功。事情迟迟不能解决,不得不继续拖延下去。突然一被"公民"打伤的议员挥臂而起,忿忿地说:"公民打得我们议员,我们议员为什么打不得总理!"喊着,就要冲进休息室去打段祺瑞。

经过众人拉的拉,扯的扯,一番劝阻,他才红着眼睛罢休。

僵持到晚间9时,外面的"公民代表"还是不走,问题也没解决。吴炳湘知道再折腾下去,乌纱帽真的要被段祺瑞一怒之下撸掉了,只好用电话招来一队骑兵,把"公民代表"强行驱散。

骑兵举着大马刀冲过来,"公民代表"们见势不妙,为头的一声吆喝"跑啰",立即作鸟兽散了。

随即,段祺瑞也板着脸儿走人了。

晚9时半,国会继续开会。但是,宣战出兵案被搁置一旁,众人热烈讨论如何应对这次"围攻国会"的大事了。

其实,"公民代表"的幕后指使者,还真不是黎元洪和议员们猜测的段祺瑞本人,而是他的手下大将傅良佐。

傅良佐此举本是想助段祺瑞一臂之力,没想到手段太拙劣,反而此地无银三百两,帮了段祺瑞的倒忙,且将段推到了风口浪尖上,受尽那些"旁观者清"们的指斥。

这事真闹大了,并且拔出萝卜带出了泥。段祺瑞最看重的家乡父母官——安徽督军张勋代表"地方诸侯"公开表态支持"依法办事"、"不搞小九九"的黎元洪。一贯自认为谁也惹不得的国会也因此被彻底激怒,决定呈请黎元洪免去段祺瑞的总理之职。

在美国公使答应为强大后盾后,5月23日, 黎元洪下令免去段祺瑞国务总理和陆军总长之职。

段祺瑞无端被免职,"强人"反而被"肉包子"黎元洪跄勒住,摔了一跤,立即发表声明:"查共和各国责任内阁制,非经总理副署不能发生命令效力",任免令"未经祺瑞副署,将来地方国家因此发生何等影响,祺瑞一概不能负责"。也就是说,黎元洪免去他总理职务的命令,必须由他本人签字同意,才能生效。哪个搞"共和"的国家如此犯傻会定出这样弱智地撤销自己的职务须自己签字同意才生效的责任内阁制呢？鬼才相信！

不管有没有谁相信，段祺瑞撂下这话后，就又去了天津。

07.

“三造共和”：“一个电报，撵走了张勋”

两蚌相争，渔翁得利

1917年春夏之交，府院之争越闹越大，进入白热化。段祺瑞来到天津后，住在天津租界二马路的老叔段芝贵私宅里，表面上天天下棋、打牌。

可总有人来找他。

他好像是想闲下来，却被络绎不断的来客折腾得闲不下来。

这些来客都是段祺瑞的铁杆手下。他们究竟找段祺瑞要做什么呢？其实，不是他们来找段祺瑞，而是段祺瑞找他们的。

正处“权力黄金时期”的段祺瑞哪甘心被区区一个“庸夫”赶走呢？一到天津，就悄悄地进行武力倒黎准备，准备彻底抛开这个“政治花瓶”，自己登上前台去，想干啥就干啥，乐享权力之巅的快感。

很快，他纠合了以北洋派为主力的势力，在天津设立各省军务总参谋处，声言要另定大法，另设黎元洪之外的中央政府。

此时的民国事实上权力并不统一。全国由几大势力甚至十几大势力各自把控着一块地盘，作为自己的势力范围，进行“经营”。众枭雄在这乱局中靠着枪杆子纵横捭阖，寻求每一个做强做大的机会，因此谁强就依附谁，就攀附谁。在他们的脑袋里，没有谁是谁非，只有谁强谁弱。因此，力量远比黎元洪强大的段祺瑞一策动，一些省份的督军纷纷通电，要脱离中央，要“独立”。黎、段之间的矛盾导致全国局势变得岌岌可危,国家要公开变成一个个大王率领的诸侯国了。

这样的局面一旦发生,必然回到“春秋战国不义战”时代,不仅祸国殃民,也是长期被“大一统”观念浸淫的多数人所不愿看到的。段、黎水火难容,剑拔弩张,各方中间势力见势不妙,转而纷纷出动,改助战为调停,趁机从两派的夹缝中攫取自己的政治筹码。

安徽督军张勋便是这样的“中间人”。

6 月 7 日,他主动率着他的辫子军步、马、炮兵 10 个营,约 5000 多人马,在 148 名随员的簇拥下,由徐州动身进京“调停”段、黎矛盾。

安徽是段祺瑞的老家。张勋担任安徽督军,明显有替段祺瑞看家的味道。他平时也与段祺瑞的个人关系不同一般。每逢督军团到北京开会,他总早早一两天就来了北京,然后必先到段公馆“报到”,“报到”必吃饭,饭后必打牌,见了段祺瑞,也是非常恭顺,老实得不得了。因此,段祺瑞对他这次进京调停,求之不得。

老谋深算的段祺瑞以为张勋此来,自己在这场与黎元洪的“决战”中必胜无疑。谁知这张勋却并非老实之徒,他另有“小九九”。他借调停之名进京,其实暗中藏着一个天大的馊主意,要趁机把中华民国这块招牌取消,请出前清小皇帝重登宝座,恢复大清王朝。于是,他率兵进京,使得这场貌似中间的“调停”而本倾向段祺瑞的天平多了不少的变数。

8 日,张勋行抵天津。

在天津停留时,他不忘前去谒见“赋闲”的段祺瑞。

其实,段祺瑞也不是糊涂之人。他早就对张勋欲拥溥仪复辟的阴谋有所耳闻,这些年全国只有他张勋的部队没有剪发,每人后脑勺还留着一条不伦不类的长长辫子,似乎对前清恋恋不舍。而段祺瑞是坚决反对帝制的,对“老首长”袁世凯尚且不曾松过口,区区一个督军张勋,他更不会容许。为此,他曾派亲信曾毓隽专程到徐州对张勋声明:“如议及复辟,段必尽力扑灭,勿谓言之不预也。”这次张勋兴师动众地进京,段祺瑞对他有所警惕。

在天津,张勋拜访段祺瑞时,段祺瑞郑重对他说:“你如果复辟,我一定打你。”吓得张勋听了这话,就不做声了。

随后,段祺瑞也回拜了尚在天津的张勋。

在两人交谈时,段祺瑞突然又和缓地说:“保清帝复位的事还不到时候,即使勉强办了，就算北方答应了，南方亦不会答应。我看这件事还是慢慢来办吧。”

段祺瑞如此说是何意？张勋这次进京本意就是拥戴溥仪复辟。段祺瑞反对的话，他听不进，“缓办”的话，也听不进去。因为他谅已下野的段祺瑞不会，也无力干涉。因此，对这番话想都没多想。

权力场常有人自把自撵下台

有人把上官场比喻如临深渊、如履薄冰，确实是如此，弄不好就会自己把自己撵下台。段祺瑞的对手黎元洪就是这样，一不小心，恍惚之中就自己把自己折腾得从深渊上滚下去，踏破薄冰掉进河水里。

在天津歇息了一下，张勋就准备急急进京，实施自己的“大计”。

黎元洪闻张勋率兵进京，以为他真是来搞调解的，为了让他为自己说话，急忙派出总统府秘书长夏寿康去天津“欢迎”。一个小督军居然成了香饽饽。谁知一见面，张勋竟胆大包天地向夏寿康提出说：“请总统下令解散国会，至10日止，限于三天之内实行，否则不负调停责任。”

夏寿康顿时就吓懵了：这哪里是调解啊！分明是撵人滚蛋嘛！慌慌张张把这个坏消息转报在北京的黎元洪大总统。

黎元洪正等着他拉拢张勋的佳音呢，没料到张勋居然勒令自己解散国会，按下葫芦起来瓢，当场便吓坏了。张勋的大兵虽个个脑后还吊着一根辫子，5000人马兵临城下，却不是好惹的。黎元洪窝里斗式的内战有劲，外战历来慌神。这一慌，他就牛犊子拉车乱套了，居然下令裁撤总统府军事幕僚处，并邀请国会各政团28名留京领袖到总统府商谈，请他们劝告参众两院议员一起实行总辞职。并且，他还承诺说：“政府愿意每人发给2000元大洋路费。”

他这么做，目的就是想让国会自动宣布解散，以免到时被张勋逼迫着被动去做，陷自己在张勋面前被动。

聪明的他，在关键时刻又做了一件最愚蠢的事情，笨得如同当时新军请他去当革命领袖时躲到床底下一样后来成为天下传诵的大笑话。因为他这个“劝告两院议员一起实行总辞职”做法，貌似聪明，实际上等于是完全接受了张勋解散国会的条件。国会如同总统府、国务院,岂可轻易解散?黎元洪此举就等于自己为自己下台埋下了祸根。

黎元洪安排解散国会后，又急急忙忙派总统府秘书瞿瀛持他的亲笔函到天津,请徐世昌协助张勋“调停”,并且还声明,自己决不留恋总统职位,万一调停无效,愿意辞职,由副总统冯国璋依法继任,只求不发生变更国体的非常行为。

黎元洪的退让让张勋复辟的胆子更大了。他把小辫子往脑后一甩,立即决定挥师进京,复辟帝制。6 月 9 月,辫子军陆续开进北京城,强行解散国会,并将大总统黎元洪赶进了英美使馆区。

16 日,张勋头戴前清官员的红顶花翎,偕同辫子军四个统领,乘坐一辆小汽车到神武门,再换乘肩舆小轿子,进入紫禁城,由清室内务府总管世续带入养心殿去面见被摘帽多年的“皇帝”溥仪。

张勋对皇宫并不陌生。他本是江西奉新人,混到 30 岁时在湖南长沙参军,以后长期在部队中打打杀杀,匪气越来越重,官也越升越大。1901年他调进北京,担任皇宫端门御前护卫,多次担任慈禧太后、光绪的扈从。在段祺瑞担任江北提督的时候,他就是江南提督。因此,他对给予他荣华富贵的前清感情忒深。

此刻,他一见到废帝溥仪,立即行跪拜大礼,自称:“奴才恭叩圣安。”

溥仪赐坐,交谈几句,便赏他在紫禁城骑马。他装模作样骑马走了一圈,玩了一通。随后,四个“皇妃”也到养心殿和他洽谈。最后,溥仪还给他赐宴,并“赏”了不少古瓷名画。

张勋吧唧吧唧吃罢“赐宴”,抱着这些破古董玩意儿,高高兴兴地回住处了。

7 月 1 日,张勋公开对外宣布拥废帝溥仪复辟,自封议政大臣兼直隶总督、北洋大臣。

这闹剧一出演,全国舆论大哗,讨逆呼声顿时鹊起。

张勋复辟,赶走了大总统黎元洪,也把自己推向了风口浪尖。这立即给了段祺瑞诉诸武力以东山再起的最好借口。张勋一宣布复辟,他当天就决定召集亲信组织讨逆军。当晚,北洋政府财政总长兼盐务总署督办梁启超前来找他。两人在内室密商老半天。半夜时分,两人带着少数随从离开公馆,乘坐专车去了北京方向的马厂。

在马厂,他们召见段祺瑞的老部下、小站出身的第 8 师师长李长泰,商量成立讨逆军总司令部。

第二天，段祺瑞才回到住处，阴沉的面容似乎开朗多了，眉头也松开了，不像以前面孔铁紧。

7月4日，段祺瑞发出讨张通电，向外宣布成立讨逆军总司令部，自任总司令，以因为拥戴袁世凯称帝而下野的段芝贵和直隶总督曹锟分别担任东、西两路总司令，曹锟的手下大将吴佩孚为前敌总司令。段祺瑞通电全国：复任国务总理，并重新组阁。在南京的北洋派大佬冯国璋首先通电响应。各省的督军、师长，不是段的门生，就是他的旧部，也纷纷响应。

于是，各路大军开始铁骑滚滚地向着北京推进。

7日，双方在京郊的丰台进行第一次交锋作战，貌似强大的辫子军一触即溃，仓皇失措，逃遁跑入城内。在讨逆军的强大攻势下，辫子军很快失败。12日，自称"议政大臣兼直隶总督、北洋大臣"的张勋连夜躲进荷兰使馆区，才没被讨伐军捉去。

这一场复辟闹剧，不过只上演了区区12天，也就是说，段祺瑞不到两个星期就把张勋撵走了。7月14日，他凯旋还京。17日，以"老叔儿"段芝贵出任京师卫戍司令。

此时与段祺瑞争权夺利的黎元洪，由于引狼入室，成为张勋复辟的祸首之一，早已被张勋撵走，无颜也"没资格"再回来当总统。段祺瑞重新执掌了中央政权。经过一番商议，由他的好哥们、副总统冯国璋在南京为代总统，旋即正式就任大总统。

国会已被黎元洪解散，宣战案也不需要通过他们了，已完全没什么麻烦了。8月14日，段祺瑞把国务会议通过的对德宣战案以大总统命令形式颁布。

黎元洪糊里糊涂中自己把自己的大总统职位断送，段祺瑞取得"反复辟"胜利，也使自己在黎、段之决战中获胜，并重掌中央大权，一举几得。社会上那些趋炎附势的人们都是只看结果、不看过程的"明白人"。英雄不问出处。段祺瑞重新上台，许多人对他歌功颂德，称他赶跑张勋和辫子军为"三造共和"。随段祺瑞返回北京段公馆的那些下人们对"老段"(段公馆下人背后对段祺瑞的称呼)这次"造共和"更是大有一番看法，纷纷说："还是老头儿有办法，上次一个电报，就叫清室让了位，把袁世凯捧上了大总统的宝座；这一回又是一个电报，撵走了张勋，取消了复辟，把冯国璋捧上了大总统的宝座。"

段祺瑞的政治顶峰比上一次更高了。

08.

第二次府院之争:哥们也不让

段祺瑞“三造共和”,其实,并非真心要搞共和,只不过每一次都是利用“共和”幌子把自己的地位和权力提升了一次而已。事后,有人要求追究“复辟元凶”张勋的责任,段祺瑞说:“张勋是我的老朋友,我怎么能抓他呢?”

他一手包庇、罩住了追查之事,使得孙中山先生称“叛国之罪当诛”的张勋案不了了之。

接着,段祺瑞拒绝恢复被黎元洪解散了的国会。

国会是民国成立时临时约法的骨架,也是国体之一。段祺瑞拒不恢复国会,目的就是没了国会的约束,自己想干什么就干什么,可以肆意妄为,无法无天。他虽然反对称帝,其独裁思想其实与袁世凯想当皇帝搞专断的思想,并无大不同。于是,孙中山和南方派势力在广州组织护法军,宣布讨段护法。

南北战事又起。

谁知在正需要北洋势力扭成一股绳去共同对付孙中山的南方护法军的时候,段祺瑞又与老哥们、代大总统冯国璋发生矛盾,府院之争又起。经过近半年的几番较量,1918 年初段祺瑞再次占据上风,且再次成功组阁。

段公馆比以往任何时候都热闹起来了。 段祺瑞的皖系亲信诸多。 如吴光新、陆锦、王揖唐、蔡成勋、段芝贵、傅良佐、曲同丰、陈文运等人时常聚在段公馆。其中,段祺瑞很看重小同乡王揖唐。在皖系诸霸中,除徐树铮外,数王揖唐脾气大。为了巩固自己的地位,段祺瑞极力纠合安徽乡党。王揖唐、曾毓隽、王印川、梁鸿志、光云锦等官僚政客,常在北京西城安福胡同内四合院聚会,评论时政,并以胡同名定为安福俱乐部。

这些开销都不少。而国内连年内战，各路军阀你方唱罢我登场，把国库掏了一遍又一遍，偌大的国库早就空空如也，国家财政完全崩溃。段祺瑞要掌控大权，运动各方政要大佬们，想去当总统或者通过什么决议的话，还要花大钱收买议员，进行一对一的“交易”。这都需要大笔开支，不出钱，政要大佬们就凡事唱反调，给钱少了，也处处作梗，不仅不答应反而把简单的事情弄得一波三折，复杂得不可想象。

此时南北大战还在继续，对南方作战的军费更是无底洞。段祺瑞折腾不到一年，居然把偌大的北京政府弄得捉襟见肘，在财政上难以为继，成了难为无米之炊的“巧妇”。

得知段祺瑞穷得过不下日子的窘境后，一日，段祺瑞的“靠山”日本人派出政府特使西原龟三找上了门，主动提出借款给段祺瑞。没钱了，有人借钱，这本是好事。可段祺瑞还是犹豫不已。因为自从大清以来到现在的教训告诉他：凡是列强主动上门的，肯定不是什么好事。可是，硬挺着过日子，那些不给钱就不办事的政要死活不买账，前方几乎是烧钱的仗也没法打下去。一分钱难倒英雄汉。段祺瑞急需款项应付眼前的困境，一着急，就顾头不顾尾，跑去向西原龟三借款。

结果，如愿以偿。钱借来了，手上宽裕了，事情也好办了，前方战事也不愁粮弹，政要们又把段祺瑞当做神仙供奉。

段祺瑞通过交通银行先后两次向日本大借款后，体会到了有钱当“富翁”的好处，尝到了甜头，就像个穷人借债开了头，便不怕癞子头上虱子多，哪管它以后要不要还呢。于是越借越多。而日本人呢，只要段祺瑞借，便给，慷慨得不得了。段祺瑞更加肆无忌惮了。6月18日，北京政府财政总长兼交通总长曹汝霖与日本兴业、朝鲜、台湾三银行代表吉川高秀签订1000万日元铁路借款合同。

这是一次大数目的政治借款。

在这之后，他又进行吉黑两省金矿及森林借款、满蒙四铁路借款、高（密）徐（州）济（南）顺（德）铁路借款、参战借款，总计金额为14500万日元。

这些借款，都是由日本寺内首相的私人代表西原龟三暗中秘密接洽的，后被统称为西原借款。段祺瑞借钱，并不是免费的，除了巨大的利息之外，还得以出卖国家主权为抵押，得购买日本军火，且在军队里聘用日本教官，对日本人在经济、军事、海关等方面“开放”。

段祺瑞步向了袁世凯当年善后大借款的后尘。尽管这些借款都是秘密进行，终究纸包不住火，知情的中国人不说，日本人却说。很快，外面便纷纷传说段祺瑞亲日卖国。段祺瑞也听说了，却不在意，甚至还时常对心腹们说："咱们对日本，也就是利用一时。这些借款，谁打算还他呀！到时候，一瞪眼就完啦。"

他说得豪爽、轻松，这债借了不还就能了事，世界上哪里有过这等好事？"聪明"的段祺瑞难道在外交上就这么弱智？这赖要得了吗？其实，这不过是他把担子往后人身上撂的一个花招，玩的就是"我死后哪怕它洪水滔天"的不负责任。

袁世凯签署《二十一条》，组建筹安会，目的是为了去当皇帝。段祺瑞一边在内组织安福系，一边在外大肆借款，其实目的也和袁世凯无异，就是想去当民国大总统。为此，他还以参加世界大战的名义编练参战军，以壮大自己的军事力量。

10 月 10 日，是冯国璋总统任期结束的日子。因为要选总统，不可能没有国会，可国会早被黎元洪解散了，段祺瑞一直拒绝恢复国会，现在却不得不恢复了。要控制总统选举，就得先把选自己的人选为有总统选举权的国会议员。为此，安福俱乐部成员们拿出了干练、实在的作风，采取分区包干的选举办法，到各地贿选下一级议员。例如，山东省被分成四个选区，每区发选举费 1.5 万元大洋，山东督军责成四个道尹按圈定名单"选举"；在湖南，王揖唐派出亲侄王炳坤督阵，并将大量伪票投入票箱，使原定候选人"全部当选"；在江苏，安福系虚报选民，扩大投票人数，"选"出其事先指定的议员。为了操纵新国会的选举，把段祺瑞抬上总统宝座，安福系的王揖唐等人采取重金收买的方法，到处拉拢当选的议员，把他们请到安福俱乐部来恳谈。凡在安福俱乐部列名的议员，每人每月发给津贴费 300 块大洋，并且许诺：投票时另外给钱。

8 月 20 日，新国会在吵吵嚷嚷中组成，议员 800 多人，时称"八百罗汉"，其中安福系 330 多人，成为国会第一大派系。王揖唐、刘恩格"当选"为众议院正、副议长，梁士诒、朱启钤为参议院正、副议长。时人把由安福系把持的国会称之为"安福国会"。

安福国会一出笼，330 多人都是拿安福俱乐部工资的"黑议员"，立即受到朝野上下的指斥，也遭到其他军阀的攻讦，报界有"无会不烟酒，有官皆安福"之说。另一政坛新秀、直系少壮派军事首领吴佩孚眼看自己支持的冯国璋要落选，立即发表通电，指斥北洋政府以金钱大施运动，排斥异己，援引同类，被选议员大多是"品行恶劣"的"猪仔议员"。

段祺瑞本想靠参战军和安福国会把自己捧上总统的宝座，无奈直系军阀不合作。南方的军政府也发表宣言，否认这样的国会有选举总统之权。结果，段祺瑞和皖系喽啰们折腾一通，国会的合法性却难得人们的承认，还是无法“选”上总统。

可段祺瑞也不愿让哥们冯国璋把总统当下去，于是施展“同归于尽”的策略，暗中策动改选徐世昌为傀儡总统，在冯国璋下台时他本人也辞去总理，两人来个“一死齐断气”。

10 月 10 日，段祺瑞与冯国璋同时下野。

段祺瑞“下野”后，专任参战督办，表面上主持参加世界大战之事，实际上在幕后仍牢牢地控制着北京政府。次年，他又改称边防督办，把参战军改为西北边防军，以“参战”和“边防”名义，不断巩固和扩大皖系兵力。

而冯国璋下台后，曹锟、吴佩孚逐渐成为直系首领，实力大为膨胀。与此同时，以张作霖为首的奉军，利用段祺瑞忙于与南方军队作战的机会，招兵买马，扩大地盘，进而占领东北全境，形成奉系。于是，全国形成直、皖、奉系三大军事势力。之后，三个大派系开始了新的你争我夺，战云笼罩在中国上空。

09.

一战定胜负，输了个彻底

为争权夺利，直、皖、奉三大派系之所以敢穷兵黩武，一方敢和其他一方或者两方叫板，最重要的原因在于他们各自背后有帝国主义列强撑腰。

但是，列强也是引火烧身的火药库。

段祺瑞当初不惜和黎元洪闹翻，坚持要参加世界大战。时光荏苒。结果，他这个赌注还真下准了，中国参加的协约国一方居然赢了。但是，平时卖国，依靠洋人过日子，就是赢了，也没胜利的“红利”收获，占便宜的仍是洋人，反而惹得自己生一肚子闷气。这次参战的胜利便是一例。

1919年春,协约国进行胜利大分赃,商定了一个《巴黎和约》,其中有三条是涉及中国的,即战败的德国在战前侵占的山东胶州湾的领土以及那里的铁路、矿产等,统统归日本所有。中国参加协约国,对德国等同盟国作战,段祺瑞不仅让中国支援了协约国大量粮食,还派出17.5万名劳工去国外当苦工,修铁路,运输弹药,死去了2000多人。中国参战了,送粮了,修路了,还死人了,胜利了,作为战胜国,此时向战败的德国收回其强占的山东半岛的主权,可以说是最顺理成章的事。谁知居然没份儿。英美法三国把它们转手送给日本人。而面对这个欺负人的做法,是可忍孰不可忍?段祺瑞政府却忍了,准备签字,承认这个丧权辱国的条约。

这一次,他们的卖国丑行终于纸包不住火,泄露出来,并且一夜之间就引爆了国内民众的怒火。

5月4日,北京学生带头举行游行示威,火烧赵家楼,痛殴驻日公使章宗祥。著名的五四运动爆发。段祺瑞亲日政府立即成为众矢之的。面对民众的反对,段祺瑞不仅不反思自己的卖国丑行,反而照旧拿出铁腕手段,以硬对弱,对手无寸铁的学生们进行镇压,又是抓又是打,于是激起举国上下的愤怒。此时直、奉两系曹锟、吴佩孚和张作霖正对段祺瑞虎视眈眈,立即利用全国反皖情绪,从军事上掀起倒皖运动,对皖系力量出手。

这次大火燃起就扑不灭了。

烈火燃烧了大半年,还是不能熄灭。1920年初,东三省和直、苏、鄂、豫、赣八省反皖联盟形成。湘军击败张敬尧驻守的湖南皖军,吴佩孚借口撤防北归,率部向北京逼近,段祺瑞率领的皖系受到明显的强力军事威胁和重压。

于无声处,段祺瑞精心经营的一个皖系小王国居然陷入困境。这是精明过人的段祺瑞始料未及的事情。这场由反对巴黎和约引爆的烈火开始焚烧段祺瑞苦心经营的小铁腕集团了。

直系和奉系蠢蠢欲动。段祺瑞还是那副鹰派强人的硬脾气,毫无让步,也毫不客气,反而准备迎战,以战对战,一决高下。他先在南苑团河布防,又挟大总统徐世昌之名,组成定国军,然后任命"小叔"段芝贵为第一路司令兼京师戒严总司令,曲同丰为第二路司令兼前敌总司令,魏宗瀚为第三路司令,刘询为第四路司令。四路大军皆"由祺瑞躬亲统帅"。段祺瑞的方略是"护卫京师,分路进剿",口号是:"以安政府而保邦交,锄奸凶而定国是"。这个口号中,"保邦交"是与"安政府"并重的"两条腿”。这不得不令人想起当初慈禧太后“量中华之物力，结与国之欢心”的名言。昔日铁腕的段祺瑞在“高处”折腾来去，完全堕落成外国列强的帮凶，不仅沿袭了袁世凯的老路，而且大有老乡党李鸿章之“风骨”。他的这种转变且铁心卖国卖到底，是令世人惊讶的，也注定强人的硬气是“兔子尾巴长不了”了。

一贯硬气的鹰派，段祺瑞怎么把自己的人生走成了“卖国人生”？难道一进官场大染缸，它就能把人的爱国心变成卖国心，把“护国利器”变成“卖国大奸”，把人变成鬼？确实是如此。有人说：“实际上，官员在政界时间长了，尚有许多人被时间的剥蚀改变了初衷，被各种诱惑染了颜色，扭了人格，甚至麻木不仁。”这是个巨大的魔力，自然是源自于对权势和私利的贪婪。因为贪婪而丧失理智的人和事，自从大清以来屡见不鲜。只管抢钱夺权，不管江山社稷，“智慧演绎”便变成了无处不在的“汉奸钻营式思维”，最后被列强揪住尾巴，便当猴子耍了。段祺瑞的“堕落”，走的也正是这条“大道”。

段祺瑞要“安政府”、要“保邦交”，直系便在保定组成“讨逆军”，要“掀政府”、要“揍邦交”，曹锟亲任总司令，“青年才俊”吴佩孚任前敌总司令，然后发出通电：“段氏祺瑞，秉性凶残，专擅恣睢，阴贼险狠”，“民国九载，海内分崩，追原祸始，段为戎首”，于是率兵直逼京师。

7 月 14 日，直皖两军相遇，战争爆发。

战争一开始就是硬碰硬，兵锋对兵锋，十分激烈，双方都势在一搏。皖军曲同丰第 1 师发起猛烈的攻势，直军在涿州附近迎战，不久就不敌，在撒腿溃逃中，被皖军掳去一个整营。临战前改任前敌总指挥的“小叔子”段芝贵闻讯，乐得手舞足蹈，当夜跑到琉璃河车站附近指挥部的一列花车上与妓女们寻欢作乐。谁知吴佩孚悄悄派出一部精兵前来夜袭。枪声一响，段芝贵吓得来不及穿衣服，就被亲兵簇拥着落荒而逃。于此时，吴佩孚的另一支夜袭骑兵穿插到离定国军总部团河 20 余里远的地方，枪声一响，亲临前线的段祺瑞闻讯，也是慌了手脚，久经沙场的他吓得仓皇失措，登上汽车就喊：“急驰！急驰！”跑回了北京城。

叔侄俩的这一举动暗示着貌似强大的皖军其实已是败絮其中，不堪一击了。

果然，战争进行到第四天，形势突然急转直下。直军一路突破前进，皖军大将曲同丰居然稀里糊涂地当了俘虏。被俘后，他当即投降，他手下大将刘询闻讯，也马上倒戈，部队都被瓦解。在东北举兵待发的张作霖见形势有利，立即下令奉军乘势出击，加入战斗，从皖军背后进行穿插。面对两面夹击，声势浩大的皖军在接下来的几天就败得不可想象，顿然丧失了战斗力，鹰派强人段祺瑞没了强军，怎么也强硬不起来。

三十年河东三十年河西，段祺瑞等人终于灰溜溜地走下了万分不能割舍的历史舞台。21日，直奉联军开入北京城，当天下午包围段公馆，将段祺瑞的卫队缴械。

段祺瑞被迫通电辞职。

辞职后，段祺瑞又恼又羞，咋想咋想不通，几次拔枪想自杀，都被暗中监视的侍从猛然冲上来，从他的手里争夺下手枪，这才作罢。

至此，决定生死的直皖战争居然这样轻松地以段祺瑞的失败而告终，皖系政客全作鸟兽散，哭爹喊娘地背着金银四下乱逃。段祺瑞风光一辈子，历战无数，区区一战就彻底改变了整个命运。皖系大势已去，徐树铮、曾毓隽、李思浩、段芝贵等人都被新政府列为“祸首”，被悬赏通缉。段祺瑞还硬待在自家公馆内不动。侍从们都劝他出去避避风头，他坚决不听，并且一副“死了就死了”的硬骨头态度说：“听凭他们处理吧。”

可他不怕，公馆上下人心惶惶，都怕得要命。张佩兰都说：“提心吊胆的日子真是没法过下去了。”没过多久，从来过不了亲情关的段祺瑞没办法了，只好率领全家第二次搬去了天津。

段祺瑞搬到天津，就算是完全下野了，住在日本租界——寿街。

段祺瑞虽然强悍，但一生只爱权，不爱财也不敛财，在天津赋闲了，全家再也不能像在北京时那样吃喝拉撒睡等日常开支全由陆军部之类的政府机关负担，时间一长，奢华惯了的一家生活就变得拮据起来。为了“节流”，他把公馆里的男女佣人裁去了一些，把陪他下棋的棋手也减少了人数，好在每天还有人来陪他下棋。段祺瑞上午已没衙门上班了，变得一身清闲，紧张的生活也完全改变了，早饭后看看书，或会会客，一个上午就打发过去了，午饭后休息，起来后下下棋、作作歪诗，晚饭之后，与人打牌消遣，一日就过去了。

但是，心一静，就会不自然地反思“自己走过的路”，总结人生。不知是感悟以前杀戮太多，还是自觉作孽太重，一日，他突然说：“开始吃斋念佛。”当起居士来了。

昔日的鹰派强人居然连肉都不吃，完全不“杀生”了，那么他还是强人吗？还强得起来吗？

10.
“鹰派强人”的那些事儿

在北洋诸军阀中，段祺瑞是一位极其有个性的人物，平时道貌岸然，不苟言笑，有着强烈的“段氏”作风，对人对事强硬得难以撼动，让人畏惧三分，演绎出官场得势时那些大官大僚不可一世的威风。

强人有奇谈

一次，一位姓苏的军需买了个小丫头，才五六岁，不知是准备养着以后当姨太太，还是当女儿，或丫鬟。苏太太心知肚明老公的心思，不敢对老公发威却对这个小丫头发威，日日进行虐待，把她打得鼻青眼肿，常常半夜大哭。一日，这事不知怎的传到了段祺瑞耳朵里。他勃然大怒，立刻吩咐说：“叫人把苏军需和小丫头都给传来。”

然后，他自己来到大客厅，等着问话。

他这个神气一来，宛如衙门坐大堂一样，他做中央，两边站着副官马弁，威风凛凛、杀气腾腾。公馆的下人们闻讯，也都跑过来，围在客厅外边看着。一会儿，苏军需和那小丫头带到了。

段祺瑞坐在那里，桌子拍得山响，吹胡子瞪眼睛，把苏军需臭骂一顿，喝道左右：“用军棍重责 40 大板。”

苏军需吓得浑身发抖，跪在地下，磕头如捣蒜一般，连声认错。骂了半天，段祺瑞的气才慢慢消下去，吩咐：“把这个小丫头送到后院，让太太们把她收了。”

苏军需的这场风暴才算平息下去。

这个小丫头长大后，被派去伺候段家六小姐，还取了个好听的名字叫“如意”。

成年以后，由段祺瑞作主，嫁给了公馆里一个当差的。

这次段祺瑞家庭断案，一直被当做奇谈。

待客只欠欠屁股

段祺瑞的待人接客也是一派的“强人风度”。

段祺瑞权势灼人，段公馆也从来不寂寞，热闹得不得了。亲信们来到公馆后，可在内客厅接见。一般来客，都在外客厅会面。段祺瑞的架子很大，不太见客。公馆的来客，文官都是道尹以上，武官都是旅长以上，团长、县长之类的文武官员基本上不够格，来了也都被门房冷冷地拒之门外。

不过，找钉子碰的也不少。

来人的片子递进去后，有时就由仆从罗凤阁接见，问问来意，才决定是否引荐。这些来客有的幸运地见着了段祺瑞，有的没有。客人临走时，段祺瑞坐在椅子上会欠欠屁股，就表示送客了。

在客人中，靳云鹏做到国务总理了，在老段面前，还守着学生的规矩，毕恭毕敬，到了段公馆也是如此，卑躬屈膝的。而段祺瑞呢，始终把他当小学生看待，不讲什么礼貌，随便得很，该说的时候就说，该骂的时候就骂。

只有很少数的来客，临行时，段祺瑞才送到二门看他上车而去。这是以朋友相待的客人。能蒙他这样另眼相看的来客，自然是贵客，有汪大燮、熊希龄、周学熙、陆征祥、颜惠庆、李经羲、朱启钤、周自齐等人，不是一流政客，就是一流名士。

段祺瑞一向非常严肃，无论对谁，都是板着面孔，从来很少露出笑容，更不会说什么玩笑话，对待来客也是如此。只有一个例外，那就是北洋老将姜桂题，段公馆的人称他“姜罗锅”。段祺瑞见着他，照例要含笑问一声：“老嫂子好？”——而这在段祺瑞来说，已是特别亲昵的表示，不比寻常了。

爱好可以影响他人

段祺瑞的个人爱好，也是“鹰派式”的。

民国的政客、阔人们都有不少的私人爱好,诸如打牌、搓麻、玩女人、唱戏听戏、吸鸦片等等,不一而足。段祺瑞与这些人不太一样,兴趣和嗜好也有,但没其他人这么多,属于"专注投入型",且还比较正派。

他不仅自己不抽大烟,还厌恶别人抽大烟,对玩女人兴趣也不大。北京八大胡同盛极一时,阔人们无不去花天酒地,把从老百姓身上刮来的造孽钱尽情挥洒,有的还从胡同里把喜欢的姑娘接出来从良,专当自己的侍妾。段祺瑞的亲信王揖唐、王克敏等人都是胡同里有名的风流人物,几乎吃喝拉撒全在里面,日夜泡在胡同里当着"胡同客",但段祺瑞从没去那里打过茶围。

对听戏,他也没啥兴趣,从不到戏园子听过一回,也没在家里办过一场堂会。每逢太太们的生日,叫场杂耍来唱上半天,公馆八角楼最热闹了。他也从不在这种场合露面。

阔人们还喜欢游山玩水,钓鱼什么的,带着家眷冬天去郊区泡温泉,夏天去北戴河消暑,他对这些"户外运动"也没啥兴趣,且从不携家带口去那些地方,对所谓的湖光山色,无心浏览,也了无兴趣。在娱乐方面,他可以说是属于典型的"宅男"。

但这并不说明段祺瑞就没有个人嗜好。

在这个"基本和平的年代"里,北京城内的官员们从上到下都喜欢玩、喜欢耍,爱奢靡,爱享乐。段祺瑞也不是神仙,更没生活在真空里。实际上,他的爱好也不少。

首先,他非常喜欢下围棋。为了陪他下棋,段公馆专门养了一批棋手。最早是一人,一位乡下老头儿,名字叫做"来颇",每天陪他下棋。段祺瑞一个月送给他三四十块大洋的高薪,人家也乐得以此为职业,赚钱来养老婆孩子。后来段祺瑞的水平高了,不大喜欢和他下了,就另邀一些高手。这些棋手,互相介绍,越来越多,每天必到,殷勤伺候段大人下棋,段公馆日日人声鼎沸。段祺瑞也不叫他们白陪,由陆军部按月送干薪,棋手的薪水,少则 80 块大洋,多则 100 块,比陆军部的军官们还高,完全是"杰出人才待遇"。当然,其中也有"徇私"的影子。安徽乡党刘有碧水平一般,不过薪水最高,每月 100 多块大洋。单是这项开支,国家每月为段祺瑞支付 1000 块大洋以上。

有个小孩叫吴清源,年纪不大,着数挺高,也被人撺掇着来和段祺瑞下棋。段祺瑞一见就喜欢,以后总叫他陪着下棋。吴清源因此也一举成名,后去了日本,入了日本籍,成为日本的国手。

段祺瑞不仅慷公家之慨送钱，而且还创造“以棋会友”、“以牌会友”的新模式送官。棋手们下棋下好了，牌手、麻将手打牌、搓麻干好了，段祺瑞通过棋场、牌桌上的“考察”，偶尔也会送他们一些官帽子戴戴，让他们去官场进行历练。

除了下棋之外，段祺瑞还喜欢搓麻，是“超级牌迷”。晚饭后，他不是下棋，就是打上八圈或十二圈麻将。他的左右亲信常常陪他打牌，段祺瑞照样以牌“交友”。乡党傅良佐就是因为常陪着他打牌，博得段祺瑞的欢心。湖南督军出缺时，段祺瑞力保他去继任。不少人羡慕得眼红说：“傅良佐打牌打出来一个督军，真是好运气。”

但是，傅良佐去了湖南，牌技极高，理政水平却极差，没折腾多久，这位牌手就被湘军给撵了回来，闹了个天大的笑话。“扶不起的阿斗”傅良佐因此也被称为“麻场高手、政坛弱智儿”、“民国最晦气的倒霉鬼”。

这不过是段祺瑞“以棋会友”、“以牌会友”中的一个小花絮。

段祺瑞以棋、牌交来的“友”很多，不只限于政界的，还有商界的大佬们。银行界有个金三爷，就是段公馆一位超级牌手。他每天晚上输个一两千大洋，面不改色。他们牌打得大，输赢多，头钱也就抽得多，段公馆那些跑差的没有不盼着他们来，无不盼着他们打大牌、赌大注。他们赌注越大，下人们越喜笑颜开，奔走相告：“这回老头子准过把瘾！”

其实，是他们自己拿赏钱要过瘾了。

段公馆牌桌上最热闹的时候，不是平时晚饭后的时光，而是督军团在北京开会的时候。督军团开会，常在段公馆进行，开完会，一二十个人，就是几桌，麻将稀里哗啦地干起来。在赌博场上，张勋、张怀芝、倪嗣冲这些将领都是以一当十，很有英雄气概。偌大的督军会完全演变成超级大赌场，人人挥汗如雨，挥金如土，而段祺瑞也乐得享受这份“热闹”，且在其中“逐鹿争雄”，笑声不断。

据说，麻将在民国初年大行天下，与段祺瑞的个人爱好大有关系。

在这个“强人拥有一切”的时代，不怕做不到，就怕想不到。段祺瑞能把自己的个人爱好演绎成一个时尚娱乐，完全是他的“鹰派强人”的“强”，这种“强”可以在社会中无处不在，影响遍及每一个角落。

不伸手的"另类强人"

段祺瑞当着"强人",却又有些不像其他"强人",完全是军阀政客中的"另类"。他不像其他"强人"那样,一当官,就到处伸手,四下敛财,在赢者通吃的社会规则面前区区几年就创下足够子孙享受不尽的庞大家业。相反,他在政治上势力极"强",在经济上却势力很"弱",且弱小得惊人——几乎没什么积蓄,"穷"得连安身之所的房子都没有,历来都是租借别家的房子住,甚至可以说是连月供都供不起的"地道的房奴"。

这与段祺瑞这一"强人的弱处"——生性不爱财的性格有关。

段祺瑞为官强势,却较为清廉,一不收小礼,二不受大贿,全靠"工资"过日子。在这个天上没有金蛋银蛋自动掉下来、马儿没有夜草肥不起来的社会,不往外伸手,结局就对谁都一样公平:少吃少喝,没钱花。段祺瑞当了官,却不伸手,于是乎和坊间那些普通市民一样靠"挣工资"养家糊口,就没有硕大的家产。

这不是说他就没有发财的机会去发家致富,相反,可以伸手的机会到处都是。

京师很多银行家和他有着很好的私人关系,但他没在一家银行投过资,放过高利贷。遇到经济周转不灵的时候,他就亲笔写张白条(不是支票)到金城银行、大陆银行提个千儿八百的大洋。不少商界朋友时常邀请他联手或合作"做几笔天下最赚钱的生意";直接找他的政商人士也不少,都希望通过他捞几笔政府工程过过瘾。他硬是没兴趣,不合作,对人家的请托不管不问,把大好的发财机会白白扔给了手下们。

段祺瑞一不受贿,二不投资来股,三不做生意,四不"空手套白狼"吃回扣,从政几十年下来,居然没什么家业,在北京住的竟然是"老首长"袁世凯下野时赠送的那座别墅,自己名下没任何房产,"段公馆"其实是"袁公馆"。

段祺瑞在合肥老家也没买田买地。

段家在合肥城西桥大陶岗有圩子和数十间瓦房,都是他的二弟段启辅建的。圩子的壕沟只挖了三面,四角的角亭只造了两个,便停了工。在挖沟时,地下突然冒出红色液体,风水先生说挖断了龙脉,淌血了,段老二于是立即下令停工,以后也没去再建。在合肥城内,段祺瑞也没啥房地产。有部分段氏住宅,实际上是老叔儿段芝贵的。

段祺瑞在老家和京城都没房子。当年袁世凯就专门为儿子担心过没房子住的事,眼看阔人大佬们到处修别墅,把天下的好景致好山水据为个人私有。段祺瑞奋斗几十年,就是现在不要房子,也不去考虑子孙,但自己老了的时候,还总得要一个安身之所吧!久经考虑,他下了多次决心,终于决定为自己建造一栋别墅,作为公馆。

北京东直门内南门仓,有一块空地,叫做“空府”,早年是什么王侯的府邸,后来荒废下来,成了无人过问的空地。段祺瑞便选在此修建自己下半辈子居住的公馆。地方很大,建别墅足够,但建大别墅砖瓦也要得多,得花费不少。他又没多少积蓄,也不去搜刮,便叫合肥老家的人跑过来自己开窑烧砖,完全是“自建房”的搞法。

谁知他费了老大的劲儿,把这所宅子好不容易盖成,还没搬进去,就发生直皖战事,区区几天,段氏政府便垮台,他不得不下野,搬到天津租界当寓公去了。

强人还是没有自己的房子住。这是否多少有点悲剧味道?!

“强人”吃素,“弱人”吃荤

这次盛极而衰的突然下野,段祺瑞仿佛一夜之间从云端掉落到了地上,心身影响都很大。

到了天津后,他开始吃素了。

他这位“强人”吃素,家里那些“弱人”仍旧吃荤。

段祺瑞有个“强势的就餐习惯”,其实就是一个怪癖:一个人单吃,从不和太太、小姐们同桌吃饭。为此,厨房的做法是,按时给他一个人开上一桌饭。有时,他留客人和他同吃,有时就自己单吃。逢年过节时,也不和家人一起吃团圆饭。春节是中国人最喜庆的时候,大年三十,正月初一,一般人家在辞岁拜年后,都是全家团聚一堂,吃一桌团圆饭。这一年辞岁拜年的时候,段祺瑞把全家人聚在一块,行礼如仪,拜年贺岁。可行礼过后,便回自己的内客厅,仍是一个人单吃一桌饭菜。

他吃素了，请客怎么办？厨房用荤席，对他则专备两三样素菜。他平时最爱吃南方的豆豉，吃素之后，更成了每餐不可缺少的肴馔。

不过，段祺瑞的吃素，也有他独特的个性，可以吃鸡蛋。为此，他专门养了几只母鸡，其中没有公鸡，他说："这样下的鸡蛋，孵化不出鸡子的，就是素的，可以吃。"——强人的吃素，多少也带点霸道的味道。

段祺瑞信佛后，在家里辟了一间佛堂，每日清晨起来，第一件事就是焚香诵经。这，成为他的必修功课，并且一直坚持下去，始终没有改变。

他虽然吃斋念佛，强势了一辈子的他事实上做不到"四大皆空"，也看不破红尘。他的学生、旧部每次来公馆看望他，说起现在国内遍地烽火，人民涂炭，长此以往国将不国了等等，他仔细地听着。来人常常忍不住说：今后收拾这盘残棋，使老百姓能过个太平日子，还非老师东山再起不可！每次听到这样的恭维话，段祺瑞虽然嘴里不说什么，但那冷若冰霜的面孔上，也不禁多少露出一些难见的笑容。

因为这些话完全是切中了他的脉搏，说到他的心坎上去了。

段祺瑞的雄心壮志并没有消除，他吃素了，心中并不虚弱，他只是在"潜伏"，在等候着那个"一跃而起"的机会。他的血还是热的。

11.

强人的"弱"：家务事难了

段祺瑞官场很强势，是鹰派，是强人，在家里也是如此。

中国人有钱有权了，就办两件事：买房置地，娶小老婆。段祺瑞没有置地，但小老婆娶过，先后娶过二妻，纳过三妾——娶吴氏为妻，生一子一女；吴氏病故后，与张氏结婚，生四女；娶大姨太陈氏，生一女夭亡；娶二姨太边氏，生一女也夭亡；娶三姨太刘氏，生二子存一。段家妻妾不少，但是女儿最多。

段祺瑞脾气大，"铁腕"治军、治国，治家也是十分的严厉。

他对子女管教很严，平时不许他们外出。儿女们读书，不颂曲学堂，请老师在自己家里教，完全是“家庭教师的保姆式教育”。段家为老师供膳，孩子们与老师一起上课，一起吃饭。段祺瑞有时亲自考查他们的功课，谁的作文做得好，就奖励一块大洋。

但是，他对儿女的教育，多是传统型的“打骂式的棍棒教育”。三女儿段式巽小时候怕冷，常把手伸在棉袄内取暖，样子很不好看，一次被他看见，马上就进行训斥。

长子段宏业历来不听话，十几岁了，经常调皮捣蛋，“段老子”发现了就用鞭子打，进行“棍棒教育”。然而，“不打不成器”这句名言在段家完全失效。段宏业长大后还是不成器，完全是官二代的做派，在陆军执法处挂名当了个提调，三天打鱼，两天晒网，有时去上班，有时不去，平时在外面花天酒地，吃喝嫖赌。

并且他年纪越大，干出的事情，越不着调。他的老婆，姓秦，江苏人，带着孩子住在公馆。他在外面设小公馆，三天两头，难得回一趟家。他“娶”来的小老婆，都是从窑子里接出来的“鸡婆”，过不了几天，玩腻了，就把她们往济良所一送，让她们再也见不着天日，任由人骑、任由人打。

儿大不由爷，家门不幸，段祺瑞想管也管不了，只好干生气。

段公馆里，段祺瑞威严得可怕。上上下下，大人小孩，见着他没有不怕的，没有敢大声说话的。大公子段宏业也怕老爹，见了老爹，一样说不出话来。然而，这个家却恰恰与段祺瑞希望的，完全两个样儿，事与愿违。

强人的“弱”，首先在家里显露。

他最恨人抽大烟，张夫人就抽大烟。她一带头，其他几个姨太太好的方面学不到，坏的方面不学就会，背着他，没一个不抽大烟，就连给他当上差的侍从也是如此。一次，他因为犯了白面瘾而倒卧在马路上，真是出足了段祺瑞的丑。

他反对人去嫖赌。段宏业见着老爹，像老鼠见了猫一样，但在外面狂嫖滥赌，窑子里接出来的姨太太，甩了一个又一个，比任何一个嫖客都疯狂。

他不喜欢看戏。姨太太们却常常溜出公馆，去听戏，看电影，逛市场，招蜂引蝶，而他像装在闷葫芦里一样毫无觉察。

这样的“弱”，在他下野后官场不再强势了更加变本加厉。

1928 年，段祺瑞带着张夫人和二姨太到大连住了不少日子，公馆的下人仍住在天津日租界。几个年轻姨太太平常就背着他出去玩，“大老公”走了，更肆无忌惮，经常打扮得花枝招展，出去逛张园，划船，深更半夜才回来。时间长了，难免就红杏出墙，干出风流事来。

几个月后，段祺瑞从大连回来，锐眼发觉了姨太太偷人的丢脸儿事。一日，他忽然吩咐公馆承启王楚卿说：“把三姨太太送回北京。”

三姨太太，人称“刘三”。

王楚卿遵命，把刘三送到朝阳门里南小街竹竿巷她的娘家。临走时，王楚卿问道：“明天我就回天津，您有什么事没有？”

她娘儿俩啥话都没说，个个板着臭脸儿。

第二天一早，他回到天津，向段祺瑞复命。段祺瑞交代说：“以后每月给她寄30块钱去。”

下一个月，王楚卿照办，并在账本上记上“付三姨太太30元”。月底，他照例把账本送给段祺瑞审核。段祺瑞看着看着，忽然把账本一扔，什么话不说，鼻子立刻就歪了。王楚卿一看他动了气，不知哪笔账写得不对，也不敢问，只好把账本拾起，放在他桌子上，悄悄地溜了出来“避难”。

隔了一天，他去领账本，又来到了段祺瑞的房里。看见他，段祺瑞指着账本说：“以后不许叫她三姨太太，写刘氏。”

“好好！”王楚卿唯唯称是，这才明白不是自己账出问题了，而是三姨太出问题了。

谁知才过半年，四姨太刘四和刘三一样，也被段祺瑞打发回娘家去了。

她被休的理由还是一样：也是红杏出墙了。

刘四后来嫁给了一个在报馆做事的，日子过得还不好不坏。

这些都是后话。

但是，一屋不扫何以扫天下，一家不治何以治天下？表面强悍的段祺瑞看起来了不得，其实不过是徒有虚名而已——他的本事并不是传说中那么强大，强人也有弱点。不过，段祺瑞的弱点，就是这个家。

12.
好梦醒来，却如此沮丧

别人也犯浑

段祺瑞下野后，避居在日租界寿街，深居简出，表面上静心养性，实际上血仍热着，心仍沸腾着，仍密切注视着政坛风云变幻，以待复出、东山再起之时。

这一蛰伏，就是整整四年，终于，他等到一个跃起的“机会”。

1923年春，直系军阀首领吴佩孚官当大了脑子也犯浑了，一手制造“二七惨案”。10月，他的主子曹锟也当官当糊涂了，以每票5000至10000元大洋的高价收买国会议员，把自己“选”上总统宝座。直系军阀宛如当年的皖系，执政把脑子“执”糊涂了，倒行逆施，胡作非为，走到受全国人谴责而依旧故我、以为天下人奈其不何的“梦境之中”。

直系的疯狂自然也一样地把他们这一帮子人马往末路上送。

于是乎，奉、皖两系军阀和南方国民党军队开始暗中倒直。1924年9月，第二次直奉战争爆发，直系将领冯玉祥暗中接受南方孙中山的国民革命主张和“老前辈”段祺瑞的游说，在厮杀的战场上突然倒戈，且挥师入京，发动政变，囚禁贿选总统曹锟。冯玉祥这一出手，直接导致吴佩孚败退天津。

败退到天津时，吴佩孚没和居住在此的段祺瑞见面，但给“老前辈”去了一封信，说自己无路可走了，要求援助一下。段祺瑞也回了一封信，叫他离开天津，奔山东而去。吴佩孚遵命而去。可他的粮食、弹药都在火车上，带不走，于是干脆做个好人，下令手下在火车上贴了一个条子：“移交段督办”。

“段督办”就是段祺瑞，其实啥“办”也不是了，只是一位闲人而已。

但是吴佩孚败走之后，曹锟被囚禁，北京政府群龙无首，实际上成了无政府状态。冯玉祥将所部改称国民军，但不敢自己称王，于是通电拥戴“老前辈”段祺瑞为国民军大元帅，并电邀“段老”与南方的孙中山一同入京，共商国是。蜗居多年的段祺瑞因为冯玉祥这一拥戴，一夜之间又成为政坛炙手可热的大人物。

冯玉祥拥戴段祺瑞为大元帅，山东督军郑士琦是安徽定远人，立即冯玉祥提出：干脆拥“段大元帅”去组织新政府。

郑士琦此电一出，居然获得全国各派拥护。奉系大帅张作霖和苏、鄂、浙、皖、闽、赣、豫七省督军也纷纷通电，拥戴“革命老前辈”段祺瑞出山。在万分亢奋中，段祺瑞本人于言谈间也流露出一种“天下舍我其谁”之意。

这等天上掉金蛋好事居然突然降落到“蜗居”在天津租界多年的段祺瑞头上，天道酬恶不酬善，人道酬强不酬弱，这倒不能不说是一个“人间奇迹”！

其实，这并非段祺瑞有多大的能量，而恰恰正是他的“没能量”。

此时国内政坛由于各路军阀纷争已是一团乱麻，理不清剪还乱。谁来当大总统，其他人都不会服气，也不会同意，若有人敢于霸王硬拉弓去当老大，其他人定然要兵戈相见，自己等于是找死。而段祺瑞下野几年，蜗居一隅，完全没有一兵一卒，啥势力都作鸟兽散了。他驰骋政坛多年，“德高望重”，又在声望上完全够格当各路军阀和强人们的领头大哥。因此，无论是大佬冯玉祥，还是大帅张作霖，乃至其他小诸侯军阀，都不敢自己上，而又都以为没势力了的段祺瑞与自己关系不错，一旦他上台，可以为自己去压制对方，“为我所用”。于是乎，段祺瑞毫无势力，反而成了再次出山的优势。在各路军阀我得不到的你也别想得到的思想中，把总统大位让给毫无势力、干巴巴一个寡人的段祺瑞去坐，便成了众枭雄们的共识。

而段祺瑞出山，可以平衡各路军阀暂时的争执，确实是一个“最佳选择”，他于是成为“说你行就行，不行也行；说不行就不行，行也不行”的政坛模式新典范，一夜之间成了中国政坛非出来主持全局不可的领袖性人物。

段祺瑞奇迹般地光芒四射，马上又门庭若市了。

实力大佬张作霖、冯玉祥先后亲自来到天津，钻进段祺瑞不大的“借居的宅子”，与他会晤、交谈，然后，又开了好几次秘会。11月1日，三人在天津正式决定由段祺瑞出任中华民国临时执政。

随即，段祺瑞整整衣冠，精神抖擞地返回久别的北京城，再次回到了中国政坛的中心。

新职名字有点怪

1923年11月24日,段祺瑞在北京铁狮子胡同陆军部旧址执政府办公处举行就职典礼,完全是一副"临危受命、拯救乾坤"的架势。

中华民国临时执政,段祺瑞的新职名字有点儿怪。其实,这倒是段祺瑞巴不得的好位置。鉴于以往迭次府院之争,新政府将总统、总理合一,成立一个不分总统府和国务院的临时执政府,并规定临时执政为国家元首兼有总统和总理二者之权力。也就是说,段祺瑞以前多次遇到的府院之争的可能性完全被剔除,段祺瑞名曰"临时执政",实际上是总统加总理。他三上三下,这次出山,既不是总统,也不是总理,而是最高首领——国家元首——"总统+总理"的"执政",完全应验"踏破铁蹄无觅处,得来全不费功夫"这句古话,真是太幸运了。

更为令段祺瑞振奋的是,此次非同以往,不仅大权在握,而且没有监督。原国会议员多数人因为参加曹锟贿选,自己把自己弄臭了,因此在协商会议上,众人一致同意并且宣布临时执政不受腐败的国会的监督,把臭名昭著的议员和国会赶出权力中心。这样,段祺瑞大权总揽,且还不受任何约束。

过去当国务总理时,因为独揽大权,和历任总统都搞不到一块,弄得几次府院之争,心累身累,甚至还不得不一面"执政",一边执戈开战"护政"。这一回当了执政,且是一国元首,形势如此大好,而且完全可以为所欲为,这真让本来在困顿中的段祺瑞始料未及,如梦初醒后,也不由得打着哈哈,由衷地感叹:"世事难料!世界变化太大,真是此一时彼一时啊!"

哪知他上台一"执政",却懵了:事情完全不是他原来想象的那么回事儿。

因为张、冯对第一执政争持不下,才请他出来先搭个桥。两人拥段,并不是打心眼乐意,而是各怀私心,且希望打着他的牌子干自己的事情。因此,段祺瑞虽然当了执政,高高在上,由于自己没军事实力,奉军羽毛正丰,国民军则驻扎京畿,他宛如板凳上玩麻将——根本扒拉不开,不仅自己打不开场面,一举一动还都不得不去按张、冯两大佬的眼色行事,在两人之间费尽心思搞平衡,且自己稍微发挥一点"主动性",就受到两大佬的掣肘,结果,自己不仅号令不通,还得受他们的气。

这"执政"原来是有其名而无其实,段祺瑞不过是"图章"、"傀儡"而已。

希望越大就失望越大。因为政务活动多受掣肘,并且还得在张、冯之间绞尽脑汁搞平衡，平衡出来了某个方案，这个同意，那个就反对，那个反对，这个就同意，段祺瑞东山再起抓不到任何的权力，还如当年黎元洪、徐世昌一样，变成了两位大佬之间的平衡木和受气包。

他为了这平衡和受阻，不知生了多少闷气，新鲜感一过去，就开始发牢骚，发牢骚一多，就成了“愤青”。当了“愤青”，在愤懑之余就经常不到执政府视事，窝在家里与人下围棋、搓麻将。

在他烦闷时，以为居家当宅男可以不惹人家，可人家却惹他，又给他添堵。

这时受邀来北京协商国是的孙中山正在北上。在途中，他通电倡导召集国民会议。段祺瑞和孙中山从袁世凯时代起就是老对头，见孙中山发出号召、倡导召集国民会议，便针锋相对提出召集善后会议。结果，两个会议的主旨、代表范围和人选，均截然不同。孙中山还提出要废除与列强签订的不平等条约，尽管这些年段祺瑞落难，洋人也没伸出什么援手，但这还是触动了他那根最敏感的神经，一再以“外祟国信”而强烈反对孙中山。

什么是“外祟国信”？就是对外国列强我们要讲信誉，要维护国家“一诺千金”的信誉。

孙中山的出现，打破了段祺瑞“愤青蜗居”的宁静。

12 月 4 日，孙中山乘船抵达天津，12 月 31 日扶病入京。段祺瑞很少出门拜客。这一次民国首位临时大总统孙中山来了，他不得不硬着头皮，以国家元首的身份去拜会“革命前辈”孙中山。和孙中山交谈，他倒觉得交流没什么大碍。“老前辈”凡事都讲道理，讲说服，就是政见不同，也可以各自阐明观点，可以进行交流。可是，他去与孙中山之外的其他人会面，却没这么通畅。

“障碍”主要是发生在与国民党的新秀汪精卫的交流上。

汪精卫跟随孙中山一同来到北京，他本来就与袁世凯的人走得近，与段祺瑞的“侄子”袁克定还是把兄弟，这次到了北京，他常来段公馆和段执政见面，并进行交谈。谁知一次，两人说着说着，就话不投机，往下愈说愈拧，再说下去，还是互不相让，结果，几乎吵着对骂起来。

这次交流闹得段祺瑞很不痛快。

事后，两人都生了气，于是互不往来，断绝了交往。但段祺瑞的强人做派还是在内心根治不了，吃了小字辈汪精卫的戗，便怀恨在心。接着，孙中山一方与段祺瑞一方就下一步政府工作如何搞,多次进行讨论、沟通。由于汪、段那一场争吵,原来的交流氛围没了,段祺瑞是对方拥护就马上反对,双方政见越谈越远,谈判终于破裂。孙中山也拿出了硬气,宣布全体国民党党员抵制善后会议。

段祺瑞也拿出了一贯的鹰派个性:我的思想就是改不得!以临时执政的身份下令召开善后会议。

1925年2月1日,善后会议在北京开幕。刚开场时,到会代表不足法定人数,段祺瑞提交的议案不是被驳回,就是自己见势不妙而悄悄地收回。会上,各个派系争权夺利,吵吵嚷嚷,多数问题不得不转入幕后,做买卖式谈判,相互进行交易,以求得会议通过。

4月21日,善后会议结束。善后没善什么后,各派还是乱糟糟,会议成效不大。但段祺瑞却是大会的赢家,他的统治地位得到了大会的确认,获得了法律上的承认,成了合法"执政"。

善后会议一结束,段祺瑞立即下令查禁与善后会议针锋相对的由中国共产党和国民党左派组成的国民会议促成会等五家团体。随后,老天爷又助了他一把。3月12日,孙中山在北京因病逝世。他的对手突然消失了。

老对手没了,段祺瑞本来很庆幸,谁知突然自己又陷入舆论指斥的漩涡之中,惹得满身的口水。

14日,孙中山发丧。他竟以脚疾不能穿鞋为借口,不到场致祭。这激起了不少人的公愤,政客们则说:"段祺瑞为袁世凯披麻戴孝,对中山起码的礼节都没有,少了为人的气度。歇了四年,可能真的是歇糊涂了!"

北京城的老百姓则说:"孙中山是民国缔造者,哪有后继者不去致祭拜的道理?段执政架子太大了还是自己就不是民国的领导人?!"

被斩断了手臂

舆论,段祺瑞历来是不怕,也不在乎的。但是,不怕舆论,并不意味着他可以不去受张作霖和冯玉祥的气。张、冯因为争夺地盘、争军饷,吵闹不休,段祺瑞当着中间的受气包,居间调停不说,甚至被他们逼着不得不跑去向外国人借款,当乌龟和孙子。可是，好心还是没有好报，委曲求全也求不来人家的满意。

结果，段祺瑞终于因为一事彻底动气。

那就是心腹徐树铮的遇害。

在多年的打打杀杀中，徐树铮站在皖军的立场上，与张作霖和冯玉祥结了不少的梁子。段祺瑞出任执政时，不得不叫他远走国外，暂时回避一些矛盾，减缓自己执政的阻力。谁知 1925 年 12 月 10 日，出国避风的徐树铮耐不住寂寞，竟然从日本回国。他回国来了不说，一抵达上海，就大嘴巴对报馆发表“政见谈话”，提出“奉直皖大联合，北洋派大团结，拥段祺瑞为唯一领袖”的政治主张。

一石激起千层浪。本来不平静的政局又被他胡搅了一杠子。

第二天，他又去浙江杭州，游说军力正兴的孙传芳。他的这些莽撞做法直接威胁正与张作霖争斗处于下风的冯玉祥。在很多人眼中，聪明绝世的徐树铮是个能量极大的人，且得段祺瑞的宠信，他的回国本就使得冯玉祥十分警惕，现在他又要联合孙传芳搞联合，终于惹怒了冯玉祥。他暗中决定斩草除根，让徐树铮来个一了百了。

12 月 20 日，徐树铮由上海到达天津。经验丰富的段祺瑞认为他当年曾枪杀冯玉祥的舅父陆建章，这次进京后冯肯定会对他下黑手，赶紧派人去天津劝说“小徐”不要进京。可徐树铮不以为然，说：“那笔旧账已过去多年，冯氏还惦记着呐？”

他认为此刻国民军处于下风，即使冯想报仇，也不能不有所顾虑。27日，他不顾段祺瑞劝阻，乘火车进入北京，然后兴高采烈地去见段祺瑞。

尽管很久不曾见面，但段祺瑞一见到他，就挺不高兴地说：“这时候你回来干什么？”赶紧撵他快走。

结果，徐树铮在北京没住几天，12 月底，就乘坐专车离开北京南下。

没想到果真如人所料，专车才到廊坊，聪明一世的徐树铮便被人击毙而亡。段祺瑞闻讯到场晕倒在地，醒过来后大哭，悲痛异常。

徐树铮是段祺瑞一生中最宠信的人物，竟在他身为国家元首期间，又在离北京区区几十里的廊坊，糊里糊涂被人杀掉，打狗欺主到如此地步，他如何能不动气？

“小徐”之死，后来报纸说是陆建章的儿子陆承武替父报仇。其实，谁都知道是冯玉祥的主意。段祺瑞心里明知是冯玉祥搞的鬼，却抓不到任何把柄，身为执政的他,却对杀害自己亲信和至交的幕后凶手无可奈何。

这窝囊气吞得够憋屈的。

其实,段祺瑞在奉、直军阀和国民军夹缝下生存,早就步履维艰。执政府颁布法令和人事任免,受到各方牵制,他几乎没有发言权。如果说昔日铁腕段祺瑞唯一还有一点威风的话,那就是在去执政府上班或从执政府下班回家的那么几十分钟。事前,有人和路上进行联络,进行净街,他坐着汽车经过马路时,沿途军警布得满满的,三五步一个岗,断绝交通,等他汽车过去后,岗警才撤去,恢复交通。就是这么一点风光,还因为净街逐人,惹得那些急于办事的老百姓被堵在路上,破口大骂。

他的内弟吴光新对姐夫如此没地位尤其失望,说了句:“他执政的风光只是在出门时的净净街而已。”借着到日本观操的名义,一去东瀛国不复返了。

可是,每天都是类似的事情,要想生气早就气死了!他只好自己去想通,日日忍声吞气,委屈地当着傀儡,在冯玉祥和张作霖之间孤独地进行周旋。

嘴巴惹祸被撵下了台

然而,这傀儡岂是好当?除了当“救火队长”外,好事没份儿,坏事却一件也逃不脱,“好人”难做。结果,他终于因为自己的“强”,在一件事情上做错,惹得天怒人怨,被一把赶出了执政府,彻底了结自己的“执政”使命。

1926 年 3 月,奉军与国民军在天津大沽口交战,打得不可开交。日本公然派出军舰为张作霖助战,并联合英、美等八个列强大国联名发出通牒,威逼冯玉祥的国民军撤退,天津大沽口炮台撤销防务。列强对中国指手画脚,直接介入内政,还发出“最后通牒”。列强们完全是大清时八国联军的做派,但此时中国已非过去昏昏沉沉的大清国,而是民国了。消息一出,爱国人士强烈愤慨。

3 月 18 日,北京以大学生为主的各界群众 5000 多人,在天安门举行声势浩大的反对八国“最后通牒”的国民大会。会后,群众进行游行示威。当队伍到铁狮子胡同执政府国务院门前请愿时,总理贾德耀见势不妙,躲为上,急匆匆地跑掉,避难去了。示威群众于是公推五位代表,要求面见段祺瑞、贾德耀。

结果，国务院答复说：“他们不在。”游行群众群情激愤，高唱着《国民革命歌》，呼喊着“打倒帝国主义”、“打倒段祺瑞”口号，呼喊声震天。突然，执政府卫队在没有任何警告的情况下，“劈里啪啦”，向请愿队伍发起实弹射击，顿时游行群众血肉横飞，几十条人命瞬间不归，现场血迹斑斑，惨不忍睹。

如此公开对普通群众大开杀戒，自从民国成立以来，就是臭名昭著的袁世凯也没敢如此干过。段祺瑞执政府真是胆大妄为和发疯了。

不过，开枪并不是强人段祺瑞下达的命令，且当时他确实不在执政府，而是一场“误会”。

原来，执政府的卫队少校参谋王子江眼见游行队伍涌往执政府，立即吓慌了，马上报告躲藏起来的总理贾德耀。贾德耀早就吓昏头了，一听此言更是惊慌失措，下令：“鸣枪吓退学生。”不料王子江成事不足败事有余。他下令时，守卫执政府东西辕门的士兵没听清楚，于是立即向请愿队伍进行实弹射击。这一开打，子弹却不长眼睛，当场致使死亡47人，伤132人，失踪40人。

这就是震惊中外的“三一八”惨案。有“民族魂”之称的大文豪鲁迅撰文称：这是“民国以来最黑暗的一天”。

事件发生后，卫队旅参谋长楚溪春害怕了，赶紧跑去吉兆胡同段宅向在家里打麻将的段祺瑞汇报。

段祺瑞作为执政府的最高长官，对这一杀戮事件，本来只负有失察之责，或许不是主要责任人。谁知楚溪春一报告，他居然带气说：“楚参谋长，你去告诉卫队旅官兵，我不但不惩罚他们，我还要赏他们呢！这是一群土匪学生！”

惨案发生后，领袖们一般采取的办法就是去躲，舆论怎么逼，死活都不露面。段祺瑞一贯强势，现在当了傀儡，没权势了，更应该去躲，而他此刻居然还如此“妙语升华”事件，公然放出纵容行凶者的话语。“大嘴巴”本意是对两大佬赌气，说的是气话，内心不愿再当他们的“救火队长”了。谁知在错误的时间对错误的问题说了错误的话，立即“一条妙语起波浪”。消息一出，立即引起民众更大的公愤，大火也烧上了本来可能“跑脱”的他。

“三一八”惨案之后，国民党、共产党、广州国民政府和各界人士包括海外华侨纷纷通电致函，谴责北京执政府，声援北京学生。上海还发起了各界京案后援会，要求段祺瑞下台，保障人权。段祺瑞的“大嘴巴”使得自己陷入民众口水之中，又处于舆论的风口浪尖之上。

有军力支持，段祺瑞就不怕，就可以鸭子嘴巴硬下去，对那些纷纷攘攘的小民们不置理睬。谁知此时奉军、直军和阎锡山晋军联合向国民军发起了猛攻。冯玉祥和国民军抵抗不住，被迫放弃天津，退而固守北京城。段祺瑞虽没实权，但名义上还是国民军大元帅，在全国如潮的声讨之下，军事上一陷入困境，就彻底没救了。

眼见国民军江河日下，朝不保夕，段祺瑞终于明白大势已去，便也打起了小九九，开始“自保”，暗中派人与张作霖和他的手下大将张宗昌联系，企图作内应，来个里应外合，配合奉军和直鲁联军一举翻了国民军的窝，以“建功勋”来延缓自己就要灭绝的政治生命。

强人段祺瑞在穷途末路之际，是啥也不顾了。他的这一“聪明之招”，全然没了他以前信守的人格和品行，把身上唯一那点“硬朗之气”丢尽了。不料这缺德之举，他第一次施出，就失败。此事没保得住密，内应之举被国民军将领、京畿警备司令鹿钟麟获知。4 月 9 日晚，鹿钟麟一不做二不休，突然带兵包围段氏家宅，把段祺瑞本人和一家老小全部困在“铁笼子”里面，不准进，也不准出。

段祺瑞在“铁笼子”宅子里困了两天两夜，4 月 11 日晨，才好不容易想出一个脱身之计，只身逃到了东交民巷使馆区，然后下令外交总长胡惟德代理国务。他本人靠着“外国友邦”的庇护，才躲掉了被捉去当“阶下囚”的命运。

但是，要捉拿段祺瑞的国民军没能守住北京。

15 日，因为前方失利，国民军不得不从北京城退却。段祺瑞又重新露面，以执政身份再次现身。但此一时彼一时了。他希望笼络的奉、直军已不愿维持这个惹怒民众的“行凶政府”和“言语挑衅民众的执政”了。奉系张作霖的儿子张学良明确对外表示不合作，只保护段祺瑞安全离开北京。吴佩孚则干脆下令进京的直系驻军监视段祺瑞，并逮捕其他皖系政客，吓得那些牌友政客们要么四下乱窜逃跑，要么躲在列强的租界里不敢出门。

“段执政”这个空壳已经破碎。

4 月 20 日，段祺瑞不得已通电下野，结束了“台前风光无限台后啥也不是”的国家元首生涯。同日下午 2 时，他率子段宏业及亲信曾毓隽、梁鸿志、姚震、许世英、章士钊、龚心湛、曲同丰、吴光新等人离京去津。张学良调派一列专车，直鲁联军以两营士兵“礼送”段祺瑞“出境”。

段祺瑞平生出任的最高职位以如此暗淡，如此快捷，如此灰溜溜，并且是如此的一劳永逸的结束了，没有任何的回旋余地。他的“辉煌”就到此结束了。

事后，段公馆下人纷纷不解，私下议论说：“老段一句话撵走皇上，一句话撵走张辫帅，这次一句话把自己撵下了台，铁嘴咋成乌鸦嘴啊？”

铁嘴臭了，变成乌鸦嘴了，“大嘴巴乱说”直接导致段祺瑞结束了自己的政坛生涯，坑了自己也害了别人，以此为标志，北洋军阀皖系集团也烟消云散，不复存在，自李鸿章以来形成的皖系“乡党利益集团”终于退出历史舞台，成了一个供人饭后茶余的谈资。

13.

亲日过，却不做汉奸

“学生”与“老师”只有经济来往

长江后浪推前浪，历史滚滚向前的潮流就是这样，没有官场的不倒翁，也没有永远的强人，段祺瑞几上几下的经历也完全印证这一点。1926 年 4 月段祺瑞下台后，第三次回到天津过寓公生活，随后终于逐渐被那些“后起之秀”们“边缘化”了。

此时他已年过花甲，足足 61 岁有余了。但他照样没有房子，没财产，只好借居在日租界须磨街的老心腹魏宗瀚的宅子里，和老部下王揖唐的豪华公馆打着对面。

由于不敛财，段祺瑞此时经济上完全是“草根”，与一般贫民毫无差别。除借人家房子住外，因家里人口众多，手头上又没钱，生活十分窘迫。当初那些大捞特捞了一把的旧部见状，于心不忍，纷纷出手接济，段祺瑞这才能维持生活。

但是，对此，他还是一副不在乎的样子，对钱财没什么兴趣，一不投资做生意，二不发挥余热，去为人当顾问，收取当政时留下的“红利”。对外，他表示以后只谈佛经，不问政治，并且自称“正道居士”，决心去吃斋念佛，过恬静、没有牵挂的“纯粹的寓公生活”。

可是，几十年的政坛风云早已给他全身心打上了消磨不去的政治烙印，他想寂寞又岂能寂寞下来？

“退休”之后，他居住的须磨街还是不显“门庭冷落车马稀”，不时有说客和谋士前来。他们来多了，谈多了，段祺瑞有时不免心动，产生“复出”的念头，但机会并不总是属于有准备的人，像上次那样的好机遇已经一去不复返，终见不到姗姗迟来的曙光。闲来无事，他不得不“上桌子”——与人搓麻将，下围棋。在这些消遣娱乐的时候，牌友们时不时还扯到往事故人，不乏一番议论。段祺瑞也不免发一些感慨。

昔日强人如今只有叹息了。

在段祺瑞赋闲当“居家老宅男”的时候，外面的世界继续剧变。南方的广东国民政府发起北伐，无论是打败段祺瑞的直系军还是直鲁联军，抑或是落败的国民军，都成为他们的手下败将。北伐军势如破竹，摧枯拉朽地打下长沙、武汉、南昌、上海、南京、北京。在胜利进军中，北伐军总司令蒋介石又发动叛变，在南京建立蒋记中央政府，将由广州迁往武汉没几个月的国民政府抛弃。国民政府主席汪精卫等人在蒋介石的军事巨压之下，不得不让步，承认蒋介石南京政府为中央政府。

1928 年秋，蒋介石第一次来到了北平（北京因为南京成为蒋介石中央政府所在地——首都而去“京”字改名为北平）。段祺瑞的胞侄段宏纲应国民党元老级大佬吴忠信之邀，也来到了北京饭店拜见蒋介石。

见面交谈时，蒋介石告诉他说：“我也是保定陆军学堂学生，段先生是我的老师。我因公务繁忙，不能前往天津看望先生。”会见后，他派吴忠信去天津，代他拜见“段先生”，并送去两万元大洋生活费。

以后三四年，“蒋学生”陆续送来巨款，给“老师”段祺瑞支付生活费用。这些钱解决了段祺瑞的生活之难。岁月荏苒，尽管包生活费用，政治上“蒋学生”却从不给过“段老师”任何的机会，且这方面看管得紧得不能再紧，好像生怕“段老师”一出山就给自己添乱。

君子之交不谈钱。“蒋学生”与“段老师”只有经济来往，只谈钱，不谈别的。

啥机会都没了，段祺瑞也不强求，渐渐什么都看淡了，在天津过着平凡的“退休生活”，拿着生活费，每日下棋、打牌，会客，闲聊，安度晚年。

还是硬人一个

谁知在段祺瑞息政五年之后，66岁的时候运气似乎又来了，一个意外的“东山再起”的机会居然不约而至。

1931年日军发动“九一八”事变后，悍然占领东北全境，随后将战火烧进关内。东北军和一些抗日军队欲奋起抵抗，收复失地。一些日本人于是找到“老朋友”段祺瑞，表示想请他“调停”，实现中日“就地停战”。

段祺瑞亲日卖国，原先是人们有目共睹的。日本制造“九一八”事变后，就想找个“合适”的中国人来当傀儡，替他们在中国攫取各种利益打幌子，撒烟雾。这次所谓“就地停战”就是蒙骗国人的一招，希望找个中国人来调停达到“就地占领”、巩固已占地盘的目的。而段祺瑞过去与日本人有良好的“历史关系”，在国内也是“德高望重”，有过地位，有着影响，是日本最理想的调停人选，于是那些“日本朋友”三三两两跑到须唐街段公馆，请他出山。

谁知这官场就是这样，越在高处越糊涂，越在下层甚至聊无一职越清醒。段祺瑞退休在家，并不糊涂，该做不该做，十分的清醒，明确答复那些登门之徒说：“撇开东三省就无从谈起。我们在野之人，出来调停，说话要有根据，当局若问到东三省，将如何答复？我看单从就地停战作为调停，恐怕没有这样简单。现在中国军队气焰之高，不下于关东军。若说停战，应由日本先停，因为这次是日本先开战的。”

段祺瑞这么说，明确表示拒绝去调停，还长中国人的志气、吓唬日本人，这是谁也没料到的。

谁知他越是这样拒绝不出，日本人越是死脑筋，像犯犟了似的反而更来了劲儿，一拨一拨人马接踵而来。日本人来得多了，段祺瑞手下的一些亲信如王揖唐、梁鸿志等人难免心动，希望“老首长”借助日本人的势力东山再起，夺回失去的天堂，在一旁使劲打边鼓，极力怂恿。段祺瑞却说：“我很清醒，不要被日本人牵着鼻子走。”还是不愿介入有损于中国利益的所谓“调停”。

天津这么热闹，“眼观八方”的蒋介石自然蒙不住。为了不使段祺瑞落入日本人之手，当汉奸，南京政府不断派人北上，前来做“段先生”的工作，劝他南下。

段祺瑞又成了众人争夺的香饽饽。而对段祺瑞来说，道德的考验也开始了。他没有去调停，也没有南下。

1932 年冬天，日本侵略军占领了东北全境，继而又向热河推进。次年 1 月 19 日，国民政府专使钱永铭持蒋介石的亲笔信函，再次到天津，请段先生“南下颐养”，“俾得随时就商国事”。蒋介石当年确在保定军校读过书，不是对段宏纲胡诌的，还真算得上是段的学生。段祺瑞不愿意再去干卖国媚敌的事儿，但在日本人占据的天津住下去，万花丛中过，想片叶不沾身，恐怕也难以做到，于是顺水推舟，准备启程去上海。

谁知这事被已投靠日本人的王揖唐知道，急忙前来劝阻说：“你的事业都在北方成功，虽然现在家里穷，将来总有机会出头，千万不要南下。”

段祺瑞对他的话很不满意，睁着眼睛望着他没有说话。

在他走后，段祺瑞对家人说：“王揖唐不怀好意，我要教训他。”

王揖唐再来时，段祺瑞直接了当地说：“我是中国人，决不做汉奸傀儡，就是你自己，也应好好想想，不要对不起祖先、父母和子孙后代！我决计到南方去，以后不要再来多说了。”

段祺瑞说到做到。

这时他的三女儿段式巽正在北平，服婆婆的孝丧还没过一百日，按照旧礼不能出门到别家去。段祺瑞顾不上这些了，打电话坚决地说：“你赶紧回娘家到天津来。”

段式巽急急赶来天津后，段祺瑞告诉她去南方的事情，并说了王揖唐的情况。女儿也不糊涂，完全赞成父亲的决定，于是为他检点行装，准备启程。一日，她出门去买东西，正走下扶梯时，又迎面遇到王揖唐推门进来。

见他又来纠缠，段式巽立即说：“父亲睡了，不能见你。”边说边往外走。

王揖唐追在后面喊道：“三妹，我有很多话要和你谈。”

“不必多谈了，你的事我知道。”段式巽说，“以后我家里不再与你来往。”

“我是为段家子孙着想啊！”王揖唐说。

段式巽生气地说：“你不要害我们段家子孙了，从此以后你不必来我家。”说着叫两个佣人把他撵了出去。

随后，段祺瑞就出发了。

22 日上午，他终于抵达了南京。蒋介石闻讯，亲自到下关码头迎接，并执弟子礼。当晚，蒋介石设宴洗尘。第二天，他又亲自陪同老师去谒中山陵。之后，段祺瑞婉谢了蒋介石留住南京的建议，以探望小女为名，晚间乘火车去了上海。

上海很繁华，也很热闹。段祺瑞先住在世界学社，不久搬到霞飞路国民政府军事委员会军事参议院院长、老部下陈调元公馆。在这里，他又开始了如同天津时的安居静养生活，每天念经、看书、下棋。有人劝他与海上闻人、青帮头子杜月笙联络。他不理睬，外出时也不用保镖。

段祺瑞这一着，确实走对了。随后，北方乌烟瘴气，北平也被日本人占据，乱折腾着，他在上海日子倒是寻得了一份安静。

但是，这已是他人生的最后几年了。

死后竟没葬身之地

历史上的强人们，看似强硬，大多却不堪一击。政坛上如此，在生活中也是如此。

1936 年夏，正是酷暑季节，段祺瑞因多吃了几片西瓜，突然闹肚子，好几天都不愈好。入秋后，他又感到腹部不适，吐血便血。经医生确诊后，为胃溃疡。但是，病情持续加重。

段祺瑞不行了，侄子和医生都希望他能开荤，增加一些营养去增强体质。但他倔强地说："人可死，荤绝不能开！"

"烧好香，拜好佛，什么事情都不怕"的"真谛"并不能救人一命。11 月 2 日，他终于在上海医院不治身死，终年 71 岁。

11 月 5 日下午，按佛教礼仪，段祺瑞大殓。当日，上海军政部门下半旗致哀。蒋介石发来唁电，市长吴铁城代表蒋介石到灵堂祭奠，国民党要人于右任、居正、张群等也前往躬奠。百余副挽联主要是"评功摆好"的，也不乏亦庄亦谐的上乘之作。他的"老乡党"是假、老对头是真的冯玉祥的挽联是：

白发乡人空余涕泪；
黄花晚节尚想功勋。

当初将他撵出北京城的“合伙人”之一的吴佩孚的挽联是：

天下无公，正未知几人称帝，几人称王，英国著奇功，太好河山归再造；
时局至此，皆误在今日不和，明日不战，忧民成瘤疾，中流砥柱失元勋。

12 月 7 日，段祺瑞灵棺在其子段宏业、内弟吴光新、亲家龚心湛等人的护送下，由专列送往北平，暂厝西山卧佛寺，准备寻得风水宝地再下葬。

谁知计划不如变化。

1937 年 7 月卢沟桥事变发生，日本军进占整个华北地区，北平成为敌伪在华北统治的中心，日本的机关、军队、文武官员浩浩荡荡开入北平城，一面大兴土木，一面占用原王公府第和大小公馆。段祺瑞的南门仓公馆也被日本人看中。好在段祺瑞生前和日本人有一些关系的人士还在，遂由昔日老友、日本人城口出面交涉，给段家 40 万块钱，算是将房产“买”下。但是，卧佛寺被征用后，日军连他死后停灵的地方也没放过。一个劲儿催着段家把灵棺移出去。

段宏业找了大半年都没找到一块满意的风水之地，一下子叫他移灵，更是抓瞎了，本来可以抬回家里放着，家却换成 40 万块大洋后就没了。他急得团团转，也毫无办法。幸好三叔段子猷的儿子给老爹在西郊曾置了一块坟地，于是把段祺瑞灵柩匆匆从卧佛寺中起出，移到段子猷茔地南面，靠着大道边，挖了一个大坑埋下。

段祺瑞灵棺的这一番遭遇，让不少和段祺瑞生前友好的人摇头、感叹说：“没想到老头子轰轰烈烈一辈子，死后竟然会没有一块葬身的地方！”

新中国成立后，1963 年秋，段祺瑞灵棺下葬于北京西郊万安公墓。强人段祺瑞倒是由当年被他查禁的中国共产党进行了“善终”。

第三章 我就傻，傻人有傻福

平庸无能，当老好人，对人无威胁，当官靠的是好运气，

善于处世的“傻劲儿”

01.

“官二代”却讨过饭，放过牛，当过“家庭煮夫”

升官路线图灵验吗？

西方有一个“培养领袖定律”说，一个国家领袖的培养，需要这个家族三代人的努力，第一代须是教授或者商人，第二代须是富豪或大官，第三代大政大商在家族基础上实现质变，跃上领袖级别。

黎元洪的仕途成功之路，多少有点这个“培养领袖定律”的影子，但仅仅只是影子而已。他的祖父仅是小商小贩，他的父亲也不过是个三品，都谈不上如何大。

那么他是如何把这个影子变成活生生的现实的呢？

其实，黎元洪的升官路线图不过是大清、民国相当一部分仕途之人走过的、几乎同样的路，他的成功不过是偶然因素更多，许多的偶然累积、叠加，最后“小偶然”变成“大偶然”，成就了后来的大总统黎元洪。

因为这个“定律”中的前两代祖宗并没给他带来太多的幸福或对仕途起无比巨大的作用。西方“定律”在中国多少有些水土不服，并且失灵。

为什么这么说呢？且看看他的家族史和两代祖先的情况吧。

黎元洪，1864 年 10 月 19 日生于湖北汉阳一个小商人之家。这个出身对应了“第一代祖先”的影子。黎家本是在黄陂北乡黎家河，祖父黎国荣跑到汉阳城来务工，随后做生意，干些小本经营。他的父亲叫黎朝相，却对做小生意没兴趣，跑去当兵吃粮，一直在外折腾，在鲍超的霆军行伍。黎元洪出生就没见着父亲。

有爹却像没爹一样，这样的孩子也像一根草。投胎有风险。黎元洪的童年过得并不好，生下八个月，母亲陈氏就得了一场大病，差点没命，不能喂奶，黎元洪靠喝米汤长大。

没多久祖父、祖母相继去世。乱世年间，小本生意越做越难。黎朝相长年征战在外，完全不顾家。在家千日好，出门万事难，在外混也不易。1867 年，鲍超因军中琐事对大权贵李鸿章袒护淮军、欺负自己这个"小老百姓"不满，愤而称病辞职，走了人。他手下 30 个营分别由宋国永、唐仁廉统带，转而"随"了李鸿章。黎朝相在唐仁廉部仁字营，换了主子后，跟着转战河南、山东、直隶、陕西等地。李鸿章调任直隶总督时，仁字营跟着调防畿辅。黎朝相东征西战，行踪不定，谈不上不顾家也顾不上家。黎元洪母子本靠着祖父遗留下的小买卖一起在汉阳度日。全家生活几乎陷入绝境。

家里没吃的，年仅五六岁的黎元洪实在饿不过，就和比自己大六岁的姐姐黎元平一起跑到街头流浪求乞，当小叫花子。

家家都被官家榨骨敲髓，穷得揭不开锅，当叫花子也得不到施舍。黎家住在长江边洲头嘴的报国庵，是城乡结合部。黎元洪肚子饿得难受，就偷偷跑到别人菜地拔萝卜充饥。日子越不好过，麻烦却越来越多。7 岁那年春天，他又得了天花，病得气息奄奄，好后又不停地咳嗽，折腾了三个月，咳嗽才渐渐停止下来。

这社会是富人的天堂，穷人的地狱。活不下去了，只能"分家"。这家怎么分？陈氏的办法是把大女儿元平送到河泊所姓苏的打鱼人家作童养媳，把黎元洪送回黄陂老家，替与老家黎家河为上下邻村田家河的姑父田秀庭家去放牛。

黎元洪一个 8 岁的"城里孩子"跑到"农村"去放牛，怎么放？他有时把牛绳捆在树上，自己躺在草地上睡大觉；有时干脆听任牛到处跑，自己去玩了，结果，牛不是吃了人家的庄稼，就是糟蹋了菜地，找上门来告状的乡邻一拨接着一拨。田秀庭拿他没办法，只好忍到年底，然后把他送回了汉阳城。

回到汉阳，就更没活路了。就在母子俩日子越来越难熬之际，黎朝相却来了好消息：千里迢迢寄来了外出后的第一笔钱。原来他驻防畿辅，尽管还是今日河东明日河西，打一枪换个地方，到处颠簸，但 1874 年"老领导"唐仁廉被提拔通永镇总兵，他随仁字营调到天津北塘驻扎，稳定下来了。铁打的营盘流水的兵，可一旦稳定下来，就是“财源”，可以在当地捞油水。黎朝相因此有了收益，就可以接济家里的老婆孩子。陈氏母子盼星星盼月亮终于盼来了转机。

有了父亲的经常接济，黎元洪母子不但生活有了保障，而且黎元洪还可以上学读书。9 岁开始，他一面在汉阳的私塾里上学，一面帮助母亲料理家务。

过了两年，黎朝相终于混出头了，当了把总，当官就是钱，这下家里更好了，好日子的曙光显现。谁知次年夏秋之交，黎元洪不幸得了疟疾，时而怕冷，时而发高烧，接着又是咳嗽不止，黎家独苗苗又出问题了。黎朝相接到信儿，急急赶回汉阳。他一到，黎元洪的病情就好转。

黎朝相真的是符合“定律”的那个“第二代”吗？影子多少是有些了。

不过，他这次回家，别的没干，只是乘机替儿子定下一门亲事，与同住在汉阳城的一位年仅 8 岁的女孩吴敬君订婚。

这吴敬君也是命苦的孩子，父亲吴海臣已经去世，家境日趋艰难。黎朝相当官了，回部队时决定举家迁往天津北塘去住。吴家担心时过境迁，黎家可能废婚；且汉阳与北塘两地遥隔数千里，将来接送也不方便。于是，两家商定，吴敬君也随黎家一起北迁，由陈氏童养于家。

“家庭煮夫”当了两回

北塘其实还不是在天津城内，属宁河县，距县城 90 里。

黎元洪随父到达北塘后，告别了以前的那种艰苦生活，并跟随塾师李雨霖继续读书识字。

1878 年，对黎家来说，是一个大“囍”年。7 月 23 日，弟弟黎元泽出世；8 月，黎朝相荣升千总。饱经忧患之后，一家人既得团聚，又添了人丁，而且升官一级，“三喜临门”，黎家终于“紫气东来”。

可是，这一家子总是好事多磨，挫折重重。好事多了也成祸。喜极而悲至。全家欢乐没过几天，陈氏就因产后失于调养，受了暑热，很快就病倒，随即卧床不起，医治几个月都无效，12 月 18 日告别人世，年仅 38 岁。

这时黎元洪年仅 14 岁。由于生母去世，他只得辍学回家，和吴敬君一起当个

“小夫妇”,照养着出生不久的弟弟。父亲日日带兵操练。两个小孩子持家。吴敬君照顾小弟弟,黎元洪则煮饭扫地,家务活全包揽,完全是“家庭煮妇”。

在他干得非常起劲儿的时候,黎朝相不忍心让他废学,以后去当文盲,第二年又把他送到私塾继续读书。

塾师叫李雨霖,夫妇俩见黎元洪没了母亲,伶仃孤苦,对他倍加爱护,勉励他好好学习。黎元洪当了这一年的“家庭煮夫”,人生感慨不少,深知读书比“煮夫”前途不知要好多少倍,回到私塾读书,十分用功。

两年后,黎朝相续娶崔氏为妻。崔氏 37 岁,比黎朝相年轻 10 岁。但她为人温柔贤慧,待黎元洪兄弟像亲生一般。黎元洪对后母也非常孝敬。此后,黎朝相继续得到升迁,1880 年升任都司,1882 年又升为游击将军(三品)。一年一个台阶,这官当得多提劲儿!

随着官越来越大,黎家完全咸鱼翻身,过上了人人羡慕的官家幸福生活,且一年比一年好。在课余,黎元洪常到父亲的兵营中玩耍,对骑马与操练颇感兴趣。黎朝相见他喜爱军事,说:“有机会你也去从军习武,这条路当官很便当。”

黎元洪渴望着从军。西方“培养领袖定律”的“第三代”随着“第二代”黎朝相的官儿越来越大越显现出希望。

1883 年春,机会就来了。天津水师学堂重金招收学生。在黎朝相的鼓励下,18 岁的黎元洪前往应考。

天津水师学堂是直隶总督兼北洋大臣李鸿章为建设北洋海军, 培养海军人才,于 1880 年 8 月奏请朝廷同意设立的。当年在天津城东八里大直沽东北的机器局动工兴建,次年 8 月学堂正式落成。1880 年冬,学堂督办吴赞成回南方就医时,顺便在上海等地扯旗,贴出招生公告,招收学生,准备先招收 60 名。当时应试 147 人,仅录取 20 人。李鸿章拿着名单一看,分析来分析去,说:“第一次招考没招到出色人才。”

“为什么?”学堂督办吴赞成眼巴巴地问。

“一是饷银太薄, 对优秀人才没有吸引力, 二是学生对毕业后的前途认识不清。”李大人说。

1882 年,天津水师学堂在天津第二次贴出招考告示。这次招考告示特地说明:赡家银由每月一两提高到四两。而且声明:学生在校如果成绩优异,“本大臣当从优奏奖,破格录用”。

这“本大臣破格录用”不过只一张空头支票,吸引力不大,那4两银子的赡家银“魅力无限”,一经入选,靠着这四两银子,在天津能养活一个八口之家。那些寒酸之家子弟就奔那四两银子而去。

黎元洪也是被这种“重金”吸引,1883年正月参加考试。这时他已年满18岁,超过招生规定的年龄。但父亲那三品顶戴终于战胜了这个死规定。很快,他榜上有名,被录取了。

随后,黎元洪去了天津城求学,在第一期管轮班学习管轮,开始了自己的戎马生涯。

天津水师学堂由严复担任总教习(相当于教务长),萨镇冰担任教习,并任管轮班监督。黎元洪又是学驾船,又是学西洋文,忙得不得了。折腾下来,以后谋个好前途,按照大清的父亲当官儿子当官的“虎门出虎子定律”,可以说是没任何问题。

谁知命运又和黎元洪开玩笑,又使得大清的“虎门出虎子定律”和西方“培养领袖定律”出现转折。

黎元洪学习一年整,过了一个寒假,1884年新学期才刚刚开学。2月26日凌晨,黎朝相突然病故。因为病起仓促,黎元洪闻讯赶回家时,父亲已经两眼紧闭,永远离开了人世。继母崔氏流着泪说:“你父亲死前留下遗言,嘱你努力求学,平时行为出处,要谨慎三思,学成后要为国家出力。”

父亲就这么匆促走了,黎元洪含泪用笔记下这几句话儿,然后含着泪花,带着继母等人葬了父亲。

黎朝相一去世,大清只管在位的官人,下台或者死了就完全抛弃,黎家经济又断了来源。好在黎元洪读书每月有四两赡养银,于是继母和未婚妻吴敬君在家也不闲着,做鞋垫卖,为人做针线活,补贴家用,生活得以继续。

以后虽然生活清贫,黎元洪对继母和年幼的弟弟尽力照顾,学习之余常回到家里,继续当着“家庭煮夫”,烧火做饭,只要是家务啥都干,且干得很欢,由此还养成了一副“家庭煮夫”的憨厚性格。

在最困难的时候,一家人和衷共济,日子倒是过得苦中有乐。

吃得苦中苦,方做人上人。黎元洪在学堂中学习更加勤奋,军事操练也很认真。在管轮班里,数他年纪大。几年学习生涯中,他除了年纪大,还是年纪大,并无其他突出表现。如果硬要师生们找出点什么与人不同的印象，那就是老实，平时给人一副忠厚的印象，老实、憨厚是他给同学们的印象。不过，他倒做过一次“大哥”。那次，同班同学不知弄出什么事犯了大错，也牵涉到黎元洪。他居然挺身而出，说：“都是我的责任！”这是他唯一的勇敢或“不老实”。事后，同学们都很惊讶。他红着脸吹牛说：“大丈夫当担当天下大事，是区区者安足避匿?！”

由于憨厚老实，他倒得一些人的喜欢，比如严复、萨镇冰等老师们就对他印象不错，因为他年纪大，做事稳重，有时叫他做点什么事情。

1888年春，黎元洪毕业。李鸿章对这一批学生看得很重，一律有官当，经天津水师学堂禀报李鸿章签写命令，黎元洪被赏给六品顶戴。

随后，管轮班毕业生由司理轮机的洋教习获嘉领着去北洋海军的各个战船实习。实习期满，黎元洪被派往去来远号快船服役。

这时吴敬君已年满18岁，在上班之前，两人完了婚。

这在这弱肉强食的社会，官场完全是执行十足的丛林法则，按照西方领袖培养的“定律”，黎元洪的父亲已经没了，“第二代”完全夭折，严格来说，“第一代”从商也不算成功，他能在“第三代”实现飞跃吗？

谁也没把握，甚至他这副忠厚老实的秉性在尔虞我诈的大清官场里吃得开都十分值得怀疑。

02.
当海军：一身荣誉居然以坐牢方式了结

仕途须赶上好时候

黎元洪没了好爸爸，没有人和，但他正式入伍上舰时赶上了一个“好时候”，获取了“天时”之利。

1888年是大清海军"大崛起"的划时代的年头。这一年,北洋海军正式成军,海军建设步入新时期。李鸿章自1879年开始筹建北洋海军,已向英、德等西方列强大国购进了25艘军舰装备海军。黎元洪去的来远号战舰是一艘刚从德国买回的新铁甲炮塔舰。

但他赶上了好时候,春风却怎么也扬不起帆。他在军舰上面工作了一年多,既没当官,也无啥成就。"好时候"颗粒无收,没有"好收成",不久就"被换舰"了。

这次换舰去的是"地方"。

因为广东水师急需管驾人才。大清重臣张之洞出任两广总督后,说广东海防空虚,战略地位重要,邀集广东文武官吏、绅士和盐商共同"商议边防",狠狠地敲了那些有钱人一笔大竹杠。"募"得经费后,他请福州马尾船政局建造四艘铁胁快轮和四艘河海并用的中号兵轮。接受委托后,马尾船政局于1887年10月建成了第一艘铁胁木壳广甲号兵船。有了船,广东人有钱,却没人才。广甲号在香港船坞雇请洋匠再次对兵舰修配齐全后,1890年开往北洋,与北洋舰队船只一同操练,于是船上的管驾人员和兵丁也由北洋水师进行配备。正是在这一背景下,3月,海军提督丁汝昌调黎元洪去广甲号兵船,担任三管轮。

黎元洪从铁甲炮塔舰洋船"空降"到木壳兵舰,虽然官升了一级,但工作环境却差了一大截。在广甲号兵舰,他虽然当的是三管轮,只比巡查大。每日的工作是负责管理机器的开关、拆洗及保护,附带管一管储料、生火之类杂事。说白了,就是大操作员和大后勤兵。

好在海军被李鸿章看成是自己的心血,重视得不得了。而他的重视又完全是"李氏特色"——将海军经费全部挪入自己怀中,对官兵们的鼓励还有精神粮食——不断地为他们向朝廷要官要衔。因此只要在海军里面混,就是傻瓜待上几年下来,也能得个一官半职。黎元洪的"天时"还不如"地利",而前途与一般社会青年相比,还是不可限量。

这在随后的海上从戎岁月中得到验证。

清朝政府每隔三年要派遣大官要员对部队进行一次大检阅。1891年是北洋海军成军后第一次校阅,北洋大臣李鸿章和山东巡抚张曜前去会校。5月23日,李鸿章率领一大批文武官员从大沽口乘轮船出海。海军呼啦啦出去演习。黎元洪也随着广甲号舰参加检阅。二十几艘军舰威风凛凛,在大海上"跑"了整整18日,航行

3000多里。校阅之后,李鸿章、张曜向清廷报告说:“就渤海门户而论,已有深固不摇之势。”同时哥俩儿专折上陈皇帝,奏请嘉奖建设海军的那些“大功之人”。

黎元洪管着后勤,权力不大,但也在分羹喝汤之列,结果被奏保以千总尽先补用。不过这“尽先补用”不过一句谎话,到次年才提升为广甲号二管轮,还是个小得不能小的官儿,大概相当于排长还不到。

过了两年,李鸿章又要对海军封赏。1893年3月,两广总督李翰章以黎元洪“频年操巡,久历风涛,著有劳绩”,赏换五品顶戴,并颁发了功牌(即立功奖章)。

折腾五年,黎元洪就成了五品官。其实,小小一条破兵舰,竞争也十分激烈。为啥他每次升迁都有份?这倒不是他能力如何出众,也不是工作中如何努力,于是乎,即使是奖赏,颁奖词也是十分的勉强:“频年操巡,久历风涛,著有劳绩。”也就是出纪念出操出巡,经历了很多风浪和波涛,见了波涛就有成绩?他获得赏赐除“地利”之外,一是他是技术员,这修修补补没人替代得了;二是他为人“忠厚”,与人不争不抢,对领导还会来点拍马溜须,因此领导们提携了他,也不怕以后他和自己争啥抢啥形成竞争什么的,于是对他“不薄”。

没能力也没野心,到成了“忠厚持家”的黎元洪的升官秘笈。

黎元洪并不是一些人说的傻人有傻福,他并不“傻”。相比来说,兵舰上一些人没能没力却野心勃勃,那倒是真傻。黎元洪的憨厚、“傻”,其实是一种“大智若愚”——最为明智的官场生存方式,也是他“人和”的根源。

广甲号兵舰终究是广东地方的杂牌,负有保护南海的责任。9月,黎元洪随舰远航南方。当兵舰巡行到达广州时,正值孙中山从澳门迁到广州,开设东西药局,一面行医,一面鼓吹革命。广甲号舰帮带程壁光和粤洋海军军官程奎光两兄弟和孙中山都是香山县同乡。他们经常在广州圣教书楼后座的礼拜堂及广雅书局内的南园抗风轩聚谈时事政治。黎元洪跟随“领导”们认识并多次见过孙中山。

一天,黎元洪的同事仇思病倒了。程壁光邀请孙中山到兵舰上来治病。孙中山看病后,参观兵轮上各个部门,与船员相互交谈,大讲民族危亡,国势积弱,弄得官兵们引颈而听。

黎元洪这是第10次与孙中山见面,也是第10次听他宣讲民族革命,但并不感兴趣,就是听1000次10000次,也是左耳朵进右耳朵出,风过不留痕。什么革命,什么国家,什么富强,他才不关心呢!只关心自己有没有饷银,家里人生活得好不好。

事情就是这样,你越不关心,越不在乎,它就越贴近你。

1894 年,北洋海军又到了第二次校阅时间。清廷还是派北洋大臣李鸿章校阅。这次校阅从 5 月 7 日到 27 日,历时 20 天。北洋、南洋和粤洋各军舰都到大海上行驶,或操演船阵,或鱼贯而行,或并列前进,还进行其他一些巧妙变化。广甲号与威远号、敏捷号三只兵船在威海港操演,也是好得不得了,掌声一片片,喝彩声一阵阵。

这次校阅,与其说是检阅海军的作战能力,倒不如说在李鸿章等人的精心渲染下,掀起了众人对北洋海军的赞誉达到了一个史无前例的高潮。校阅之后,李鸿章向朝廷的报告是:北洋海军已完全成为了一支十分可以依靠的军力。

至为关键的起步竟是败笔

谁知喝彩声还在耳畔,"海军强大"的梦幻就被无情的现实一举击得粉碎。荣誉满身的黎元洪也没有幸免。

这次操练后不到四个月,即 9 月 17 日,中日甲午战争爆发。黎元洪所在的广甲号舰和其他两舰还在威海军港。战争爆发了,他们也受命参加海战。

战争引爆,海军上阵,谁知"强大海军"完全不强大。当日下午 4 时左右,致远号兵舰就被日本军舰击沉,济远号管带方伯谦见状,啥也顾不得,带头首先逃跑。这被广甲号管带吴敬荣看见,喊了一句:"济远号逃跑!"也下令兵舰驶离战场。你要跑,日军军舰死撵,他们拼命向西航行。可日军撵得太急,吴敬荣只防后追,避开大洋,傍着海岸行驶,一气跑到大连附近的三山岛。结果,久走黑路必遇鬼,顾后不顾前,"哗啦",兵舰居然触礁搁浅。广甲号于是陷入前进无路,后退不能的囧境,就要"死"在这海面上了。

最大的危险自然还是那些死撵不放的日本军舰。

23 日,吴敬荣远远地发现日本军舰浪速号和秋津洲号前来巡航,害怕被俘抓去扒皮,马上下令:"炸船毁舰!"话音未落,他就丢下士兵,乘小艇没命逃跑。

这时区区一艘大兵舰只剩下了黎元洪和 11 名官兵。众人见管带逃遁,马上跟着纷纷跳入水中，然后，拼着老命，搏风斗浪往海岸方向游去。

经过与大海中的风浪英勇搏斗十多个小时后，同行 12 人，活着上岸的，只有区区 4 人。黎元洪便是其中一个“幸运儿”。

黎元洪之所以能够获救，完全得益于他“人不傻”，而且还比别人多了一条心计。这艘广甲号兵舰虽然花费了官家巨资，但贪官们层层扒皮，最终投入到建舰上面的钱少得可怜，因此兵舰建成后，设备十分简陋，连起码的救生设备都没有，官兵连救生衣都没有，发生危险只有管带有一只小艇可逃命。黎元洪在洋军舰上干过，知道如此简陋的兵舰，一旦出事肯定得去跳海。为了不喂大海的鱼鳖，早在广州停泊时，他就自费买了一件救生衣。这次就是借助这件“宝物”，他才与大海搏斗了十几个小时。但快到海岸时，他还是没支撑住，晕迷过去了，幸好随后他被大浪打到海滩，被沙滩上的几个渔民救了。

聪明的他获救上岸后，不仅捡了一条命，比其他活命的官兵身上还多了两样东西：一块银币和一块银表——这是他时刻带在身上准备逃难用的。他用这两件东西与当地农民换了一件棉衣穿上，买了几只山芋充饥，开始回家之行。

靠着“十一号”长途跋涉，他风餐露宿，历尽艰苦，才好不容易回到天津。谁知一脚踏进家门，就被快捕绑去了官府。

战后幸免于难，咋还被官府抓捕呢？

原来兵舰管带吴敬荣因为临阵脱逃已受革职处分，黎元洪虽是个小排长式的小喽啰，也算是朝廷命官，没有战死，也算是临阵逃脱。他被拘押后，关进了大牢。

黎元洪老实归老实，不抢不夺，这次为了逃命却蹲了监狱，人生写了莫大的污点。这时什么“第一代商人”、“第二代官人”的影子都一把抹去了，“第三代”不争气地蹲了班房，创写了祖宗都没有过的记录。

这次甲午海战，李鸿章当初“已有深固不摇之势”的渤海门户全垮了，他精心组建的北洋海军也全部完蛋，官兵不是战死就是逃跑，要把他们都抓起来，得去修建十几座监狱还关不完，没过多久，只好把抓起来的逃兵又一一释放。黎元洪也幸运地在被释放之列。

出狱了，黎元洪保了命，但临阵逃脱却是事实，还是不被官家饶恕。李鸿章认为海军平时待遇最好，薪水最高，关键时刻不中用，还逃跑，死活不收他们了。他从监管所一出来，就失业了。

坐了牢,有了污点,黎元洪从海军打拼获得的一切荣誉都被当局无情地扔进了粪坑。在海军干这么多年,不能回去,所有的一切完全白费,青春年华,"好时候"又得"地利"、"人和",却一无所得,可以说,黎元洪人生至为关键的起步完全是败笔。

为什么?在大清的"将门虎子"的官场定律下,他完全是"第一代"虽然从商,但没赚多少钱,"第二代"官至三品,走得太早,因此跟头摔得太大了。

03.
遇到了贵人张之洞,却害死了他的长孙

搞工程发迹

1895年2月,失业青年黎元洪苦于找不到工作,无事可干,正要饿肚子的时候,突然听说张之洞在南京招揽武备人才,准备创练江南自强军,立即赶去南京投军。

张之洞完全是按照西方"领袖培养定律"培养出来的官儿,不过比照"定律",他还多了一代。他生于贵州兴义府,曾祖父张怡熊曾任浙江山阴县知县,祖父张廷琛曾任福建古田县知县,父亲张锳曾任贵州兴义府知府。在祖上的基础上,他通过读书考试跨入仕途,几十年红红火火,春风得意,不久前由两广总督调任两江总督兼南洋大臣。

因为这次甲午大败,全国上下人都陷入沮丧之中。他走马上任后就决定创练江南自强军,进行"自强",因此急需一批人才来编练新军。黎元洪跑过来投效,张之洞曾经就当过浙江乡试的副考官、湖北学政、四川学政,亲自考试选拔"优秀人才"。他见黎元洪学过天津武备这个新式学堂,一挥手就说:"你去监修南京城外的幕府山炮台,兼充自强军翻译,每月薪银八两。"

黎元洪没料到张大人如此慷慨，不管自己是学海军开船的，任命当个小翻译，就是每月八两银子，高高兴兴地跑去南京城外的幕府山监修炮台工程。

4月，他带着人动工，年底全部大功告成，共建造西式炮台七座、弹药房八间、弹子房四间、总药库六间、暗路四道；此外还筑了土垒壕沟、瞭望台、兵房、军装房，并在炮台上安装了四五尊钢炮。整个工程共花费39254两银子。

这个银子数字不少，搞工程是最有油水的行当。黎元洪并不傻，学着其他工程官员那样监守自盗，从工程款中伸手，大捞特捞。不过，他捞了之后，不像其他人那样完全独吞，而是主动给“总发包人”张之洞送去不少。

张之洞修工程，目的就在敛财。收了钱，待小黎十分客气，很好说话。平时一见着小黎，当着众人就一个劲儿夸赞说：“小黎办事踏实，又懂英文和新的科学知识，是个好料子！”

炮台虽然年年建月月修，每次都是大贪连着小贪。日日修建，大炮还是旧得不能再旧，炮台烂得不能再烂，一作战就成了害死人的“豆腐渣”。张之洞“修”了一遍捞了一次，当年的事情就当年了结，不再在这事情上折腾。接着，开始抓人事。他说：“各炮台的炮手责不专，技不熟，要从组织上加以调整和整顿。”

经过奏准朝廷军机处同意，他在各炮台设立专管兵勇，每台任命一名专台官，全台炮勇归专台官督率管理，再由洋弁会同学堂出身的炮务委员一起教练。相近的三四个炮台再设一个总台官。黎元洪由于在监修炮台中“成效卓著”，被张之洞派去炮台当总练习，不久就任命为专台官，每月支薪水银50两、公费银50两。

每月100两银子的高薪，喜坏了一直穷得寒酸的黎元洪。干一个月胜过以前干两年还多一个月，出力之人不赚钱，赚钱之人不出力啊！这么多的银子，让他倍有苦尽甜来之感，在书信中时常和家人一起展望“美好的未来”，充满了对幸福人生的美好憧憬。

“两大傻”都是幸运儿

在这大清乱世，一切都是不确定的。好景更是布满着变数。

黎元洪任专台官不到一个月，1896年初，张之洞就奉调回湖北，担任原来的湖广总督。没有大树，哪来树荫？黎元洪立即变得诚惶诚恐，对南京倍感惶惶，对“老首长”依依不舍。他的这份心情似乎被官场“老油子”张之洞一眼就洞察。

在两江总督时，张之洞聘请德国教习在江苏编练了13个营自强军，这次调回湖北，接到命令就想全部带走。于是，人没动身就奏请朝廷批准，说要把在南京按照德军法则操练的自强军调赴湖北。朝廷先是迟疑，张之洞到了湖北还没消息。在他的多次催促之下，朝廷同意他带走自强军护军前营500人。张之洞立即写信给那个“做事灵活”的黎元洪，并派人对他说：“一起回湖北，归根老家吧，与张彪等人一起帮我筹练新军。”

黎元洪正愁在南京投靠无门，张总督有召唤，立即交代工作起身，赶回了阔别多年的湖北，归了这个没给他带过“快乐记忆”的“根”。

张之洞叫他和另一个叫张彪的爱将一起操练湖北新军，张彪为主，黎元洪为辅，并且还告诉说：“你们两人经历类似，应该有共同话题，能把事情做好。”

张彪不是湖北本地人，是张之洞从广东调过来的爱将。不过他的“根”不是广东，而是山西榆次县。

张彪和黎元洪一样，也是少年时吃过大苦的“苦瓜瓜”。他是榆次县西左府村人，早年父母双亡，舅父带去邻村读私塾，但舅母十分苛毒，经常把剩饭和谷糠给他吃。这哪里咽得下？舅父知道后，对恶老婆没办法，只好带着他远走高飞，去太原城谋生。带了太原城，张彪学过刻字，学过裱糊，干一行烦一行，咋干咋都安不下心，最后迷上了习武，跑去跟五台山下来的一位俗家师傅学拳脚，结果武艺大进，跑去参加考试，居然还中了武举人。有了武功，他就学古代那些大侠，到处打抱不平，也被人叫去帮忙打架，他为人爽直，一叫就去，又身强力大，替人出气一出手，对方不死即伤。舅舅怕他在外惹是生非，平时不准他出门。

1882年，张之洞出任山西巡抚。每月逢初一、十五，他就得到文武庙祭祀。一次，他祭祀归来，乘轿经过太原鼓楼门洞时，突然七个大汉围上来，有的拉住轿杆不放，有的从轿子中拉张之洞下轿，强行递纸条。原来是一伙刻字匠“拉轿告状”。七条汉子，又是刻字匠，人高马大，张之洞的戈什哈（护卫）和跟轿吓得惊慌失措，挡不住他们的冲撞就自己撒腿而跑，撂下张之洞在门洞的轿子里急得不行。

正巧这时张彪骑马经过，立刻下马，将七人连打带拉，赶散而去。张之洞在高大的绿呢官轿里眼见这一幕吓得抖索。绿呢官轿卡在门洞里不住地抖动，张之洞完全成了名副其实的张之“洞”了。张彪打跑这一伙人后，他在轿里问道：“你是何人？”

“我是张彪！”说完，他转身上马而去。

回衙门后，张之洞立即下令：“传见张彪。”

他的手下打架没本事，找人抓人却是有一套，很快张彪就被传来了。他一进门，张之洞见他身材魁梧，相貌堂堂，一表人才，就喜欢得不得了，有心揽他做自己的护卫，接着细问出身和现状，又获知他已获中武举，正打算进京考武进士，立即说：“进京会试考进士并非容易事，送钱你没这么多，要后台你也没有，京城遥远，往返费用也不小。再说，你就是中个进士，也不过得个千总、把总之类小官，不如留在我身边，先补个武巡捕，以后我逐渐满足你当官的心愿。”

跟着这么一个有权的大人物还花钱去考进士折腾个啥，傻子才去折腾呢！张彪立即说：“不去了！”从此跟随张之洞。

这张彪除了武艺之外，还有山西人的勤快、能吃苦，嘴巴子很甜等“地方特色”。历来注意培养年轻人的张之洞很喜欢他，不久就在签押房里传见说：“我要替你做一件终身大事。”

“啥事呀？”张彪一头雾水，不知所以地问，“咱有啥终身大事？！”

“我要把府中掌权的那个丫鬟许配与你，是不是终身大事呀？”张之洞笑着说。

当了护兵，给了饭碗，还给老婆受用，多好的事情呢！张彪高兴地答应了。

这丫鬟就是张彪的元配夫人，后受诰封一品夫人，而张彪也因此获得一个“丫姑爷”诨号。

1884 年 5 月，张之洞调任两广总督，张彪随任中军官。张彪为人勇猛，又较机敏，会察言观色，见机行事。张之洞在广州时，一天有客人来谒见。他在过道的门缝中看见张之洞不断回头看来客的衣服，知道张大人定是喜欢上了这种衣料，马上问客人的随从衣料是在哪买的，并立即派人赶去买了回来。客人辞去后，张之洞召唤张彪。他立刻明白大人要干啥了，把衣料放在门外，然后去见。“官二代”出身的张大人虽然身为朝廷高级干部，但对什么穿呀、戴讲究得不了，坦言告诉张彪说：“鄙官是很羡慕客人穿的那个衣料啊！”眼睛里放着馋得不了的光芒。

张彪笑了笑，转身从门外取来一匹布，呈给张之洞问道：“是不是这样的？”

张之洞喜出望外，抚摸着布料惊讶地问：“你怎么存了这种衣料？”

张彪于是将经过报告。张之洞连声夸奖:“你真是机敏过人啊!”

他如何从这与“机敏”无关的事件中“洞察”出张彪过人的“机敏”?无人能知。张彪就是通过“这样的一些小事”得到张之洞的信赖。张之洞于是将一些内宅的事也由他来经管。张之洞离开湖北去两广时,拿出万两白银嘱咐他说:“存在山西票号生利息。”张彪马上明白他要做钱生钱的买卖了,用自己名字存入一个同乡的票号里,得到较厚的利息。办完手续后,他将存折呈上,张之洞笑着说:“我毕生为官,仅存这点款子,如果被你侵占,我也无可奈何!还是你为我保管着!”

两人都姓张,一老一少情同父子,无人能及。由于小张太熟知张大人的习惯,幕僚拟定的电报,文稿经往返多次递上修改还是批不下时,都跑去请小张指点一二,或略事增减再呈,果然批下照发。

张之洞对张彪引以为“父子般的密友”关系,对他的事业也还寄予厚望,曾三次派他去日本考察军务。

张彪到了日本,仗着张之洞的面子,受到日方极高的优待和礼遇,回国时还得到日本天皇的嘉奖—— 一枚“一等旭日勋章”。归国后,对日本印象好得不得了的张彪向张之洞建议,选派优秀人员分批去日本士官学校去学习军事。这得到一贯难听手下献言的张之洞的首肯,于是乎张彪又成为湖北省首批赴日本学习军事的人员之一。这在中国开了赴日学军事的先例。学成归来后,他去了广东。

这次张之洞打回湖北,立即上奏朝廷,称:尽先都司广东澄海右营守备武永泰、四品衔尽先补用守备广东肇庆协右营右哨千总张彪在军营“剿匪出力”,“朴诚勇敢”,熟悉洋式军火。以前本人在两广总督任上,多次派委他办理水陆各营要差,“深资得力”。现在已委派他解押奏拨军火来到了湖北。湖北土匪多如牛毛,我练兵缉匪需要能人,请求朝廷同意将他留在湖北补用。朝廷允准了。

这个张彪跑去日本学习军事,不过是混日子,在东洋国耍了一把而已,其实什么也没学到,啥知识也没有,腹中空空,现在张之洞要他来主持练新兵,怎么练?几乎啥也不知道,脖子上面的这个肉葫芦不知从哪下手。

而他的助手黎元洪呢?练兵也是个二百五,不知啥个练法,为啥?他是搞海军的,上岸了无疑是旱鸭子。此刻他不可能带着新军去下海练习游泳凫水。另外他当海军,主要是管理仪器,记录数据,与新军几乎不靠谱,新式练兵也是一问三不知。

本来就能力平庸的两名主官,肩挑着张之洞的重任,本想大干一场,浑身是劲儿却使不上。黎元洪兵越练，心里越糊涂，越没谱儿，以为张彪去日本学习过新式军事，天天把队伍拉到他那儿去“观摩”。没几日，手下官兵就发牢骚说：“日日看张彪打拳，练啥新军啊！”

张彪也发现了这个尴尬，心想自己在日本没学回啥，就让黎元洪去学习，以为他比自己强，让他学了再回来教习新军，于是建议张之洞派“小黎”前往日本考察，学习日本练军经验。

1898年2月，黎元洪与朱文发、吴绣文、王有胜三人抵达日本，被分派到禁卫骑兵联队练习。

中国与日本刚打过甲午海战没几年，黎元洪等人来了，不准他们住兵营。黎元洪他们也嫌兵营条件差，寄寓在九段松叶馆。宾馆与骑兵操场距离很远，每日他们跑过去，风雨无阻。回国后汇报中一条就是说：“日日穿着靴子，可见学习如何的十分认真。”

在家不认真的时候就不穿靴子？

在日本，他们日日穿着靴子，也只是看对方的部队。这“看”，就能“看”出名堂，那新军操练也就太简单了。他们在骑兵联队看过之后，不过是骑骑马，走走操，其实什么高深知识都没去学到，收获很少，和国内练骑兵没两样，反而因为住的宾馆与操场太远，折腾得人很累，很疲惫。

累了就要放松，另外既然到了日本国，哪里能错过东京、大阪等地的风景？他们跑到公园游玩。扫兴的是，发现公园陈列着大量的甲午战役日军在朝鲜和中国夺得的战利品，打眼地显摆着。黎元洪等人十分气愤，于是邀集旅日侨胞要去请愿。

向谁请愿呢？他们可不敢去向日本人请愿。聪明的他们选择去向大清国驻日商务监督官请愿，要求熟视无睹的监督官去向日本当局交涉，将这些陈列品撤去。

他们怕日本人，驻日商务监督官更怕鬼子呢。

这样的请愿自然是瞎折腾，行不通。你们吃大清的，拿大清的，到日本国也是大清出的钱，现在向大清自己人请愿，不是糊涂了才怪。驻日商务监督说：“你们是来学习军事的，不务正业请愿，请谁的愿？要折腾自己的政府啊！”

此言一出，黎元洪等人就泄皮球了。

请愿的事情叫嚷了一阵，没弄成，黎元洪他们满肚子的“爱国之情”不得不自已憋回肚子不说,还浪费了很多"看"日本新军的学习时间。黎元洪等人在日本考察学习三个月,请愿就花了大半时间,至于学习效果鬼才知道。

时光在手指间滑走了。5 月份,黎元洪等人回到武汉。

黎元洪向张之洞报告了日本的练兵情况,并且"畅谈"了自己的学习体会,然后提出了一个"新思想":"建议派遣青年学生赴日本士官学校学习。"

这个建议并不是黎元洪去了日本的心得,而是他剽窃张彪的"成果"。

张之洞听了黎元洪的建议很感兴趣。这时清政府正在搞维新变法,在康有为等人"振游学"的鼓动下,光绪皇帝谕令各省选派学生留日。张之洞一则正苦编练新军缺乏人才,二则正好自己的孙子长大了,平时调皮捣蛋,读书不识几个字儿,科举入仕之路几乎不可能走通,去考武举,手无缚鸡之力,没好地方可以安排,于是立即把黎元洪剽窃人家的思想搬了过来,说:"这个思想很好。"从湖北、湖南各派 100 人前去日本留学。

谁知没过多久,戊戌政变发生,维新变法完全宣告失败,康有为"无为"了。天朝的一切恢复旧制。各地选定好了的留学人员,无地方出学费,不得不夭折。两湖只有湖北派了 20 人赴日本学习,其中除张之洞的长孙张厚琨外,还有吴禄贞、钮永建、傅慈祥、戢翼翚等人。这 19 人的学费完全是仗了张厚琨的光,全由湖广官费资助。

黎元洪的区区建言竟然奇迹般地变成了现实, 完全是大清官场任人唯亲、超级擢拔亲属的神奇之妙。但是,这些飘忽的机遇和瞬间,却总是被他巧妙地抓住。

不小心断了恩师的"后"

编练新军之前,张之洞已在汉阳城外大别山麓着手建立枪炮厂。黎元洪参与编练新军的同时,张之洞又叫他干起了南京的老本行——兼任炮厂监工。在建设炮厂中,他和张之洞捞了不少。黎元洪从日本回来后,10 月份,炮厂告成。张之洞立即开表彰会,并出力请朝廷补黎元洪为免补千总。黎元洪得到恩人的超级保荐,对"老领导"愈发忠顺。

张之洞用人有两个特点:一是用年轻人,老棒子不喜欢;二是爱用憨厚老实之人,奸猾的"油条"不喜欢。此时他视为左右手的湖北军事人才,第一是张彪,第二是黎元洪。两人都是能力平庸之辈。

张彪地位虽在黎元洪之上,完全是一介只会打拳的武夫,毫无军事知识,除了打拳还是打拳。黎元洪去日本进修了三个月,也腹中空空。张之洞明察秋毫,自己选的才,即使是柴,也敝帚自珍。他不得不自己指导操练新军之路:先裁撤旧军,再进行将弁培训。这个黎元洪也弄不了,张彪更别说。张之洞只好把张彪留着给自己办家务,亲自带着黎元洪来练新军,就是湖北武备学堂的招生考试,都带着他"见习"。

这带徒弟,张之洞不厌其烦,不知哪来这么大耐心,完全是手把手地教,可见他"培养年轻人"的苦心。

折腾了好几个月,1899 年 2 月,张之洞参考国内外练兵章程,带着手下一般文抄公,弄出了"湖北练兵新章",然后,张彪下令武汉各标营、防营都仿照操练。张之洞下令,防营、绿营官兵都去六营公所听讲兵学,再按照学习成绩优劣,给予奖励或加薪。黎元洪为各营教练官。

3 月练兵,4 月法国军官罗勃尔就来湖北参观。

张彪代表军界设宴招待。席间,罗勃尔向"张将军"提了许多军事学方面的问题,"张将军""箝口结舌",答不出来。黎元洪在座作陪,为免得被洋人轻视,代张彪一一作答。

罗勃尔提问,也不过是炫耀一下自己、胡扯一通而已,"问题"全被黎元洪一一顶回去,知道这人不好惹。这洋人就是怪得很,欺软怕硬,不好惹才不欺,反而还要讨好。第二天,他去总督署向张之洞辞行,在张大人面前盛赞黎元洪,并且赞扬说:"黎元洪为知兵之将。"

张之洞听了很高兴,打着哈哈说:"我正准备破格委以重任。"

其实,张彪和黎元洪到底如何,知兵不知兵,他岂不比这黄毛罗勃尔更知道?!事后,他爱"知兵"的元洪更爱"不知兵"的张彪,说过的提拔话并没有落实。

他也不过是糊弄小鬼子而已。

张之洞带着两个爱徒练兵,弄得凡事都是自己出马,好在两个爱徒敛财有道,有了收益及时奉上。他高人一筹的谋财的声东击西之计完全成功,收益巨大,结果,练兵也来劲儿。练兵这个幌子总不能自己一个人扛下去,还得交给两个爱徒,才算是“正道”，否则自己可能被那些专爱鸡蛋里挑骨头挑毛病的御史参奏“不务正业”。10月，张之洞又派黎元洪赴日本考察，重点是考察马队、步队的教育和军纪，以及各队兵法，以回来接军事班。

这次赴日前，黎元洪对张之洞表态说：“准备在那里搞一年，彻底弄清楚东洋人玄妙诡异的练兵之法！”

可没过几个月，1900年春夏之交，义和团运动在山东、直隶等地蓬勃兴起，反对洋人和列强，大有席卷全国之势。为了应付国内紧张局面，张之洞不得不把黎元洪提前召回国。6月，黎元洪回到武昌，向张之洞报告了考察经过。

“别谈那些了。”张之洞打断说，“我和湖北巡抚于荫霖大人给你有了新委任，快去吧。”

黎元洪一“去”，即出任护军马队第十营管带。

这时反帝烽火已延烧全国。湖北的圻州、监利、当阳、利川、天门等地接连爆发反教会、杀洋人的事件。怎么办？张之洞知道手下两个爱徒几乎不可能去打仗，就是硬扳蛮派去，那些乌合之众也会像李鸿章的北洋海军一样肉包子打狗有去无回。好在张之洞智高一筹，说：“鄂安则湘安，电调湖南出兵。”于是，湘军黄忠浩奉命统率威字三旗呼啦啦开进了汉口。

黎元洪受张恩师之托，专门负责联络工作。

国难当头，各地群众反清反洋斗争风起云涌，孙中山领导的革命党人乘机策划起义，康有为等改良派也想举兵“勤王”，两派势力一联合，在长江中游领导和发动了自立军运动。起义以武汉为中心，原计划分七个军，在湖北、湖南、安徽同时举事。谁知大嘴巴康有为答应接济起义军的饷款迟迟不到，起义一推再延，终于失去同时发难时机。前军在大通首先发难，因为势孤无援，很快便告失败；接着，汉口自立军总机关被清军破获，唐才常、林圭等主要领导人被捕，一一斩首，起义就全部失败。

在平定自立军时，黎元洪做了什么，不得而知，不过，1901年6月，张之洞又借此保举他免补千总守备。

这时慈禧太后因为先前支持义和团打洋人，被八国联军赶去了大西北吃黄土灰尘，刘坤一、张之洞等名臣联合奏请她推行以“筹饷练兵”为主要内容的“新政”，获得了准允。张之洞因为是新政的策动者，练兵更加积极。张彪不管用，他只好以黎元洪为主要助手。可是，越是倚重，爱将越是心有余力不足，时常正玩在兴头上的时候却“歇菜”。

黎元洪自我总结，认为还是日本人的真功夫没学到手。恰好这时又听说日本在仙台举行陆军大操，立即向张之洞请求出国一趟，去向日本人学习。

谁不知道这是打着学习的名义搞公款出国游呢？这样的好机会，张之洞也不愿放过，自己当朝大员不能去，就令长孙张厚琨“顶班”，与黎元洪一起去。

仙台大操期间，黎元洪被派为陪览官，并获得日本人授予的“双光旭日纪念章”。

在日期间，他边看操，边观光，并且没忘记自己在国内的仕途。9月2日，他自己掏钱，委托他人捐了个三品顶戴。

本来什么秋操冬操都是供权贵们观看、嬉笑的大型游戏。黎元洪和张厚琨看够了军操，似乎还不够尽兴，大操以后继续停留，借口对日本军事、政治、经济、文化进行考察，再次玩遍日本岛。

11月，黎元洪与张厚琨“看尽了东瀛花”，然后，双双乘坐轮船回到上海，再从上海坐轮船回到武昌。登岸以后，两人学着日本浪人的样子骑着大马，并辔而行，边行边侃侃而谈，风雅得不得了，洋气得不得了。谁知进了武昌门，因为人声嘈杂，张厚琨的坐骑突然受惊，前蹄高高举起，立时就把这位“官四代”从马上重重摔了下来。他猝不及防，当即被摔成重伤，急急送去医院后，还是抢救无效，第二天就断气了。

尽管这并非人祸，是“马祸”，属不可抗拒的天灾。黎元洪因为与张家大孙子同行，一起出去，回来却一死一好，且与张孙子一起骑过马，也有责任。他对于“老领导”，不仅没报恩，反而断了他的头一拨香火，终于惶恐不安起来。

事后，张之洞没对他进行追究和惩处，只是仍命他回原营供差。这一次“老领导”破了以往出国玩一趟回来还给奖赏的惯例，啥都没有。

那么三次到日本去学习，到底学了啥习了啥呢？黎元洪自己也不知道。

因为张厚琨去日本留学多年，日日学军事，连骑马都没学会，还摔死了。这出国学习到底能学到些什么，只有老天爷才知道。

04.

巧妙补拙:“处世有道”胜过“能力不足”

有饭大家一起吃

1902 年前的湖北新军,严格说来,不过是略仿陆军营制,搞点新操而已,实际上还是旧营的那一套,各种积习、弊端相当严重。黎元洪的治军,主要是靠仿,可能力平庸,仿也仿不来,那他也有自己风格的治军策略:即施点小恩小惠,笼络人心。

黎元洪的“治军智慧”,他自己总结出了一句名言:“有饭大家一起吃。”也因为他“与大家一起吃饭”,获得一个绰号:“泥菩萨”。何谓“泥菩萨”?就是和稀泥、做老好人之意。他能力平庸,比拼能力胜不过他人,于是乎,他凡事不冒尖,对上如此,对下也是如此。在大清上下对下级和百姓实行“绝对苛政”的大环境下,到处都是腐败,到处都是贪官苛吏,走到哪儿祸害到哪儿,而他们又这么肆无忌惮。而黎元洪对人比较宽容,有人告贷无门,他可能借钱;有人说错话了,也不要大牌对人发大怒;部下犯了错,他甚至还为他们缓解,像一位憨厚的“爱人爱兵”之将。因此,这样一个没什么能耐的将领在凡事对人严苛的大清官员们肆意妄为时,倒显得亲近人,为部下拥护。

在官场上,他长期甘居张彪之下,也很冷静,遇到荣誉、奖赏,绝不单独上,必定与人去分,甚至自己拣小块,居下位,吃得小亏。在凡事输不得的大清官员中,他的这种品德最难得,不让人讨厌,因此只认为他没能力、老实,却感不到任何的竞争的威胁,对他也比较友好。

无论是对下级还是对平级,黎元洪实行“有饭大家一起吃”的处世原则,“泥菩萨”做得很到位。在这样的前提下,他不时还搞一些所谓的“改革”来显示自己的才能。

没有才能,却偏偏要显示自己的才能,这样霸王硬拉弓的折腾,自然是很勉强,效果也不理想。孰不知大清官场就是需要这样花架子很多而又没实际内容或浮在面上的东西。若做的和说的一样实在,甚至还好,不仅不好,反而是祸。因此,黎元洪的“无能”，又是他制造政绩的一种手段。

从日本回国后，为了加强新军训练，一进入1902年，黎元洪就决定要提高军队素质，为此协助张之洞订定了一个《湖北练兵要义》。这个要义共十条，简简单单：

(1)入营之兵，必须有一半识字；

(2)人人皆习体操；

(3)各营人人操炮；

(4)马队不设马夫；

(5)营房力求整洁合法，宜于卫生；

(6)器械资装，随身具备；

(7)待兵以礼；

(8)统带官、哨官皆亲身教操，不准用教习；

(9)将领、营官、哨官不许穿长衣；

(10)阅操之时，各官皆不许坐看。

这些多年后被一些人趋炎附势之徒捧为“中国练军史上一项重大改革”的“十条要义”，其实无啥实质性的东西，不过是抓了部队该做的事儿，比如最实质的“人人操炮”，当兵不操炮还是兵吗？另外抓的是军容军貌而已，如营房整洁、不准传长衣、待兵以礼等等。空洞的花架子，根本不可能提升兵力。而正因为会没啥效果，是一堆花架子，才被上下左右称好。

黎元洪搞改革，不“木秀于林”，“风”也不“摧之”。他一旦起步，如同傻劲儿上来，改革就止不下步。不过，不管他如何折腾，这些改革不过是笼络军心的老办法，离不开“泥菩萨”那三招，折腾来去还只当当老好人而已。

此时清朝军队全无法制可言。凭着个人喜怒，将领就可以任意打骂士兵，甚至可以随意加上一条罪名把他们杀害。士兵的生命安全，毫无保障。这引起了老好人黎元洪的注意。在他的建议下，张之洞通令湖北水陆各营将领，禁止擅杀滥斩。兵勇如果犯了重大过失，应交地方官审讯，依法判决。这项规定，使得军官们随意杀人有了缓解，得到士兵们的拥护。

接着，张之洞决定将武备学堂、防营将弁学堂改为武高等学堂，即相当于日本的士官学校；另设武备普通中学堂，任命黎元洪为监督，去培训新军各级将领。

新军不过几千人，黎元洪带着他们“认真编练”，日日做操、站队，再就是去熟悉新式枪支。没过一个月，法国洋军事观察家嘉杜佛莱也来了武昌做客，对监督的部队进行实地参观。临走时，他评论说：“洋操队的编队操演和武器运用，可与最好的德国军队相比”，而“武昌军队的体格训练远较法国军队为优，……兵与美国陆军工程兵的训练相似，他们训练得能在战斗中像步兵一样的活动。”

黎元洪才区区练兵一个月，就被嘉杜佛莱提前“洞穿”了“神效”，并且比世界军事强国的德军、法军、美军都要强，一个月飞升到了“世界强军之列”。黎元洪是用什么法术把他拿下的，无人能知。反正嘉杜佛莱说了，自己信了，于是大清王朝的大小官员们也跟着信了。

随后，朝廷明确肯定了“湖北编练新军的成效”。为了推广“湖北经验”，军机处谕令江苏、安徽、江西、湖南各省迅速选派将官头目，去湖北学习“黎氏操练法”，练成仍回原省管带新兵操练。结果，各省派来的将弁都成了黎元洪的学生，湖北督练处所印发的陆军书籍，本本都有“黎元洪校阅”之名。小小的黎元洪宛如大清练兵高手，影响扩大到江南各省。

练兵达到如此“高境界”，自然得升官。12 月 4 日，黎元洪调入督标中营，以尽先补用都司差遣，同时兼充学务处武会计官。“会练兵”的黎元洪居然“被兼管”财务。朝廷是才尽其用，还是硬逼着能力平平的他去进行“一通百通”呢？

没人能够理解，反正朝廷在张之洞的建议下就这么任命，既成事实了，一切质疑都是多余的。

之后，张之洞还是不住地往黎元洪身上压担子。 1903 年，湖北增募护军前锋四个营，再交黎元洪统带。张之洞只撂下了一句话：“一律按照新法训练。”

大清政府把“国之大事”令诸如黎元洪这样的庸才耍猴戏似的折腾，朝政已烂到无以复加的境地。1904 年又迎来一个“内忧外患”高潮：中原英德海军舰队侵入长江，东北日俄两国弄得战火纷飞，西南英军入侵西藏；广西会党起义蔓延全省，全国各地反抗清统治的斗争风起云涌。张之洞见时局危迫，充当大清梁柱，大声呼吁：“添练新兵实为刻不容缓之举，而营队编制尤须力求妥善！”即要练兵，营、队的编制最为重要。

光喊不做也不行，他结合湖北情况，参照袁世凯的北洋兵制，奏请将湖北常备军由两翼扩充为两镇，每镇统辖步兵两协、炮兵三营、骑兵两营、工兵一营、辎重一营；兵员先在本省招募，每一营一队，均选一府或一县之人，年龄为18岁至24岁，必须体质强壮，能识字写字，并能略通文理知识的青年。计划很美好，落实时的现实却很严酷。计划批下来了，他由于饷款不足，人才不济，只好每镇先练一协步兵，于是以总兵张彪统领第一镇，兼任协统；以都司黎元洪为第二镇协统，兼护统领。湖北常备军两个镇还是吹气泡的。张之洞到湖北练兵，练了五六年，此时才拉起半拉子的队伍。

这里兵员才集合完毕，1905年1月下旬，清政府派练兵处襄办大臣、兵部侍郎铁良就到达湖北，考察湖北的练兵情况。

铁侍郎这次南下，先后去了江苏、安徽、江西、湖南、湖北、河南等省视察。到了湖北后，他先会见各级将官，视察兵工厂，随后说："我这次考察，主要是检阅陆军操练。"

1月30日上午，正是腊月廿五，各军在武昌城内右旗营进行操练表演；下午分甲、乙两军在武昌城外西南巡司河、梅家山一带进行野外军事演习。当日大雪纷飞，寒风凛冽。甲军为攻军，踏着冰雪转战30多里；乙军为守军，冒着严寒在梅家山附近筑掩堡、造肩墙，固守阵地。两军你攻我守，类似人型戏剧开演，非常开眼。

操演完毕，铁良当场发表演说。

在演说中，他对湖北新军给予高度评价说："我沿江沿海各省军队，都没有湖北军那么精锐、娴熟，有礼貌、吃苦耐劳。……湖北军政，可谓天下第一。"

事后，他在正式奏报朝廷的报告中又着重强调：湖北新编常备军两镇，虽然编练不到4个月，但"军容耀，已壮观瞻，洵可为沿江各营伍之冠"。

清廷根据他的奏报，先是批评、指责各省"积习迄未力除，实属有负委任"，接着只赞扬湖北"所练陆军，独能出色，深堪嘉奖"，于是乎，张之洞以下官员都受到朝廷的奖励，黎元洪也在嘉奖之列。

黎元洪用什么神功练出了这么好的精兵，附近几个省都望尘莫及呢？关键在于铁大人在校阅之外的"视察兵工厂之行""收获颇丰"。

湖北新军才编练就得到了朝廷的肯定，但由于财力不足，两镇建制各镇还差一协，一根扁担两头少了一头，实际只有两个混成协的兵力。遵照练兵处奏定的陆军营制饷章，张之洞决定将第一镇补足全数，第二镇则等待饷力稍为丰裕时再扩充，仍为"边子户"。年底，第一镇扩充为12071名，第二镇5188名。两镇共17259

人。12 月 7 日,张之洞上奏朝廷,授予黎元洪游击将军,并委任为湖北新军第二镇第三协统领兼护该镇统制。

第二年 4 月 29 日,经练兵处核议,原编第一镇改名为暂编陆军第八镇,总兵张彪担任统制;第二镇改为暂编第二十一混成协,黎元洪任统领,并兼管马、炮、工、辎各队,月俸为银子 500 两。

这样"养廉"的高薪一个月就可以在湖北买下好几座别墅。

不久,湖北设立陆军小学堂,黎元洪又兼任学堂会办。此时,他除在湖北陆军中担任要职外,还兼统湖北水师,海、陆、学三军他都管。还有高薪,事业真是蒸蒸日上。

10 月,清政府在河南彰德府举行第二次军事演习,派袁世凯、铁良前往校阅。参加这次演习的,一方是北洋军组成的北军;另一方是由湖北抽调一镇,河南一混成协组成的南军。北军由段祺瑞任总统官,南军的总统官为张彪,统制是黎元洪。因为张彪"目不识丁",南军实际由黎元洪统筹。

这玩家家的演习,又是一场超级大型游戏,观看的人很多,还有洋人牵着爱犬,带着夫人、情人慕名而来。

黎元洪又由于演习得法,获得中外观众好评。11 月 1 日,袁世凯向朝廷奏报说:"至就四省军队分析衡论,湖北一镇,经督臣张之洞苦心孤诣经营多年,军容盛强,士气健锐,步伐技艺均已熟练精娴,在东南各省中,实堪首屈一指。"

吹牛不上税,也不会死人的。权倾一时的袁世凯为何这么力赞张之洞呢?不是湖北新军如何强、如何壮,而是张之洞当初在他从朝鲜国归来那一段最困难的时候帮助过他,君子报恩十年不晚。

不给人家添麻烦就是不给自己惹麻烦

这次秋操,湖北虽然获得好评,但钱也花得不少。自从春季即着手筹备,到最后操演完毕,张之洞和黎元洪总共花掉湖北省 80 多万两银子。银子是如何花掉的,给了谁?谁也没个明白账,没人问,也没人查,谁也不关心,也无人知道内情。

能力平庸的老实人黎元洪居然成了大清国的"练兵奇才"。在外,他的名声远远盖住了张彪，但在内，却永远超越不了他，一直受压在张彪之下。

张之洞的左臂右膀，都能力平平，要大智慧没大智慧，要大气魄没大气魄，要执行力没执行力。但矮子中挑高子，黎元洪能力还是比张彪强一些；论对湖北的“贡献”，也比张彪大。可是，长期以来，他位居张彪之下，名实大不相称。据说，当陆军部将湖北新军第一镇改为暂编陆军第八镇时，张之洞有意推举黎元洪代张彪担任统制。谁知张彪事先得知了这个“情报”，十分紧张，非常不安，立刻唆使“丫夫人”前往督署，向张之洞求情。张之洞开始没同意，要公事公办，后来“丫夫人”施出苦肉计，除了大撒娇痴外，两膝跪地苦苦哀求，要以死相争。张之洞心太软，只好说：“你起来吧，仍然委任张彪。”

不过这次官场惊险，让张彪极大地提高了警惕，评估失官风险后，从中认真地吸取了教训。

不久，朝廷任命张之洞为大学士调入北京，湖广总督由赵尔巽补授。赵尔巽素以能吏著称，对张彪没能力又贪婪又占茅坑不拉屎的事儿早就有所闻。到任后，张彪立即前去谒见。谁知反而弄巧成拙。赵尔巽和他谈论一两个问题，就发觉他是个“酒囊饭袋”，便对他不感兴趣了。

随后，黎元洪也赶来谒见。赵尔巽和他交谈，见他略懂一些军事，外表看起来“深沉持重”，于是与幕僚商量，以黎代张为第八镇统制。黎元洪闻讯后，立即赶去赵大人家里，说张之洞对自己有知遇之恩，如今他刚离湖北，自己就取代他宠信的张彪大哥，对不起二张。赵尔巽细细一想，他有这样的顾虑，自己何尝不也是?！以后还得与张之洞官场见面，何必为了那点公事损人又不利己呢？立即放弃这个念头，并且还破例把黎元洪送至门口，握手不放地说：“谢谢黎老弟无形之中提醒了我！”

1908年春，赵尔巽以黎元洪为中军副将，仍兼第二十一混成协统领。5月，他就走人了，调任四川总督，湖广总督由陈夔龙继任。

陈夔龙的夫人乃庆亲王奕劻的干女儿。张彪接受上次弄巧成拙的教训，自己不出面，指使“丫夫人”前去献媚讨好张夫人。

这陈夔龙，张彪能巴结得上吗？

陈夔龙不是赵尔巽，是个穷二代。他八岁丧父，完全是靠读书读出来的官，因此对读书呀，题词呀，作对联呀等文人之事看得最重，平时最喜欢作诗。“丫夫人”

探得这些私人爱好后,一一汇报给老公。

可这偏偏是张彪的“最短”。为了投其所好,他不惜花了100两银子,请托汉口颇负盛名的某报主任李涵秋代笔,作了四首律诗,专门颂扬陈大人的功德。才到湖北个把月,就有这么大的功德,陈夔龙看着这四首律诗,就喜欢,对文武双全的张彪的印象好得不得了,亲书“儒将风流”四字回赠,并改而委任张彪兼充中军副将,把黎元洪的一个军职大笔一挥给了张彪。

陈夔龙来到鱼米之乡湖北,威风凛凛。谁知天不假人,泰极否来。没过多久,他的宝贝女儿居然水土不服,死在武昌。陈夫人悲痛得不行,逼着老公要为短命的女儿大办丧事,声称不大不足以表达悲哀,借机敛财。张彪见机会到了,与部下筹集10万两银子,购置了一件珠衣为之送葬。

黎元洪是与张彪热的人自己决不去亲热。这次集资,他热情不高,每月如此高薪,仅送了几十元赙仪,略表哀悼之意,气得张彪当面骂他:“宋卿,你是个吝啬鬼,还想不想发达啊?”

黎元洪一笑:“老兄,你送就好了,我就不凑热闹啦!”

他不凑陈大人的热闹,却去凑城里那些“草根”们的热闹。

这时湖北各地遭水灾,汉口慈善会到处筹募赈款,敲锣打鼓,弄得全武汉都快要疯了。黎元洪一冲动,居然慷慨地捐了3000块大洋。有人将这个情况告诉陈夔龙。他气得要死,骂道:“你给慈善会,不给我陈夔龙,人家打着慈善名义把善款囊入私怀,你表面给灾民,实际给慈善会几个大佬,重此轻彼,沽名钓誉,有意思么?!”自此心怀愤恨,就想借故把这个“瞧不起人”的黎元洪参劾下台去。

沽名钓誉的行为偏偏有人相信。黎元洪此举和以前的“和稀泥”做法深得军心民心,陈夔龙又不敢动,生怕一弹劾,黎元洪手下那些亲信们就煽动士兵搞哗变、闹兵潮,多一事不如少一事,不给人家添麻烦就是不给自己惹麻烦,只好忍了,待而不发。

而“不给人家添麻烦就是不给自己惹麻烦”,正是黎元洪的官场的秘笈。因为当官完全是一门技术活,技术这玩意儿,就是你不懂它的时候尽量少动它,就不会自己给自己惹麻烦。

丢掉原则取自己的巧

黎元洪对民心也不过是敷衍，做点自己也知道是去骗人的表面文章，但对军心，他倒是十分的用心。他之所以能“俘获军心”，完全是官兵们这些年把他与张彪进行比较后，做出的“最理性的选择”。

张彪贪婪成性，独吞的军款以百万计。遇有生日嫁娶，还勒令各营送礼，勒令送礼不说，他还把当年读书的劲儿用在这些方面，把礼品定下规格，编为福、禄、寿三号，其中“福”字八两银，“禄”字四两银，“寿”字二两银，送礼至少要送一字，银两直接从军饷中扣除。黎元洪则大不相同，不仅不扣官兵的军饷，自己发财了，也支持大家发财。为了落实“有饭大家一起吃”的治军思想，他将全协领的衣裤银两自办服装厂，制成军衣发给大家，这样第二十一协官兵不仅每人都有军装穿，还可以留存几套备用。虽然黎元洪本人没掏出一分钱来，在军中做的公益也不多，就这一件事情，相比张彪来说，简直就是好心菩萨降世。因此，第八镇士兵流行“悔不投效混成协”的话语。

钱财之外，黎元洪还“给命”。

黎元洪自己读了点书，就“文”得不得了，居然要求手下当兵的，也得是知识分子。结果，不少革命党人借着知识分子这块金字招牌混入湖北新军。革命党刘静庵、杨王鹏、蒋翊武、刘尧澂等人入伍后，不仅在部队中宣传革命，还建立组织，同盟会、群治学社、振武学社的机关部都设在第二十一混成协第四十一标，会员也以黎元洪这个协最多。黎元洪早年就没接受孙中山的革命思想，与革命水火不容，现在军中总冒出革命党，当然也是不支持。军中常常发生革命党败露的事情，他不抓，总督和张彪等不同意，抓，革命党又可能报复，他真是进退两难，没办法也没能力处理好，只好暗中当老好人，或放或劝，让革命党走人了事。这样做，完全是和稀泥，一不树仇敌，二免得他们在自己麾下捣蛋。

1908 年清政府决定在安徽太湖一带举行第三次秋操，指派陆军部右侍郎荫昌，两江总督端方为校阅秋操大臣，湖北陆军以第二十一混成协为主力，抽调第八镇部分官兵参加，编为混成第十一镇，命曰南军；另调驻扎两江各区陆军，以第九镇各队为主力，将驻苏步队第四十五标，驻江北步队第二十五标并入，编为混成第九镇，命曰北军。南军由黎元洪指挥，北军由徐绍桢统率。11 月 18 日，两军在太湖附近演习。谁知,秋操还没结束,光绪和慈禧太后相继去世,安庆新军炮队队官熊成基马上发动反清起义。黎元洪第二十一协第四十一标队官潘康时与杨王鹏等人密谋响应,因准备不足,没有行动。但谋反的事被管带戴寿山侦知。

这次操演被迫草草收兵,部队回到湖北后,戴寿山突然来个大检查,将同盟会名册一并抄下,送到了黎元洪的协司令部。黎元洪下令把潘康时带到司令部审问。潘康时坚持说:“这是士兵自动交流知识、求学上进的名单,不是什么革命党。”

黎元洪又不傻,明知他说谎,却没追究,居然说:“你回去吧。”

一场轩然大波就此得以平复,黎元洪的“稀泥”“和术”可见一斑。

1910 年 5 月,长沙发生抢米风潮,黄申芗、潘康时等又跃跃欲试,再次被戴寿山发觉。黎元洪再次把传潘康时传到协司令部查问:“你们队有人组织会党,为何不问?”

“有程度稍优的士兵若干人,时常聚集一起研究学术,无所谓组织,更无所谓会党。”潘康时还是撒谎。

“现在查出的革命党都是如此。你不严禁,反从庇护他们。”黎元洪板着脸说。

潘康时自知掩饰不过去,只得“撤离”,脱下军装出走。突然少了一个队官,黎元洪必须向上有个交待。这时他正受到湖广总督的排斥,害怕事态扩大,上司弄个什么决议危及自己的前程,于是暗示戴寿山诬报潘康时吸鸦片,抽大烟,贩毒,然后呈请上面撤差了案,之后队官由施化龙接替。

施化龙到任不到三个月,又向黎元洪告发说:“杨王鹏秘密结社,图谋不轨。”

“嘘——”黎元洪马上说,“此事万不可声张,大帅知道,就更难处理了。”

随即,他下令把杨王鹏撤差,将他开除。杨王鹏撤差后,振武学社社务由蒋翊武继续主持,革命力量没有遭到重大损失。

黎元洪这么做,并不是有多高的革命觉悟。既然自己能力平庸,而官场生存环境又这么恶劣,他就只以安禄保位为上策,往上听话不惹事,往下不与革命派树敌,保别人也就是报自己,平安了才可以去继续升迁。其他诸如朝廷、国家、革命党,管他个鸟呢。黎元洪凡事“和稀泥”,尤其是发现革命党不是杀而是“给命”,革命党人对他也不无好感。

黎元洪和稀泥,当老好人,是他带兵的秘笈,但不能真正一劳永逸解决问题。他放走了第四十一标杨王鹏等人,第三十一标又出事。

这一日正午，第三十一标队官罗某率官兵下操，因为天气太热，下令士兵们暂时列队站在柳树荫下休息。标统曾广大发现后，火气大发，跑过去对罗某拳打脚踢，居然将他的脑门打破，血流如注。号兵想拍罗队官的马屁，跑上来替他拭血，也遭到曾广大一顿毒打。附近的陆军特别小学学兵路见不平，对曾大人的做法提出质问。曾广大又带着二三百大兵，荷枪实弹围住学兵的宿舍，冲进去，打伤学兵几十人，然后将军营内的东西捣毁一空。

这样的事情发生后，各个上级机关居然没一人过问。黎元洪听说此事，把曾广大叫过来，一顿臭骂："湖北省陆军就被你一个人闹坏！"

曾广大也是欺下怕上的主儿，被黎元洪这么一训，才缩了头。

湖北和大清王朝一样，流氓官吏太多，官吏流氓太多，完全乱得不成样子。汉口《武汉新报》主任张汉杰忍不住在报上发表时评，讥讽大总督陈夔龙。陈夔龙也是识文断字的人，大为恼怒，下令张彪派兵去汉口，禁止该报发行，并把张汉杰拘捕，交陆军执法处刑讯。

执法处长铁忠平时与黎元洪关系比较好，跑过去请示黎元洪。黎元洪说："张不过弄笔杆子的一个书生，以口舌刻薄触怒当局，若仰承个别人的意旨进行严惩，那么舆论就集中你一个人身上，你何必取媚一人而犯众怒？犯傻呀！"

这么一点拨，马上让铁忠开窍。他一缩手，准备将张汉杰释放。但陈夔龙死活不同意，于是判徒刑一年。不久，陈夔龙调往直隶，湖北总督由瑞澂接任，铁忠随即就把张汉杰放了。

像这样当老好人"和稀泥"的"善事"，黎元洪还多得数不清。他这样和稀泥，做泥菩萨，虽是无能的表现，而只能说他在执政、治军上确实"很短板"、没高招，这并不表明他愚蠢。相反，他的这些"宽待之招"恰恰是在苛政之下"大智若愚"的厉害的笼络人心的降龙掌。黎元洪正是准确地把握了大清官场对人民苛政的政治特点和全社会你争我夺而"木秀于林风必摧之"的"时代脉搏"，在苛政苛杀的环境下对人宽容一些，甚至丢掉所谓的原则、法度，大和稀泥，大做好人，自然可以获得众望。

因此黎元洪并不是一般同僚传说中的"蠢"，而是极度的"精"，表面的粗、能力不够之下却是巧妙地大投大清的"机"取自己的"巧"。

05.
“大福”居然以如此方式降至

革命在内部爆发

由于大清王朝日益腐败,统治早已经摇摇欲坠。像黎元洪这样吃大清的穿大清的而大挖大清王朝墙角的,天朝大有人在。拿起筷子吃肉,丢下筷子骂娘的,举国遍是。大清国快速地走向自己挖掘的坟墓。

黎元洪治下的武昌就是大清王朝走向死亡的那扇坟墓之门。

1911年10月9日上午,革命党人孙武在汉口俄租界宝善里制造炸药,不幸失手,炸药意外发生爆炸,他本人头部受伤,被同党送去医院。俄国巡捕闻声前来搜查,查获他们准备起义用的文告、旗帜、印信等,按图索骥,又将革命党负责人刘公的家属捕去。武汉军警进行全城搜捕,又大有斩获,查获一批革命党名单,其中黎元洪第二十一协工程营士兵占了名单上一半的人数。湖广总督瑞澂立即召传张彪和黎元洪两人,要求他们按照名单捉拿革命党进行严办。

黎元洪见自己手下这么多官兵赫然在列,吓了一跳,反应极快的赶紧说:“这么去抓,最容易引起兵变,我看还是另想办法吧!”

“就你笨,这事情还能等吗?”瑞澂也是“陈夔龙第二”,重张轻黎,立即对他进行呵斥。

黎元洪被瑞澂骂,就低头不做声。瑞澂也不理睬他,转头就对张彪说:“饬令你率领宪兵去工程营抓捕。”

第二日,张彪准备按照名册进行“跨镇抓捕”,弄得第二十一协官兵人人自危,革命党于是决定起义举事。傍晚时分,工程营的革命士兵焦急地等候着城外炮队发炮的起事信号。可始终没听见那期待的“炮声”。这时清兵已经加紧戒备,对兵营控制很严,气氛极度紧张。太阳快下山了,共进会会员、工程第八营营代表熊秉坤正在营房楼上一正队(相当于排)宿舍向副目(副班长)陶启元等同志布置和安排,准备行动，忽然听得二正队宿舍有骚动声响，他急忙跑到兵棚内取枪，接着就听见枪声四起，子弹齐飞。

二正队已经发起暴动了。

没有信号，怎么先动起来了呢？原来该三棚内的正目金兆龙也正在准备起义。谁知正队队长陶启胜前来查岗，见他皮盒内有几排真子弹，立即火山爆发，一个大耳光就扇过去，说："你要谋反啊？"

金兆龙被这个大耳光扇得眼冒金星，踉跄几步，狂叫着："反！反！就反了，你怎么的！"扑上来，用手叉着他的脖子推倒在床上，并且大喊："同志们，现在再不动手，更待何时！"

两人扭打时，同棚的士兵、革命党程定国应声而起，立即拿起枪，跑过来用枪托朝陶启胜砸去。陶启胜的"肉葫芦"当即被枪托砸得血淋淋。他立即放开金兆龙逃命。程定国不放过他，"啪——"一枪打中了他的腰。

这就是武昌首义第一声。陶启胜带伤逃了出去，跑回家，就死在床上。

枪声一响，兵营人声沸腾。二正队内立即枪弹如雨地打起来了。第一、三正队的革命党闻讯，也跟着发动举事，提起了枪。

营主(相当于营长)阮荣发、右队官黄坤荣、司务长张文涛拿着手枪一边射击，一边大喊："不用啰嗦！"没喊几句，程定国就"啪！啪！"两枪，一枪击中黄坤荣，一枪击中张文涛。在旁边的阮荣发见他连毙了两人，正想跑走，"啪——"也一枪毙命。于是全营震动起来了。熊秉坤立即以革命军大队长身份站了出来，下楼吹哨笛集合队伍……然后率部占领楚望台军械库，接着进攻督署，40 名敢死队一举攻破督署东辕门，武昌快速地沦陷为革命党的地盘。

黎元洪一听工程营哗变，就慌了神，一慌神就不知所措。束手无策之时，第 11 营炮队管带张正基打电话报告："协直属工、辎各队和部分炮队也哗变了。"

手下提醒说："是不是开个会？"

黎元洪才说："立即集合第四十一标留营全体官佐在会议厅开会。"

众人来了之后，黎元洪说是开会，却只坐着，不发一言，也没下一个命令。这是做什么呢？谁也不知道。形势如此紧迫，黎元洪脸色铁青，没人敢问他。这"会"开得每个人内心都是火急火燎的，大气不敢出。

谁知工程营发难后，革命党居然派一位叫周荣棠的来协司令部给黎元洪送信来了。他来到司令部门前，只见大门紧闭，于是干脆跳墙而进。结果，他脚一落地，就被守兵一把抓住，扭送到了黎元洪面前。黎元洪当场进行审问。

周荣棠说："我是革命党派来给协统送信的……"话音未落，黎元洪立即拔出大刀："我杀了你！"一刀挥去，亲手将周荣棠斩杀在会议厅。

他这一招意在杀鸡儆猴，滚地的头颅和满地的鲜血马上就把众人慑服了。

这时革命党和清兵已在蛇山与楚望台之间进行炮击，清兵又出现哄动迹象。黎元洪见势不妙，下令说："官佐各自回营吧！"接着，他又特别声明说："你们带兵出外躲避炮弹，如能维持，那就不负皇恩，是我最希望的，能维持到底，将来必定重赏；如果不行，那就听其自便，我也不能为你们负责。"

黎元洪撂下这不担责的话后，带着自己的执事官王安澜，急急往黄土坡该协参谋刘文吉家避难去了。刘文吉乐得收下这位平时求都求不上的贵人，说："我愿意尽力负责保护。"

黎元洪在刘家住下后，最揪心的是自己平时那些苦心积蓄下来的财宝，心疼得不得了，半夜过后，对随来的伙夫说："你回家把我的那点家当搬过来。"

该伙夫急急赶回黎府，对黎家人说了兵变情况，然后在晨光中肩挑三只皮箱，往刘家赶去。在路上，恰好与前来巡查的工程营汤启发、程定国、马荣等官兵不期而遇。

伙夫一人肩挑三只皮箱，立即引起了他们的怀疑：趁火打劫的流氓地痞！汤启发立即大声喝令："站住，站住！"追上去准备抓人。伙夫见势不妙，立即停下来说："我是公馆伙夫，不是土匪。"

汤启发盯住他问："你是奉什么人指派，挑着担子往哪去？"

伙夫不得已，硬着头皮吐了真情："是黎元洪大人的。"

革命党这时正在到处找寻黎元洪呢。汤启发等人说："一同前往。"

他们去找黎元洪，并不是要把他抓获归案，而是另有所图，不是要他的财宝，也不是要他的命，而是要他去当官，当革命党的头头。

这个革命党就没有头头？咋找要革他的命的黎元洪来当自己的头呢？岂不是怪事?!

原来11日凌晨，武昌全城光复。革命党拿下了城市却群龙无首，没有自己的军事首领。本来在起以前革命党在内部早就讨论了革命时的都督人选，推的是刘公，其次是孙武，总指挥是蒋翊武。10 月 9 日孙武炸药意外爆炸后，几人非伤即逃。这直接导致起义爆发后，革命党陷入了群龙无主的境地。昨日进攻督署时，临时担任指挥的吴兆麟本就地位不高，不过是工程第八营任左队队官（相当于一个小连长），也不是革命党，没参与与策划起义，是局外人，被革命党捉鸭子上架当了指挥的。随着形势的发展，需要大头头出面统领了，他变得可有可无，无关重要。革命党人张振武、李作栋、陈磊、陈宏诰、邢伯谦、李翊东、赵学魁、苏成章、朱树烈、毕悟明、蔡济民、徐达明、王文锦、吴醒汉、邓玉麟、高尚志、周定原、高振霄、李国镛等人开会，认为掌握军政大权的人选应重新讨论，正式推举产生，决定以代表民意机关——湖北省咨议局为会商地点。

他们来到咨议局后，派人邀请咨议局议长汤化龙，副议长张国溶、夏寿康，议员胡瑞霖、阮毓崧、沈维周、刘赓藻，秘书长石山俨等人会商、讨论组设新的军政府和人选问题。谁知这些人都是官场老油子，该来的时候不来，不该来的时候而不请自来。这时候叫他们，如同人为刀俎，几人迟迟不来。

这革命党也是一个死脑筋，好像没他们参加会就开不了，革命局面就支撑不下。再次三请四催，这些油条们没办法，才陆续到会。

他们来了，会议也就能开始了。关于都督人选，临时指挥吴兆麟突然提了一下："黎元洪，行不行？"

"行啊！"多数革命党眼前一亮，居然马上都赞同。

咨议局的人与黎元洪关系有的近有的远，有的愿意拉他下水，有的不愿意，但此刻他不上就可能自己上，纷纷迎合革命党们的心理说："以黎宋卿可以维持秩序，主张由他担任。"

可众人都说不知黎元洪家在哪里。最后，议员刘赓藻站了出来，大声地说："黎元洪现在城中，我已得到消息，知道他的隐藏地方，如果大家一定要找他，我愿介绍前往。"

他是黄陂人，与黎元洪拉同乡关系一直有往来，且与黎元洪的执事官王安澜是哥们，因此知道了黎家。他的这个建议立即得到众人赞同。于是，蔡济民率少数人跟着他前去"迎接"黎元洪。

他们先去了黎元洪在武昌中和门一栋西式四楼四底的楼房，问："黎统领在家吗？"

回答说:“在兵营未归。”

他们扑了空。

就在这时汤启发一伙人在巡查时却有了意外收获,知道黎元洪藏匿的准确地点,立即叫伙夫带路。当革命军找来时,黎元洪吓得就躲,转来转去,无处可藏,只好躲到屋中蚊帐后面,结果又觉得不保险,于是钻入床下。这样来回折腾了三五次。众人进了房子,马荣将子弹上膛,威胁说:“出来吧。”

黎元洪知道再也无法躲下去,立即说:“别开枪,别开枪!”随即被革命军从床下拖出来。

黎元洪见着众人,立即责备汤启发等人说:“我带兵并不刻薄,你们为何非难我?”

众人说:“我们不是来非难你的,是请黎公出来主持武昌大计,没有恶意!”

若是平常有“主持武昌大计”的机会,黎元洪当仁不让地就会上,此刻稍微放心了自己的安全,对“主持大计”却缩头说:“你们革命党人才济济,要我做什么?”

“黎公平时御众领兵极得人心,和现在的革命党都是同袍。众望所孚,请黎公出山领导一切。”

黎元洪问道:“到何处、与何人谈?”

“到楚望台和吴兆麟去商量。”

黎元洪立即摆手说:“吴畏三(兆麟字)是我的学生,富有军事学识,有他一个人就足够了。”

黎元洪一听是与手下小兵去谈,当即没了兴趣。见他没诚意,程定国马上厉声地说:“从则生,不从则死,统领你自己选吧!”

黎元洪知不可抗拒,于是由众人拥去楚望台。

人的好运就是由一个个小机遇叠加而成,有时官场的升迁大奇迹就是由不经意地发生甚至是当事人极度不愿意的时候发生,这就是官场的莫测和玄机。人们大多把这归结于“官场的水太深”。黎元洪抖抖索索走去的时候,命运之神却在向着他招手了。然而,此刻谁也不明白下一步将是什么。

说你行你就行

革命是什么？黎元洪并不知道。

但是,他知道造反。造反是什么?造反就是“蹲着进去,躺着出来”的掉脑袋。此刻,作为对立的大清官员的他被造反的革命军押送着,向着楚望台走过来的时候,起义的临时总指挥吴兆麟却已派出一排兵,站成一小队,居然还鸣号欢迎他。这让他有些如释重负,却又担心自己造反了,大清会饶不了自己的命。

这时,进退两难的黎元洪穿着青呢马褂,外面套着灰色呢长夹袍,头戴瓜皮小帽,俨然汉口一个小商人。王安澜紧随其后,像个贴身仆从。吴兆麟立即迎上来。黎元洪强装“淡定哥”,笑着对众人说:“各位辛苦了。”

吴兆麟和他寒暄几句,就对其他人说:“一起带黎统领去中和门,到城楼上观战。”

在城楼上,黎元洪扫了一眼,无心观战,低头与吴兆麟小声说着话。他叽叽咕咕地责备吴兆麟:“你不该如此害我!”

吴兆麟也低声告诉说:“我也是被众人挟持,没办法。”

两人都是同样的处境,天涯沦落人啊！黎元洪还有啥话可说?

随即,黎元洪听说瑞澂的总督署被攻了下来,于是说:“那就开个会吧,革命党代表及前清有官职人员都参加。”

在会上,黎元洪以局外人的口气首先发问:“总督署虽然拿下了,而瑞澂、张彪没抓获,你们有啥办法善后?”

众人有办法就不会请他出来“主持大计”了,只好说:“请统领主持。”

黎元洪在工作上脑子历来不好使,此刻还有些儿懵,如何主持?也没谱儿,只好又问:“你们革命党的援军在哪,钱粮有多少?”

邓玉麟是事前确定的革命党军政府调查部部长、军事常驻筹备员,也是这次举事的组织者之一。他告诉黎元洪说:“京山刘英已聚众10万余人,三日可到武昌。”

熊秉坤也回答说:“官钱局、银币铜币两局和藩库所存的银币估计不下30万。”

黎元洪又问:“瑞澂、张彪统领清兵水陆并进,用啥来抵御他们?海军的炮舰很厉害哟,我当海军多年,不需要十发炮弹,就可以将武昌城炸粉碎,那时候你们退往何处?”

他先长人家的志气吓革命党。邓玉麟说:“退到湖南去。”

黎元洪问:“有什么把握?”

“焦达峰已约好下月初举事。”

焦达峰是共进会湖南总堂的龙头大哥,不久前一起商定两湖起义时,与湖北共进会孙武、居正等人订下“长沙先发难,武汉立即响应;武汉先发难,长沙立即响应”的盟约。黎元洪说:“以我的观察,很没把握。依我之见,你们不如暂且回营房,待我去劝说瑞、张不追究你们的谋反罪,如何?”

革命党人何竹山立即抗议说:“我们革命,本来就不计生死利害,只尽心尽力而为,虽肝胆涂地,也甘之如饴。统领意见,绝对不可行。”

黎元洪眼看自己的这个“聪明法儿”没办法施出去,于是下令:“各标、营、队暂回营舍,架枪休息。”

可听从他的命令的官兵很少,寥寥无几。一个炮兵高呼说:“请统领下令作战。”

在旁边一直当哑巴的王安澜突然阻止他:“不要乱喊。”

革命了,这位小炮兵也不好惹。他马上拔大刀,架在王安澜脖子,喝问道:“你是什么人?”

黎元洪立即用自己的身子挡住他,赔着笑脸说:“我的执事官王安澜。”

共进会会员李翊东是湖北测绘学堂学生,也参加了起义,马上为黎元洪解围,并且说:“请统领去咨议局下令开战吧。”

这时汤化龙派人赶来了楚望台,告诉说:“汤议长请革命军代表、黎统领及各官正午12时到咨议局开会,组织政府。”

于是,有人从第三十标牵过来一匹骏马,给黎元洪坐。黎元洪跨上马儿,吴兆麟派了一百余名兵护送,熊秉坤、邓玉麟等人随行,前去咨议局。队伍前头有两面革命党的旗帜引路。黎元洪见状,立即说:“别挂别挂。”

但没人听他的。

这弄得他的老脸儿拉得老长。

经过第十五协西营门,第二十九标第一营管带何锡蕃见着他们,立即请黎元洪到会议厅,献上茶茗。黎元洪问他:“你们标回营了吗?”

“已架枪休息。”何锡蕃说,“我们标专等黎公的命令行动。”说罢,使劲地使眼色。黎元洪也暗中眨眼,进行“会意”。

熊秉坤、邓玉麟跟着进来,恰好看见这一幕。熊秉坤立即说:“此地不可久留,恐怕生变,走吧。”

邓玉麟也大声说:“开会重要,这里不是谈话的地方。”挟起黎元洪就走。

路上,熊秉坤对邓玉麟说:“军械所是我们的命脉所在,不能丢了。你们与黎元洪同去,我返回军械所去。”

邓玉麟说:“对,你快去!”

当邓玉麟等人拥着黎元洪到咨议局楼上后,在这里等候的众人立即一起喊道:“欢迎黎都督!”吓得黎元洪脸色大变,坚决不承认,说:“莫乱叫,莫乱叫!”

黎元洪在坐下,李翊东拿着自己写了一个晚上拟就的安民布告上来说:“请都督看一下,写个‘黎’字。”

黎元洪缩了一下头,声音发抖地说:“你不要害我。”

李翊东年少气盛,立即挥舞着手里的长铳,点着他的头说:“你为满清仇人办事,官至统领,岂不是大汉黄帝的子孙?罪该万死!今日不问你的罪,还让你当都督,反而拒绝,是不是生成奴才性格,还想效忠敌人呐?我先杀了你,另举贤才。”

这时革命党蔡济民等人急忙拦住他的手,说:“你小心发铳。”

黎元洪已经吓得不敢说话。李翊东于是拿起笔,自己在“中华民国军政府鄂军都督”下空白的地方代书一“黎”字。众人立即鼓掌喊:“好好!”

随后,黎元洪被关押在楼上一间屋子里,被几个革命党拿着枪看守着。

其他人去贴安民告示去了。

共进会会员甘绩熙担任守卫司令官,带着测绘同学及陆军小学学生一起守着咨议局和黎元洪。他布置好守备事项后,傍晚只身返回测绘学堂去取衣被,谁知那里什么都没有了,只从地上捡起一张测绘毕业文凭。他空手赶回咨议局,走到下黄土坡花园侧时,只见黎元洪带着几名马弁向黄土坡走过来,于是立即上前问道:“你们去哪里?”

黎元洪的扈从回答说:“点验军队去。”

原来天黑上灯时,清军管带部翔宸带着手下100多人攻打咨议局。局内的人全“闪”了。仓促之中,起义将领张振武、吴兆麟等人已换上了原来清兵的军服。李翊东见着他们,立即呵斥说:“你们是为部逆作内应,还是想逃跑?”

两人满脸羞愧,害怕李翊东这个蛮子不问三七二十一“蛮干”,立即把清兵军衣脱下。

起义部队都派去守城了,咨议局只有80多名测绘学堂学生兵在进行抵抗,岌岌可危,一时人心惶惶。当部翔宸反攻时,黎元洪听见枪声,立即见众人逃跑也趁乱逃出了咨议局。

甘绩熙听见枪声,顾不得黎元洪,急急跑去咨议局参战。陆军中学及陆军小学600多名学生也提枪赶了过来。他和李翊东指挥他们靠着围墙掩护,奋勇还击。结果,在秋操中表演优秀的部翔宸怎么也打不过这些乳臭未干的学生兵,手下全部跑散,自己也趁乱逃了。

战斗戛然结束了。甘绩熙才想起黎元洪,问道:“黎元洪呢?”

众人也不知道,立即四下寻找,后来在蛇山附近,才好不容易找到他,把他又像牵牛一样带了回来。

邓玉麟领着黎元洪回来后,带着他在咨议局走廊上转了一圈,以安定人心。以后,黎元洪还是住在楼上屋子里。

然而,这个晚上是黎元洪生平最难熬的一晚。他在小屋子里越想越烦,越烦越恼,被这些不讲理的革命党拉扯干上这砍头的革命,咋办啊?他十分害怕,最后一咬牙:与其以后让朝廷抓住凌迟处死,还不如自己现在死了痛快,想着想着,他就啥也不留恋了,掏出手枪就准备自杀。“统领,你要干啥?!”恰好被他身边的马弁发现,立即冲上前抱住他,下了他的手枪。

闹剧才作罢。

当官就是“买未来”

11月12日,甘绩熙改任参谋官,去参谋处了。蔡济民、蒋翊武等人跑去劝黎元洪剪掉头上的发辫,出任都督。黎元洪思索再三,还是没有回答。

13日清晨,炮队第二标统带蔡德懋带着一营炮队和一队步兵到两望、青山一带布置阵地，开炮向瑞澂统率的楚豫号、楚材号、江清号三艘兵轮射击。双方炮战两个多小时，海军没有像黎元洪当初预言的那样两三炮就把武昌城削平，楚豫号、江清号反而受了重伤，不得不加大马力逃跑。汉口租界那些洋人拿着望远镜观战，见状纷纷伸出大拇指赞许说："革命军炮兵技术优良。"

有"知情人"告诉说："是军演练兵最优秀的黎元洪协统指挥的，还能有错！"

那些蓝眼睛的洋人们大为惊奇地说："想不到黎将军也是革命党哟。"

黎元洪虽在屋子里，手下却在外面四下打探消息，进进出出。他听到把海军都打跑了的消息，表面上仍装出一副苦脸相，暗中却感觉革命党可能能够控盘，并且经过又一个晚上的思索，终于明白了一个道理："不自爱就自灭。"态度有了转变。

下午，他主动开口，与守护他的革命党说起话来了，像聊天似的，东扯一句西说一句。甘绩熙进来见他开口了，便说："你这几天总是苦脸对待我们，太对我们不起，以后还不改变，就要吃枪子了。"

黎元洪也不饶人，回答说："你这年轻人不要说激烈话，我在这里将近三日，有什么事对你们不起？"

与甘绩熙进来的另一人说："你是对得起我们。但你的辫子还没去掉。你既然是军政府都督，就应该做一个模范，首先去掉辫子，借以表示自己的决心。"

"你们不要如此激烈，我帮你们的忙就是嘛。"黎元洪突然来了一个一百八十度大转弯，接着说，"你们硬是要剪掉辫子，我早就有这个意思。从前我在军中就出过'剪发听便'的通令。那好，你们明日叫个理发匠来，将我的辫子剪去就是。"

他一个"就有"一个"就是"，让大家高兴起来了。蔡济民闻讯进来，自己动手就"咔哒"一下剪掉他的辫子，然后抚摸着他的光头，开玩笑说："都督好像个罗汉。"

黎元洪这下也笑了。迷信万分的他立即说："有点像弥勒佛。"

黎元洪要革命了，并且似乎不当"革命的罗汉"，要当大领袖"弥勒佛"。其实，他还是大清"说了不做"的那一套，还不是真心要去革命，见风使舵而已。因为他已看出武汉三镇已归民军控制，瑞澂经过这次炮击受伤后肯定不敢再出动，纵然再来也会碰钉子；而"无能的张彪"已跑到汉口一隅——刘家庙去了，手上更没实力，掀不起一点风浪。而革命形势每日都有新的发展，黎元洪现在不去当这都督，恐怕连逃命的机会都没有。精明的他及时抓住了这个求生的时机。

剪发之后，黎元洪提出说："我要做都督，得依我三个条件。"

“哪三个条件？”

“一、开城门；二、不许杀旗人；三、为了安定民心，市面要照常营业。否则不做。”

众人答应了。

黎元洪于是召开军事会议。会上，他当众宣布说：“我前天未下决心，昨天也未下决心，今日上半天还未下决心，这时已经下决心了，无论如何，我总算是军政府的人了，成败利钝，死生以之。”

众人立即鼓掌表示欢迎。

谁知黎元洪一上任都督，14 日，老议长汤化龙就提出了一个改组都督府的办法，大概意思是在都督府以下设置民政、军务两个大部门，民政部下设内务、交通、理财、司法、编制、文书等七个局，他汤化龙自任民政部长；军务部以共进会领导人孙武为部长，孙振武为副部长。他这还是大清官场的老思维，与黎元洪争利抢权。

黎元洪顾不上他，因为更大的危险已经逼近而来。

武昌起火，急坏了北京城内的大清王朝君臣们。15 日，荫昌率领的清兵到达了湖北孝感。仗还没接火，北洋第十独立协统王遇甲一从孝感车站下车，就神差鬼使地与革命党中的黎元洪通上了电话。

原来湖北土膏捐局督办大臣柯逢时暗中和黎元洪搭上了线。两人偷偷商定：如果大清攻打武昌成功，就由柯向朝廷代黎讲情保黎；如果武昌赢了，就由黎庇护柯，两人实行“联保”。为此汤化龙也加入其中，昨日带着一伙人在柯家聚会，向清廷拟送了一份电稿，大意是：鄂军哗变，总督不知去向，请速派大军南下，并另委总督。此电发出后，他们派遣汉奸混入都督府，与黎元洪暗通消息。结果，几个汉奸混进咨议局，被李翊东拿住三个，“咔！咔！咔！”全给杀了。但是，他们的阴谋却没被革命党觉察。

此刻，王遇甲在电话中一开口，就满是责备，对黎元洪说：“宋卿！朝廷对你已经不满！你已经是三品大官，顶子已经红了，为什么还这么糊涂，干出这等事来！”

“军门！元洪的为人你还不知道！我何尝敢做这样的事？”黎元洪委屈万分地说，“我早就失去自由了，现在站在我身边还有拿枪子的守着呢……”

负责电话总机的革命党人听到这哭腔，怕他们说太多，“咔哒”一下，当即把电话线给掐了。黎元洪“喂，喂”地叫喊着，没了回音，才把话筒撂下。

假作真时假亦真，黎元洪几乎绝望了：这回有一万张嘴巴也说不清了！只好假戏真做了。

第二日一早，他正式开始主持都督工作，首先借保护藏书为名下条谕交给参谋长杨开甲："保护好柯逢时的住宅。"维持那条"最后的防身通道"，以便到时"穿越"。

半清醒半迷糊赛程咬金

运气总是钟爱半清醒半迷糊的"程咬金"的。

10 月 16 日，湖北都督府居然收到了汉口的列强领事团"不反对湖北独立"的通知。这洋人竟然转向支持革命了！都督府怕洋人，外面的"草根"也怕洋人。都督府在一片喜悦之中立即将公函原文和汉口作战的胜利情况，以都督黎元洪的名义贴出布告，告知民众；并且把好消息分别电告上海以及其他各省政要们，呼吁他们尽快响应武昌起义，参加革命。而这样，黎元洪把都督旗号打出去，更没退路，只有往前走了。立宪党人胡瑞霖等人洞察黎元洪的处境，乘势提出一个倡议：为庆祝外交成功和作战胜利"两大胜利"，请黎都督祭天告地，让老天爷知道。他表面上是叫黎元洪去拜天地，到时候读读祭文，念念誓词，其实是暗推他一把，趁机加强和巩固他在革命党中的地位。

黎元洪已骑虎难下，何不想顺势冲上去握住这革命党的控制权。不傻的他明白胡瑞霖这番良苦用心后，当即表示同意。

誓师典礼不过是个走过场。黎元洪点头同意，汤化龙、胡瑞霖、谭人凤、居正等人马上安排，在阅马场中央先搭上一座帅台。第二日，把部队调过来，站列好。汤化龙一声口哨，在帅台附近穿着军服的黎元洪立即骑上准备好的一匹大马，哒哒哒，走到台前，再跳下马，随即被大伙儿拥着，昂头挺胸地登上了帅台。

帅台上完全是"古式"的。中间摆放着中华民族祖先黄帝的牌位，剑、旗分立两侧。众人公推同盟会中部总部联络人谭人凤向黎元洪授旗、授剑。黎元洪接过旗帜，再接过象征都督权力的剑后，念着胡瑞霖代拟的誓词，开始宣誓：

"元洪投袂而起，以承天庥，以数十年群力呼号，流血所不得者，得于一旦，此岂人力所能及哉。日来搜集整备,即当传播四方,长驱漠北,吊我汉族,歼彼满夷,建立共和大业,以与五强各国,立于同等地位。”

宣誓完毕,革命党人、中部同盟会湖北分会负责人居正演讲革命精神和革命意义。

除居正讲了一点革命道理外,整个仪式完全是十足的封建老一套,还有道士、尼姑站在旁边念念有词地“作法儿”。尽管如此,仪式很是很短暂,草草就收了场。

就这样,黎元洪正式上台“革命”了。

革命党中这么多能人,折腾这么多年好不容易拿下了武昌城,却把大都督给了敌营过来的黎元洪,这只能说,革命不革命与他无关,黎元洪这个人就是当领导的命。历史就是这么的有趣儿,就是黎元洪本人也料想不到自己第一次总揽湖北军政大权,居然不是原来预想的“按序接班”,而竟是以这种从床底下爬出、可能要被杀头的反清方式获得。是祸是福?他自己也拿不准,已经豁出去了,就只能骑驴看唱本——走着瞧了。

06.

形势好了又坏了

“大饭桶”运气好

在黎元洪担心自己参加革命有可能“兴于铁拳终于铁笼”的忐忑中,另一个人却对他眼红了。

汤化龙见“无才无能的黎元洪”一夜之间总揽了湖北军政大权,非常眼红。其实,黎元洪掌权还是他这位“伯乐”推上去的呢,现在伯乐却大权旁落了,眼红也内心总不甘心。

为什么说他还当过黎元洪的伯乐呢?

那是武昌首义的第二天。汤化龙和张国溶、胡瑞霖等人被喊到咨议局开会时,姗姗来迟,当时他们的心是十分疑惧的,会上一直不敢表示自己的主张,后见革命党态度温和,遇事还"求教",放下了心胆子便也大起来了。

汤化龙首先发言说:"革命事业,我一向表示赞成。武昌起义了,各省都不晓得,必须先通电各省,请他们一致响应,以助大功告成。瑞澂逃跑了,必有电报到北京报告。清廷得知这个消息,定会派兵来湖北,向我们发难。兄弟非军人,不懂得用兵,关于军事计划,请各位筹划,我当尽力帮忙。"

他这话用意高超,首先指出自己不懂军事,因此军事首领请大家不要推举他,那么"懂得用兵"的是谁呢?自然是年年演习得大奖的黎元洪。他这么一暗示,临时指挥吴兆麟受到启发,才脱口说出了黎元洪的名字。

可他怎么也没料到这黎元洪这个大饭桶运气好得不得了,干啥啥顺,谁也赶不上他,跳下大海没呛水,折腾几下,居然当上湖北省军政的老大,坐上了革命党头号交椅。他汤化龙在湖北不是虫,也是一条龙,眼看原来地位比自己差许多的"黎饭桶"被自己这么"伯乐"一下居然一下子蹿上来了,心里怎么也不平衡。

伯乐当了千里马的当差,他于是脑瓜子转开了。

随后,他向都督府抱怨自己担任部长的那个民政部"局限性太大",这点权力干啥都展不开,要求扩权,暗中为进一步夺取湖北控盘权作准备。

老部下胡瑞霖洞察了他的这种不平衡,暗中为他当了一次诸葛亮:先草拟一个都督府组织条例,先集中军政大权在都督身上,使之成为唯一的领导人物,然后再相互进行交换,在条例中一起篡夺革命果实,分享"胜利红利"。

这是一个不可告人的政治阴谋。为了掩饰这个目的,他们临时串通好了湖北革命党负责人居正。

写个都督府组织条例,对于这些笔杆子出身的人来说,是最简单不过的事情。很快就作笔写好了,他们立即开会。

居正受邀出席会议,并被"邀请"在会上说明组织条例的大意。为了免得引起怀疑,露出破绽,居正也是信口开河,说:"这是同盟会本部所拟。"然后,念了一遍。

既然是同盟会本部拟就的,大家还有什么可说的?立即鼓掌通过。

10月17日,都督府组织条例由都督府公布。汤化龙等人立即按照条例规定,选任各单位负责人,除都督和以前所推定的参谋、军令、军务三部部长人选仍旧外,把民政部更名为政事部,以汤化龙为政事部长,下设外交、内务、财政、司法、交通、文书、编制七局,然后汤化龙推荐老亲信、手下夏寿康、张国溶、胡瑞霖、阮毓崧、刘赓藻、石山俨、舒礼鉴、黄中垲、沈维周、万声扬等为正副局长,几乎是清一色的湖北老政府旧派人物。

19 日,黎元洪明令公布汤化龙为都督府政事部部长,算是投桃报李了。至此,湖北省的军政由黎元洪主持,民政归汤化龙掌握,两人成功实现权力分割。

可是,汤化龙等人掌了权,拿出大清那一套做派,大权独揽,当"独角龙",耀武扬威。革命党人冒死"打下天下",现在前来拿几件军衣,取点枪弹,结果都被这些旧派人物死死卡住,要军衣没军衣,要弹药没弹药。他们大为不满,再细细一想,才意识到自己被愚弄了,让"独角龙"抽了一记响亮的耳光。

10 月 25 日,众人又召开会议,把早几日通过的组织条例完全推翻,政事部所属七局,一律改名为部,由都督直辖,改推革命党的同志担任,胡瑛任外交部长,李作栋任理财部长,杨时杰任内务部长。汤系旧派人物顿然没了位置,一夜之间失去了权力,汤化龙忙碌一场,竹篮打水一场空,自己只落了个编制部长的闲职。

他和旧派这"聪明反被聪明误"一着更增加了黎元洪在都督府的权力。

黎元洪的运气真是搬着门板都挡不住了。

幸运之神的垂青

这时战场的形势也发生了逆转,胜利的曙光大照东方。

都督府派遣的协统何锡藩带着部队把盘踞刘家庙的张彪的卫兵部队击溃,占领了刘家庙。随后,革命军在刘家庙与滠口之间与荫昌统领的清兵正式接触。湖北新军炮队的大炮很给力,弹无虚发。清兵发炮还击,大多落空,而对方炮弹一飞过来就撂倒清兵一大片。荫昌大败,率部向滠口以北溃退。革命军也不追击,自动撤回汉口,将红绸红布扎成英雄结子,披在身上,满街狂欢。欢庆一两日后,才回到前方设防。

随后,清廷将荫昌调回,改派冯国璋为总司令。冯国璋一来,虎虎生威,马上就发起反攻。还带着狂欢喜气的革命军猝不及防,连战几场都陷入不利,情势变得异常严重了。

黎元洪的好运气居然逆转了。

在汉口危在旦夕的时候，他吓得仓皇失措。都督府和各机关人员呼啦一下全作鸟兽散，纷纷躲的躲，藏的藏，没了人影儿。正在“黎饭桶”束手无策的时候，革命党领袖黄兴急急赶到了武汉。于是，武昌的人心、士气又大为振奋起来。

为什么？

这时革命党有两大领袖，一是孙中山，一是黄兴。人们一般认为孙中山是理论家，是文才；黄兴是实干的战略家，是武将。而黄兴也确实组织革命党搞过多次暴动，起过很多次的义。因此，他一来到武汉，革命派的力量大大增强，尤其军事方面有了强人。黎元洪本就对革命党的情况不甚了解，也跟着是这种心理：黄兴来了，一切好办了！终于安定心下来了。都督府及各机关人员纷纷跑了回来，照常又开始办公。

黄兴来了，确实把自己人给振奋了。黎元洪的危局也因为一人到而化解。运气好得谁都难相信。

革命党写了很多“黄兴”二字的旗子，插在汉口的高楼顶上，让敌人也知道革命党的军事强人黄兴到武汉来了，吓唬敌军。同时，革命军的“援兵”也源源不断地到来：白天，武昌黄鹤楼下的汉阳门码头边大船络绎不绝，全是运兵到汉口的各路援军。晚上，白大运来的部队由从汉口运回武昌，这样搞了两三日。

虚虚实实，黄兴一来就不一般，谋略十足。谁知敌将冯国璋却不管什么黄兴不黄兴，说：“他搞这么多暴动，成功过几次？打！”

清兵猛攻汉口，黄兴跑去指挥。

没打几日，果然就被冯国璋的乌鸦嘴说中。革命军不得不放弃汉口，退守汉阳。

为了坚守汉阳，都督府召集各部负责人开会。会上不是讨论如何守城，而是任命军事首领——总司令的程序问题，就黄兴出任总司令的程序发生激烈争论。

多数革命党主张公推黄为总司令，与黎居同等地位，不受黎委任；保守派旧人为了抬高黎的地位，极力主张由他委任总司令。

汤化龙、胡瑞霖等人更是撑着脚跟死争，以支持黎元洪就是支持自己。汤化龙说：“大敌当前，就得都督集权。”

汤化龙一打开话匣子，胡瑞霖立即站出，侃侃而谈：“大敌当前，目前首要任务是在驱逐清兵出境，促成各省响应。至于黄兴个人的委任和公推的问题，不应过于争执，以免影响军事，亟应团结军心。”最后，他的结论是：“黄兴由黎都督委任，就是团结一致的最好机会，不可更改主张，以生内乱。”

留日学习法律出身的居正历来遵法重法，一听正中心怀，马上大声说：“系统不可紊，法令不可乱啊！什么总司令，应该受到都督委任。”

三人说得振振有词，好像黄兴不受黎元洪的委任，武昌就无法无天了，天下就会大乱，革命党内部就要垮，汉口就难保，革命政权也就要垮台。而会场中的一般人没那么高的觉悟和智商，只是听，谁说的好，有说服力，就被谁的说法“折服”。这三位“口才家”一叫嚷，大伙儿便“从”了他们的主张，同意黄兴由黎元洪委任总司令。

既然黄兴由黎元洪来委任，两人就是上下级关系。这个上下级关系如何“定位”呢？有人举例论证说应该是刘邦和韩信的关系，争执一番，也获得了大家的认同，就刘邦和韩信的关系。既然是刘邦和韩信的关系，又有人提出说：“那就要登台拜将，进行授印。”

众人纷纷赞同，决定再仿古一次，“穿越”到古代去，让黎元洪与黄兴像刘邦和韩信那样进行拜将授印。

11 月 3 日，湖北都督府在武昌阅马场搭起拜将台。

拜将开始了。黎元洪与黄兴骑马并辔，没有交谈，双双登上拜将台。这时旧派有人小声地说：“又联袂骑马，张厚琨的往事教训深刻啊！”不过，黄兴不是“官四代”张厚琨，没掉下马。然后，黎元洪把所有的总司令印信、聘任状、令箭等等，一起捧着，交付给黄兴，表示授予他武汉战守的军事全权。

台下的军民高呼：“万岁！万岁！”

黄兴也拿出了自己闹革命的特长，当场即席发表演说，表示坚决抵抗到底，推倒满清，但他总结历次革命的教训，特别强调军人要绝对服从命令，遵守纪律。

他的话语很有号召力、穿透力，各界代表听了，都感到十分的兴奋。

接受委任状后，黄兴没有滞留，立即与参谋长李书城、秘书长田桐由武昌渡江去汉阳，在西门外昭忠祠建立司令部，然后下令蒋肇鉴、张廷辅、熊秉坤三人将所统率的部队按指定地点进行布防。

黄兴激动人心的话语、风风火火的办事作风，并且说了就做，行动上雷厉风行，汉阳的人心一时完全安定下来了。

很快，湖南方面的援军也急急到达武汉。汉阳革命军的声势更是大振。

11 月 8 日，长江岸边的安徽省宣布独立，响应武昌首义。次日，黎元洪发出全国通电，宣布在湖北组建临时中央政府。

可是，武汉四周的清兵也大增。海军提督萨镇冰率领海军由扬子江开赴到了武汉，与北洋陆军会合，企图水陆夹攻。军舰一到汉口，上次吃了亏的瑞澂一直没顺过气来，使劲叫海军炮击革命军在长江往来的船只，隔断水上交通。海军自李鸿章建立以来，就高人一等，吃香的喝辣的，比其他军队地位高，历来自成一体，对瑞澂这地方官哪放在眼中？他要炮击就炮击？海军大佬们并没理会他。

而黎元洪是当过海军的，当初还借炮舰吓唬过革命军，现在海军大军云集长江江面，气势汹汹，不免惊慌。谁知一日，大清海军某兵舰帮带带着两名随从上岸，来到了武昌城，指名道姓要直接面见黎元洪。

黎元洪也不回避。对方见着老同行，居然向“黎叛徒”报告说：“海军除满籍官兵外，自萨提督以下，都对革命表示同情，所以瑞澂要求海军用远射程大炮轰击武昌，均不同意。至今武昌城内，没落过一弹，就是证明。”

黎元洪获知海军到了汉口后曾给萨老师写过好几封信，劝他归顺。哪有老师降学生的？萨老师虽没回信，但这些年在海军干啥都不顺，也早就不想干了，因此派了两人前来转达自己的“意思”。

前来镇压革命的海军居然与革命军正式达成了“合作”的默契。

萨老师不想打，还开溜。11 月 11 日，他一声令下，率领海容号、海琛号、海筹号等军舰秘密开去九江下游，干脆离开了战场。在途中，他们还竖起白旗，宣告反正，并致函湖北都督府说：“萨军门已与黎都督联络。”

黎元洪立即去信对萨老师、“海军老同行们”表示“敬佩”。

黎元洪的惊人好运气再次显露了神效，居然“智退”了海军。

官场上遇到这样的好运气，自然是最喜人的。可以说，像黎元洪这般的运气，天下难有几人能如此获得幸运之神的垂青。

希望进来,绝望出去

由于武汉形势转好,南北各省纷纷宣布独立,黄兴认为把汉口夺回可以促成更多省起义,于是回到武昌,与黎元洪等人商量进攻汉口。武昌方面,名义上是都督黎元洪指挥军事,其实不过是甩手大老板。军事上当权的是军务部长孙武。而孙武则认为汉阳有鄂军蒋肇鉴、熊秉坤、张廷辅、胡效骞等人所率领的步兵,还有炮兵和工程兵等,一万余人,相当于四个协兵力,加上湖南王隆中、甘兴典两协援兵,总兵力在两万人以上,兵力不应该摆在汉阳一个地区;而汉阳上60里的蔡甸是敌军从侧面进攻汉阳的必经之路,因此应派主力驻守此地。黄兴主张全力收复汉口,不能分散兵力。两人在作战计划上发生争执。

两人都是个性极强的人,现在发生争执,就应该调解,择优确定方案。这个调解人自然是他们的共同上级黎元洪。黎元洪却拿出了在大清官场上屡试不爽的"模棱两可"高招,不是打太极,而是在二者必选其一的方案中两者都表示同意。

黄兴要去进攻汉口,他支持。因为他胜利了,都督英明的威望随之可以提高。参谋部长吴兆麟反对进攻汉口,并得到孙武的支持。他找到黎元洪。黎元洪说:"你直接向黄总司令陈述意见。"黄兴肯定不会同意。而他万一进攻失败,黎元洪此举也可表示他事先"有先见之明",还是英明、睿智无比。这两边吃,两边扶,结果可想而知了。

黄兴指挥军事虽然名声在外,其实并没经历过大阵,在革命党内不过是常带着几十人折腾、暴动、扔炸弹之类,除了脾气犟之外也缺乏真正的领导经验。大家看法不同、意见各异,他没去做思想工作,也没去统一众人的不同思想,就贸然以总司令身份下令进攻汉口。

11月27日拂晓,攻击汉口开始了。黄兴率领湖南老乡王隆中、甘兴典的主力,渡过汉水,直攻汉口右岸;武昌的革命军部队则由汉阳门码头渡江,进攻汉口正面;湖北革命党还另组织了一支敢死队去偷袭刘家庙敌炮兵阵地。

黄兴率领的湖南部队很快攻入市区。武昌方面的湖北军队先用大炮轰炸汉口正面江岸,然后用小洋船拖着民船往汉口运兵。孰不知船运之兵刚要上岸时,对岸的敌人突然用机关枪拼命扫射,众人不得不退回来,继续用大炮轰击江岸。这样反复多次,始终上不了岸。早晨9时,汉口战事异常激烈。不少人跑到都督府,把武昌军队不能上岸的情形报告黎元洪，希望他拿出决断来。

搞演习做游戏，是黎元洪的特长，这指挥真枪真刀的打仗，他哪会？更别谈拿得出什么好主意来，脖子上的“肉葫芦”一下子就懵了。

这时湖北敢死队也没能完成偷袭敌炮兵的任务，大炮对着黄兴的部队猛轰。

黄兴和湖南子弟兵苦战四五个时后，终于大败而退，伤亡和掉入河中淹死的不少。湖南人本来是当援兵的，这次死伤的人数比主军多得多，立即上下愤怒起来了，认为是湖北佬有意避战，躲在黄鹤楼上看自己翻船，于是干脆放弃汉阳，自动撤到武昌，扬言要立即返回长沙去。

黄兴开仗不仅没把汉口夺回来，还丢了汉阳。武汉三镇只剩下一个武昌了。湖南人有意见，湖北人也不满。这一下窝里就完全闹翻了。

黎元洪没办法，亲自跑去向湘军进行“解释”。这些湖南蛮子可是好惹的？一起围着黎元洪又骂又吓。他强忍着“被侮辱”，耐着性子和他们解释，这样湖南伢子才情绪缓和。王隆中、甘兴典愿意跟着他去都督府参加军事会议。

会上，黎元洪首先说：“请黄总司令将失汉阳的经过先行报告，然后再商量武昌布防。”

黄兴一上台，怒发冲冠，开口就大骂武昌军队没有上岸，害人不浅；接着又把湖南湖北军一起骂，说某些军官平时如何不好，作战又如何不力等等，这个不对，那个有错，就他自己没任何错误，也无一句自责之语。他的“骂”马上产生效果，激起了众人公愤。不管是湖南将领还是湖北将领不约而同地拍起桌子，嚷着说：“你当总司令，哪一个官长不好，你可以撤换他，可以惩办他、杀他，何能何德把失守汉阳的一切责任诿诸他人？”

有的人更是走极端，尖锐地提出说：“杀黄兴，为死伤弟兄们报仇！”

事情越闹越大了。

眼看场面紧张得就要失控，黎元洪不得不站了出来，大声说：“请各位同志息怒，你们要责备黄总司令，首先要责备我，因为他担任总司令，是我推举的。”

有责任的黄兴不揽责任，“没有责任”的他却要强揽“举贤不当”的责任。黎元洪拿出了自己独到的处世方法，立即把众人刹住，谁要追究他的推举之责呢？纷纷说：“不怪都督！”

这下黎元洪拿出了气魄：“但是大家要知道，黄兴二字对革命有不可估计的力量,如果我们今天对他采取不理智的行动,敌人就认为革命党人内部起了分化,一方面增加敌人的气焰,另一面使独立各省灰心。现在汉阳虽然失守,其他各省独立的已经不少,如果因我们一时意气用事,而使功败垂成,我们将成为千古的罪人呐!”

这番话一说,那些激动得脸红脖子粗的将领们才意识到自己太冲动、太失态、太不应该了,纷纷挠着头:“咋就没想到这呢?!”窝着的气慢慢捋顺了。

接着,黎元洪又说:“请大家商量如何布防,我同黄总司令到楼上去稍作休息。”

这时候还休息啥?大会闹哄哄,小会定乾坤。众人都知道他说去休息是假,商讨如何去应付眼前的局面是真。

两人离开会场后,在楼上,黎元洪对黄兴说:“孙中山先生快回来了,请你到上海去商陈孙先生如何组织中央政府,筹划全局,使革命早日成功。我们在此尽量撑持。”

黄兴也没料到自己这么弄把局面弄成这么一团糟,不可收拾,不走人还能待下去吗?于是同意离开武昌,去南京。

黄兴希望而来,绝望而走,这革命阵营与官场多少有些类似:水深不可测,还有大风大浪。风吹浪打,黄兴不行,但黎元洪却胜似闲庭信步。

黄兴一走,另一人汤化龙见黎元洪的地位反而再次稳固,而汉阳失守了,对宏观的革命形势失望,对微观的个人仕途也失望,恼恼地说:“上山被蛇咬,下山被狗咬,回到家被人咬,完全没意思。”准备也开溜。黎元洪也巴不得他早点走人,免得这“官场老油条”在武昌碍手碍脚,于是也让他去南京参加组建中央政府的“筹划全局”工作去了。

这样整个武汉乃至湖北省的担子全撂在黎元洪一个人身上了。这次担责可不是当年在天津武备学堂读书那样当个好汉不失去什么,弄不好要赔上身价性命的,风险系数相当大。他如何去渡过这个难关,有什么妙招呢?

07.

好运气再次让黎元洪峰回路转

失误也可能是“成功之母”

黎元洪能力平庸,智慧也有限,打仗方面没本事,也没打过大仗,完全是没能力却硬着头皮挑了湖北革命军的这副重担,霸王硬拉弓来应付危局。他哪里有什么拯危妙招?因此形势继续恶化!

黄兴走后没几日,武昌城内外谣言四起,传说清军就要大举进攻武昌,冯国璋还派了不少的汉奸运动革命军作内应。原炮八标标统龚光明和清陆军部司长万廷献由化方来到武昌,传说他们就是要运动旧部作内应。这些消息,让黎元洪惶恐不安。

12 月 1 日正午,清军从汉阳龟山炮击武昌。“轰隆”,都督府正厅首先中弹起火。黎元洪正在这里办公,烟尘散去,立即撂下一切事务,仓促出城,经洪山向葛店方向快速退去。

他历来胆小如鼠,这一跑就是一天一夜,足足 90 里,跑到葛店才停止。葛店地临长江,是一个很小的市镇,但能停泊小型兵舰。万一武昌失守,他就准备同着都督府的 60 万两银子逃到南京去,与下游的革命军汇合。

他一颗红心两种准备,想得倒美,却没料到这一着差点使得自己前功尽弃。

因为他这么一跑立即给留在武昌城内的革命党腾出了权力的空间,让军务部长孙武等人从配角走向了主角,并且出现在前台。

每日清军向着武昌城内不间断地进行炮击,炮弹不长眼睛,革命党、老百姓甚至租界里的外国人都炸。洋人在中国是从来不吃亏,更受不得损失的,挨了几颗炮弹,就闹开了。英国领事朱尔典联合驻汉各国领事,提议清兵和革命党停战三日磋商妥协条件,以保护自己的利益。

洋人是大清上下历来最惧怕的。冯国璋也不是超然局外的神仙,洋人一出面,立即慌了神,马上对朱尔典的方案表示同意。朱尔典于是派英国人盘恩到武昌城去面见都督黎元洪商谈停战条件。盘恩进了武昌城，哪里找得到已在葛店的黎元洪？都督府只好由军务部长孙武和护理总司令蒋翊武分别与他接洽。说完之后，盘恩说："我特来武昌面谒黎都督，请都督认可停战书。"

接着，他把朱尔典拟好的停战书送上："将我带来的公文盖印，再送到清军盖印，就可以停战了。"

可是都督印都由黎元洪带走在葛店了，一时哪里取得回来？孙武也不是胆小的主儿，马上对手下说："请工匠照样刻一个吧。"

重新刻好了公章后，孙武"啪"地盖上。

盘恩拿去清兵那里，冯国璋也盖上了。双方就同意停战了。停战条件如下：

(1)自12月2日上午8时起至12月5日上午8时止，停战三日。

(2)民军应守之条款：

甲、民军于停战期内，一律按兵不动；

乙、民军之兵船于停战期内，不得行驶，并将机关卸下，交驻汉英水师官员收存，须于十五日(阴历)上午6时转交该船收回。

(3)北军应守之条款：

甲、北军于停战范围日期内，一律按兵不动；

乙、北军之火车于停战范围日期内，不得往来作军事上之运输，并由驻汉英水师官员监视。

在洋人的调停之下，停战消息传出后，武昌人悬着的心放下来了。

都督府总监察刘公和军务部副长张振武认为黎元洪身为都督，事先不与开会磋商就弃城出走，折腾得武昌危城人心动摇，一派混乱，差点让革命党垮台，主张通电全国，宣布他这种轻举妄动是违法失职的行为，进行问责。

但两人的糊涂提议立即遭到其他聪明人的反对。

"要顾全大局！"有人立即说，"双方正在停战讲和期间，我们内部如果发生意见分歧，对革命不利。这些事情等革命大功告成后，再提出来，也不算迟。"

其实"大局"不过是个幌子。刘公完全可以主持大局，说："没有张屠夫，吃不了猪毛肉。"

他再次要自己干，众人马上"明察秋毫"，且"深明大义"地进行反对。为什么？原来，刘公本是起义前革命党内部预定的大都督，汉口机关被破坏时他一度离开。

起义后,他再回来时,都督已是黎元洪了。别的位置又不适当。有人建议他去当监察部长。他说:“搞监督,可以。但我不能接受黎元洪委任。”想搞一个与都督府至少平级的机关,与黎元洪平起平坐,甚至还可以监督他。事后成立了一个总监察处,可以监察都督及以下各部长,但他的职务还是得由黎元洪委任。刘公当了监督总理,不过是挂了个空名,实际上还在黎元洪之下,因此很不满意,总想着把“丢失的”都督夺回来。他的这种思想,也一直没有掩饰,武昌诸革命同志谁都明明白白。于是,这次,大家“用集体的智慧”及时地挫败他的这种图谋。

黎元洪逃跑是事实,刘公和张振武的私心被众人挫败,他们要弄的通电被拦住了。这还不说,蒋翊武、孙武等人则更提出说:“两军既然已经停战,要联系、做主的事太多,应该请黎都督回武昌,以便随时决定一切。”

结果,会议反而议决请黎元洪回武昌。

“刘公不公”的“私心”和“当前大局”救了黎元洪的垮台。这时黎元洪尚不知情,正在葛店大发脾气:“这个停战条件,完全由英国人从中操纵把持的卖国黑约。在三日停战期限内,民军和清军一律按兵不动,还可说得去!而条款规定民军兵船和清军的运兵火车,都须由驻汉英军水师官员监视,民军兵船内的机关要卸下来,交给驻汉英军水师官员收存,这两条显然是干涉中国内政!对这样重大的停战条件,不经过往返反复磋商,只盖印就了事。这种草率的和平使者,简直对我们民军是侮辱,是卖国啊!”

黎元洪说的不无道理。这说明他在关键时刻并不糊涂,鸡蛋里挑骨头的本事不低!参谋部长杨开甲立即解释说:“其实,汉阳虽丢掉了,海军仍在我们手里,凭借长江天堑,清军就是能炮击武昌,我们在武昌凤凰山和蛇山的重炮和青山、两望等地的炮队,一样可以回击他们。”

“这与洋人干涉内政有关吗?”黎元洪暴跳如雷地问。

“汉口租界,还在我们大炮威胁之中。”杨开甲说,“领事团出面调和,表面上是为自己的安全,其实,更重要的,是借此庇护袁世凯,为他争取时间来窃取我们的革命果实。”

“刘公、孙武他们这些革命党,有啥鸟本事?完全被英国人的花招玩弄了,痛心呀!痛心呀!”黎元洪跺脚说。

谁知就在他大喊“痛心呀”的时候,武昌方面派人来了,说:“请都督马上回去,那里有许多重要大事急待都督决断。”

黎元洪立即转阴为晴，不骂不闹了。

不过，他终究是经过大清官场锤炼出来的“官精”，见革命党人没他混不下去，汉口洋领事也急等着他回去，自己一夜之间成了南方革命军的代表人物，立即意识时势造英雄，这几日的变化太大了，自己已有资格与北军首领袁世凯进行对等说话了，于是更看不起革命党，官架子随即大了起来，还没出门，就把跟着他跑到葛店的革命党甘绩熙破口教训了一顿。然后，率领众人高高兴兴回了武昌。

作为失误的典型，黎元洪这次又是一次精彩的“太成功”！

“福气”完全可以胜过“能力”

停战时间，清兵和武昌之间原定 12 月 5 日期满。

期满前一日，自诩“脑子最好使”的英国公使朱尔典“虑事在先”，致电武昌都督府说：“清政府拟派邮传部尚书唐绍仪来汉议和，停战日期可望继续。”到了停战满期之日，他继续斡旋，折腾出双方再停战三日。

9 日清晨，停战期满好过几个小时，他又转来了清军停战条件：北军不派兵向南，南军不派兵向北，继续停战 15 日。这个期限一下子就比以前拉长多了，黎元洪说：“此事事关重大，不是一个局部停战的问题。需把它提交各省来湖北的代表组成的大代表团进行讨论。”

他还搞起了小民主。结果，大代表团决议通过，并通电全国已宣布独立的各省都督遵照办理。条件是：

(1)停战 15 日，由 12 月 9 日早 8 点钟起至 24 日早 8 点钟止。停战期内，除陕西、山西、四川三省另有专门条约外，南北两军在各省现驻兵地方，一律按兵不动；

(2)袁总理大臣、唐绍仪尚书与黎大都督或其代表人讨论大局；

(3)停战期内，南北两军在陕西、山西、四川三省各不增加兵力或军火，如有一军违约，则另一军有立即开战之权。

谁知这么一停战，前一段炮弹纷飞、打得不可开交的战事就基本上销声匿迹，各地很快出现一派“和平景象”，官员们照旧歌舞升平，玩的玩，喝的喝，逍遥起来了。

黎元洪傲视天下，尽管群雄不少，但谁有他这么大的“领导武昌举事”的革命大功呢？认为自己已是公认的革命军唯一无二的首领，是大都督，总指挥，因此有指挥和号召各省都督的权力。12月13日，他通电各省都督说现在虽已停战议和，但仍应以支援湖北最为紧要，各省援军应趁此机会在开战前赶到武汉，到时能战能和，能守能战。另外，他又“高瞻远瞩”地指出：目前应当从“战”字考虑，把“和”当作“意外结果”。他自居领袖、发号施令的做法，立即获得“确认”。18日，宣布独立的各省代表在上海开会，集体推举黎元洪为革命军大元帅。

黎元洪以前最高只当过协统，不过是一个小小的独立旅旅长而已，区区一两个月，就成为全国上百万大军的大元帅了。他立即通电接受大元帅之职，但请副元帅黄兴在南京执行他的大元帅职务。

12月25日，孙中山从海外回到上海。先一日，16省代表在上海集会，讨论组织、成立临时共和政府并选举临时大总统，宣布成立中华民国。孙中山凭借几十年的革命威望，当选为临时大总统。

1912年1月1日，孙中山从上海前往南京，宣誓就职临时大总统。1月3日，各省代表公推黎元洪为副总统，并由各省代表具签名书：

宋卿大元帅钧鉴：

兹于元月三日由各省代表开正式副总统选举会，我公当选为临时副总统，谨呈签名书，送呈钧座，即请就职。

这时黎元洪还在武昌孤岛上为革命充当“顶天梁柱”，“指挥”着前线的军事呢！代表们决定派杨时杰为代表，将副总统的印信送去武昌。

就这样，“大清臣子”黎元洪从床底下爬出来，歇息三日后参加“革命”，再折腾两个月，居然当上了中华民国临时副总统。这样的好运气，古今中外都没人有过，黎元洪绝对是第一人。运气改变地位，地位改变命运。黎元洪的崛起，证明一个人的“福气”完全可以胜过其“能力”的“真理”再次获得了空前的胜利。

当了副总统之后，黎元洪继续兼领湖北都督和大元帅之职，在湖北老巢当着“土霸王”。

08.
诬杀张振武:上当了还是主谋?

官场作秀

革命的“反对派”把临时中央政府都已经成立了,大清王朝的破产不再是传说,成为必然的不可逆转的命运,大走“自由落体式”的下坡路。

1912 年 2 月 12 日,在袁世凯的死逼硬迫之下,清帝溥仪不得不发表“退位诏”。原本这么多将军,而大清呢,皇室呢?全没了,没一个“护盘”或者“护得住盘子”的。曾经给予黎元洪这样的落魄子弟荣华富贵的大清王朝就此宣告结束一切辉煌史或屈辱史,皇帝皇后和皇子皇孙们随风而去了。

次日,按照革命党事先与袁世凯的约定,孙中山向参议员提出临时大总统辞呈。

在履行程序选举正式袁世凯为临时大总统前,黎元洪居然发出一封“预辞大总统电”,其中说:“沉机默运,智勇深沉,洪不如袁项城;明测事机,襟怀恬旷,洪不如孙中山;坚苦卓绝,一意孤行,洪不如黄善化。”既然已明确袁世凯接任孙中山的临时大总统之职,黎元洪突然发出一份自己不如袁世凯、不如孙中山、不如黄兴的电文,完全是脱了裤子放屁多此一举,其实不过是作秀的把戏。但很多人对他的这个电文鼓掌、称赞说:“黎元洪谦虚得恰当啊!”

把作秀当谦虚来赞,不是智商低,而是趋炎和附势。

黎元洪此时的地位和声望可见一斑了。

15 日,南京临时参议院选举袁世凯为临时大总统。20 日,再次选举黎元洪连任副总统。

南北统一了,一场辛亥革命轰轰烈烈,推翻了满清王朝,但致力革命几十年的孙中山却黯然下了台。大清臣子袁世凯、黎元洪摇身一变,成了民国的实际控制者。随后,黎元洪以副总统兼参谋总长,成为可以与袁世凯并驾齐驱的权力大佬。

很快，黎元洪成为全国各种势力中的一“极”。

民国成立之初，举国公认有四个重要的大人物，顺序排下来是孙中山、袁世凯、黄兴、黎元洪。孙中山首创革命，功成不居，万民景仰，不过守旧派觉得他的理想太远太高，无法接受，有人甚至继续称他“孙大炮”进行嘲笑。袁世凯有实力，有根基，有办法，但守旧派觉得他手段太黑，为人太奸，不靠谱，新派觉得他勉强还能合作，也怕他背后那只“吃人要命的黑手”。黄兴被认为是革命的实践家，懂得组织和军事，但他处事该让步时不让，不该让时乱让，脾气大，难合作。而在四人中，黎元洪却是老好人，他既不新又不旧，办事稳健，又是忠厚长者，平时为人也有口碑：和蔼可亲，谦虚诚恳，没有官威。那位维过新，坐过牢，革过命的老资格、“老革命”章太炎见了谁都要开骂，对黎元洪却满口都是赞。在他那支生花妙笔的描绘下，黎元洪是一个“朴素而果毅”的“杰出人物”：

> 黎公年四十九，体干肥硕，言词简明。秘书、参议衣服不华，每日至黎公座次关白文件，一席之间八九人，皆执连柄蒲葵扇，黎公亦时握焉。其所着西装制服，以粗夏布为之，自大都督以至州县科员，皆月支薪20元。

这样的“好印象”，除了黎元洪表面老实外，还与他口口声声对外宣称自己没有坏心，没有异心，只有良心，给人一副忠厚样有关。其实，“老革命”也有犯糊涂、看走眼的时候。

因为这些不一定就是黎元洪的真人真相。很快，他就把持不住，在天下人前露出了“吃人不吐骨的黑和狠”。

“老实人”借了杀人刀

民国开国之初，各派力量纠合、混杂，分化，再组合，一切都在动荡中，是非难明，黑白不分，冤狱和枉死事件层出不穷。这样的杀人案中，以“老实人”著称的黎元洪也有一份——诬杀张振武案。

武昌首义时，三位年轻人是策动起义的重要人物，那就是“三武”——孙武、蒋翊武、张振武。其中,张振武是湖北罗田人,留学过日本早稻田大学,学的是法律政治,加入同盟会联络部后,负责组织湖北革命机关。起义后,众人准备拥黎元洪为都督,他第一个反对,对吴兆麟说:“这次革命,虽然将武昌全城占领,而满清大吏潜逃一空,没杀一个贪官污吏壮声威,未免太过宽容。如今黎元洪既然不肯赞成革命,又不受同志抬举,不如将他斩首示众,以扬我革命军声威,吓一吓那一班忠于异族清臣,岂不是好。”这番话没有被采纳更没被执行,后来却传到了黎元洪耳内,便暗中记上了这“杀头之仇”。

这边记仇在心了,那边对大清老臣也还没好感。以后,在都督府共事中,张振武对无才无能的黎元洪一直心存轻视,黎元洪对他也抱着极强的戒心。两人处处不合作,事事作对,嫌怨日积月累,没能化除,几个月就累积成了大仇。

其实,“三武”都瞧不起志大才疏又怕死的“黎饭桶”。但黎元洪会处世,与孙武亲近,拉得较紧。张振武却不是善茬,没孙武这么好说话,于是乎,两人最先在钱财上公开闹翻。

在汉阳之战后,张振武就在上海负责购买枪支、弹药和服装。因为这事儿,两人发生“龌龊”。

1912年1月27日,张振武从上海电告黎元洪,说买了一批日本速射炮和炮弹。过了一日,黎元洪复电说:购运到湖北的武器已经试验,均系废枪,不能用,要求张向厂家严重交涉退回去,并且还说:张说第二批购枪炮子弹均已到达了上海须汇款5万元,湖北方面不知枪弹各多少,已付银子多少?希望电复,将所购枪弹全部运到湖北,试验后没问题,才能再交款,免得再受洋商欺负。2月5日,张振武电告告诉黎元洪第二批枪弹已经验收,因没付清款子,不能装运上船。黎元洪复电他:上次买来的第一批枪支有坏枪三分之一,缺刺刀的三分之二,子弹因年久药性失效,不能用的三分之一,并且提出说:此事好像有贪污公款迹象,责任由谁负责?

黎元洪这边的事还没了结,张振武又自作主张把上海的部分枪支给了烟台方面的民军,让它们与张宗昌部队作战用。

张振武不把黎元洪这个临时副总统放在眼中,大总统袁世凯,在他眼中,也是“大清奸臣”,看不起,瞧不上。

袁世凯在北京成立临时中央政府后,邀请武汉首义的诸豪杰进京庆功、封赏。

黎元洪恨不得调虎离山,除去这些看着就心烦的眼中钉,于是推荐张振武"入京",去接受袁世凯的"隆重款待"。

张振武应召到北京后,袁世凯任命他为蒙古调查员。这调查员与其革命大功完全不相称,其实是黎元洪暗中捣的鬼。张振武于是不置可否,便跑回了武汉。

黎元洪好不容易调虎离山,把他热热闹闹送去北京,谁知他居然又折返回来了,这下老脸拉得很长,见他盯着湖北这块肥肉不放,更不放心了。这时全国各地由于欠饷和裁兵、游勇无归,哗变折腾得此起彼伏。湖北是革命首义之地,辛亥革命有不少"大功官兵",革命胜利后,牛打江山却弄成了马坐殿,哪想得通?很多人恃功而骄傲自满,谁也管不住,无法节制,襄阳府司令张国基就不服编造,擅杀政府调查专员;祝制六、江光国、滕亚纲等人也以"改革政治"为号召,企图推翻黎元洪掌舵的湖北都督府。甚至,武昌起义著名的楚望台军械所守兵也发生兵变。事后,黎元洪查获兵变主谋就是张振武和湖北将校团团长方维。

当初就是他们自己放弃了革命领导权,才导致今日打下江山却没坐江山的份儿,这能怪谁呢?张振武折腾起来了。黎元洪怕他真在武汉干出推翻自己的大事,可又不愿明目张胆对付他,丢掉革命威信,于是邀请湖北籍参议员刘成禺和郑万瞻从北京返回湖北调停。

孙武因为亲黎,这几个月不知怎的和张振武闹得水火不相容。刘成禺等人摆上饭局,邀请"哥俩好一口闷"。孙张都是系在一条船上的革命党,几杯酒一下肚,说上句话就重归于好。"双武"的嫌怨没了,人们预测张振武和黎元洪的隔阂也应该消除,关系要好了。

这时袁世凯又电聘张振武为北京总统府顾问。黎元洪于是劝他进京就职。张振武也答应了,并且带着方维等13名将校和30多名仆役启程。8月8日,抵达北京。

第二天,刘成禺、郑万瞻两位调解人随即也从湖北来到了北京。再隔一日,孙武也来到了北京。湖北省革命要人云集京华,大本营北移了,张振武的威胁也没有了。

张振武不在湖北"折腾"了,可做梦也没料到黎元洪却要他的命了。8月13日,黎元洪从武昌给袁世凯发去一封密电:"张振武以小学教员赞同革命,起义以后充当军务司副长,颇为有功,乃怙权结党,桀骜自恣,赴沪购枪,吞蚀巨款。当武昌二次蠢动之时,人心惶惶,振武暗煽将校团,乘机思逞,幸该团员深明大义,不为所惑。元洪念其前劳,屡予优容,终不悛改,因劝以调查边务,规画远谟,于是,大总统有蒙古调查员之命。振武抵京后,复要求发巨款设专局,一言未遂,潜行归鄂,飞扬跋扈,可见一斑。近更蛊惑军士,勾结土匪,破坏共和,昌谋不轨,狼子野心愈接愈厉。”列举张振武的种种“罪状”后,他向袁世凯“伏乞将张振武立予正法,其随行方维系属同恶相济,并乞一律处决,以昭炯戒”,最后表示说:“此外随行诸人,有勇知方,素为元洪所深信,如愿归籍者,请就近酌发川资,俾归乡里,用示劝善罚淫之意。至振武虽伏国典,前功故不可没,所部概属无辜,元洪当经纪其丧,抚恤其家,安置其徒众,决不敢株累一人,皇天后土,实闻此言。”

黎元洪又要杀人,又要当好人,为人所称颂的“忠厚”就在于这“丧事喜办”的玄妙之中。

“忠厚”的黎元洪自己不杀人,巧借袁世凯之手。袁世凯虽从来心不慈手不软,杀人是家常便饭,但去当黎元洪的棋子使,聪明一世的他会愿意乖乖上黎元洪的当吗?黎元洪叫奸雄袁世凯充当自己的杀手,是不是“忠厚”得有些太幼稚可笑?

13 日晚,袁世凯收到黎元洪密电后,亲自取保险柜锁匙找密电本翻译,不巧的是,保险柜锁匙老开不开。这个保险柜只有他和亲信梁士诒各有一把锁匙,只好请梁士诒帮忙,才取到密码本,然后自行译校。他一看电文,倒抽一口冷气,觉得事关重大,不敢随便决断,于是叫梁士诒通知赵秉钧、冯国璋、段祺瑞、段芝贵四人前来秘密商量如何处置黎电,是否对革命功勋之人张振武下手。

段芝贵一听就脱口而出:“要杀前度帮助自己上台的革命之士,黎元洪是疯了吧!”

其他人也表示怀疑:“是不是有人打着黎元洪名义来杀张振武?”

有了疑问,并且疑问得叫人难以置信。梁士诒于是说:“还是等一等,再去一电报问问,是否确是黎元洪本人的意思。”

15 日,袁世凯接到了武昌副总统办公室的复电,回复说确属黎本人主意。于是袁世凯决定逮捕张、方两人,立即予以正法。他书写的命令为:“查张振武既经立功于前,自应始终策励,以成全之,乃披阅黎副总统电陈各节,竟渝初心,反对建设,破坏共和,以及方维同恶相济,本大总统一再思维,诚如副总统所谓爱既不能,忍又不可,若事容忍,何以慰烈士之灵魂?不得已即着步军统领、军政执法处总长遵照办理。”

袁世凯在命令中加上“遵照办理”,暗示杀张、方二人只是应黎元洪之请。他为什么心甘情愿当“傻瓜”黎元洪的杀手，还把自己当棋子使的昏庸之事公之于众呢？关键的是，张振武等革命党就是他们的共同政敌，既能杀了政敌以一儆百，又自己不背恶名，何乐而不为呢？袁世凯的计策是：将计就计，杀了张振武，然后把屎盆子再扣到他黎元洪的头上。

自以为最聪明其实就是最傻

两人真是魔高一尺，道高一丈的“大智慧比拼”。然而，在这场“斗智”大戏中，最傻的就是自以为比黎元洪聪明一万倍的张振武。

他做梦也想不到自己已死到临头了。

14 日，他在北京德昌饭店请客，大宴同盟会和共和党要人。在酒筵中，他还慷慨激昂地发表演说，要去调和各党派别之争，大有此来北京要大显身手的雄心。

15 日晚 6 时，河南革命军首领、现任京师军警督察副处长的王天纵宴集北方军人及湖南来京将校。张振武赴宴后，当晚 8 时又和湖北将校再作主人，在六国饭店设饭局，宴请北洋派重要将领，姜桂题、段芝贵等均出席、在座。

知情人段芝贵已获知处决张振武等人的密令，一席未终就说：“我有点小事告辞。”

他一走，其余的人也纷纷退席。

此刻危险正向着浑然不觉的张振武走来。他还在六国饭店里“潇洒”，直到晚 10 时左右，才乘坐马车离开六国饭店。

华灯下，六国饭店跑出来三辆马车。张振武的老表、前江西协统冯君乘坐的马车在前，张振武的马车居中，湖北参议员时功玖的马车殿后。冯君的马车跑到大清门栅栏时，两旁已埋伏了绊马索。马车一到，绳子就起，缠住马蹄，伏兵四起，首先把摔在地上的冯君胡乱地扭起来，绑了。冯君惊惶失措地问：“为什么事绑我？”

一个军官走过来问道：“你是不是姓张？”

冯君说：“我不姓张，我姓冯。”

军官连声说：“错了错了。”下令士兵解开绳子。

冯君已受轻微伤，只能自认倒霉，走人了。

放了冯君,张振武的马车就接着到达了栅门门前。栅门已关,士兵见他来了,立即冲上去,有的用指挥刀斫马车玻璃,有的动手抓人,把张振武硬是拖下车,用绳索绑了。他的随从和车夫也被捉了起来。众人被大车解送到西单牌楼玉皇阁的军政执法处。

另一"要犯"方维在一个小时前也被抓捕,很快也押到了玉皇阁军政执法处。

军政执法处处长陆建章出来,亲自见"革命功勋"张振武。他亲自为张振武解开绳子后,说:"坐下说话。"

因为都是政府的人,且地位不低,彼此见面,还说了几句寒暄话语。张振武很生气,突然抬头,见自己的马车夫也被绑着,对陆建章说:"我不知我为何被捕,我的马车夫与我毫无关系,应该先释放。"

陆建章立即下令说:"释放。"

然后,张振武向他要了纸笔,写了一封短信,说:"请交给在北京的邓玉麟。"

南北议和后,邓玉麟作为南方九省代表之一常驻北京。袁世凯上台后,他以陆军中将的身份担任总统府高级顾问。在信中,张振武略云:弟忽被大总统之军队所缚,不知是死是活,请兄为我分明,身边未有分文,请兄为我设法。末尾,他还并请邓照顾他的随从和家属。陆建章没拒绝,接过后立即说:"交人送去十二条胡同邓寓。"

接着,张振武又发现自己部分家人也被绑在这里,又对陆建章说:"我的家人请开释。"

陆建章也照办。

最后,张振武问陆建章:"我究竟犯了什么罪?你根据什么法律逮捕我?"

陆建章没回答,只是笑着把黎元洪的电报递给了他。张振武看完后,气得满脸通红,大声说:"胡说!胡说!我要找大总统!"

陆建章又把大总统袁世凯的命令给他。张振武看了,更加愤慨,说:"死吧!看你们能横行多久。"随手把命令交给押在一起的方维。

方维看了,也很气愤,似乎被绑坏了脑子,居然还说:"死好了!"

既然两人都喊要死,陆建章于是一挥手,执刑的刽子手立即上来了。张振武说:"不许捆绑!"于是挺着身子,"啪啪",中了两枪,一枪打中腹肚,一枪打中肩,倒地而死。

方维也是挨了两枪才死。

开国元勋就这样稀里糊涂地喊着“死吧”死了。

这个时代需要这样的革命志士,但这个社会又容不下这样的志士。张振武被杀的消息当夜就传出去了,湖北旅京人士大为惊讶,立即激动起来。次日清早8时,孙武、邓玉麟、刘成禺、张伯烈、张大昕、哈汉章、时功玖等人同赴袁世凯的总统府质问。袁世凯闻讯,亲自出来接见大家,并且说:“这件事我很抱歉,但经过情形诸君应当都已知道了。我是根据黎副总统的来电办理。我明知道对不住湖北人,天下人必定会骂我,但我无法去救他们的命啊!”

袁世凯把责任全部推到黎元洪身上,好像他这个大总统是给副总统听差的。

孙武等人知道袁世凯没说谎,确是黎元洪的主意,只好忿忿退出总统府,前往张、方停灵的长椿寺,然后狐死兔悲地抚棺大恸。

祭拜完后,众人又去金台馆抚慰张振武的家属,商量治丧事宜。最后,一起到哈汉章家开会,当场决定三项办法:

(1)致电黎元洪质问;

(2)以军令中有陆军总长段祺瑞署名,拟弹劾段;

(3)由湖北同乡提出质问书,公开质问张案。

杀了张振武,袁世凯也来个“丧事喜办”,冒充好人。16日,他宣布以大将军规格“礼葬”张振武,且给予3000块大洋赙仪。同日,北京陆军部电复黎元洪:“奉大总统令:真电悉。张振武起义有功,固当曲予优容,宽其小眚;乃复蛊惑军士,勾结土匪,破坏共和,昌言不轨,实属扰乱大局,为民国之公敌。踌躇再四,未便加以宽典,留此元憝,贻害地方,已饬步军统领,军政执法处将张振武并同恶共济之方维查拿,即按军法惩办。此外随行诸人,已饬酌给川资,俾归乡里,以免株连。副总统为保全治安起见,自有万不得已之苦衷,杜渐防微,为民除害,足以昭示天下,所请处分,应勿庸议。等因,相应奉达。”

北京当局既然“丧事喜办”,又说是“为民除害”,又罚又奖,矛盾百出,考验着人们的智商。

“三武”之一武就这么稀里糊涂走了,孙武因为和张振武有旧怨,张振武来京就被杀,他本人现在活生生地恰好也在北京,生怕外人怀疑他也参与此事,自己给自己惹麻烦,困扰得很。而刘成禺、郑万瞻刚应黎元洪之邀返回湖北调解张、孙交恶之事,且是劝张来北京的说客,张案发生后,怕背卖友之名,尤其愤慨。作为革命党娘家的同盟会对这个政治血案也出了面,领头人之一黄兴放出了第一炮,通电谴责政府用不正当手段擅杀有大功之人。孙武和蒋翊武跑去面见袁世凯,要求给他们“革命免死券”,免得也遭张振武的下场,随即“二武”双双辞去总统府顾问职,带着“年轻的遗憾”“告老还乡”了。

点起火会烧人

8 月 19 日,参议院召开会议。议员们对血案提出质问,要求政府把张、方的谋反证据拿出来。刘成禺先就质问要求做一个说明,议长制止说:“质问不必说明。”

刘成禺说:“今日之事不比寻常质问,必须说明。”于是痛快淋漓地来了一次激烈演说。

演说非常成功。参加过武昌起义的张伯烈听得带头嚎啕大哭,全院震动。院内一直“晃悠着参政”的议员们这才知道张案如此严重,重视起来。质问了一天,大家作出了一个结论:通知国务院总理于明日前来出席,报告张案经过。

国务院总理是陆征祥。他这个总理当得十分窝囊,也万分窝心,一直被参议院看不起、折腾。前不久,他才几经艰难勉强通过内阁名单,不料没一个月就发生杀张振武案,满天下风雨。杀张时,他恰巧装病住进了法国医院,杀张振武是袁世凯下的军令。参议院大吵大闹,国务总理也总不能装聋作哑。陆征祥在议院不同意其内阁名单时就要辞职,现在张案发生了,矛头又指向了没有副署的他,于是在医院干脆正式辞职。但他先交了个请假单,说准备请病假五日,再交辞呈,五日假满后正式辞职。谁知他的秘书长贪恋现在权位,只替他交了请假单,而没递辞呈。这样,他的“回避”没有得逞。

8 月 20 日,参议院再开会讨论张案。陆总理还躲在医院硬是不出来。袁世凯不得不自己指使政府发表第一次答辩书,含含糊糊地说:此事关系重大,系根据黎副总统密电处理,牵涉的人和事都极重大,不仅关系湖北省的安危,而且牵涉国家安全,其中有不少不能说的军事秘密,等等。

议员们对这样的“答辩”自然极为不满,说:“什么答辩,完全是耍猴啊!”因为被当猴子戏耍了，愤慨程度比前日更加厉害。有的议员由于太激动，甚至不顾身份拿出骂街的本事在参议院开骂，骂凶手，骂政府，骂幕后大佬，甚至骂体制、骂司法。最后，参议院决定由议会作出决定，催促陆军总长段祺瑞于明日出席参议院，并报告张案经过。

这又出现一个新问题。临时约法上没言明大总统军令要国务总理副署。前总理唐绍仪就是因为要这个副署权才辞职，说袁世凯签署没有副署的命令违反约法。这次袁世凯把军令交由陆军总长段祺瑞执行，没有任何人副署，段祺瑞算不算也跟着违反了约法呢？21日早，段祺瑞带着这个担心，向袁世凯请示出不出席。

袁世凯说："我没有意见，你自己决定吧。"

"我去，我不怕！"一贯强势的"强人"段祺瑞说。

可他离开总统府后，左思右想，还是不敢去：这些议员不是普通老百姓，仗着头顶上的议员帽敢打敢闹，多一事不少一事，何苦去惹这马蜂窝，自己找骂呢?！他不去，袁世凯只好改派法制局长施愚拿着第二次答辩书前去参议院。

施愚一登场，立即遭到"炮轰"。刘成禺站起来，点着他的头痛骂："你是法制局长，你说说看，杀张是根据什么法律？你们简直是强盗！施愚你真是愚不可及！"

施愚，这个名字是父母起的，现在被当了怒骂呵斥的借辞。他立即不"愚"下去，立即把答辩书交出，就退席而去。众人接过答辩书一看，袁世凯只强调黎副总统报告张振武叛变，罪行重大，所以杀了。既然罪行这么大，那就公布证据呀！袁世凯也想到了这一点，可偏偏没证据而只是说：和黎副总统商量选择一些可发表的证据来发表，但今日黎的回电未到，因此没有详细资料可发表，即使叫某位国务成员列席报告，能发表的也只是和前次答辩书一样，本大总统为尊重立法机关不敢敷衍搪塞，故仍请贵院等黎副总统复电到达后再行答复。

参议院两次质问，袁政府提出了两次答辩，完全是打太极，折腾忽悠，真相还是零。参议院认为完全不能满意，于是决定提出弹劾案，对大小当事人问责。

袁世凯 hold 不住了。下午4时，他邀请湖北籍议员刘成禺等四人前往总统府密谈。在密谈中，袁世凯仍强调张案的发生起因于湖北，完全是依照黎元洪副总统的意思办的，与自己无关，继续把火烧向黎元洪，企图赶他下副总统的台。

这样的谈话不是釜底抽薪，而是加柴添火。

8月22日，参议院全院举行谈话会。因为弹劾，议员们又分为两派，一派主张弹劾且必须弹劾政府全体人员,每个人都负连带责任;一派主张只弹劾陆征祥和段祺瑞。双方吵得不可开交。火越烧越旺。

黎元洪把张振武“一锅端”了,还不曾自己出面,正为自己借刀杀人的“聪明”一招庆幸时,没料到这把大火被更狡猾的袁世凯越烧越大,只要问责弹劾正式展开,他这个最后的黑手就一定跑不掉,火完全烧回自己身上。这时媒体攻势早已经展开。南北报纸连篇累帧,相互对骂,但总的来说,舆论还是对黎元洪不利,说此老实人不老实,此忠厚人不忠厚,完全损坏黎元洪一贯苦心树立起来的正面形象。黎元洪这才明白自己魔高一尺,袁世凯道高一丈,料不到地被老奸巨猾的袁项城暗算了,可哑巴吃黄连,有苦说不出口。参议院别的事情不干,天天为着这事儿闹,纠缠不放,黎元洪陷入舆论的漩涡中心,越折腾越下不了台。怎么办?“忠厚”的黎元洪没有采取“你们逼死俺,俺也不让你们活”的极端措施,而是去躲、去退,于是立即宣布辞职,一走了之。

最是厉害的一招

辞职就辞职吧,黎元洪把这副总统、都督当成自家的私物,“举黄兴以自代”,也就是说,我黎元洪下了,就让黄兴接替顶上。他在官场腾挪术堪称一绝。

孰不知就是这一招最是厉害,居然让他起死回生。

黄兴自从汉阳一战大败,名声在湖北早臭了,和武昌方面的人处得很坏,坏到了何等程序,谁也想象不到,只有两边卖乖的黎元洪知道。现在他举黄兴为湖北都督,黄兴既不会来,也不敢来,就是挡不住诱惑敢来,湖北那些“九头鸟”就会群起攻之,像过街老鼠一般喊打。因此,这推举等于是脱裤子放屁“多此一举”。果然,黎元洪的辞职电一发出,“湖北全体士民”马上就发出通电,痛责参议院,并请“坚留黎公”。

黎元洪要走,黄兴要来,湖北上下几乎就要倒撑天柱了,慌神了。省军界大佬们像接力赛一样替黎元洪撑场,给参议院发出“诘责函”,措辞极为凌厉地呵斥说:“同人隶属军界,严守法律,当不敢干预政治。自起义以来,无论贵议院若何昏喷,若何荒谬,非属军事概不发言。但天下兴亡,匹夫有责,此次振武本以军人判决军法，为民除害，职分应然。同人粗鲁武夫，但知有国不知有其他，贵议员如必欲弹劾，请将梗电所驳各款，限于电到24点钟内逐一答复。同人如有一字之误，刀锯斧钺悉加同人；贵议员如有一字之诬，刀锯斧钺亦必当有受之者。不然，贵议员无理取闹，借端复仇，是欲因个人密切关系陷我国于危地。同人具有天良，不能容振武余党，靦然为吾鄂代表，无怪同人严重对待也，相见不远，当其勗哉！"

这段文字杀气腾腾，拔刀行凶之状跃然纸上。

其实，参议院主要就是几个湖北籍议员在起哄，一看"家乡军界"对自己如此恼火，生怕回家没人招待，更怕遭人"勗哉"，原来气势汹汹的诸"九头鸟"一个个立即收翅膀，缩头。他们一缩头，其他议员纷纷说："九头鸟飞回去了，我们还折腾个啥，回家去吧！"

议员们一贯是吃饱了撑的没事干，有一茬儿没一茬儿的瞎折腾，正事儿不认真，歪事儿使劲闹，主要是为赚吃喝，吃喝赚够了就散伙。这次也一样，没有例外，参议院居然突然之间对张案熄火了，举起的弹劾大棒没有落下，棒子自己就断了。

他们熄了火，"革命大佬"黄兴又冲出来，举棒喊打了。

在张案发生前，他本准备随孙中山应袁世凯之邀一同入京。正在筹备时，张案发生，黄兴认为张振武是革命党，袁世凯任意诛戮首义之人就是打压革命势力，不安好心。是可忍孰不可忍，他接连致电袁世凯，进行严词诘责。

黄兴终究是"民国大佬中的老三"，一再为张案抗议，鸣不平，袁世凯很不安，生怕他折腾来折腾去没把黎元洪打着反打到自己头上。不过，对付黄兴这样与自己较量的"常败将军"，他倒是不费吹灰之力，眉头一皱计上心来，随即叫人伪造了一封张振武被杀前写给黄兴"未发出的信"，信中还多余地添加上一句话："承嘱杀元洪事，已布置周密。"然后，利用自己控制的报纸把这个伪证捅了出去。

记者就是"妓者"，收了钱就胡说乱写。随后，各地收了钱的大报小报推波助澜，绘声绘色地说黄兴曾在月中去过武汉，目的就是部署杀黎元洪。黄和张早就暗中有勾结，狼狈为奸，政府在对张行刑前就搜到了证据，只不过引而不发而已。黄兴虽然性格暴躁，但为人正直，也视正直为做人的根本，突然得悉自己"被卷入"了张案，并且还是主犯中的主犯，猝不及防，极为气愤。8月27日，他致电北京政府要求袁世凯对此事件"勿徇勿隐，彻底查办"，并声明："如兴果与张案有涉，甘受法庭裁判，如或由小人从中诬陷入罪，亦请按反坐律究办。"

黄兴尽管言辞凿凿，在媒体的渲染下却成了有污点之人。他的好友、同盟会会员于右任、姚雨平、胡瑛、陈陶怡等人愤愤不已，一致联名致电袁世凯，要求大总统“特派公正专员彻查严究”。电文言辞极为愤慨，一个意思：就是相信黄兴不会干这样的卑劣政客事儿，要还他一个“清白”。

黄兴等人忙于撇清自己的清白，哪还顾得上张振武冤情？叫叫嚷嚷着，孰不知完全中了袁世凯“调虎离山”之计，又上了当。

就在他们为自己叫屈时，已经北上的孙中山发来一个电报，说他在天津时北京总统府一秘书曾去晋见他，告诉说袁世凯准备陷害黄兴。黄兴接到孙中山的电报，立刻去电质问袁世凯。袁世凯不仅否认有其事，还否认总统府有过这样一位秘书，且在电文中对黄兴大加推崇、吹捧说：“克强先生奔走国事数十年，共和告成，亟谋统一，取消留守，功成身退，日夜望中央政府臻于巩固，使中华民国不复动摇，其光明磊落，一片血诚，中外咸知，人天同感。”

黄兴本来是仗义声言，差点惹火烧身，被袁世凯这么一捧，自己的功德除了“人”之外，没有生命的“天”都感受到了，有多大的气能不散呢？哪里还去管这个死去的张振武？再次中了他的计，像当初逼迫孙中山放弃临时大总统一样，再当了彻头彻尾的“投降派”。

两只高高举起的大棒被袁世凯和黎元洪的化骨绵掌化于无形了。随即，袁世凯否决了黎元洪的辞呈。

这一事件，他只是教训了黎元洪一顿：我袁世凯也不是好惹的，去给你当枪手，你还嫩点，没这么容易，敢于再折腾，就撸你下台去。

这场杀人风波吵吵闹闹一场，终因袁世凯的推脱搪塞和黎元洪的撒娇使赖变得风平浪静。报纸的记者们收了钱，见事情奇迹般地自生自灭了，也没了兴趣去嚷嚷。这桩“开国第一大冤案”随着时间的消磨就这样不了了之。

这一次黎元洪又用他那独特的“忠厚”风格演绎了一段“傻人有傻福”续集，使得那“傻人有傻福”的传奇得以延续，革命党的妥协行动也继续进行。但张振武被杀开了民国“杀人政治”和制造血案的先例，虽然惹起轩然大波不了了之了，但无形中给袁世凯等人增加了杀戮勇气。不久，他们就刺杀了国民党(原同盟会)另一大佬宋教仁，给一贯搞妥协的国民党人再次深深地上了一堂“血课”，“二次革命”失败后，袁世凯最终把黄兴等关键时刻搞妥协的革命党人赶出了中国。这是后话。

经过这次杀人风波，黎元洪无论是在湖北还是在民国军政两界的地位反而因为对手的失败而更加巩固了。在官场上，非歪不通，非潜不能，难敌官场潜对手时只有厚黑或可以“救赎自己”，扭转不利的颓势。黎元洪杀张振武便是如此。虽然冒了风险，但成功的收获完全与风险成正比，黎元洪地位的巩固完全证明他在官场上的“不傻”，何时出手、何时缩手，进退自如，火候掌握得相当的准确——完全是“大智”。

09.

斗不过袁世凯

“忽悠”就能获得民心

在民国两大总统之间，与黎元洪的“大愚”相比，袁世凯完全是“大智”。这次张案他巧妙地如此一拨弄，把屎盆子有意往黎元洪头上一倒，火就往黎元洪身上引，随后又巧妙一招，刹住黄兴等人的火，把就要臭死或烧死的黎元洪拉了出来。他这么做，不是心突然向善了，而是要逼黎元洪这位“老实人”向自己输诚，主动往自己这个利益集团靠过来，扭成一股绳，再去共分民国这块大肥肉。

袁世凯对黎元洪一打一拉，不是看中了黎元洪什么本事，而是看中了他身后所代表的那一股日渐强大的“新兴势力”。

黎元洪在民国初年大有市场，完全出自他的“憨厚”和“大愚”。民国初年几乎所有高层人士都有发通电时髦，并且一发还上瘾，动不动就来一个几千字的通电，而黎元洪也是其中最时髦的人物之一，发通电多不说，还最酸最文，最能迎合一般人心。为什么？民国成立了，各省军阀还在争城夺地，你打我杀，有些省继续招兵买马，日日练兵，到处弥漫一股杀戮之气。而人心却向往和平。黎元洪的“憨厚”就在于能经常发出许多迎合人心的如“吁请息争，以苏民困”的骈文长电。他发长文，也不过是炒作一下自己而已,并不问谁是谁非,也不提出具体的仲裁意见或解决纠纷的办法,只是一味地堆砌那些四六排联的字句,喊着"要以民为重"、"要团结不要再战"等等靓词丽句。每遇时局严重时,他还发出必有什么"三危"、"四亡"、"六哭"、"十害"的长电,最后必是"垂涕而道"、"泥首以请"结尾。而这个时代也是浮躁的时代。每逢这些电文出现在媒体,人们不研究电文内容和具体主张,只是一个感觉:黎副总统是个天大的好人,一不愿流血,二不喜欢纷乱,三文章又好。

其实,这些妙文不是黎元洪写的,他也写不出来,全是他的大笔杆子饶汉祥堆砌的大块骈文。

只要是他的这些电文一出,多数人从报纸上看到,几乎都是似懂非懂,甚至根本不懂,但都跟着一味地喝彩,像无头苍蝇一样叫好。这种来自基层的喝彩也时常引起上层的注意。

袁世凯发觉黎元洪这一招特别受到民众欢迎,凡黎发出通电,他必进行回应,黎元洪"三危"、"四亡"、"六哭"、"十害"和"垂涕而道"、"泥首以请",他就用"苦口婆心"、"仁人之言"、"实获我心"、"永拜嘉言"之类的字眼,两位大总统一唱一和。

黎元洪深得人心。而这时没了主子的君主立宪派正需要捧一个能出面的领头大哥,在择优选贤过程中,认为黎元洪能做到说得最好,又不中要害,且老百姓还喜欢,最合领袖条件;并且他既是开国元勋,又不是革命党,虽然红红紫紫,却不如袁世凯和北洋派有势力,正好捧他出来。黎元洪从一个旅长出身,势力也不强,也极其需要一班子人马,于是半推半就地走上北洋派和同盟会以外的第三势力大哥宝座。

对第三股势力,袁世凯懂得运用,极力拉拢他;革命党不来这套,甚至还瞧不起"小黎子"。在北洋派和革命党两大势力之间选择时,作为第三派,黎元洪自然倾向袁世凯。因此,革命党的败局成了必然。

"德政"最怕时间考验

张振武被杀之后,湖北革命党人如胡秉柯、田桐、杨时杰、居正、白逾桓等人不服气,在武汉反黎。黎元洪对他们进行排斥、打压,有的给钱让他们退伍,有的保送到外国留学，有的调去北京当闲差，和稀泥不成的，干脆杀掉。还有一些长期在湖北、根基深的首要分子杀不能杀，赶赶不走的，消极一点的，还让在武汉暂住，积极一点的，就加上有“二次革命”嫌疑的帽子派人监视，让他们出不得门。接着，他以裁军为名，使武昌首义建立起来的湖北八个师全部化为乌有。黎元洪的倒行逆施，引起湖北革命党的反抗。时间一长，那些刮地皮的“德政”纷纷露出馅，不少当地人看穿其中巧取豪夺的“玄机”而怒火冲天，说：“黎元洪也没走出‘官越大、人越坏’的怪圈。”于是，全省上下掀起反黎运动。

在和平年代，黎元洪的处境反而变得异常困难了。

这时候如果玩“走”术，那就真的一了百了了。他借口维持湖北秩序，请袁世凯派北洋军精锐进入湖北，为自己控盘进行武力准备。

但是，枭雄袁世凯并不是能力平平的他左右得了的。

1913 年冬季，袁世凯认为时机已到，密派段祺瑞率部前去湖北。段祺瑞来到武昌，就去都督府，对黎元洪说：“大总统要副总统即刻到北京议事。”

眼看来了援兵，黎元洪正准备在湖北顾盼自雄，一听这话，当场就傻了眼！“最不聪明”的他此刻也明白这是“厚黑高手”袁世凯的调虎离山之计。他虽不愿离开武昌，但段祺瑞带兵来了，不走就抓人，没办法了，只得轻装带着家眷和少数随从去北京“议事”。

离开湖北前，他没忘记那个发电报的时髦，给袁世凯拍了一封电报说：“大总统英明神武，中外倾心，党见日以消弭，政权日以巩固，中央实行统一，地方渐就范围，普海人民，涣然冰释。”电报照例“四言”加“六言”，对袁世凯拍了一通马屁。

谁知袁世凯可不是拍通马屁就可以改变主意的主儿，到了北京后，黎元洪和全家就被安排住在当年囚禁光绪皇帝的中南海瀛台。黎元洪万万没料到自己居然作了“光绪第二”，有苦说不出。

好在袁世凯还是没把事情做绝，他还是副总统，不久还让他兼了参政院院长。尽管如此，黎元洪每日除散步、读书、阅报、写字外，无公可办。而不做事，月薪却高达五万元大洋，民国第二高薪，人生拼搏为了啥？当大总统不也就是为了钱吗？黎元洪先有些不习惯，没多久一通百通，倒也乐得其所。人生难得的是“明白”二字，“明白”了自己到底要的是啥，就当着袁世凯的傀儡，也不在乎，无所谓了。

但是，与袁世凯打交道，并不是一件容易的事情。你不惹他，他却惹你。

1914年春节到了。一日,袁世凯请黎元洪一家到居仁堂作客。

黎元洪全家到了袁府。寒暄几句,袁世凯就把儿子、女儿都叫出来,见过面,他对黎元洪说:“我们两家要交换,你给我一个女儿做儿媳,我也给你一个。”

黎元洪一怔,随即明白他是要结儿女亲家,于是回答说:“我先给你一个吧!要哪一个?”

“只要是黎家的女儿就行。”袁世凯说。

黎元洪只好决定以二女儿黎绍芳许配给袁世凯的九公子袁克久,两人就此结成亲家。

黎绍芳才八岁,折腾的完全是还得等候十几年的娃娃亲。

女儿还是个不懂事的孩子,去一趟袁家,就有了老公。一回到瀛台的家里,夫人吴敬君就发脾气,对这桩婚事非常不满,说:“老爹这么坏,小崽子也好不了多少,你是害我女儿。”

黎元洪何尝不知,说:“没办法!这是政治婚姻,不然他不会和我合作。”

“你和他合作什么?你说我们少了金子还是少了银子?居然还要卖女儿!”吴敬君坚决不同意这桩“卖女合作”。

结果,两人多年患难过的和睦夫妻竟因此失和,一月之内互不理睬,以后就好像成了陌路人。

不久,袁家来人要八字合婚。黎元洪哪里知道?去问吴夫人。她闭口不说。黎元洪没办法,后来从老弟嫂口中才探听出女儿的八字。订婚时,吴夫人也不出来招待亲友宾客,经众人一再劝解,才勉强出了房门应付几下,又回房去了。

虽然是大总统和副总统两大家族结亲嫁女,在财产上也如寻常人家一样斤斤计较。袁家有的是用不完的钱财,送来黎家的聘礼却和袁世凯为人一样——“太狡猾了”——吃的东西多,值钱能用的东西少,就几匹绸缎,一点首饰。一般贵富人家常用的翡翠、珍珠、钻石,一件都没有。祸根还在后头。订婚时八岁的黎绍芳什么也不懂,长大后受母亲的影响,对婚事很不满意,于是终日闷闷不乐,精神抑郁。

长大后,她在南开大学预科只读了一年,看到其他同学谈情说爱,联系自己的娃娃亲就受不了,不得不退学呆在家中,从此更加抑郁,精神开始失常。黎元洪去世后,1930年,她才嫁给袁克久。这一次,黎家也是以牙还牙,迎娶前一日过嫁妆,除了吃的,没几件宝贝。当夜,厉害的袁母把陪嫁过来的箱笼全部打开,一一过目,见嫁妆不丰，非常不高兴。婚后一年多一点，袁克久就纳妾，把黎绍芳送进了北京的疯人院。这是后话。

袁世凯为啥要两家结娃娃亲，自然是另有目的。他与黎元洪联姻，为着实现自己家天下的政治目标。因为他正在准备帝制，企图以婚姻关系把黎元洪捆绑在一起，免得他到时反对。

"大智"与"大愚"的碰撞

但袁世凯这样强买强卖的儿女婚姻能如愿吗？袁世凯的"大智"撞上黎元洪的"大愚"，用这种最世俗最简便的方式就能套住黎元洪且能把他和自己捆绑在一起吗？施展出的"大智"能有"大收获"吗？

1915 年 11 月 20 日，袁世凯张罗的国民大会代表以 1993 张"全票通过"恢复君主立宪制国体，推选袁世凯为中华帝国皇帝。

12 月 15 日，袁世凯以皇帝名义册封黎元洪为"武义亲王"，然后命二儿子袁克文率领一批喽啰，敲锣打鼓，扛着"武义亲王"金字匾去瀛台。锣鼓声惊动了无事可做的黎元洪，闻声走出门观看。孰不知袁老二老远见着他，快步向前跪下说："遵父命给大叔道喜。"

"道喜？"

"恭喜大叔为中华帝国武义亲王！"

黎元洪说："我没打过几仗，这样的册封，受不起。"

结果，硬不接受，兴冲冲而来的袁老二不得不带人把金匾给抬了回去。

"憨厚"的黎元洪拿出了罕见的"憨劲"了。

过了几日，帝制急先锋、筹安会大佬梁士诒带着陆征祥、阮忠枢等人又来到瀛台，向黎元洪道贺。他们才敲门，黎元洪就躲，急忙跑到女儿黎绍芬书房中，坐下来就急得泪流不止。黎绍芬见状，大吃一惊，问道："爹你哭什么啊？"

黎元洪良久不语，最后才慢慢站起来，痛苦地说："他们逼我，人来了，总得见啊。"

他一进会客厅的门，几人立即跪下，并且高呼："王爷！"

黎元洪变色地喝道:“你们不要骂我!”

可是,这时陆征祥却拉开嗓子开始大声宣读几人写好的贺词了。黎元洪气得脸色发青,指着大厅的一个柱子说:“你们如再逼我,就撞死在这里。”

老实人一发怒,比一般人生气更可怕。几人生怕“傻头傻脑”的黎元洪说到做到,真闹出人命。梁士诒立即说:“子欣(陆征祥字)打住,打住!”

然后,几个人耷拉着脑袋,灰溜溜地离去。

海军总长刘冠雄也是筹安会的人物,与海军出身的黎元洪有着扯不断的关系。他的儿子结婚时,一直以海军自居的黎元洪派大女儿黎绍芬去道喜。她一去,在场的人都脸露喜色地喊着说:“亲王格格来了!亲王格格来了!”

满族称女儿为格格。黎绍芬很生气,饭也没吃,就走人了。

回家后,她这把事告诉父亲。黎元洪生气地说:“可恶!”

随后,袁世凯又派政事堂左丞杨士琦前去游说黎元洪。他来到瀛台门口,对门房说:“我有事求见武义亲王。”

门房一听这“武义亲王”,就知道了他的把戏,大声斥责他说:“这是中华民国副总统公邸,不是什么武义亲王府!”说完,把门“哐当”一关。

杨士琦哪受过这般侮辱?吃了闭门羹,没办法,也只能灰溜溜地回去。

黎元洪不是完人,自然有可以攻破的缺口。袁世凯知道他生性爱财,于是派人挑着箩筐,送来三万块大洋,说是武义亲王的俸禄,结果还被门房拒绝。袁世凯说:“一次不行就去第二次,我就不信他不爱钱!”

可是,黎元洪也是有血性的男人,这次他就像犯犟了似的,三万大洋,七八箩筐,送了三次,都被门房挡在门外。

袁世凯没有办法,只好派“革命同志”孙武去劝说黎元洪。当孙武说起“武义亲王”这事儿时,黎元洪故意闭着眼睛,好像在“想问题”。过了好久,孙武见他眼睛还不睁开,忍不住说:“哎,哎,和你说话,你怎么睡觉呢!”

黎元洪这才睁开眼睛说:“想一想辛亥首义的那些先烈吧。”

孙武面红耳赤地走了。

12 月 19 日,袁世凯以政事堂“下命令”的方式,派礼官及九门提督江朝宗再次扛着“武义亲王”金匾送往黎宅。黎元洪仍然拒绝接受,还从此闭门谢客。

1916 年元旦,袁世凯登基称帝,黎元洪蜗居在瀛台,没有任何的动静。

谁都以为黎元洪的政治前途就此夭折了。

黎元洪的犟,却成了笑到最后的大赢家。袁世凯折腾83日,称帝终于失败,好端端的一个人居然活活被气死。6月6日,袁家派人前来瀛台报丧。黎元洪又怀疑袁世凯要什么阴谋或诡计要来加害自己,不敢去吊丧,于是派15岁的大女儿李绍芬为代表前去探丧。

行前,黎元洪交代女儿说:"看看袁家有人穿孝没有,棺材停在什么地方?"

李绍芬不知个中内幕,去了后,就跑回来报告说:"袁世凯尸体停在怀仁堂,盖黄缎陀罗经被,还没入殓。袁家的男女都穿孝了。"

黎元洪这才相信"老匹夫"袁世凯是真的死了。

袁世凯装殓后,黎元洪准备带两名卫士去总统府后金匮石屋取袁世凯生前留下的总统继任人选名单。有人提醒他说:"要注意啊,怕石屋附近埋有炸弹,遭陷害。"

在一旁边的黎绍芬听到这话,很好奇,也跟随在他们身后。黎元洪见着,立即斥责她:"你跟着做什么?!"

但黎绍芬还是暗中尾随,远远地,只见他们从石屋取出一红色硬纸卷,急匆匆地走回吴夫人房中。

她也跟着进去,只见白底黑字的纸上列着黎元洪、段祺瑞、徐世昌三个名字,作为袁世凯死后的大总统候选人,第一名便是黎元洪,她立即说:"第一个名字是你,当然是你应该做大总统!"

黎元洪说:"副总统当然继任大总统。"

但是,强人段祺瑞也想当大总统。结果,黎元洪、段祺瑞、徐世昌三人一碰头,一番斗智,黎元洪又输了,第一候选人的大总统宝座活生生被段祺瑞抢去。当年是他带着部队到武昌,抢走自己的湖北都督和地盘,弄得自己在瀛台当"光绪第二";时隔三年,他又抢走本该属于自己的大总统,黎元洪真是欲哭无泪。正当他对段祺瑞恨得咬牙切齿的时候,突然段祺瑞来电话了,说:"宋卿副总统就继任大总统吧!"

这让黎元洪喜出望外,放下话筒后,忍不住攥紧拳头,抬起头,长叹了一声:"老天啊!"

原来段祺瑞左右权衡,觉得大总统是只烫手芋头,自己拿了吃不消,和徐世昌商量后便让出来。于是,黎元洪以副总统继任大总统,段祺瑞为国务总理。

不到四年时间,黎元洪便由大清三品官成为中国民国大总统,老天爷真够给力!

10.
斗不过段祺瑞

应付跑官有独门秘笈

中国的一个问题是:人太复杂,官场太艰险。这在袁世凯后时代的政坛更加明显。

这时民国一切实权都操之于北京政府的实际控制者段祺瑞手中,黎元洪虽是大总统,其实还是和袁世凯时代差不多,形同傀儡。但是,他终究是名义上的大总统了,就在他的默默忍耐中,身边很快又聚集一股新势力。

那就是当初倒黎最厉害的议会议员们。

1913年,袁世凯为了当皇帝,借故突然下令把爱折腾的国会议院、参院给解散了。之后,议员们就像丢了家园似的没了依靠,不得不到处颠沛流离,在流浪中,没了地位,没了特权,没了俸禄,没了饭碗,日子苦得不能再苦。吃独食的"独夫民贼袁世凯"终于死了,段祺瑞和黎元洪上台后收拾烂摊子,不得不宣布恢复国会。这些议员都是"人精",经过这两三年颠沛流离的困苦生活,复职之后,痛定思痛,诸公都觉得以前那么凡事较劲儿,完全是榆木疙瘩脑袋自找苦吃,除了活该外,教训尤为深刻:这议员并不保险,要想生活好,职场上吊死在一棵树上完全失策,还得另找门路,也就是说,必须转投大树。于是纷纷把头上那顶议员头衔作为进官阶梯,四处寻找可依靠的政要和高官。其中,政学会的议员们脑子想得最清楚,张绍曾、谷钟秀、杨永泰、文群等人终日结驷联骑,奔走在黎、段之门,跑官要官。

政学会不过是个政治小团体，是从国民党内部分化出来的。他们这伙人分出来的原因，很简单，就是因为觉得挂着国民党这块招牌在民国作官很不利，处处遭袁世凯之流打压，于是脱离国民党自成了一派。现在复职了，这些人拼命投靠、寻找主子，由于跑官要官太露骨，一时之间，京师流行说："政学会分子无一例外个个都是官迷。"

官迷就官迷吧，脚在我自己腿上，你还能拖住我不跑？他们反而跑得更欢了。但对这一伙不务正业、四处跑官要官的议员群，段祺瑞开始还能敷衍应付几下，后来见他们一来就是七八人甚至十几人，成群结队，且都动不动都是抱着要做大官的宏愿，官位本来就最稀缺，资源最为紧张，自己那些北洋亲信和亲属还供不应求，哪能分给这些局外人？段祺瑞于是对这些登门求见的议员，一律给闭门羹喝，平时见着他们，也是板着脸面，冷冷的，说不上半句话就走人。

这让兴冲冲而来的议员如当头浇冷水，很是不爽，心里意见大得很。

而黎元洪则不然，对那些求官的议员来者不拒，见了面，还平易近人。难道他们见着黎大总统，就不要官了？自然会要官，但一触及这个敏感问题时，黎元洪就照例说："只要你和段总理那边商量好了，我这边绝对毫无问题。如果总理不答应，我也没办法。"然后，还补充一句解释，告诉他们说："因为现在是责任内阁制，所以这方面，我没有特权，必须听总理的。"

黎元洪这么说，把皮球推给段祺瑞，事实上还是网开了一面，力所能及地"启用"了一些议员，诸如丁佛言就是一例。此人被黎元洪启用，并非"有德"，而恰恰是"无德"。丁佛言为人粗鄙无学，浅躁无识，又不安分，遇事就喜欢兴风作浪，把好事弄砸，使坏事更坏。清末他在山东谘议局作议员时名声就臭得不能再臭。这样的人，"憨厚"的黎元洪为何要启用他？完全是他的亲信哈汉章、孙发绪等人的强力推荐，且他们偏偏看中的，就是他能把"好事办坏"的那股劲儿。

以毒攻毒的争权术

黎元洪启用丁佛言这样的恶棍，就不怕坏了自己的名声？

他此举并非是在跑官者前卖乖，给他们继续跑官的希望，而完全是为了对付

“强人段祺瑞”的需要。

这时国务院秘书长是段祺瑞的亲信徐树铮。此人难惹、难对付，也是出了名的。哈汉章、孙发绪等人怂恿黎元洪任命丁佛言为总统府秘书长，就是为了对付他。因为两人都是胆大量小，遇事从不绵里藏针，敢闯敢干，且兴风作浪有一套高超的手段。黎元洪与段祺瑞并不常见面，有事都是由各自的秘书长接洽。因此黎元洪任命丁佛言为总统府秘书长，完全是以毒攻毒，不得已而为之的没有办法的办法。

但是，这一计策，反而把事情弄糟糕。

总统府和国务院两个秘书长几乎每日都得见面，见面多了，表面的客套就都没了。两个好事之徒，便开始勾心斗角，负气逞能，折腾起来。没多久，府院之间便由两人而发生许多解释不清的“误会”。

有了矛盾，强人段祺瑞干脆独揽大权，国务会议的议事日程和议事纪录从不给大总统黎元洪看一看，仅由徐树铮口头报告一下。每次签发一个国家级别的命令，大总统常常不知什么用意，每次任用一名官员，也不知啥来历。黎元洪这大总统当得糊涂得不能再糊涂，也可以说是窝囊极了。本来他就对段祺瑞当年逼走自己、接替湖北都督之事始终没有释怀，此刻又受到“欺负”，心里窝的气越来越多。而徐树铮仗着段祺瑞的势力强，比丁佛言还骄悍，两个悍夫一拼，丁佛言的那些“地方手段”居然斗不过徐树铮“中央那一套”，大多时候处于下风。面对强人和他的“强兵”，黎元洪一时之间内心分外焦急，却一筹莫展。

他的焦虑症被亲信哈汉章、饶汉祥、金永炎、黎澍等人看了出来。他们也不甘心围着黎元洪这个大总统而被“凉拌”在权力中枢之外，受着这份“不该受”的冷落和寂寞。在他们的怂恿下，黎元洪旧仇新恨涌上来，对段祺瑞终于控制不住地要出手了。

在丁佛言的“精心谋划”下，他抢先拿出一份内阁名单，抢占“人事制高点”。

按照临时约法，国务总理由大总统提名特任，而内阁成员名单则由总理提出，与总统商量完全认可后，再由总理提交国会讨论通过。黎元洪拟出这份内阁名单，狗抓耗子，做了段祺瑞该做的事情，属于“越权”。因为是越权，他越把事情做急，边通知段祺瑞，边直接交国会讨论，让段祺瑞措手不及。

黎元洪拟的这份内阁名单为：外交总长唐绍仪，内务总长许世英，财政总长陈锦涛，陆军总长段祺瑞，海军总长程璧光，司法总长张绍曾，教育总长孙洪伊，农商总长张国淦，交通总长汪大燮。其中，唐绍仪是民国第一任总理，资望较高。丁、哈等人的这一安排是深谋远虑的，预料黎段必有交恶一日，预先拉出唐绍仪，准备将来一旦决裂，就以他来继任总理。

他们想得远，也想得全。谁知段祺瑞接到这个名单后默然不语。徐树铮坐不住，沉不住气了，心生一计，不直接对黎元洪出手，唆使皖系各省督军反对唐绍仪。段祺瑞的"老哥们"冯国璋、张勋立即领衔发出通电，列举唐绍仪历史上的"种种丑行"，全是过去卖国的"壮举"，并声明如果唐办外交，以后外交部与各国所订的条约，各省概不承认。这时唐绍仪"提前赴任"，已到了天津，看见各省的通电，立即掉头回上海，什么外长也不干了。黎元洪收到 20 多人的联名通电，才意识自己作事太轻率。

他的手下亲信们的火焰也被这一纸通电，强压下去，蔫了。黎元洪只好打电话邀请段祺瑞到总统府，一起商量内阁名单。

黎元洪这么一弄，前倨后恭，丢尽了丑。

双方重新商定了内阁成员名单：外交总长伍廷芳，内务总长孙洪伊，教育总长范源濂，农商总长谷钟秀，交通总长许世英。财政、陆军、海军、司法总长没变。双方各自插了一些自己方面的人员，平衡下来。

陈锦涛、许世英这次进入内阁，在黎元洪这里下了血本。一上任，两人就拼命捞本，随后就因贪腐案发，自己把自己送进了大狱。许世英手腕长，敢于花钱，出狱较早；而陈锦涛略微显得小气了一些，关了一年多，才被家人"捞出"。这是后话。

弄巧成拙

黎元洪当了大总统后，常常自嘲为"闯入官场的怪物"，能有今天全靠手下们捧场。因此，对哥们实行"有饭一起吃"的笼络和分享胜利果实之策。

黎元洪插手内阁撞了壁，在各省大员安排中，段祺瑞占着优势，军界完全被他控制，插不进一人，但让黎元洪最着急的是，一位叫孙发绪的迟迟不能安排，被段祺瑞那里卡住。

这个孙发绪与黎元洪结交,完全是机缘巧合。孙发绪不是湖北人,为安徽怀宁人。武昌起义爆发后,他向安徽巡抚朱家宝自告奋勇去湖北。去干什么?当探子,侦察革命军的虚实,然后报告清室,去升官发财。他来到武昌后,谎称是候补兵员,愿意投靠革命,然后花钱请人介绍面见黎元洪、孙武。一见面,黎、孙二人竟被他如簧巧舌迷惑,当做"人才"引进都督府。汉口失守后,革命党人詹大悲在浔阳获悉孙发绪是朱家宝派去的侦探,立即函告湖北同志。一日,都督府开会,第二镇参谋蔡大辅突然拔出枪,要毙了间谍孙发绪,可惜枪法太差,没打中。第二镇统制张廷辅也力主惩办探子。谁知黎元洪和他已经好上,成哥们了,不得已将他交军法局"永远监禁"。袁世凯宣布共和后,黎元洪放他逃走。这个孙发绪屁颠屁颠跑到北京,居然冒充黎元洪的代表,与袁世凯方面的人员谈判。因为是安徽人,他终日奔走在段芝贵、陆建章等人门下。辛亥起义人员授勋时,他们竟把他也列入名单,授予勋位。武昌的革命党见到授勋令,大吃一惊,纷纷进行揭发。这下弄得孙发绪名声扫地,自觉没趣,只好撂下勋章走人。此时"老首长"朱家宝摇身一变,已成了直隶省民政长,他跑去保定,恳求说:"派我到外县当个知事吧,实在无颜再回北京了。"

朱家宝就派他去定县当知事。他到任后,啥政事也不管,啥民情也不问,只是拼命巴结定县籍的参议院议员谷钟秀等人。这次谷钟秀当了农商总长,与丁佛言勾结一气,极力运作孙发绪去当山东省长。

谷钟秀在民国元年因为推戴"标准小人"王芝祥作直隶都督,弄得唐绍仪出走,引发政潮,名声也是臭得不能再臭,但他推荐人选就是有"高招",每次都能成功。这次他推荐名不见经传且恶名在外的孙发绪当山东省长,消息一出,山东人立即反对。风潮这么大,这次他"荐"孙发绪能成吗?

谷钟秀将孙发绪的钱财转送黎元洪。黎元洪收了钱,便开始办事。不管什么山东反对不反对,挥笔亲自写好发表孙发绪为山东省长的任命书,加盖上总统府大印。

但这分任命书还须国务院加盖大印后,才能一起发出。事情便卡在这了。

丁佛言深知自己与孙发绪走得太近,地球人都知道,出面去办这事,反使事情弄糟,迟迟不敢去。黎元洪一着急,他就见拖不过了,怂恿他"特命"与段祺瑞有师生之谊的哈汉章拿着任命书去找段祺瑞盖印。

这一日,哈汉章带着文件去了段祺瑞家,见着老师,麻着胆子说:"总统因为山东省长缺人,物色了一位安徽同乡孙发绪,认为人地相宜,请老师盖令发表吧!”

段老师一听安徽同乡先是高兴,可突然一想这孙发绪自己咋不认识,当场勃然大怒,拍着桌子骂道:“什么狗东西,我不认得这个同乡!难道说安徽同乡就该作省长吗?”

哈汉章见势不妙,点头哈腰,准备溜走。恰好许世英在座,立即拦住他,劝段祺瑞说:“总理不要生气,孙发绪这个人我也认识,是一个势利官僚,香岩(段芝贵字)同他很要好。关于山东省长,我听说总统准备了三个人,一孙发绪,二李庆璋,三丁佛言。李、丁二人作山东省长,都有后患,反倒不如发表这个孙发绪,将他们两人截住,好歹也是我们同乡。”

段祺瑞听了,犹如醍醐灌顶似的说:“有道理!”于是勉强将命令盖印,然后发表了。

谷钟秀再次成了,这么一“荐”一个准儿,成了“民国荐官第一人”。

既然这么准,狡兔三窟。谷钟秀于是和孙洪伊、张绍曾三人打算以内阁成员的身份再去兼任议员,以后即使丢了内阁官位,还可以回到国会当议员,且凭议员招牌还可以为自己胡作非为打幌子。但此案提出后,被参众两院否决了。毛遂自荐,他们却没玩通,荐别人行,荐自己却失灵了,真是人算不如天算。

黎元洪没能力,全靠这些人帮着自己治国,而这些人个个不是老实人,得寸进尺。在丁佛言与徐树铮打得不可开交时,内务总长孙洪伊也与徐树铮发生冲突,两人见面就拍桌子。段祺瑞见状,提出要罢免孙洪伊,黎元洪不赞成,段强人一定要,黎元洪于是使气,对段祺瑞一些命令拒绝盖印,或故意拖延,使它们失去时效。这些人还策划黎元洪改组内阁,以徐世昌代替段祺瑞。可北洋系的徐世昌不愿得罪“段二哥”,没成事实。这终于把段祺瑞激怒了,向总统府提出责问,并责备黎元洪种种手段违反责任内阁制的精神。

理亏的黎元洪迫不得已,只好下令免除孙洪伊之职,自己扇了自己一个嘴巴。

黎元洪“执政”全靠智囊们捧场,当“诸葛亮”,谁料想智囊们屡次画虎不成反类犬,弄得自己讨巧不成,反倒结结实实地撞在了南墙上。这正是成也智囊,败也智囊,被“诸葛亮”们折腾得出足了丑。

“官场淡定哥”

府院之争并没有因此而停息,反而更加剧烈。

1916年12月,以冯国璋为首的22位行省及特别行政区军民长官,联名致电黎元洪,略谓:“今后有政客飞短流长于府院间者,愿我大总统总理立予屏斥,任贤勿贰,去邪无疑,然后我大总统可责总理以实效,总理乃无可辞其责。”他们又同时致电段祺瑞:“自内阁更迭之说起,国璋等屡有函电,竭力拥戴,一则虑继任乏人,益生纷扰,一则深信我总理之德量威望,若尽其用,必能为国宣劳。”副总统冯国璋显然是带头击黎助段。

没过一个月,1917年1月7日, 安徽督军倪嗣冲约请北方各省军阀代表到徐州开会,议决请总统罢斥佞人,取消国会,拥护总理,淘汰内阁成员。自己身边怎么都是古代皇帝那样的“佞人”呢?这使得黎元洪难堪不已。他手下那些“佞人”们也不甘心就这样战败被赶下台去,于是乎,府院之争更是如火如荼,进入决战状态。

黎元洪当大总统了,完全仍是大清当协统的做派,有利的事情就干,无利不起早,管他什么总统不总统,民国不民国。他这样混下去,有人不愿意了。这不是那些老百姓,他们没发言权,不愿意的是他背后的大后台老板。由于第一次世界大战爆发后,决战双方——同盟国和协约国两大阵营迟迟没打出结果,先是黎元洪的后台老板英美两国要求中国参战,而段祺瑞的后台老板日本不准;后来日本人又要中国参战,英美又抬杠似的不准。这场世界大战本是狗咬狗,与中国毫无关系,因为后台老板的要求,黎元洪和段祺瑞对参战不参战叫起了劲儿。

这参战必须经过国会批准,黎元洪与议员的关系比段祺瑞好。靳云鹏、徐树铮等皖系担心参战案被参众两院否决,于是铤而走险,电召各省督军、护军使齐集北京。

然后,督军团威胁国会,非通过参战案不可。

黎元洪的手下见事情危急,索性一不作二不休,唆使内阁辞职,使段祺瑞成了光杆总理。然后,黎元洪借口内阁无人已经垮台,下令免除内阁光杆段祺瑞的总理之职。督军团折腾到这个地步,势成骑虎,于是倪嗣冲、杨善德等人宣布独立,与中央政府脱离关系,各省督军纷纷效仿。

这样一来,反使黎元洪成了光杆总统。

督军团占据优势后，反过来威胁黎元洪解散国会。黎元洪没办法，全靠手下诸葛亮想办法出主意，丁佛言等人建言："以合肥人制合肥人，以北洋派制北洋派。"撺掇黎元洪任命李鸿章侄子李经羲为国务总理。

结果，李经羲组阁不成，反而使得黎元洪与段祺瑞彻底闹崩。张勋入京调解，6 月 13 日，黎元洪在张勋武力逼迫下被迫下令解散国会，协助张勋演出了一场复辟大大丑剧。

7 月 3 日，逃在天津的段祺瑞前往马厂誓师，领兵讨伐张勋。7 月 6 日，他的老哥们、副总统冯国璋在江宁宣告就任代理大总统。黎元洪被逐出了政坛。

在各地武力的威胁下，张勋复辟区区不到 10 日就夭折。

7 月 14 日，段祺瑞由天津乘专列返回北京，继续出任国务总理，马上去黎元洪藏身的日本公使馆求见。黎元洪一副苦脸，凄然相对。顿然间，两人似乎所有的"恩怨全忘"。两人谈了什么，没人知道。随后，黎元洪回到东厂胡同黎公馆，对外发表通电，不过这次没有以前赶时髦那么潇洒，而是宣布自己引咎辞职。

谁知他发出辞职通电，已宣布代理大总统的冯国璋却来电，表示要奉还"大总统职权"。怎么办？黎元洪没有答复。

谁人不对这大总统眼馋，谁甘心放下啊！黎元洪这么反应一"迟钝"，次日就发生凶杀大案。黎公馆卫队的士兵王德禄突然持刀扎死黎元洪的贴身护卫马点成、正目王凤鸣、连长宾世礼三人，并刺伤伍长李保甲、卫兵张洪品。他连杀几人，逃走时被其他卫兵开枪击毙。

这是怎么回事儿呢？难道是以前的大清余党刺杀黎元洪来报仇？

否也。

黎元洪辞职了，国民党与西南军阀控制的省份仍拥他为合法总统，南方派还派出两艘军舰前来迎接黎元洪南下，已停在秦皇岛的大海之上。因此，黎元洪故意对冯国璋奉还总统不表态。段祺瑞的亲信骨干、北京政府陆军处长傅良佐见他还恋栈，不干了，暗中主使了这一场凶杀大案，吓唬胆小如鼠的黎元洪。

黎元洪果然被"小傅"算中。枪声一响，就率领全家急急移居东交民巷法国医院避祸，接着向段祺瑞提出要去青岛"避暑"，但段祺瑞没有答应，反要求他迁入团城居住。黎元洪哪愿去那个乡下受苦？！也没去。

8 月 1 日，冯国璋由江宁来到北京，就职代理大总统。当日，他到东厂胡同与黎元洪见面。黎元洪早一日从法国医院赶回公馆迎候。冯国璋见着面又谦让说:“请老兄复职就任大总统。”

他此行北上,就是来就任大总统的。黎元洪并不傻,笑着推辞了。于是,冯国璋通告各省,宣布“总统莅府视事”。

这次黎元洪当总统,前后没有一年。而他与段祺瑞的“搏杀”,却足足五六年,最终还是他一败再败了。段祺瑞可以说是名副其实的“最具斗志的明星强人”。

黎元洪下野了,开始很不适应,点点滴滴都是回忆,心酸,心寒,心疼,心里喷火……但在老婆孩子们的劝说下,很快就平静下来了。

谁知这“大总统”似乎还在向他招手,余波不兴,欲去不去。

9月1日,南方的广州非常国会推举孙中山为大元帅,陆荣廷、唐继尧为副元帅,但陆荣廷反对另组中央政府,主张仍由黎元洪任大总统之职,于是非常国会补作一个决定:迎接黎元洪南下,继续执行“总统职务”。孙中山也来电表示欢迎。

这时黎元洪靠着汤化龙等人的斡旋,获得冯、段哥俩儿的同意,由北京迁居到天津,住在英租界早已闭门谢客。当西南军政府派人来天津迎他“南下主政”时,段祺瑞担心他被南方派利用,也派王士珍到天津催促他返回北京。黎元洪不愿卷入政治漩涡,去自找麻烦,淡定地说:“两方面都推辞,哪都不去!”

黎元洪“中立”了,北京和南方并没和解,都争正统。于是,段祺瑞主张武力统一全国,没料到代理大总统冯国璋却主张搞和平谈判,结果,两人又发生“窝里斗”,总统府和国务院再次不安宁。

1918年1月7日,冯国璋和段祺瑞打斗得不可开交,心身疲惫之时声言“引退”,派人到天津迎黎元洪回北京“复职”。黎元洪托病拒而不见。

以后,总不断有人劝说他复职。黎元洪不傻,哪愿意被他人当成一方去挤兑另一方的棋子?要么不见,要么解释,反正对这复职之事一不妄想,二不上当,显得比任何人和任何时候都淡定、冷淡,完全是“官场淡定哥”的做派。

这种智慧,其实就是真正的黎元洪。他一不傻,二不蠢,大多时候不过是大智若愚而已。你如果识不破他,那么你反而就是那个“说别人蠢其实自己最愚蠢”的那个人。而他为何如此进行大智若愚的伪装呢?他曾经对最贴身的人说:“不是我黎某人愚蠢,而是权力太霸道。”

11.
又没斗过曹锟

“返聘”:还想真一直当下去

黎元洪斗不过段祺瑞,并不说明段祺瑞一定能做永久的“政坛不倒翁”。人在江湖走,哪能不遇刀?城头变幻大王旗就是民国之初不变的旋律,也是台上那些主角们谁也逃不掉的命运。强人段祺瑞也是不能例外。1920 年 7 月,他被曹锟、吴佩孚、张作霖联合打倒。冷眼观时局的黎元洪说:“专门捉鹰的这次被鹰啄了眼。”

段祺瑞的某亲信听到这话,反驳说:“个别人站着说话不腰痛。我们的社会病了,病的太重了。真的保不齐,下一个赶下去的,就是你。”

段祺瑞下台后,张作霖等几位新大佬拥徐世昌为大总统。没过多久,直、奉同盟又破裂,张作霖失败出关,北京政权完全落入曹锟和吴佩孚手里。曹锟企图取徐世昌而代之,苦于没适当办法,只能通过选举去参加竞争,为此决定先挤掉徐世昌。1921 年夏,徐世昌不堪重压,hold 不住了,不得不耷拉着脑袋宣告“衰病辞职”。什么是“衰病”?无人能知。接着,曹锟决定以恢复法统为名,迎上次稀里糊涂之中被冯国璋“代理”大总统之职的黎元洪复任大总统,并恢复旧国会,为自己窃国先打埋伏,先铺道路。他领衔苏、鲁、鄂、赣、豫、甘、陕、绥、察等多省军阀通电吁请黎元洪返京复职。

曹锟的手下亲信大将周自齐发电报恭请黎元洪莅京“视事”。但是,马上就碰了钉子。黎元洪复电说:“……自引咎辞职,蛰处数年思过不惶,敢有他念……果使摩顶放踵可利天下,犹可介说,乃才轻力薄,自觉勿胜。诸公又何爱焉。前车已复,来日大难,如临冰谷……”他的大意就是一个:以前你们一起赶人,现在又喊去,我个人能力有限,去不了。

但同时他又在天津对记者发表谈话,表示:“愿意牺牲个人,再跳火坑。”

他这到底是去还是不去啊?

曹锟自然明白这是黎元洪骗骗普通老百姓的政治手段而已,玩欲出而不出的花招,又派人赴津迎接。

6月6日,黎元洪提出所谓复职的三个条件:废督、裁军与整理财政,为此通电还要求各省自巡阅使以至护军使都须辞去军职,候于都门,他才入京就任。黎元洪为什么提出这么个条件?目的是迎合全国人民厌恶军阀的心理,获取民心。

谁知直系大佬吴佩孚首先表示赞同,于是各省军阀也纷纷附和。6月10日,黎元洪发表通电,藉口自己"废督裁兵"主张已获各方拥护,因此宣布入京"暂行大总统职权"。

第二日上午8时,黎元洪乘坐专车入京,就这样复职了。本来他已辞职多年了,还复什么职?但上层名流一直就这么说,一般人士也跟着这么叫,职早辞了,说复职就是复职,假的不是不能说成真的。不过,这次复职多少带着那么一点"落实政策"的性质,公开的说法就是黎元洪上次任期没当完,得补上。尽管辞职已经事过这么多年了,黎元洪突然又回来上岗,复职总有点那么别扭。而黎元洪倒没不认真看待,反而更加珍惜这一机会,内心看作是"返聘",并且因为是"收"回来的"覆水",所以认真得很。

复职当天,他下令取消1917年6月12月在张勋威胁下自己所发布的"解散国会令",国会得以恢复,可以自由集会,议员们也有工资领了。同一日,他任命颜惠庆暂署国务总理,仍兼外交总长;并且还电请南方的非常大总统孙中山及他手下要员伍廷芳、陈炯明、李烈钧、岑春煊等人入京"共商国是"。

黎元洪上台,高举"护法"旗帜,南方局势起影响,广东军阀陈炯明早就与吴佩孚有勾结,6月15日,派兵突然进攻孙中山的非常大总统府,孙中山被迫"下野"赴沪。吴佩孚为何指令陈炯明反叛呢?就是要营造一国只有一个总统的局面,为曹锟大权在握先准备条件。这样,黎元洪无形之中便捡了洋落,一上台便居然又奇迹般地成一国之主,比徐世昌"辉煌"多了。

黎元洪这次复职,还真想一直当下去。鉴于政府财政困难,他宣布自己这次不支薪俸,完全白当,并写下手谕令秘书厅照办。这对于爱钱爱财出了名的黎元洪来说,真是难能可贵了。

8月5日,他向众议院提交一份民国6年辞职的补充手续,被众议院当即退还。当初没有手续跑了,这么多年没补什么辞职手续,现在复职了,怎么还补交当年辞职的手续呢?完全是关公战秦琼——台上唱戏。

尽管有唱戏的不瞒打锣的之说,11 日,他再次唱戏,硬是要补交辞职手续。众参两院不得不决定等议员到达三分之二以上后再作决议,甚至一些议员乐哈哈地说:"敲着空米缸唱戏——穷开心,不过好玩。"

1921 年 11 月 9 日,黎元洪任命汪大燮为国务总理兼财政总长,改组内阁。谁知他事先没征得实权人物曹锟的同意,立即遭到众参两议院院长吴景濂、张伯烈的通电反对。12 月 5 日,众议院又通过一项查办交通总长高恩洪及前财政总长罗文干"舞弊卖国违法渎职"案,说他们擅签铁路材料合同,从中贪污。黎元洪不得不发表因为监管不严的"罪己"通电,汪大燮也因为"用人失误"被迫辞职。

黎元洪为何把自己弄得这么狼狈呢?原来,他原握有优势的国会完全被曹锟控制了。国会掀翻汪大燮内阁,说明曹锟的力量了。随后,黎元洪不得不提出"老总理"张绍曾组阁,好不容易才弄成功。

返聘就是返聘,这大总统哪有原想象的那么美丽呢?

好运气的较量

在民国官场,黎元洪和曹锟都是"最杰出的福将",能力不足,靠着老天爷的眷顾,其在官场的命运却比谁都要好,赛过隋唐福将程咬金。

黎元洪返聘大总统,曹锟当着后台大老板,两大"福将"助力民国,应该说民国应该绝对棒了,定然要"中兴"了。谁知这两位"福将"都不是"福星",反而折腾得民国乱的不成样子。

进入 1923 年,曹锟像当年袁世凯当皇帝那样掀起了"总统年"——为了当选总统,除了大造舆论外,还到处送钱、行贿那些有选举权的代表。

4 月,曹锟要做大总统的言论甚嚣尘上时,保定陆军军官学校第九期学生毕业了。张绍曾于是以国务总埋身份代表总统去主持毕业典礼。这批学生一共"学"了五年时间,1917 年入的学,中间因战争关系停课,"学"到现在才毕业。张绍曾除代表总统训话和发给毕业证书、赠送军刀外,另一目的是借机到保定来劝曹锟不要用金钱来贿选总统,应当通过国会正式合法手续选举。在保定的曹府,他坦诚地对曹锟说:"黎不竞选,当然你的希望是很大的。"

谁知曹锟急于当大总统，不仅不听劝告，反而以为他此行是“稳住”自己，他本人要和自己竞争总统之位。

因为张绍曾的总理是两院一致通过，曹锟便以为他在国会势力大，有不少议员拥护，届时竞争力强大。其实，张绍曾才44岁，按选举法还不到竞选总统的年龄，根本没有资格去竞选。结果，同样是志大才疏的曹锟这被他这么一吓，更加急于接班了。

他要接班，必须要先把黎元洪撵走。但撵走黎元洪，就必须先把张绍曾这个国务总理挤下去。由于冯玉祥以陆军检阅使驻在北京，他和张关系十分密切，曹锟想动手又不得不有所顾忌。他料不到，因为太贪，黎元洪居然自己把自己给折了。

冯玉祥的部队人马虽多，但由于无地盘刮地皮，给养断了源头，非常困难，只好隔几日要求黎大总统给饷给粮。黎元洪虽说过“有饭大家吃”，但点金乏术。张绍曾决定把崇文门监督这个税政机关给冯玉祥，让他去就地抽税，委任冯系的薛笃弼担任监督。张绍曾在国务会议通过这一议案，将命令送交总统府盖印。谁知遭到黎元洪的“拒不签署”。

原来崇文门监督税收机关的收入，从前清时代起，就归宫内作胭脂费用，一向是皇室独享，到了民国就成了总统府的收益。张总理这么干，就等于是断了黎元洪的财路。他哪会答应？他不要工资当总统本不过是作秀，明里的损失只得暗地里补。现在还要断这个财路，黎元洪死活不肯签署盖章。张绍曾为老友这份情面，也犯了犟，居然闹到要辞内阁总理之职，几经中间人调停折冲，答应每月提10万元给总统府，黎元洪才勉强答应盖印。崇文门监督的税收每月可得30万大洋，黎元洪放了三分之二的血，可冯玉祥仍不满足，对黎大总统的吝啬极为不满，公开说：“一帮黑心无比的贪官污吏当道，国家没救了！”

这话偏偏让黎元洪知道了，他大发雷霆。

一日，他去航空署航空教练所为毕业学生发放毕业证书。在回来的路上，他对陪同的航空署所长张绍程说：“我们去看看冯焕章吧。”

冯玉祥正患小肠疝气，痛得哭爹喊娘，听说大总统来看望，以为黎元洪对他示好，非常高兴，由两名卫士架着，前来相见。黎元洪不仅没问他的病情，反而当面讥笑说：“你是在唱独木关这出戏。”

冯玉祥很尴尬。过了一阵，一起谈话，他忍不住对大总统开始诉苦说：“我的部队生活太苦，军士每天吃的都是小米饭，希望大总统多给些粮饷。”

“你这副样子，”大总统说，“小米最富营养价值，多吃头脑清醒，我很爱吃。”

他的言外之意是：你的军队能有小米吃就很不错了，再想大批的粮饷，是不可能的。

原来他此行就是来治一治“白眼狼”的。从此，冯玉祥对黎元洪的“根”更增加了一层。

黎元洪把捍卫京师的冯玉祥给完全得罪了。

这时曹锟手下行贿和拉票工作买“猪仔”工作初步成功，于是对张绍曾出手了。众议院议长吴景濂准备忽然提出对张绍曾内阁不信任案，挤兑他下台。张总理获知这个密报后，想挽回参众两院对他贪污、无能的攻击，在自家后门外的南锣鼓巷帽儿胡同饭馆，订下酒席，发出请帖，准备宴请一些要人在饭局上进行疏通。请客就请客吧，饭局说不定还真能挽回局面。谁知饭局之前他灵机一动，突然召开全体内阁廾会。会上，他宣布以内阁总辞职方式大家一起离开北京去天津，以此去要挟国会。

曹锟手下的内阁成员高凌霸、吴毓麟表态说：“一同进退！”

可是，散会后，谁都不合作。

总辞职不成，要挟成空，说明局面完全失控了，再举行饭局也纯粹是浪费。他不得不临时将请帖收回，急急赶去天津。结果，到达火车站“一同进退”的，只有他自己一个人，随行的还有秘书长张廷谔。

张廷谔把张绍曾送到天津，敷衍一下后，也暗暗地转回了北京。

好端端的总长，求都求不来，内阁诸人没人傻，谁愿意扔掉呢？张绍曾到天津后，黎元洪这边的执政摊子也瘫痪了，马上派人去天津劝张绍曾回来。但张绍曾回复说：“请转告总统，北京的情况太复杂，我不愿再去了。”

张绍曾就这样被曹派挤下了台。

黎元洪还住在东厂胡同黎公馆。曹锟的下一步就是把他撸下台，暗中派人拉拢冯玉祥，许饷、许粮、许以高官和地盘。冯玉祥本来就对黎元洪不满，好友张绍曾也走了，没了顾忌，于是对黎大总统干脆不客气了，派兵包围黎公馆一带，说是武装保护，实际上是加紧要薪要饷，为了让黎元洪难堪，不惜采取下流手段，断水断电，威胁黎元洪全家的生活。

黎元洪被困时,内阁农商总长李根源天天去黎宅,说是要保护总统,可他不是军人,又没卫士,只带了一个唱戏的戏子去黎宅"保驾"。黎宅的安全越来越没有保障。

6月10日,情况突变。所谓中级军官300百余人和"市民请愿团"与国民大会代表千余人,浩浩荡荡地来到东厂胡同,向黎元洪进行"示威式骚扰"。这示威示到家门口了,何等的危急。黎元洪打电话召军警来保护,可是大总统却唤不来一个兵、一个警察,没人来。"请愿"闹到半夜才散。

黎元洪上台后,没做什么事情,也没有什么错,请愿请什么?没有人知道。

曹锟这样做的目的就逼黎下台、走人,好让自己在选举中顺势而上。这大总统确实是做不下去了,不但总统不能做,"群众"总在家门口闹,北京住下去也不可能。6月12日下午3时,黎元洪决定出走天津。

走人吧,他的"憨厚劲"由于憋屈也激起了男人的血性,不甘心像前任徐世昌那样黯然下台。临行前,他以大总统名义发出七道命令,其中,"任命"李根源署理国务总理,并向国会及外交团致函声明:自己因在京不能自由行使大总统职权,准备将中央政府迁往天津。

6月13日下午,黎元洪与美籍顾问福开森辛等人上专车出京。结果,专列才到达天津总站,就被直系军阀骨干王承斌带着军警拦住。他厉声责问黎元洪:"何以携带总统大印出京?!"

这样粗暴的态度,黎元洪还从来没遇见过。他犯犟了,先死死不说,最后熬到半夜实在hold不住,没办法了,才告诉说:"印在东交民巷法国医院内妾黎本危处。"

为了早点回家,他抱着"下地狱"的心态派秘书瞿瀛返回北京,从小妾那里将总统印一起交出。

14日清晨,王承斌奉曹锟之命,上车胁迫黎元洪签署了辞职大总统的文件。黎元洪签罢,才准他离开专列。就这样,黎元洪又被曹锟赶下了台,走了段祺瑞时的老路,且完全应验当初段祺瑞某亲信那句乌鸦嘴。

黎元洪进入天津租界内的自家住宅后,哪里咽得下这口气?立即将被迫交印及被迫签署电文的经过写成文字,向全国发出通电,要求国会惩办"监视元首"、"强索印玺"的王承斌。谁知16日国会给黎元洪一份答复竟然宣布:"自6月13日起，黎元洪所发表命令无效”，由“国务院摄政”。

国会完全被曹锟掌控，并“全心全意”为曹锟服务了。

黎元洪几乎是在政变的状况下台了，路有不平，自有拔刀相助之人。浙江督军卢永祥历来与吴佩孚不合，首先在浙江揭起反直旗帜，受恩过黎元洪的唐绍仪等部分议员愤而出京，南下上海，然后一个劲儿电请黎元洪去上海，主持大计。

9 月 11 日，黎元洪与李根源、饶汉祥等“十三罗汉”离津去沪。

这时天下人都知道黎元洪与曹锟相争的，不是国家大事，也不是民族利益，而是个人权力，他此来上海不过是为泄私愤而来。上海人担心黎元洪一来引起军阀混战，威胁自己的生存环境，对他的到来没人说“欢迎”，原来所谓的“正义”和“支持”不过只是唐绍仪等人捣腾出来的假象。

原来在天津时，黎元洪日日盼望到上海来，到了上海，又日日盼望着回到天津去了。

10 月 10 日，曹锟贿选总统成功，反直同盟也暂告结束。黎元洪闻讯，对着手下们叹息一声：“官场复杂啊，民国比大清还玄奥……你我都不及格啊！”

本来曹锟和黎元洪性格上有些类似，个人能力不强，“老好人”加“老实人”，但运气都极好，黎元洪甚至靠着这股好运气当了总统不说，就是下台了还能重新上台，不能说运气比一般“有大福之人”还有福气，然而，这次两个有“傻福”的好运气之人一较量，黎元洪居然输给了“曹三傻子”，何其悲凉。官场的事情就是这样说不清，道不明，一潭深水，有的人溺死，有的人却享受游泳之乐。

12.
发大财却为财被气死

从此抛却元首梦

灰溜溜地下野了，万般无奈地辞官了，人还活着，路还得走，生活还得继续，怎么走怎么继续？有的人看破红尘，带着一幅国画遁入空门；有的当愤青见人就骂，当牢骚哥；有的静养性情练书法、画画，这些“智者”的活法五花八门。黎元洪会怎么选择呢？

1923年11月8日，黎元洪由上海乘上海丸轮直接东渡去了日本，他的夫人吴敬君和秘书刘钟秀等偕行。

黎元洪本想在上海有所作为，结果又是竹篮打水一场空，于是不再留恋，不再折腾，知难而退，带着一丝悲凉前去日本东游，散心去了。

在日本，他旧地重游，与一些华侨大佬、富豪见见面，观山观水，完全是当初寓居天津的赋闲做派，一不问政治，二不谈时事，一心做着异乡之客，追忆当年三游日本的美好时光，享受着异国繁华带来的身心愉悦。

这种摒却尘世纷扰的轻松旅游是何等的快活，看风景、品美食、住宾馆、赏民俗、听故事，一次游览归来，常常让人兴奋好多天！心身愉悦终于使得黎元洪一年多政坛的压抑、悲愤一扫而光。

可好时光总是那么短暂。他在日本待不到一年时间，1924年1月15日，日本发生地震，天摇地晃，把他吓了一场，也使得他猛然想起祖国的孔老二说过的“危邦不入，乱邦不居”名言。5月11日，他举家返回天津，逃离了这个不安全的国度。

他一回到国内，就被卷入舆论打压的漩涡。在日本时，他曾接受过一些日本官吏和富人的招待，有人就在媒体上撰文，说他被日方收买或暗中有卖国勾当，且这次回国就是被日本人利用，来“搞潜伏”的。黎元洪只好命随员熊少豪开了一个记者招待会进行“辟谣”，称此行一切费用均是自己掏腰包，并没接受过日本官方任何吃喝招待，等等。也就是说，连日本官方一口饭都没吃过，别说一杯清酒！

这谁又信呢？信不信由你，反正黎元洪自己信了。

在堂堂民国，当一次总统就等于是燃烧一次生命，黎元洪当了两次总统，生命几乎被烧尽了，身心疲惫。上一次官场就像过一次地狱。现在才从国外回来，就被别有用心的人盯上，进行造谣攻击，真让黎元洪有些想不通，自己啥辉煌都有过，什么巅峰都上过，还追求啥呢？不如从巅峰上走下来，他决定不再过问政坛了，从此抛却元首梦，放下总统肩，不去角逐那些政治、权势了。

黎元洪从日本回来后，一气之下，干脆自己结束了自己的政治生涯。

学习西施老公

黎元洪息居在天津,才 59 岁,身强体壮的,怎么能闲歇下来呢?去旅游,中国哪里没去过?也不安全。精力很旺盛,可没事情可做,于是他决定学习当年协助越王勾践破吴王夫差的大臣范蠡。当年范蠡"革命成功"后,干脆脱离政坛,带着美人西施,去下海当商人,赚钱去了。黎元洪也拿出自己几十年当官的那些银子,去搞实业投资,进行钱生钱。

黎元洪在当总统时,就边当总统边投资做生意,赚了不少的钱,这次投资比原来的手笔更大,新厂老矿加起来 45 个之多,什么煤矿、石膏矿,什么精盐、化学、纺织,什么面粉、造纸,什么赚钱多来钱快,就"投资"啥。他还积极参与金融业,国内几家大银行都有他的大资本。

黎元洪做生意没其他人那么难,出钱少能投资大,且收入多,关键有几个方面,一是民国很乱,黎元洪的老大总统背景就是抵挡各路官僚掠夺黑手的强大靠山,二是他的亲信、手下多,当年靠他发了财,现在正是回报的时候,送的干股不少。因此,他当范蠡,来做钱生钱的生意,本人可以不知工厂、矿山在哪里,也完全可以不过问什么经营、管理,每年一到决算的时候,就有人络绎不绝地开着汽车来寓所送支票、送现银。小小的投资,常常是一本万利,金银满贯。

黎元洪完全告别了政坛,而政坛还是如旧,每日每月上演着其他当政者一幕幕的悲喜剧。当初助曹锟赶走黎元洪的冯玉祥,又对曹锟不满,再次出兵,武力驱逐曹锟。寓居天津的段祺瑞被冯玉祥和张作霖请回北京"掌权"。由于同居天津,两人有时一起坐坐,昔日水火不容的那股针尖对麦芒的怨气早就没了,彼此心平气和了。这次段祺瑞出山,去了北京,不忘邀请黎元洪也出山。

但是黎元洪心已死,推辞了。

不久,段祺瑞还不死心,派专人前往天津迎接。黎元洪还是坚辞不就,并且说:"不管是谁,进了这个官场就成了红眼公鸡,只有出了官场,才能成为正常的人。请段公饶了我吧!"

段祺瑞只好作罢。

黎元洪这句话还多少有些真准儿。

1926 年,张作霖联合吴佩孚击败了冯玉祥的国民军,不久又撵走段祺瑞。段祺瑞贪恋权势，自己把自己折腾得心身疲惫，斗鸡成了病鸡，还是没扛住，灰溜溜地回到了天津。黎元洪为自己当初的拒绝而庆幸时，张、吴协商又要拥他“复出”任总统，并派人到天津迎接。正当黎元洪已是长了教训的人，前有两次被逐的惨痛教训，近有段祺瑞下台的“病鸡”范本，坚决不肯再次出山，对张、吴之请硬是置之不理。

对这样“不识好歹”的人，气势正盛的张作霖和吴佩孚自然不会去用，于是也不理睬“匹夫黎某人”了。

黎元洪少了政坛的争斗，在家里练着书法，靠着“德高望重”的身份空手套白狼，分享着“共同投资”的红利，乐此不疲。

遗言：“毋问政治”

1927年8月，黎元洪应无锡亲友的邀请，准备赴无锡畅游。谁知这些年吃的好，身体太胖，惹出一身富贵病，什么高血压、冠心病、糖尿病，样样都不落，全都有。结果，在就要启程前几日，血压突然升高，身体骤变不好了，没能成行。

10月下旬，他又突患脑溢血，经名医会诊治疗，到年底，病情才大为好转。可是，人好了，他养着的“爱鸟”——几只孔雀——在他生病的时候也生病，并突然死去一只。这让他叹息不已，视为憾事。

次年清明时节，他的病情已基本恢复，并能独自出外散步。清明节这日，他的精神甚佳，于是去郊外进行了一次踏青游览。

黎元洪享受着幸福的时光。外面的世界却还在上演着城头变幻大王旗的闹剧，南方新军阀蒋介石和他的北伐军一路北上，兵锋直指京津。黎元洪下野四五年，深居宅寓，“宅”这么多年了，居然没能逃得了这一次的“劫难”。蒋介石打到津京时，派黄陂人阮齐来到黎府，要求黎元洪缴纳军饷100万元、买公债80万元。

黎元洪的钱虽然来得容易，但他早就两边都不介入了，也不分胜利红利，凭啥要他出军饷？阮齐是黄埔军校二期生，也就是说，是蒋介石的嫡系学生。黎元洪要拿这么多的钱出去，万万的不舍。他不给，这小伙子也没好脸色，恶狠狠地说：“我怕到时候同乡之情，也救不了你。

180万元，对黎元洪来说算不得多，却让平生爱财如命的他很伤心，一直不快，沉闷少语。以后不管家人如何规劝，也不管用。

5月28日，闷闷不乐的黎元洪居然主动地说："去赛马场看看赛马散散心吧！"

看赛马时，他突然旧病复发，晕倒在地。家人马上请名医会诊，但这些高血压、脑溢血富贵病是最难治疗的，他还是卧床不起，医生们越治越不行。

6月1日，黎元洪自知不治，于是口述遗言，并叮嘱子女和其他家人说："丧葬要从简，戒诸子今后从事生产实业，毋问政治。"

也就是说，他集毕生的经验和教训，得出一个如此的人生结论：不要去当官，那玩意真是害人，要想有点出息，可以去经商做生意。一个两次担任过民国大总统人的临终遗言居然是告诫子女不要去涉足官场，可见这官场是何其之黑、之坏、之险！

过了一日，6月3日晨，黎元洪昏迷不醒了，不时出现濒危迹象，延至晚10时半终于断气，终年65岁。

他一断气，他的"爱鸟"中尚存的一只孔雀，也突然死去。

6月4日，黎元洪逝世的消息和临终遗电以及生平简介、评论等内容出现在全国各大报纸的显要位置。其中，他的临终遗电最令人瞩目，除了开始自我摆功，追述他创建民国和两次当大总统"力求和平统一，利国福民"的大功外，还给执政当局提出了八条忠告，一是劝告国人对日本人制造济南惨案要冷静，要用外交手段解决，不要有出轨的行动——到死还是一贯的崇洋媚外的软骨头思维；二是从速召集国民大会，解决时局纠纷——迷信国会还包治百病；三是实行垦殖政策，化兵为农工，勿使袍泽失所——这是救民之策，不过区区垦殖政策能让老部下不流离失所吗？四是调剂劳资矛盾，统筹兼顾，制定实实在在的法规——这点倒是看到了社会问题的症结，但所谓的法规在民国就管用吗？五振兴实业，以法律保障人民权利——为富人倡言，穷人离"实业"远着呢；六是正德利用厚生，不可偏废——说的是要重视道德礼教，这能救国，枪杆子就当柴火烧了，完全是痴人做梦；六革命是迫不得已之事，但愿一劳永逸，俾国民得以早休养生息，恢复元气——愿望很美好，现实很残酷，此时的民国完全做不到；八是参酌近今中外情势，应采用国家社会主义，才能不为外强所利用——这个"国家社会主义"，99%的国人都不知是啥玩意。

尽管这临终遗言,没人采用,也没人看重,但在民国以来,政要富豪们最好折腾的,不是豪华婚礼,就是豪华葬礼。黎元洪去世后,蒋介石的国民政府下令优恤,为他举行隆重的公祭和规模庞大的出殡仪式。

出殡后,黎元洪的灵柩停放在天津特一区黎氏某别墅。这原是黎元洪旧居,后来建了一座西式坟墓,成了他的永久居住之地。

中国官场完全是"只闻新人笑,哪里听得见旧人哭"的无情场景。黎元洪死了就死了。谁知 1933 年,他却在老家湖北突然火了一下。有关部门在筹划建立礼山县时,湖北第五区行政督察专员程汝怀建议把县城设在紧靠田家河的新城,理由之一就是:"故总统黎宋卿先生微时曾牧牛于此。"这田家河就是黎元洪少年时在黄陂姑父家放牛偷懒被逐的地方。有趣的是,他除了偷懒被逐外,只待过不到一年时间。

再过了一年,1935 年, 日本帝国主义向中国政府提出对华北统治权的无理要求。蒋介石在日本的淫威面前又一次屈服,下令华北军分会代理委员长何应钦与日方代表开始秘密谈判,7 月签订《何梅协定》,中国军队退出平津和河北。在国难当头之际,蒋介石突然心血来潮,要为故总统黎元洪举行国葬。

11 月 24 日,南京政府在武昌土宫山为黎元洪举行国葬,参加葬礼者约五万余人,还有各国驻华使节。南京政府下令全国志哀,一律降半旗,并停止娱乐活动一日。

黎元洪死后七八年又隆盛了一次,但以后又"被历史的尘埃湮没"了。

第四章 要多酸，就有多酸

爱读书，属于聪明人，满身迂腐的酸气折腾得人人讨嫌，

没人气却有上级缘，当官靠的是智慧

01.

读书入仕，此路走不通

拳头害人不浅

“草根”如何登入要有啥就有啥的官场？这是许多有志之人一直探索和追求的。

冯国璋，字华甫，1859年1月7日生于直隶省河间县诗经村。他的祖先就是这样一些进入过官场和企图再入官场的“有志之士”家族。

与袁世凯、段祺瑞一样，冯国璋也是名门之后。但他的祖先远比他们的祖先要显赫得多，是绝对的、正牌的、传统的官宦人家。他的祖先为明开国功臣冯胜。永乐年间，冯家北徙，由应天府落籍到河间城外诗经村。折腾到了清初，冯家还有人在朝廷当将军，但在此不知姓名的将军之后，冯家就奇迹般地远离了朝政，与官场失掉缘分，子孙在诗经村不是当地主就是当秀才，但家道仍是当地富裕大户。到冯国璋祖父时，冯家仍是该村“四大户”之一。

富裕归富裕，再不入官场，整个家族就会与官场渐行渐远，在官家通吃的社会里，最终会“堕落”成贫民，成为“草根”。为此，冯父冯春棠青年时锐意科举，勤奋读书，准备通过读书求仕，攫取功名，重振祖上昔日的荣耀。谁知在考秀才时，一场变故使得冯家家道突然中落，一蹶不振。

变故就发生在这场科举的考试场上。

当冯春棠唰唰地答题完毕，正要交卷时，“哗啦”一声，邻座的另一考生不小心，砚池的墨水泼了出来，不偏不倚，墨水全泼在他的试卷上，把精心写的答题全部弄污，字迹连他本人都看不清。这下可了得？多少年的寒窗就毁在这不经意的“不小心”之中。冯春棠勃然大怒，挥拳就打过去。对方也不是良善之辈，反而操起座椅回击，于是双方在考场发威，殴斗起来，考场成了比武场。

两人一发狠，铁拳发威，一瞬间就把偌大的考场砸了个稀巴烂。

事后，冯春棠因为首先打人被主考官一把除了名。

除了名就下一届再来吧。“富二代”冯春棠却受不起这平生第一遭挫折，从此一蹶不振，不仅废弃学业，也不事农商，终日游手好闲，还嗜酒闹事，言行学古时疯疯癫癫的“竹林七贤”，学明清时愤世嫉俗的“扬州八怪”，见官就骂，见读书人就要打，玩世不恭。结果，没多久，他就把一份颇为殷实的家业全给折腾光了，从“富二代”变成“负二代”。

冯国璋出世，冯家已日趋困难，丰年尚能维持生计，遇上荒年，生活就艰难，不免饿肚子了。幸亏冯母能纺织刺绣，不仅会料理家务，还粗通文字。冯春棠靠着贤妻勉强支撑家门，好歹没有因家境窘迫而废辍几个儿子的学业。

冯国璋兄弟四人，他系老四。虽然是老幺，但自幼乖巧聪明，很得父母喜爱。7岁时，他入村塾启蒙，考试成绩常列前茅，后到三十里铺的毛公书院读书。由于读书刻苦，他又尊师敬长，善待学友，主授经史的吴震先生特别喜爱他，认定他日后必定前程远大，为了不错过未来的金龟，便把亲妹吴凤许配给他。

然而，冯国璋的考场运气也不比父亲好多少。平时成绩顶呱呱，一上考试场就栽倒，就是区区一个文童也考不过，屡试屡败。好在他不像父亲，摔一次跤就爬不起来，爬起来后，硬着头皮继续走下去。1881年，22岁的他得到族叔冯甘棠资助，来到了直隶省有名的保定莲花书院求学。两年后，还是因贫困支撑不住，无奈地辍了学，不得不回了诗经村。

在诗经村，冯国璋帮着家人摸泥巴种地，当了一名面朝黄土背朝天的农民。

冯家两代人以读书为途径去“冲击”仕途、官场，结果都是花了钱、穷了家，最后无功而返，一个是因为拳头惹祸，一个是因为运气不佳。

残阳似血。那么冯家的振兴之路在哪里呢？

拳头！还是拳头！

诗经村，带着浓厚的书卷味。

冯国璋在家务农，不仅与他当初读书立志冲击仕途的目标渐行渐远，而且既不得志，又不得温饱，日子过得如同王小二过年——一年不如一年。

为什么？

还是拳头这玩意儿在冯家作祟。

此时大哥冯佩璋管家。他一个落魄子弟，却一副大家公子风度，生性好交际，又是一副侠义好汉的脾气，好扶助人，好打抱不平，爱管闲事，并且啥闲事都管。他喜欢狗撵耗子——多管闲事。然而，这世道却并不是什么事什么人都讲道理，拳头硬的当王。冯佩璋去当大侠，多管闲事多吃屁，打得过人家时，便伸张了“正义”，打不过人家时，就得赔理赔钱。强中更有强中手，他打输的时候常比打赢过的时候多得多。于是，“万恶的”拳头，害了父亲，现在又害儿子。

冯家与读书无缘，与拳头有缘，但拳头却不助冯家，冯佩璋与冯春棠一样崇尚铁拳，冯家更如九斤老太——一代不如一代了。没过多久，他便把仅余的那点家业也败了净光，房屋抵押于人。冯国璋和年老的父母不得不搬到村里的家庙里住。

这时冯国璋和吴氏结了婚，且生了儿子冯家遂。到了寒冬时节，北风呼啸。家里穷到无法生火取暖，父母挨冻，还忍饥挨饿，唉声叹气。这让冯国璋感慨万千，愤慨地说：“读书不成，拳头也打不出路子，诗经村没法儿待了！”决心去闯出路。

1884年一开春，他由族叔冯甘棠介绍，跑去天津卫大沽口，投奔在直隶提督聂士成部当文案(即秘书)的另一本家大爷，去当兵吃粮，另谋前程。

投军之后，冯国璋并没什么过上好日子，先是在伙房当炊事员，天天洗菜切菜，烟熏火燎，煮饭炒菜，当煮夫和厨子。虽然填饱了肚子，但冯国璋终究是读过书的人，每日置身锅碗瓢盆的奏鸣曲中不是享受，而是一种精神折磨，理想很飘忽，内心很空虚。

金子终究会发光。由于他人聪明又有文化，很快被管带看上，带去当勤务兵。

第二年，朝廷创建天津北洋武备学堂，在淮军各营挑选兵弁入堂。冯国璋得到统领刘祺的保荐，进入武备学堂第一期学习，与段祺瑞、王士珍等人为同期同学。

虽然进了军营，他的科举之心还是没死。在学习期间，他再次跑回河间原籍参加当地的科举考试,以前次次不中,这次跑回去考试,居然中了秀才,但随后在顺天府乡试中再次落第。他只好仍回武备学堂学习,继续弃文从武。

在军校里,冯国璋的才华得到发挥,每次考试都是第一,深得教习们喜爱。1890 年,他以优异成绩毕业,总办荫昌把他留在学堂当教习,即留校当教员。回顾这些年的艰难,他不禁感叹自己的路真是一步错步步错,一步对步步对。

但很快,他也遇到"段祺瑞式的读书人囧境"。淮军将领多出身行伍,个个都是大字不识的老粗,有文化的武备学堂生多受轻视。冯国璋一干就是整整四年,毫无升迁的动静。经过几年的历练,他早已不是当初那个落魄到住家庙都被风吹的潦倒汉了,志向很大的他,一心急于谋得升迁,欲取得军功,可潜规则太多,也没有好爸爸,他欲上却不能,每日急得火急火燎,窝在学堂耽误人生大好的奋斗时光。

1893 年夏,经过一番活动打点,他转到淮军总兵聂士成帐下,当了一名幕僚。

混在基层

人挪死树挪活。

冯国璋这一挪,运气来了。他夏天来到聂士成幕下,秋天聂士成奉命考察东三省中俄边境,就派他赴山海关及东北考察地形。此举历时半年,冯国璋一番考察,看山看水,回来时还带来了一本他自己编成的书——《东游纪程》,呈送给聂士成。

这酸溜溜的做法,军中谁都做不到,也不会去做。可聂总兵见书后却很高兴,觉得他有思想,可造就,对他说:"有人说读书人当兵酸溜溜,我不嫌酸,这是能文能武!"于是,就把负责军中筹办军械与粮饷的重任交给了冯国璋。

随后,由于中日矛盾冲突,冯国璋带着粮草军随聂士成部转战朝鲜。

在袁世凯引爆的甲午战争中,聂士成率领清军在平壤与日军作战,结果一战大败。在一派混乱中,负责军械粮草的冯国璋在慌乱逃命中与部队走失,身边只剩下一兵一马。此时清兵已是如山倒,溃不成军,各路军官乘机"走失",纷纷逃离战场,回国躲到家里,誓死也不去卖命了。

冯国璋历尽险阻,返回了聂部。

在甲午陆战中,湘军、淮军各部人马大多溃散,只有聂部战力尚好,屡立战功,威震辽东。战后,冯国璋因为军功,由宋庆等将领保奏,得了个候补知县并加五品顶戴的虚衔,被派去军械局当高级管理员。

不久,经“老首长”聂士成亲自推荐,冯国璋又出任大清国驻日使臣裕庚的随员,到大使馆工作了。在日本期间,他与日军将领福岛安正、青木宣纯等人结识,并留意考察日本军事,日积月累,有了感觉,酸秀才又悄悄地“忙”起来了,别人吃人体宴,观樱花,他则编著兵书,并且一编就是好几册。

1896 年初,冯国璋归国,再将兵书呈送给聂士成。

谁知“老首长”打过几个胜仗,功成名就,心底里早已自认定自己是老子打仗天下第一,对这些所谓的兵书完全不感兴趣,原来自诩“不嫌酸”的他也嫌酸了。冯国璋碰了大钉子。

后来,很不甘心的他又把这些“心血”转呈给大喊“改革军制”的袁世凯。袁世凯一阅大喜,不仅不嫌酸,还视为“鸿宝”,称赞冯为“军中学子无逾公者”,并邀他进小站与自己一起新建陆军营。

冯国璋一去,就担任督操营务处帮办兼兵学堂监督,后又升任督操营务处总办,终于仕途开始了飞升。

冯家两代读书求仕,此路走不通。冯国璋走投无路时去当兵吃粮,好铁不打钉,好人不当兵,却没想到完全走出了一番崭新的前途。

这碗兵饭看来真的适合他。

02.
两个恩人,他都忠于

“文性格”适合去练兵

冯国璋投入袁世凯门下后,即被重用,开始了飞黄腾达的人生。在小站练兵时，他与王士珍、段祺瑞、冯国璋并称“北洋三杰”，他为“豹”。三人结拜为兄弟，齐聚在绝世奸雄袁世凯之下，王、段负责练兵，冯负责编写兵法操典。

1899年，新建陆军改称武卫右军，随后由袁世凯率赴山东，冯国璋也随军入鲁。

在济南，他奉命改编旧军，组成武卫右军先锋队20个营。第二年，德国驻胶州总督到济南观秋操，不知乱了哪根神经，居然大赞冯国璋操练的先锋营武艺精娴，了不得。

德国军制这时被包括袁世凯在内的中国人捧奉为“世界最好的军制”，冯国璋得到狂傲的德国人的夸赞，可不是简单的事情。本来他在新军中练兵默默无闻，结果，墙外开花墙内香，他名声大振。

随后，冯国璋参与镇压引得八国联军入侵的义和团。朝廷认为袁世凯有功，袁世凯则为手下亲信们跑官要官。经他大力保奏，冯国璋以补用知州升为补用知府。这相当于从原来的候补县长提拔为候补市长了。

1901年底，李鸿章在人们的唾骂声病死，袁世凯升任直隶总督兼北洋大臣。在结伙抱团的大清官场里，“领头人”袁世凯的高升，为手下“三杰”带来更大的升迁机遇。冯国璋奔走相告：“春天来了，春天来了！”他这酸不溜秋的乌鸦嘴说得同僚们个个皱眉头。然而，他此话之后，他们的前途确实更加光明了。

没过多久，袁世凯为了编练北洋常备军，在保定创设军政司，下设兵备、参保、教练三个处，以冯国璋为教练处总办，负责创办各类军事学堂。冯国璋于是选调李纯为教练处提调，为自己的办学助手。

1903年底，清政府为督练考察全国新军机构，在北京设立练兵处。不嫌酸的袁世凯又推荐冯国璋出任练兵处军学司司长。冯国璋当了司长后，仍兼北洋陆军学堂督办驻保定督理北洋各武备学堂，俨然成了北洋军的总教头。而他饮水思源，又为以袁世凯为首的“小团体”添砖加瓦，经他之手，各个武备学堂培养的将弁，满脑子“被灌输”的都是浓厚北洋派系观念，一个个傻头人脑，只唯袁世凯马首是瞻。然后，他们这些被洗脑的军官们被输送到北洋军以及北方各省军中。

袁世凯靠着冯国璋的灌输，在军中威信噌噌地大涨。

同年4月，慈禧太后亲临保定视察部队。这老太太虽然不知兵也不懂兵，对什么新军更了无兴趣，观了一个上午的操，居然对冯国璋大有好感。回京后，她就下旨将“练兵有功”的冯国璋由三品晋升为正二品。

在袁世凯的哼哈大将中，与段祺瑞的鹰派强硬的武作风相比，冯国璋的“文”，恰好与之交相辉映。两人一文一武，一酸一硬，恰到好处，鼎力支撑着小集团在大清官场的搏杀中显现出威力，日渐壮大。

“酸文之气”突然少了

1905年，大清国局势岌岌可危。为了强军，朝廷决定派员到国外去考察。冯国璋又被选中。他随朝廷军中红人铁良、凤山等大臣赴日本考察军事，一路吃喝、一路玩耍。归国后，便有了“新思维”。袁世凯立即将这位大将向朝廷推荐加以重用。1906年，冯国璋署正黄旗蒙古副都统兼陆军贵胄学堂总办。

这虽还是办学的校长之类的官儿，却是个要职。冯国璋上任到陆军贵胄学堂后，说话做事文绉绉，酸得让一般人难受，这“酸气”与一般军中的“英气”格格不入，却和当朝最上流的满族亲贵酸溜溜的习气完全一致，双方同声同气，建立了密切联系。这为冯国璋后来掌握禁卫军打下了人事基础。

冯国璋虽然没打仗，只是办学，却好像突然得了“官运亨通症”，别人孜孜以求，踏破铁蹄，耗尽家财，升迁半级还都是难上加难，而他却是一年一个台阶地上。而这种势头还是如日中天。1907年，他又升任陆军部军咨处正使；转年，升清西陵梁各庄值班大臣。

他如此被重用，且不是满族，完全是因为与“三杰”中另“两杰”一起纠合北洋将领，紧紧“团结”在袁世凯周围，沆瀣一气，抱团打天下。而“火车头”袁世凯对他也是极力推荐，暗中大力提拔。

然而，这种飞升之势差点被腰斩。1908年底，光绪帝与慈禧太后相继去世，溥仪继位，载沣以摄政王名义监国，开始削弱袁世凯的势力。袁世凯不被看好，他手下的哼哈大将们能有好日子过？朝廷惯用的“斩断手臂”的做法，说不定就指向“北洋三杰”。

谁知袁世凯走人前，他的铁杆段祺瑞因此大受打压，冯国璋却完全是另一番景象。载沣等人对他不仅不打不压，反而极尽笼络之能事，对他又拉又笼。

为什么？

因为冯国璋是直隶省人，与袁世凯没有亲戚关系。

但冯国璋就是冯国璋，骨子里那点“读书人的骨气”还在，尽管朝廷对他不薄，他却始终效忠下野了的“老首长”袁世凯，不为外部那些诱惑所动。

1909 年初，载沣把袁世凯开缺回籍。作为袁世凯的亲信大将，冯国璋还是感觉了扑面袭来的危险，惴惴不安，狡猾的他随即以坠马受伤和原配吴氏病丧为由，请假要求回老家去，抱着这些年打拼而来的财富退居江湖之外息隐，但都没有被朝廷批准。

以后，大智若愚的他少了那份“酸文之气”，开始装疯卖傻地箝口结舌，随声画诺，表面上不再言天下事，对朝政、对时局、对军备……全然不谈不说。然而，朝中有什么事情，他仍暗中给在彰化隐居的袁世凯通风报信，使得“老首长”虽身在庙堂之外，仍对清廷内外的任何一个举措了如指掌。

为了应对政治寒冬，他和段祺瑞、袁世凯等人“抱团”以“取暖”，联系反而比以前更紧更密了。

1911 年 8 月，清廷在直隶举行秋操。冯国璋带兵前去，并任东路军总指挥。谁知 10 月 10 日，正在秋操搞得最火热的时候，武昌几声枪响，起义就此爆发。起义军很快就占领武汉三镇，声势浩大。清政府吓慌了，12 日，急忙饬令停止秋操，派陆军大臣荫昌率领参加秋操的北洋第二、第四镇星夜驰援湖北。

由于冯国璋和北洋系将领不听话，难以调动。14 日，清廷被迫启用袁世凯，命他为湖广总督，统兵镇压武昌烈火。袁世凯故意托病不出，欲擒故纵，与朝廷进行讨价还价。前线十万火急，清廷急惊风撞着慢郎中，只好命令冯国璋率领第 2 军南下赴援。但北洋诸将领还是进军迟缓。冯国璋率军到达河南彰德时，只身前去看望袁世凯。

袁世凯授意他一个“慢慢行，等等看”六字诀。

冯国璋慢慢行，武昌的火却烧得越来越大，清政府哪里等得了？迫不得已，于 27 日下令袁世凯为钦差大臣，召荫昌回京，并任命冯国璋为第 1 军军统，段祺瑞为第 2 军军统，紧急前去扑灭湖北的烈火。袁世凯要求的“以一事权”的条件得到了满足，他手下的哼哈两大将段祺瑞和冯国璋也再次东山再起，完全恢复了北洋军的最高统领地位。

29日，冯国璋率部到达汉口城外。

次日，袁世凯也自彰德南下，进驻湖北孝感。

冯国璋到汉口后，立即下令进攻汉口。第1军的北洋将领李纯、王占元、陈光远都是他的亲信，撂下背包，就率兵猛扑。驻守汉口镇的义军无险可守，遂与北洋军展开巷战。冯国璋见起义军以巷战节节抵抗，难于长驱直入，眉头一皱计上心来，便决定"火攻"。为此，他任命熟悉武汉地形的汉阳人易乃谦为攻城前线司令，放火烧城。

易司令打仗孬，放火倒在行。当晚，他亲自带人点火，熊熊烈火燃起，烧毁了入城必经的要道。

可革命军还是十分顽强，并且组织敢死队发起反击。冯国璋见状，下令易乃谦继续纵火烧城。这火一放，比上一次大得多，使得汉口全镇几十处，包括镇中从桥口至蔡京巷的最繁华的街道烟雾蔽云，成为一片火海。冯国璋望见冲天大火，哈哈大笑，一派狂傲之气。

随后，在给袁世凯的报告中，他说："匪人顽强抵抗"，"西北风暴作，汉镇火愈烈，我军持续攻扫，节节巷战，每攻一段，冒火蹈险，又为匪暗击，艰苦不可言状"。在接见来访的"日本友人"时，他宣称："为驱顽敌，不惜将汉口镇的中国市区全部焚毁。"他的决心下得如此之大，结果大火烧了整整三日三夜。

第1军与起义军激战四昼夜，11月1日，终于攻陷汉口。

随即，冯国璋继续丢掉斯文之气，露出野兽的凶性，纵兵烧杀抢掠，繁盛街市变成一派废墟不说，北洋兵勇四处抢夺奸杀，无辜居民死伤无数，汉口到处是"比土匪还不如的悍卒"。北洋军的暴行激起人们的极大愤怒，各地纷纷发出通电声讨。

声讨也罢，骂也好，你爱咋地咋地，冯国璋不在乎。

北洋军攻克汉口以后，进行休整。在这一段时间里，全国形势发生急剧变化。继湖南、江西、山西等省之后，上海、贵州、浙江、江苏、广西、广东、福建等省也纷纷宣告独立，大清这根柱子已经撑不起天了。袁世凯以实行君主立宪为条件，向革命党人提出"和平了结"，但是，遭到了拒绝。

为了使革命党人就范，袁世凯命令冯国璋攻取汉阳。

11月27日，冯国璋指挥北洋军拿下汉阳，并隔江炮轰武昌。朝廷获悉冯国璋拿下了汉阳，欣喜若狂，为酬谢他的“战功”，赏二等男爵。冯国璋在汉口第1军司令部接到封爵的电旨，情绪十分激动，对手下说：“想不到我一个穷小子，现在封了爵了！这实在是天恩高厚，我一定要给朝廷出力报效。”激动地流出了热泪，等把话说完了，竟自号啕大哭起来。

这哭声出自一位男人，可见冯国璋是何等的感动。不过，事后也有人说：“冯国璋这些日子丢掉了酸文气，一心一意打仗，想不到这次来了个更大的矫情——哭。”

“小资情调”

出于一种感恩的心理，冯国璋三番五次打电报给“老首长”袁世凯，说“时机万不可失”，“武昌唾手可得”，要求乘战胜余威一举继续拿下武昌城。

11月28日，他再次致电袁世凯要求继续攻打武昌时，却被当头浇了一盆冷水。袁世凯回电指示他：勿骄勿躁，“不接指示，不得轻举妄动”。“老首长”除了要求他本人淡定之外，还特别警告他：一定要约束部下，不得提前发动进攻。

“老首长”咋啦？袁世凯没有犯糊涂。他之所以按兵不动，因为他正在与南方革命党进行紧张接洽，以战与和为筹码，逼迫革命党同意他本人以逼清皇室退位换取民国临时大总统之职的“旷世大交易”。

这一切，冯国璋却被狡猾的“老首长”蒙在鼓里，聪明的小脑袋却不知所以然。

一天，前线哨兵忽然向总部解送来了一个奸细，说是从武昌方面渡江过来的，名字叫做朱芾煌。他手里还拿着一份“直隶总督袁”填发的护照。因护照四周印着很多龙的图案，俗称为“龙票”。听到了报告后，冯国璋对参谋长张联棻说：“交军法处正法得啦！”

“这个事且慢来。”张联棻立即拦住了他。

“留着为啥？”冯国璋还是不明白。

张联棻说：“他既拿着袁宫保(即袁世凯)发给的龙票，还是问一问好。”

于是，冯国璋打电话给袁世凯，请示如何办理。“老首长”回电的大意是，可以按照军法处理，但克定现不在京，此事也可以问一问他。冯国璋又打电报给还在洹上村的大公子袁克定询问究竟,谁知得到"袁大瘸子"的回电却是:"他(指朱芾煌)就是我,你们要是加害他,我就到汉口与之拼命。"

所谓"与之拼命",就是说,他袁克定要和"你们"没完。咋啦,抓了武昌革命党的奸细却杀不得了?!冯国璋终究不是傻子,事后思来想去,猜测"老首长"的意思大概是暂时"不打"了,于是就不再像以前那么"自告奋勇"了。

但是,袁世凯的内心到底是咋想的,对老部下也不交代,冯国璋实际上还是不十分明白。随后,"老首长"派代表来汉口了。见着冯国璋,他试探地问:"革命军一旦反攻过来,你如何办?"

"这还用问吗?"冯国璋干脆利落地回答说,"只有精忠报国,不知有他。"

袁世凯与革命党的"交易"已大有眉目了。冯国璋还没及时转过弯来,依旧沉醉在那个"二等男爵"美梦之中,还要"精忠",还要"报国"。他不遵守官场规则,意气用事,八成是要倒霉了。

果然, 前来搞刺探的代表把冯国璋的情况一报告袁世凯,"老首长" 就慌了。"老首长"是官场的人精,最善于掌控局面,也最具有前瞻性思维,于是认为继续把冯国璋留在湖北前线指挥北洋军,很可能成为日后南北和议的障碍,怎么办?于是将他调回后方,派段祺瑞接替、统率湖北前线各军。

这时朝廷完全依赖袁世凯来"救命",袁世凯说什么就是什么。12 月 9 日,它应袁世凯所请,下达谕令,改任冯国璋为第 2 军军统,从前线调回,同时接任察哈尔特别行政区都统。他在湖北前线的职权由段祺瑞全部接任。

冯国璋从袁世凯小站练兵起就紧紧跟随,其间还拜了"老首长"的门,成为他的门生,这些年之中跟他去过山东,随他回到直隶,在"老首长"下野时同进退,可以说是袁世凯手下一员铁杆干将。也正是由于袁世凯的一手提拔,才使得"草根"的他青云直上。并且冯国璋向来是以"老首长"的意志为意志。为何"老首长"这次不像对段祺瑞那般待他,两只手掌不一样看待呢?

关键还是出在冯国璋本人身上。

与武夫出身的段祺瑞不同,冯国璋的"酸气",其实就是"读书人的气质",还带点"小资性情",理性中总有那么一点点感性,即是一个感恩型的人——他忠于袁世凯,也对清室感恩。在袁世凯落难时,他暗中与"老首长"交往;当清室有难时,他骨子里又强烈地护着清室。而这在没有人情味的官场里,无论是大清时代,还是袁世凯时代，都是为官大忌。此刻的袁世凯怀着被迫“回籍养疴”的刻骨仇恨，大有“取代清室”，一跃而起去当民国大总统的决心，干的是最大的事业。而两人在如何对待清室这个问题上是有一定的分歧的。“老首长”洞察若火，又岂能放心得下？何况冯国璋又在关键时刻被清室授予“二等男爵”，并且还哭了！袁世凯要达成与革命党的“交易”，要实现自己的大总统梦想，不能不防微杜渐，不能不防范着一点点小火星子，万一冯国璋到时候犯浑，拿出一副“粉骨碎身浑不怕，留得正气满乾坤”的傻气，执拗地要维护大清王室怎么办?!

作为枭雄的袁世凯，没冯国璋那么“小资情调”，只有铁腕和厚黑，哪里管他什么老部下、老铁杆呢？一切以需要为出发点，因此果断地扫除了冯国璋这个“可能障碍”。

战场就是战场，容不得“小资情调”，官场也如战场，同样容不得“小资情调”。在官场中混，又想升官的话，就要把最真挚的感情放在内心最深的角落。因为这个环境没有朋友，没有知己，只有利益。冯国璋做不到，因此注定要下台，袁世凯做得到，因此还能东山再起。不过这次冯国璋被“老首长”果决地换了马，那么他以后的官运会因此而夭折吗？

03.

“皇室铁杆”到“棋子”的转变

得与失之间

官场最大的失落，就是没有进行终极对弈，就从巅峰上像坐过山车一样掉下来，变成凡夫俗子。冯国璋这次被“老首长”调回后方，就是这种如同吃了苍蝇一般说不出来的难受感受。有明白人说：懂得笑看得失、淡观荣辱的人，才是智者。但多数官场仕宦之人做不到，冯国璋也做不到，超脱不了。

因为他与“老首长”宦海逐流，一起经历了“冬之严寒”，经历了“春之孕育”，才进入事业“火热的盛夏”，却被自己最亲近的“老首长”活活地硬给拉下马来。换了谁，都难去做“超脱”的“智者”。

1911年12月15日，他离开汉口北上，回到了北京。

冯国璋自然也不是傻子，“老首长”突然用“虎”代“豹”，显然是对自己的不信任。突然之间，他感到受了“老首长”的愚弄，回到京城后，既不去见同在一个城市且近在咫尺的“老首长”，也不去察哈尔就任新职，日日与手下待在煤渣胡同的家里，赋闲当起了无所事事的寓公，大有任你天下乱成如何、管我鸟事的超脱。

谁知过了一些时日，袁世凯的大公子袁克定忽然敲门来拜访。他手里拿着一份冯国璋当年向袁世凯拜门时的门生帖子和一份袁世凯刚亲自填写的兰谱。他一脚进门，见着冯国璋就口称“四叔”，接着“扑通”一声跪下去，边向冯国璋磕头，边喊着“四叔”。

他这是咋啦？自己是拜了袁世凯门生的，那么就和袁克定属于同辈，咋一夜之间成了他的“四叔”呢？

随后，袁克定向“冯叔叔”说明他此次登门之意，即他之所以拿着这两份帖子来，是老爹的意思，袁世凯决定今后不把冯国璋当作门生看待，而是改把他当作亲兄弟来看待，在他结拜的兄弟们中顺序排为老四，所以唤他为“四叔”。冯国璋见这般情景，知道又是“老首长”拉拢之计，可自己一下子由“袁克定同辈”成了他的“四叔”，也不敢怠慢，赶紧把“大侄子”挽了起来，连声地说：“老弟，快起来！快起来！你这是寒碜我，我一半天就过去看宫保。”

第二天，他就去了“老首长”袁世凯的府上。

没过几天，冯国璋奉到新的任命，留在北京城内统筹京畿防务，兼任禁卫军总统。察哈尔都统一职，暂由他人去署理了。

被袁世凯这么一折腾，冯国璋的怨气终于全消除了，对“老首长”除了感恩，还是感恩。

“老首长”最嫌弃的他的“小资情调”，他还是摆脱不掉。

官场上就是这么得与失连在一起，祸兮福之所倚，福兮祸之所伏，没有定则，难以捉摸。但是，就在一失一得之间，冯国璋的收获却并不少。

因为统筹京畿防务，还兼任禁卫军总统，这下冯国璋的权力可大了，不仅京畿捍卫各部队皆归他统制，就是一贯喜欢胡作非为的皇室弟子也得归他统管。

禁卫军是满族少壮亲贵载涛一手控制的一支重要武装，一万多人马，全是精兵强将，专门负责大清皇室的安全。禁卫军有步队两协，每一协下辖有步队两标，另外，还有炮标、马标和工程营、辎重营等。步队就是步兵，炮标、马标和工程营就是炮兵、骑兵和工程兵。只有步队第四标是招募直隶、山东、河南三省合格的青壮年入伍的，兵员是汉族，之外的其他各标、营的兵员，不是满族，便是蒙族——他们都是绝对拥护清廷的铁杆嫡系近卫军。

而冯国璋之所以能够接任近卫军总统，一个关键因素是清皇室诸人也都接受他。为什么？他曾担任过陆军贵胄学堂总办。所谓贵胄学堂，就是满清贵族学堂。他在任时开办过一个王公讲习班，从摄政王载沣以下官员都是这个班的学员。因此，他和满族王公世爵关系都很好。尤其是不久前他在湖北前线为捍卫清廷，大杀革命军、火烧汉口，炮打武昌，砍了几斧子以后，皇室大员个个对他印象不错，无人不信他冯国璋对朝廷忠心耿耿，效忠大清。在王公中没有能人，只能由汉族人上时，冯国璋便成了最佳人选。

其实，“冯四叔”出任禁卫军总统，完全是袁世凯对清廷放的一个烟幕弹，或是布下的一颗定时炸弹。尽管对冯国璋有戒心，但御人有术的“老首长”还是深知冯国璋是自己一手提拔起来的，是忠实于自己的助手，一时要点小脾气，安抚一下，到了最要紧关头，还是不会对自己变心。他派冯国璋出任这一要职，就是考虑到将来逼清帝逊位时，万一这一万多名禁卫军发生变故，北京城内的局势就很难控制。为此，他事先派冯国璋去接统这支队伍，就准备到时稳定大局，并保证自己在北京城内的安全。

袁世凯这一举深谋远虑，但冯国璋还是蒙在鼓里。

他接受这一新职后，着手组建了禁卫军司令处，司令处要员，除个别人外，基本上还是他原来第1军司令部的原班人马。因此，尽管冯国璋对“老首长”的远虑不知情，但事实上，他的作为却完全按照“老首长”的“预测”进行着，这支捍卫京城和皇室的禁卫军劲旅上层完全由冯国璋一人控制了。

死脑筋难拐弯儿

时局越来越紧张。

1912年1月1日,革命党在南京宣布成立中华民国,孙中山出任民国临时大总统。也正是这一日,曾襄助冯国璋办学过的廖宇春代表袁世凯年前在上海与革命党黄兴的代表顾忠琛签订“确定共和政体”、“先推覆清政府者为大总统”五项草约后,从上海返回北京,拜访冯国璋。在煤渣胡同里,他向冯国璋讲述了自己与革命党谈判情形。谁知冯国璋很是瞧不起地说:“革命党系一班佻达少年,意气用事,各争权利,势必自相残杀……名为共和,其实比专制还厉害,还坏。”

廖宇春去谈判了,思想受了洗礼,一听此言,所有的“洗礼”全部泄了漏了光了,立即着急地问道:“那国家咋办啊?”

“中国人格太浅、程度不齐,至今尚不知何为立宪,如何能享共和之幸福?!”冯国璋没回答“咋办”,却撂下了“中国人素质太差,不行”的话儿。

第二日,他与姜桂题等15名将领联名致电袁世凯:“革命党坚持共和,我北方将士10余万人均主君主立宪。然革命党强横,偏主共和,我将士经往返电征意见,均主死战。”他这一折腾,让正想以共和去攫取大总统之位的袁世凯犯难了。

他一出手,却帮了“老首长”的倒忙。

5日,廖宇春偕老友刘某再次前来拜访冯国璋,劝他放弃主战立场,赞成共和。冯国璋还是执迷不悟,像喝了迷魂汤似的,信誓旦旦地说:“人各有志……”然后又“犯酸”了,自比历史上“保皇到底”的文天祥、史可法,说就是无人再战,他自己也要战到死为止。

这闹得廖宇春笑也不是哭也不是,暗暗为袁世凯着急,可在固执、不开化的冯国璋面前,就是没任何办法。

袁世凯要搞共和以实现总统梦,对冯国璋的“酸气”是又气,又无奈。而大清王朝的保皇派却欢欣鼓舞。1月中旬,以满族阿勒精阿为首的部分宗社党人在北京组织君主立宪党,公推举冯国璋为会长,蒙古郡王贡桑诺尔布为副会长。冯国璋对此也是乐此不疲,欣然答应去当会长。

一天,会长、副会长和阿勒精阿等四人一同去见袁世凯。当着袁世凯的面,冯国璋请求“老首长”去搞君主立宪。而“老首长”已和革命党协议赶清帝下台而自己去当大总统，只好虚晃一枪，回答他们说："我和你们的意思一样。可是有些实际困难也不能不说，现在最要紧的是军饷没着落，还有宣布独立的地方太多，军队顾此失彼，实在不敷分布。所以，我现在正在和革命党力争。"

四个人听了这话，不得要领，垂头丧气地退了回去。

没过几天，袁世凯的铁杆大将段祺瑞从汉口发出由他领衔的敦请清帝退位的通电，并且发到了冯国璋的禁卫军司令处。

这是由袁世凯授意，经徐树铮、曾毓隽代为发出的。冯国璋翻看着电报，先是不以为然，看完后就生气了，怒气冲冲地说："芝泉怎么会发出这样的电报？他本人正在保定，这个电报是有人捏造，还是他的本意？我定要问一问。"

其实，只要稍微有点脑子、清醒一点儿的人就明白是咋回事，唯独冯国璋像犯了迷糊似的浑然不觉。副官长赵俊卿于是劝他道："这个不必问了，谁还敢假冒他的名字，好在这个通电里没列咱们的名字。"

冯国璋略一迟疑，质问的电报才没发出。

事后，经过段祺瑞的手下亲信靳云鹏的疏通，他才就此作罢。

冯国璋如此死脑筋，居然成了袁世凯逼宫清廷的拦路石，怎么办？"老首长"不得不亲自出面，多次单独召见他，言语之间从远到近地进行开导、疏引。袁世凯婉词劝说，煞费苦心，就是一个目的，让他放弃主战论和君主立宪主张。到了1月下旬，不知是大势所趋，还是"老首长"的劝说生效了，冯国璋的态度才有明显转变。

过了不久，有关清帝逊位之事要正式公布。袁世凯为此特别召集一次会议。冯国璋忠于清室，十分勉强地参加会议。开完了会，回到煤渣胡同住宅，他立刻把几个儿子叫到住房。

他躺在床上，向儿子们表明自己对"政变"的态度，神情异常严肃地说："今天我刚开完了会，会上谈的，主要是宣布皇上将要逊位，国家将要改为共和体制的事。我当时问：'逊位逊给谁？'宫保说：'逊给国民。'这样，我当然无话可说。如果帝位逊给某某人的话，我连那个人一块儿打。"

所谓那个人，冯国璋所指的，就是"老首长"袁世凯。

可他对几个儿子这么一番交代，什么意思？表明态度，是要和袁世凯划分界限，还是想让儿子们去做点什么？无人能知。大概是气糊涂了吧。

他一个冯国璋自然阻止不了浩浩荡荡的共和大势。

2月1日,隆裕皇后召开御前会议,提出采用虚君共和,冯国璋没明确表态,回到煤渣胡同家里后,用感叹的口吻对手下亲信们叹气说:“唉!皇族甘愿退让,我们今儿还给谁打。这样看来,大清国的江山就算完啦!”

连主子都成扶不起的“阿斗”了,当年诸葛亮都拿阿斗不成事,他冯国璋再有能耐,也没办法了,只好把一切不情愿接受的东西统统一股脑儿接受,一咬牙把一切都认了。

关键时刻显身手

1912年2月4日,冯国璋、段祺瑞率北方将领60余人致电任主持南北议和的中华民国军政府外交总长伍廷芳,一方面表示北方军界“现多主张共和政体”,另一方面大讲清室有禅让政权于国民的“盛德”,要求南方代表“照此承认”清王室提出的辞位条件。冯国璋与段祺瑞,袁世凯的两个哼哈大将,一个唱黑脸,一个唱白脸,分头对革命党人和清廷开始施加压力了。

大清江山就要完蛋了。袁世凯还是忌讳禁卫军这些铁杆皇室粉丝,认为禁卫军不能在清帝宣布逊位前解决,肯定要出事儿,要坏自己的事。而这个艰巨而紧迫的任务,自然就落到了他事先设下的棋子——冯国璋身上。

2月初一天上午,冯国璋坐着一列马车如飞地来到了司令处。

在他到来时,手下两个协统王廷桢、姚宝来全身戎装,恭候在司令处门前。冯国璋下车后,就被他们簇拥着,来到了司令处大楼的办公室。

王廷桢问道:“是不是就吹号站队?”

冯国璋略一点头,集合号音此起彼伏地在军营响起。

大楼前就是大演兵场。冯国璋神情严肃地走出楼门。此时广场上已摆了三张大方桌,正中的大方桌上又摆了一张略小一点的桌子,在桌子一侧上下两层摆上了接脚的椅子。全镇官兵面对高台,按步、马、炮、工、辎兵种顺序,依照阅兵时分列式集合好了。

冯国璋手里拿着一个小纸卷,被手下搀扶着登上两张大方桌,然后对全镇官兵发表了讲话。他说:“我今天来,是和大家说一件最要紧的事。大家知道,总理大臣是主张君主立宪的，我向来也是主张君主立宪的。为了这个问题，总理大臣已经和民军代表商量了很多日子。现在隆裕皇太后已经下了懿旨，说是国体问题，交由国民会议公决。但是，这个问题，要看哪一方面的力量大，说出话来才有劲。现在宣布独立的省份太多了，要是打起来，我们的军队实在是不敷分布，并且，外国人也不借钱给我们呐。军饷也没有着落，仗就没办法打了！可以说，今天的局势是万分危急的了。就是我们禁卫军和第一镇的官兵肯拼着性命打，试问：护卫皇宫和保卫京师的责任又交给谁？所以，总理大臣已经和民军代表商定了优待条件：皇太后、皇上的尊号，满族、蒙族的待遇，还有我们禁卫军的一切，一概不动……"

说到此，他把手里拿的小纸卷展开，这是《清室优待条件》，接着便念起来了。

当他刚念到第一款"大清皇帝辞位"时，下面的队伍里立刻出现小小的骚动，有人又惊又疑，有人用手擦眼泪。随着他的大声宣读，骚动越来越严重，官兵交头接耳，叽叽喳喳，整齐的队形也现出凌乱，只有属于汉族的步队第四标无动于衷。

冯国璋还是淡定地把优待清室条件念完，然后，提高嗓音说："我刚才所说的事情，不论是官长目兵，有什么话都可以对我说。你们可以推出几个代表来。代表可以离开队列往前走五步，让他们代表大家申述意见。"

冯国璋居然还在禁卫军中搞起了罕见的"民主"，和他们进行"共和"来了。

过了不多一会，队列走出几个代表。他们见冯国璋，一开口便提了两个问题："第一，皇太后、皇上的安全，总统能够担保吗？第二，我们禁卫军将来归陆军部编制，是不是会取消？总统对这一点是不是可以担负完全责任？"

"两宫的安全，我姓冯的敢以身家性命担保。在优待条件上，虽然有日后要搬到颐和园的条文，我敢担保两宫决不离开宫禁，仍然由禁卫军照常担任守卫。"冯国璋答复说，"至于我们禁卫军，不论我日后调任什么职务，走到什么地方，永远不跟你们脱离关系。"

他说完了，几个代表也满意了，随即归了队。

可下面官兵的情绪并没因为他的几句口头保证而平息，众人交头接耳，叽叽喳喳，有的人似乎要动起来了。冯国璋见下面可能还是要乱起来，急中生智，又大声地说："我还有话跟你们说。"

这时协统姚宝赶忙高喊了一声："立正。"

骚动慢慢稳定下来。

冯国璋继续大声说："你们不管是目是兵，赶紧推出两个人来。今天就发给他们每人一支手枪，从今天起就跟在我的左右，不论在家出外，只要发现我和革命党有勾结的情形，准许这两人立刻把我打死，并且不许我的家属报复。"

这个孩子般的说法，果真还得到了禁卫军的响应。他们当场推出了两人，一叫福喜，一叫德禄，都是步队里的正目。整个队伍也就此平静下来，"皇室粉丝"们似乎对未来不再担心了。

冯国璋灵机一动的一出苦肉计，把一场轩然大波巧妙地稳定下了。大事已定，他走下了方桌，回过脸对一名手下交代说："你回到军司令处，立刻就办两个命令，委派这两个人做本处副官，每人每月支饷银50两。"

然后，他回了大楼办公室。

一进门，他往红绒长沙发靠背上一靠，把军帽一摘，用一只手捂着胸口，长长出了一口气，发出"哎"的一声，然后，靠在那长沙发上默默地不发一言。

原来他也是麻着胆儿来禁卫军宣布命令的，队伍一骚动把他吓了个半死。

休息了一阵子，换过了气儿，冯国璋就起身走人了。

禁卫军官兵达1.2万人，大多是反对清帝退位的"铁杆皇室粉丝"，让他们反过来赞成共和，确是一件不可想象的事情，但冯国璋却做到了。阻碍清帝退位的禁卫军风波遂告平息，袁世凯事先布下的一着棋子在关键时刻发挥了它的作用。

几天后，宣布皇帝退位的诏书正式公布，禁卫军没作出啥剧烈的反应，袁世凯终于攫取了辛亥革命的果实，于3月担任临时大总统。冯国璋仍出任统禁卫军兼总统府军事处处长。

8月，冯国璋被袁世凯任命为最重要的直隶都督。

他到了天津直隶都督任上后，剪去了那短短的小辫。但在北京煤渣胡同住宅的客厅里，那顶大清红顶花翎的官帽仍架在四足帽架上，为了避免沾染尘土，他还用一块紫色"帽袱子"盖在官帽上。他这么做，是为了维系禁卫军的军心，还是为了表示对清廷的怀念呢？

然而，不管如何，他仍是袁世凯手下最重要的军事将领和铁杆亲信，在整个袁世凯政权中起着至关重要的作用，堪称袁世凯的几大"梁柱"之一。尽管前清倒台中发生过几次小风波，在民国官场，冯国璋还是照样"稳坐钓鱼船"了。

04.
进退有据，终成“江苏王”

当官以不能为能

冯国璋“忠于清”，更忠于袁世凯。在袁世凯上台主持民国政府后，作为袁氏手下的得力大将，他时时效忠于袁世凯，在“老首长”与各派势力争霸中充当帮手和马前卒。

1913 年 3 月，宋教仁血案后，南方各省革命党人十分愤慨。冯国璋秉承袁世凯的旨意，串通各省军阀发表通电，攻击孙中山为首的革命党人“危害民国”、“破坏共和”，叫嚷要武力解决。接着，北洋军进攻李烈钧的江西，孙中山被迫发动讨袁“二次革命”。

7 月 15 日，黄兴在南京宣布江苏独立，随后安徽、上海、广东、福建、湖南和重庆等地相继宣布独立。

7 月 23 日，冯国璋受袁世凯之命，出任江淮宣抚使兼北洋军第 2 军(由原禁卫军改编)军长，挥师南下，前去“平定江淮”。

冯国璋统率禁卫军、拱卫军、直隶混成旅自天津呼啦啦地南下。苏北讨袁军并不强大，一击就败。7 月 26 日，袁世凯下令冯国璋率军沿津浦线快速前进，攻取临淮，同时令驻防兖州的张勋率领辫子兵由水路进兵，取道清江、扬州，占领镇江，与冯国璋第 2 军会攻黄兴据守的南京。

冯国璋出兵后，南京就面临着巨大的压力。讨袁军受压就扛不住，内部有的要走人，有的要留下抗战，发生内讧，于是军事形势开始恶化，7 月 28 日夜，黄兴控盘不住，又采取一走了之的高招，离开了南京。他一走人，代理江苏民政长蔡寅和冯国璋女婿——第 8 师师长陈之骥立即露脸，公开宣布取消南京独立，并且哥俩儿还致电袁世凯，表示完全归附中央。

哥俩儿宣布南京取消独立，讨袁军高官斗志全失，原来的激昂、慷慨全抛入了扬子江，众人一个个只等冯国璋和张勋前来接洽、处理残局。谁知讨袁军第 8 师、第1师下级军官对领导们儿戏般地取消独立非常不满,获悉袁世凯要遣散参与讨袁各军的意图后,更加愤怒,纷纷集会,决心誓死进行抵抗。

局势又急转。

8月8日,激进的革命党人何海鸣率百余人从军营杀出,占领都督府,宣布南京"恢复独立",自任江苏讨袁军临时总司令,并推陈之骥为都督。

陈之骥是冯国璋的女婿,哪有女婿打岳父的?他坚决不肯就职。逼急了,他却不是黎元洪,一怒之下,派兵将何海鸣劫持到第8师司令部。自信心不足的革命党再次放弃都督之位,把它让给"不坚定的革命家",再次演绎辛亥革命的悲剧,自己打败自己自然不可避免。何海鸣一抓,陈之骥等人再次宣布江苏取消独立。

南京独立,取消独立,再独立,再取消,反反复复。陈之骥等人自然不得人心。他再次宣布取消独立后,军队还是不稳,大佬们也控不住"南京大局"。陈之骥不得不把目光抛向岳父。他经与英国领事联系,决定渡江去滁州,与冯国璋商谈和平解决南京的办法。

他一走人,第8师29团官兵又起兵。他们杀死阻止起义的袁派军官,冲入第8师司令部,又救出何海鸣。11日下午,何海鸣第三次宣布南京独立,举起讨袁独立旗帜。

陈之骥获知部队哗变,仓促又赶回南京。但这一次的局势,他却挽救不了,讨袁军气势正旺,反而有要他的命的危险,他只好又灰溜溜地返回船上,经上海赴日本,既不顾南京,也不顾岳父老子,屁颠屁颠"自我流亡"去了。

8月11日,冯国璋挥师,前锋抵达了浦口。

与此同时,另一路大军张勋的辫子兵也抵达了镇江。大敌当前,江苏地方上的豪强们乱成一团糟,扬州军与镇江军突然发生火并,自己内讧,先打起来了。张勋率部赶过去,当两蚌相争的得利渔翁,一举解决了他们的冲突。但他这么一折腾,耽误了不少的时间,南京城内的讨袁军已作好了迎战准备。

为抢攻入南京的头功,14日,张勋不等冯部协同,就指挥所率辫子兵与江苏第4师突袭紫金山和天保城。辫子兵脑后吊着"猪尾巴",打起仗来倒也很有野猪乱哄乱叫的作风,一阵子猛打猛冲,首先得手,一度占领了天保城。

随即,南京城内的讨袁军第8师组织反攻,一举夺回天保城,并且在天保城架炮轰击紫金山。辫子兵抵抗不住大炮的轰炸,只好叫喊着弃山而走。

16日，冯国璋指挥大军试图抢渡长江。狮子山上讨袁军的炮火猛烈，冯部渡江未遂。与此同时，张部再次突袭天保城，讨袁军第1师没能顶住，天保城再度失守。讨袁军主力第8师29团再次乘张军立足未稳反扑，夺回天保城，并于次日乘胜收复紫金山。

两军在前线激烈交锋的时刻，南京城内讨袁军一些高级军官又起了二心，图谋叛变，暗中与冯国璋取得联系。但是，兵变阴谋泄露，当即被革命党粉碎，谋叛的将领全部被捉了起来。

南京城内外的较量比任何时候都激烈。

8月19日，张勋指挥辫子兵再次猛攻南京城东诸门，三陷天保城，并进逼洪武门。次日早晨，第8师29团及炸弹队向天保城反攻，再次重新控制天保城。第三日下午，张军不惜一切代价猛攻，第四次攻陷天保城。21日晚，讨袁军再向天保城发起反攻，三次都没奏效。至此，南京城终于失去了东部屏障，讨袁军陷入被动局面。

当张勋辫子兵和讨袁军血战之际，冯国璋一直按兵未动，隔江观望。这次他率兵南下，全然没了上次出兵武昌的冲动，非常注意保存实力。袁世凯几次去电催促他进军，他都不急于行事，在苏北固镇修桥停兵四五天。这副架势完全是当年受命前去收复汉口而执行袁世凯“拖兵计”的山寨版，“酸气熏人”。

22日，冯国璋获悉张勋的辫子兵确实已经占据了天保城后，才于下午命令部队准备渡江攻城，其中，张宗昌江苏第3师主攻神策门，前敌司令施从滨指挥的陆军第5师向太平门进击。冯国璋严令各部一定要互相联络，并与张勋部的攻击速度相配合，不准快，只准慢。要攻打南京城，他还是不急不缓，并且还公然指示部下：“早迟必定成功，无须太为着急。”

他这副大将风度和罕见的淡定，让久候胜利捷报不到的袁世凯十分着急。南京久攻不下，其他地方的讨袁势力一旦再起，进而兵援南京，就要牵连大局。于是，袁世凯一再催促张勋猛攻。这张勋本是慈禧太后的御前扈从护卫出身，民国以来一直“进步不快”，于是每次作战都下死力，命令部下拚死而战。这次更想与冯国璋抢头功，指挥手下拼死扑城。26日，他的马队一部终于突入了朝阳门。狂喜之下他立即电告袁世凯报捷。

谁知，捷报才发出，马队就遭到革命党预设的坑道的拦截，全队人马被讨袁军歼灭，连马都全部毙命，无一幸存。

眼看张勋失败,冯国璋更加谨慎,命令各部抢占南京城外要隘,并特别严饬第2军前锋各营,约会海军,联合张军,协同进击,不得轻进。

冯国璋的稳打稳扎的战法,比张勋的激进打法,显得智慧多了。

28日,芜湖讨袁军战败,南京城完全陷于孤立。

31日,北洋军发起了总攻,讨袁军各部被强敌压制,只能勉强防守,无力反击。

讨袁军本来就是一群乌合之众,压力一大,内部又发生叛变。9月1日,张勋的辫子兵乘机用地雷轰开太平门至朝阳门之间的城墙,突入南京城内。讨袁军与入城的辫子兵展开巷战。这时,冯国璋率领的第5师才发起猛攻,突入太平门;张宗昌、徐宝珍两部也乘机分别由神策门、通济门拥进城内。讨袁军终因力量悬殊,巷战不支,退守雨花台。与此同时,下关和狮子山也相继失守。

袁军入城之后,一如当年湘军攻陷天京时那样,各部划分地盘,大抢三日。冯国璋部拿出当年攻打汉口的作派火烧下关,又把昔日繁华的商业区,烧了个灰尘漫天。那些穿着蓝大褂、拖长辫子的张勋辫子兵更是烧杀淫掠,无恶不作,挨家挨户大抢,店铺和民户不得不在门口贴上“本店被抢已光”、“本宅被抢七次”等招贴。

这次出兵“平叛”,袁世凯本有意任命铁杆手下冯国璋为江苏都督,好为自己坐镇东南。谁知冯国璋在攻打南京城之前,与张勋约定:“先入城者为督”。因为冯国璋一直保存实力至上,而张勋当官心切,9月1日一炸开城墙,就蜂拥入城。此时冯国璋又“陡发寒热”,身体不支,无法与张勋“一同入城”。因此拿下南京城后,他信守诺言,于次日主动发电向袁世凯保举张勋为江苏都督。

当听到辫子兵大佬张勋当了本省都督时,南京的民众异口同声地说:“这下子可活不成了。”许多人带着随身行李,扶老携幼逃往城外。

冯国璋见状,立即对手下说:“咱赶紧回江北去,住在这里不方便的。”又回了浦镇。

辫子兵土匪般地在南京大抢三天之后,冯国璋才出面约束,并规劝张部停止抢劫和奸淫活动。可是,土老帽出身的张勋不服:“打了胜仗,还不能快活一下?!”

“三日了,还不够吗?”冯国璋说。

“不够!”

张勋继续放纵手下强奸杀戮,冯国璋于是毫不客气,下令逮捕为非作歹的辫子兵数百人。张勋可不是好惹的,派兵与冯军进行对抗,结果,两部架着机枪、大炮，在南京街头对峙。袁世凯闻讯，深恐两军在南京大打出手，让讨袁军趁机反扑，急忙派在南京助战的海军司令刘冠雄出面调停。

这样，冯国璋才罢手。

9 月 10 日，冯国璋奉命率部北返，回了保定，担任直隶都督，对江苏乃至南京好像了无兴趣，谁也不知道他是看不上，还是“犯酸”的脾气又发作了。

“酸”中有智慧

在与张勋的争执中，冯国璋选择了退。他的退，谁都不理解，他上有袁世凯老首长的支持，下有强大的军备实力支撑，机遇不可求，为什么还要退呢？人们就是觉得冯国璋要书生气，太“酸”太“酸”。

谁知冯国璋“退”的“酸气”中却酝酿着“进”的大智慧。

张勋是烂泥扶不起墙，在南京称王称霸，完全是痞子流氓的一套，没多久又与日本浪人搞起了冲突。

辫子兵攻入南京后，一些支持讨袁军的日本浪人参加巷战，被辫子兵击毙一人，击伤若干。此前还有一名日本军官在津浦线上绘制地图，被张军抓获。这些人和事，立即引起国际交涉。日本驻华使馆就抓住这两点，硬咬定张勋有排日倾向，于是联合英美等国公使一起，向袁世凯政府抗议，要求中国政府处置“祸首”张勋。

大清怕洋人，袁世凯也怕洋人，张勋这下终于惹祸了。

其实，张勋也怕洋人。这两件事都是他的手下干的，他本人完全不知情。接到袁世凯的勒令后，他虽然知道手下理不亏，但还得重重处罚部下，随后还硬着头皮，不得不亲自到日领事馆去赔礼道歉，进行“危机公关”。洋人的“不好惹”也就在这里，盯上你了，就揪住不放，没完没了。张勋赔礼了，道歉了，日本人还是不罢休，也不找他本人，而是直接找他的领导，对袁世凯施压。袁世凯早就不是在朝鲜时那个敢与日本人唱对台戏的初生牛犊了，害怕洋人和慈禧太后完全没两样，日本一逼迫，他就只能主动让步。

这步怎么让？他只能把惹祸的张勋调走了事。

这小辫子张勋也非一好人，说走就能走，本来就是一无赖德性。袁世凯怕他狗急跳墙,生出其他事端来激怒日本人,只好分两步走,先让冯国璋仍以江淮宣抚使名义南下跑一趟,以视察江苏军务为名,亲自到南京敦请张勋率部移防。

10月23日,冯国璋没了以前那样的前呼后拥,十分低调地抵达南京,先向张勋宣示了袁世凯裁减江苏地方军的命令。张勋见裁军不涉及他的人马,也乐得不作声,任凭冯国璋将江苏第3师和第5师合并,并裁减若干地方军。随后,冯国璋移驻浦口,在浦口设立江淮宣抚使行辕,然后静观大局了。

裁了兵,江苏的实力就减弱了。张勋想折腾,也得去掂量了。

这时,袁世凯派"鬼才"阮忠枢从北京急急来到南京,对张勋进行"说服",劝他走人。张勋虽是一无赖德性,但与日本人作对,袁世凯没这胆量,他更没这胆量。现在袁世凯已派冯国璋做好了"不从即讨伐"的准备,"阮怪才"就是先礼后兵。三言两语,张勋就决定走人,打着腔调说:"有咋个办法,惹不起总躲得起来吧!"

"对,谁遇上这样的事儿,都倒霉,只能乖乖认命。""阮怪才"劝告说。

"走,走!"张勋不耐烦地说,"拍着屁股就走。"

12月16日,袁世凯下令调张勋任长江巡阅使兼安徽都督,冯国璋由直隶都督调任江苏都督。

1914年1月,张勋正式履任长江巡阅使,驻在徐州;冯国璋正式接替张勋之职。随后,冯国璋来到南京后,又以江苏都督身份被"老首长"任命为宣武上将军,督理江苏军务,原都督府改组为上将军行署。这样,他坐镇南京,控制东部军队多达两万余人马。

与大老粗张勋的"掠夺式经营"不同,冯国璋执政重在"建设性经营"。

为了称雄江宁,他先从天津调来一批受过训练的巡警,维护南京治安,继而又成立全省执法处和宪兵司令部,稳定社会秩序。为了培养嫡系军官,他先后在宁建立陆军讲武堂、水师学堂、陆军警察学校和军事研究所。并且,还搞一些改善民生的"面子工程",将南京城墙拆毁,方便市民交通;再兴办待济处,借贷给小商小贩,以促进商品流通。并且,他还筹办了南京自来水工程,解决市内卫生用水难题。这些民生的事儿,使得他的威信得到了很大的提高。

在"经营"中,冯国璋以江苏为半壁江山,把持一方,渐渐成为雄踞东南的大军阀,获得了"江苏王"之称。

05.

老"帮凶"却反对老主子称帝

官场如戏场

冯国璋拥兵江苏，称王称霸，但一切荣耀都是由"老首长"所赐。为了效忠袁氏，他不顾是非，袁世凯倒行逆施，他就通电支持。袁世凯解散国会，他支持；袁世凯撕毁《临时约法》，他攻击责任内阁制；袁世凯要"以无限权能展其抱负"，他大力支持对大总统放权扩权。可以说，袁世凯干过的那些坏事儿，他几乎每件事情都有份儿。

然而，为虎作伥，袁世凯这头猛虎的野心却永远没有满足的时候，一日，他突然获悉袁氏父子要登基做皇帝。这一下，让他惊讶得久久合不拢嘴巴。

这皇帝，能当吗？难道"老首长"真的野心越来越大，要去当大伙儿一起推翻的皇帝儿？

1915 年 6 月，冯国璋从南京亲赴北京探听此事的虚实。

22 日，他登门拜谒"老首长"，见面就说："这次来京，一方面是来看望大总统，另外，听到外面有一些谣言——就是关于帝制的传说，不知有没有这么回事？"

"老首长"马上摇头说："像这样的谣言，别人能够相信，你我是多年的弟兄了，难道你也相信吗？"

说完了，他又说道："像你这样的老弟兄也相信这个谣言，我觉得很难过。要知道，帝制的事，为的是长久，为的是传后，我这儿个儿子，哪一个够得上做皇帝的材料。"

冯国璋没料到"老首长"这次居然比自己还酸。

"不过，你这次来得也好，现在组织了一个模范团，说是这个团办得很好。我也外行，你就替我看看，到底是好还是不好。"袁世凯还补充说，"你是内行，他们瞒不了你。”

其实,袁世凯玩的是拉拢。

当晚,冯国璋回到了原禁卫军司令部,对随来的几个亲信手下们明明白白地说:“项城决不做皇帝,你们可以把这个意思公开出去,给项城辟谣。”

“冯四弟”在北京探讯儿,滞留短短几天里,“老首长”经常派人给他送菜吃,头一次送的是半桌筵席;据说另半桌“袁大哥”自己留着吃了——此举的意思是,筵席可以平分,天下也可以平分。这使得聪明的冯国璋不免又生疑:这天下好端端的,要平分做什么?接着,有人还是告诉他说:“帝制筹备正在紧锣密鼓进行。”

在检阅模范团后,冯国璋又去了总统府,向“袁大哥”报告检阅的经过,并说自己不日就要回南京,又试探着说:“外间传说大总统欲改帝制,请预为秘示,以便在地方上着手布置。”

精明的袁世凯并不吃他这一招,还是矢口否认自己想当皇帝,似乎这事情并不靠谱,因此也不需要来“求什么人”,先“秘示”什么。

“冯四弟”进一步又说:“南方对于改变国体并非不赞成,只是时间问题,将来天与人归,大总统虽谦让为怀,恐怕推也推不掉。”

老弟还是逼着探问,“袁大哥”勃然变色,生气地说:“这是什么话?假如有人用这种事来逼我,我只有远走去国外了。”

在临别时,袁世凯还对“冯四弟”郑重地说:“不要听信那些谣言。”

但是冯国璋不是傻子,外面传得这么有眼有鼻的,你说不是就不是?随后,他又去找在袁世凯身边的“谋士”梁士诒,对他说:“我见了总统两次,总统说,决没什么帝制的企图,我现在就要回去了。不过,我回去以后,到底是帝制不是帝制,你给我写封信来,我便照书行事。”

梁士诒听了以后,以为冯国璋真的届时会完全听从“老首长”的吩咐行事,非常满意。

孰不知这哪是“冯四弟”的“由衷之谈”?

他玩的“虚晃一枪”,为的是能平平安安地离开北京。

原来几十年的相处,他早就对“老首长”的为人和厚黑作风了如指掌,到梁士诒那里虚晃一招,完全是防“老首长”“武力解决自己”的那一只黑手。

有句话说:“官场如戏场。”就是说做官如演戏。袁世凯和冯国璋虽是难兄难弟，是系在一根绳上的蚂蚱，但是官当大了，情却疏远了。两人这番戏都十分精彩，谁能胜出呢？

被潜规则"潜"了

当官之人虽然人人羡慕，但当官并非总是那么顺风顺水，轻轻松松，仕途路上总有料不到的问题出现，使得人与人之间勾心斗角，在各种潜规则中周旋。

因此，官员们常常不是潜规则"潜"别人就是自己被潜规则"潜"了。

冯国璋是有名的"酸官僚"，也是个有智慧的官场奇才，对潜规则很精通。

冯国璋回到南京后不到一个月，洋学问家古德诺就抛出了中国必须称帝否则没法儿活的"复辟帝制"的理论文章，接着，"本土专家"杨度除了发表迎合文章外，还串联孙毓筠、李燮和、胡瑛、刘师培及严复等人联名发起筹安会。冯国璋听到这些信息，派人去北京打探消息，结果回信证实：杨度等人的后台正是袁氏父子。

从此，他开始有意对帝制运动设置障碍。

驻徐州的长江巡阅使张勋虽然一心向往恢复清王朝，搞帝制，但对袁世凯上次的重击至今怀恨在心，见袁世凯搞帝制想称霸天下，也"极为反感"。冯国璋于是派人赴徐州，与他暗中联络。随即，两人在对袁世凯称帝问题上取得了一致的立场。

他们反对称帝，而段芝贵却大力撮合 19 名将军准备写联名信劝袁世凯尽快称帝，可没有东南重量级大佬冯国璋和张勋参加，就不成气候。

此时冯国璋的三子冯家遇正在北京的模范团当排长。一日，段芝贵通过模范团团附陈光远把他找了去。

他见着冯大侄子就说："大总统传见你。"接着，便带他去总统府。

进了总统府后，他把冯家遇稍稍安置了一下，便独自匆匆进去见袁世凯。过了很久，他才回来，对冯大侄子说："大总统今天很忙，不见你啦。现在有个事要你跑一趟。关于帝制的事，你去和你老人家说一下。这个事，他同意，也得这么做，不同意，也得这么做。这个事要是成功了，老侄，你可就阔了！"

冯家遇知道父亲的性格、脾气，他若是什么事情不同意，说得不好，不但要被申斥还要挨打。可袁世凯的命令又不敢不遵，于是迟迟疑疑地对段大叔说："只要有人保住我不挨打，我就敢去。"

段大叔想了一想，说："明天王子铭(即模范团骑兵督连长王廷桢的字)到南京去，叫他保你去吧！"

接着，他把王廷桢找来，说了事情的原委。可王廷桢尽管从禁卫军起就是冯国璋的手下，也不敢去和"老首长"说这事儿，更别说担保冯家遇不挨打了。段芝贵说："你只要保住他不挨打就行了！同时，这儿还有梁秘书长的一封信。"说着，便把梁士诒的信郑重地交给了冯家遇。

王廷桢没办法，只好随从小冯，前去南京充当"保人"。

当冯国璋看到冯家遇突然回家，马上意识到了他的来意，第一句话便问："你来干什么？做说客来了吗？"

儿子回答说："我是来看看爹的，临走的时候，段大叔交代我一番话。"接着便把段芝贵所托转达"袁大伯"的意思说了出来。

"那个事情，我在离开北京的时候，已经有了安排。"冯国璋料事如神地说，"这时候，必须有梁某人的信才行哪！"

冯家遇非常高兴，脱口而出："信，我带来啦！"

这时他的继母周夫人也在座。她本来听着这番谈话，神色很紧张，此刻边拍着巴掌，边笑容满面说："老天爷，老天爷！你们父子俩变的什么戏法，斗的什么心眼啊！"

她之所以如此高兴，是因为老公与"袁大哥"终于在称帝这个事关家族兴衰的大问题上合作了。谁知冯国璋看完信后，只淡淡说了一句："不是这么说的。"便把信放进自己的衣兜里了。

冯家遇这次来做"说客"，既没挨父亲的打，还顺利完成了任务。

随后，段芝贵、梁士诒、朱启钤等十来人联名要求改变国体表态的密电发到了冯国璋这里。狡猾的冯国璋便推张勋领衔，密电政事堂和统率办事处。电报说：对三五个私人立会号召改变国体，不敢附合，希望中央政府"统筹立断"，如决意改变国体，则应由"国务卿定稿领衔，联合京外文武长官列名陈请，提交参政院代行立法院公议，以召公正，而免参差"。并且，他和张勋还"巧妙地"提出要由国务卿徐世昌领衔劝进。

这等于给袁世凯和段芝贵等人出了道大难题。段芝贵想弄，还不成，必须由袁世凯自己来出面，而袁世凯一直躲在幕后，如果他一出面就一切都露馅了。

这其中还有一个横杠杠，那就是徐世昌。

这徐世昌内心也对袁盟兄弟称帝不赞成，表面上只好摆出"不以为然"的样子，对大侄子袁克定说："我不阻止，亦不赞成，听任诸君好自为之。"冯国璋和张勋抛出这么一个"劝进路线图"，袁世凯不得不照办。

果然，当袁世凯派人劝说徐世昌领衔劝进时，不仅遭到他拒绝，徐老兄还乘机辞去了国务卿一职。

袁世凯弄巧成了拙，反被"冯四弟"暗算了。

徐世昌虽然声望很大，但没兵权，袁世凯也就任他去了，走人就走人，毫不留恋。但冯国璋和张勋两大佬拥有重兵坐镇江淮，一举一动都可能牵动大局，对这哥俩儿，他却不敢随意。接着，他又派又酸又丑的"怪才"阮忠枢南下，对冯、张进行说服和解释工作，"以酸熏酸"。

"阮怪才"一身酸气来到南京和徐州后，既不泡妞，也不挥毫题词，使出浑身解数，竭力陈说冯国璋保持北洋派团结的重要性，并允许冯国璋"不必明白赞成，亦不必正当反对"，模模糊糊，去迷糊国人就可以了。

冯国璋见"老首长"把话说到如此地步，自己哪里还有躲闪余地？面对内幕交易的潜规则已经不能回避了，只好甘心被"潜"，然后公开发出"辟谣通电"，说他与袁世凯以公谊论"心悦诚服"，以私情论"受恩深重"，"分虽僚属，谊犹家人"。但他发电归发电，发出此电之后，从此对公谊私情都不错的"老首长"却态度暧昧，越来越疏远了。

原来冯国璋虽然被潜规则"潜"了，却再也不肯为"袁大哥"称帝卖一丝儿力了。

天忙人不忙

团结就是胜利。冯国璋原是反对清帝逊位，主张君主立宪的，为什么这次对"袁大哥"称帝却如此反对，闹不团结呢？莫非是眼红、嫉妒？

其实不尽然。

他当初反对清帝逊位，只是出于对清王朝的忠心，并非反对总统制。经过这几年的时间，他看到总统制在中国已是大势所趋，人心所向，称帝必为全国人反对。更为关键的是，经过民国这些年，他已获取了极高的地位和权力，一个穷小子能够到今日，已经可以满足了；而去支持袁世凯实行帝制，不仅不是“官场升华”，反而是搬起石头砸自己的脚，一切都可能因此改变并失去，穷小子出身再回到穷小子去。

这样的事情，傻子才去干。

“冯四弟”一副如此冷漠、如此不合作的态度，袁世凯对他自然不放心。12 月 18 日，他下令调冯国璋进京担任参谋总长，明为主持军事全局，实则调离他的地盘——江苏根据地。冯国璋能不知“老首长”的用意？见他施出调虎离山之计，连忙称病，拒不进京，并且还鼓动“江苏军民”“电请挽留”。两人都是知己知彼，这么玩有什么意思？袁世凯见状，知道勉强也难成，不得不允“冯四弟”在南京“遥领”总长之职，“不必急行到任”。于是乎，冯国璋继续待在江苏小王国了。

洪宪帝制的锣鼓越敲越紧。12 月 22 日，袁世凯终于公开亮出自己的真面目，宣布于明年元旦登基。

12 月 25 日，蔡锷在云南举起护国讨袁大旗，西南各省相继响应，宣布独立。袁世凯见军事已起，马上要“冯四弟”代理征滇总司令，领兵前去征讨。冯国璋哪里会这么傻？他以“政躬违和”为借口一推了之，还是称病不出。

天忙人不忙，迟早一路黄。但对于“冯四弟”的不合作，袁世凯急归急，却知道他这个死脾气，竟然毫无办法可想，只好听之任之。

1916 年 1 月 1 日，袁世凯终于在北京称帝。而他的两个左右臂膀，段祺瑞辞职在家，闭门不出；“四弟”冯国璋则和各地反袁称帝势力暗中联络，准备强行要求“老首长”取消帝制。

3 月 10 日，冯国璋宣布那个总好不起来的“身体”好了，并开始上班。可他的上班，不是在当袁世凯年前封的总长，因为“老首长”一称帝，民国没了总长也没了，他的上班即是正式地、公开地开始反对帝制。

15 日，他的老哥们陆荣廷以广西都督名义发出通电，宣布不服袁世凯这个皇帝，广西独立。四川督军陈宧急忙派代表来见冯国璋，表示四川看江苏，唯冯大哥马首是瞻，如冯赞同四川独立，他即宣布四川独立。冯国璋却“酸”了，对他未置可否。

在送走四川代表后，冯国璋却马上行动起来了，与自己的亲信靳云鹏、李纯等将领进行联络。20日，由他亲自领衔，山东督军靳云鹏、江西督军李纯、浙江督军朱瑞和湖南督军汤芗铭等人署名的密电向全国发出，要求袁世凯"迅速取消帝制，以安人心"。

这就是轰动一时的"五将军密电"。

这五将军以冯国璋为首，都是握有重权的地方大佬，个个拥兵自重，一个人就可以把中国折腾起来，闹个天翻地覆，现在居然五人联手。由于他们又都是袁世凯北洋派系的铁杆分子，这份反帝制密电对"老首长"的沉重打击自然不言而喻。袁克定、梁士诒收到密电后，久久不敢交给"老爷子"，后来还是由直隶将军朱家宝将此电"转呈"。袁世凯看后，双眼发呆，老半晌说不出话。

北洋嫡系大将们的背离，全国反对帝制的呼声一浪高过一浪，袁世凯自知帝位难以维持下去了，只好于两天之后宣布取消帝制。

冯国璋这次反袁，并非觉悟、境界如何高，完全是这些年在官场里厮混练就了一双金睛火眼，能够洞察局势，判明大势，知道什么可为什么不可为而已。因此，他不可能与"老首长"彻底划清界限，只能拿出官场的杀手锏——"装傻"来蒙混过去。

心善不能当官

冯国璋的"酸"，还是那股读书人的"软"，这体现在官场上他也可能"与人为善"，表面上完全少了强人们的那一股犀利的斩杀之气。

宣布取消帝制后，"老首长"袁世凯的权力欲望仍很大，并且难以削弱，他仍想当大总统。可南方各省讨袁军不依不饶，硬是不答应。打仗父子兵，上阵亲兄弟。袁世凯靠袁克定这个"瘸子儿子"是靠不住，只好求助于不是亲兄弟的"四弟"冯国璋，派人去南京示意冯国璋出面联络亲信发通电，挽留他继续做大总统。冯国璋没有盲从，说："这时发通电，无济于事，反会弄巧成拙，不利于和平解决。"婉言谢绝了。

“这咋办啊，你不可能不管总统啊！”来人着急了。

冯国璋沉思一阵后，终于表示愿意去居中调停。

因为他终究是袁世凯一手提拔上来的，打着骨头连着筋。墙倒众人推，落井下石，官场上历来不缺这样的人，而他冯国璋却不是这样的“小人”。当年袁世凯下野，他不离不弃；后来，大清皇室被逼宫，几乎没法儿活了，也是他力挺到最后；现在袁世凯再次落难，他还是选择了“扶弱”，愿意再次出手襄助。

他说到做到。4月18日，他领衔与张勋通电，提出“和平解决时局”的“大八条”，第一条就是暂时承认袁世凯的大总统地位，其他各条依次为重开国会、惩办祸首、遵守临时约法、川湘各军一律撤回、大赦党人等等。“大八条”内容洋洋洒洒，字数很多。多数人弄不清这个冯国璋究竟屁股是站在哪方立场，替谁说话。但有一点很清楚，他是以“第三者”身份提出居间调停的，并且仍承认袁世凯为大总统。

可是，对于他的这个倡议，南方独立各省严词拒绝，声称独夫民贼袁世凯必须下台，完全是官场上那种死追不放的“要痛打落水狗”的做派。

眼看不行，5月1日，冯国璋又通电各方，改第一条为暂时承认袁为大总统，重组新国会，然后再由袁提出辞职，再选出继任大总统。然而，南方各省还是反对，并且还指出这个主张的本质是“名为保声、阴实自重”，仍然不屈不饶。

这把冯国璋逼到悬崖上，没有余地了。可这时袁世凯仍要求“冯四弟”对南方说强硬话，“力为维持，以救大局”。然而，今日之“冯四弟”已非以往的冯国璋，早已深得“老首长”为人做事的真谛：上次出兵江苏“平叛”，他玩起了“老首长”当年派自己去武昌“慢慢行”的花招；这次居中调停，全然也是“老首长”当年在清室和革命党之间斡旋的做派，一面敷衍还在作着大总统梦的袁世凯；一面与南方独立各省周旋，信使往复不断，企图在反袁怒潮中独树一帜，操纵南北政局，造成自己为政局重心之势。

冯国璋原来也不是善辈。

5月11日，冯国璋串联张勋、倪嗣冲两个地方实力派大佬，通电发起召开独立各省代表会议。5月18日，15省区督军、巡按使代表齐集南京。会议一开场，就遇到眼前最现实的袁世凯退位的问题。主张退位与反对退位的两派各不相让，唇枪舌战，嘴皮子仗打得劈里啪啦响，火药味十分浓烈。

5月21日，冯国璋将其通电的“大八条”再加修改后，折腾出一个折中方案，提交大会议论，但仍不得要领。会议开了5天，最后还是不了了之，保袁和废袁的难题卡住了诸多好汉们，致使会议总是停留在开头的第一项议程上。冯国璋也陷入了困境，满脑子的雄心壮志就是施展不开来，一急就上火，头发一撮一撮地往下掉。

但是老天爷助人。袁世凯自作孽不可恕，终于自我毁灭。6月6日，他在国人唾骂声中毙命。他一死，南北各方的退位之争立即烟消云散。于是乎，黎元洪继任总统，段祺瑞出任国务总理。10月30日，国会选举冯国璋为副总统。

冯国璋这次没有犯糊涂，成为一人之下万人之上的副总统，成为袁世凯称帝闹剧的官场大赢家。

当副总统了，他理应去北京当官，但他不愿失去地盘，仍在南京就职，进行大清官员们发明的"官场就职模式"——"遥领"。虽然是副总统了，他还兼任江苏督军，"跨界当官"，领着双薪，当着他的"江苏王"和副总统，然后以地方要挟中央，扩展自己的政治势力。

冯国璋在民国这个大舞台上越来越令人瞩目了。

06.

又一次"反复辟"

暧昧最多是官员

1916年10月，冯国璋当选为副总统不久，大总统黎元洪为了联络和副总统的感情，仿效当年袁世凯待他的办法，请冯副总统推荐一文一武两亲信到总统府来任职，担任"交通"。冯国璋手下的两名亲信恽宝惠和冯耿光便一个被任命为总统府秘书，一个被任命为总统府侍从武官。恽宝惠在南京时就有官职，北京命令发表以后，冯国璋派他为副总统府咨议。

这时偌大的民国这辆马车由黎元洪、段祺瑞和冯国璋三位马夫驾驭。谁知黎元洪与段祺瑞天生一对老冤家,一合作就干仗,很快府院之争就进入了白热化。

1917年春夏之际,黎大总统为了驱逐段总理,控制自己掌控的国会发表了免段令。段祺瑞控制的督军团为了驱逐黎大总统,宣布独立。这一系列严重事件使得志大才疏的黎元洪处于焦头烂额之中。为了挽救自己的命运,他把乞援之手伸向了副总统冯国璋。

一天,黎元洪把恽宝惠找到了居仁堂,向他简单说明了两方争执和斗争的经过,接着告诉说:"督军团所指斥为四凶之一的总统府秘书长丁佛言已被撤换了,可是他们还是不肯罢休。"然后,要求恽宝惠到南京跑一趟,务必请副总统"主持正义",出面进行调停。

恽宝惠对"老首长"冯国璋的为人处世十分了解,知道要让他在这样严重关头提出自己的明确看法非常困难,认为黎元洪交办的任务很难完成,可人家是大总统,又不能不遵从,只好领了旅差费,准备次日启程去南京。

晚10点钟,总统府内尉突然从颐年堂打电话说:"相国和王总长(相国是袁世凯时代对徐世昌的称呼,沿袭没变。王总长为陆军总长王士珍)现在府里,请恽秘书就来一趟。"恽宝惠不敢怠慢,急急赶去总统府。

徐世昌和王士珍两人早在此等候了。一见恽宝惠,"徐相国"便问道:"你准备什么时候走?"

恽宝惠回答说:"明日。"

"徐相国"于是单独把他叫进另一房间,悄声地对他说:"你去跟副总统说,请他务必维持一下大局,我们这里有一封信给副总统,是为请他出头劝告他们一下的。你给副总统带去!"说着,便把那封上款是"副总统勋鉴",下款由徐、王哥俩儿亲笔签名、写着"徐世昌、王士珍同拜上"还没封好的一封信交给了恽宝惠。

原来黎元洪怕恽宝惠不肯尽心,因此搬出了他的两位世交长辈来当面交代重任,同时借两个"北洋耆宿"来说服另一个"北洋耆宿"。但这样做到底能起什么作用,恽宝惠心里并没底,只是觉得事情难办。

好在他敢于迎难而上。

恽宝惠一到达南京,便急急赶去副总统府。冯国璋见到他头一句话便是:"你来有什么事?"

恽宝惠于是把黎、徐、王三人交派的话儿复述了一遍，又把那封由他代为封好的信递给了冯国璋。冯国璋看过后，说："你回去和总统说，我既不能帮助他们做那犯上作乱的事，可是，我也不便打电报指斥他们。我要是这么做，就对不起芝泉了。至于子春(王占元字)、秀山(李纯字)，我倒可以告诉他们不要盲从。"

说到这，冯国璋又问道："他们两人是不是还没发电报？"

恽宝惠在总统府当挂名秘书，黎大总统也不太重用，平时很少有公事可办，却又不得不常到总统府走走，为此他时常跑到被指斥为"四凶"之一的黎澍那里闲坐，打探点小道消息，也可以看到各个方面打给黎元洪的电报，因此知道冯国璋的亲信王、李还没宣布独立，于是回答说："没有。"

这时冯国璋带着不满的口吻说："上一次府院闹意见，我到天津去了一趟，才把芝泉找了回来。现在又闹出这么回事，叫我还怎么说？"随即又武断地说："总统这次免芝泉的职，似乎是冒昧一点！"

他是这样的态度，恽宝惠自然没能完成黎大总统交办说服冯副总统助己一臂之力的重任，惴惴不安地回了北京。

大事不糊涂

黎元洪乞援之手在冯国璋处碰了壁，便转身派人去找辫子兵大帅张勋。这一找便引火烧身，惹出了张勋复辟的丑剧。

7月，辫子军呼啦啦进京。张勋在中南海高调演出复辟丑剧，引狼入室的黎元洪被迫逃离总统府。在张勋复辟后的伪谕中，冯国璋被张勋和皇帝"锡封"为一等公，并"奉派"为南洋大臣兼两江总督。冯国璋对这些伪命拒不接受。

冯国璋不接受，有人却接受。他的得力助手胡嗣瑗被封为"内阁阁丞"，高高兴兴地跑去上任了。上任之初，他综观大局，"敏锐地"认为复辟大业的重心不是北京，而应是南京。为此，征得张勋和皇帝同意后，他推荐了自己两个亲戚——许宝蘅和郭则沄替他在京师代理"内阁"日常事务，本人则不惜屈身前往南京，做冯国璋的说客，拉他入股。

他为何撂下"内阁"工作跑去说服冯国璋呢？

因为在1916年6月袁世凯去世时,他曾成功说服冯国璋支持复辟清室。当时袁世凯一死,日夜“梦回大清”、一直致力复辟大清的健将胡嗣瑗、恽宝惠和王宝田等人以为复辟时机已到,分途赶去南京,做当年力挺清室的禁卫军总统冯国璋的说客。在几人弹簧巧舌的合力说服下,一直对大清情有独钟的冯国璋竟明白表示自己支持的态度,且在6月8日袁世凯追悼会后还写过一封信,叫三人送去给复辟健将张勋,相约一起行动。

次日中午,他又把恽宝惠找了去,交代说:“情况发生了变化,你立刻再拟一个打给张勋的电稿,说前次信件所谈的问题事须慎重。”

第三日上午,冯国璋到日本驻南京的总领事船津辰一郎那里去了一趟,态度就完全变了。冯国璋与船津辰一郎一向私人关系密切。船津把日本对中国政局可能变化的预测和准备采取的对策一一相告,并对冯国璋的下一步行动提出了忠告。冯国璋获知日军的行动计划后,终于惊醒过来,明白自己此刻盲动不得。一回到自己的官邸,他立即发出电报,告之张勋:“取消原定一切行动。”

他匆忙发出电报后,张勋却回电说没接到一纸一字,更别谈啥信件。

凑巧的是,张勋发出这个啥也没收到的回电才过两三分钟,恽宝惠等三人就拿着冯的密信急急赶来。

原来,他们三人接到冯国璋送密信的任务后,偷偷地把它拆开看了,乐得拊掌大悦,以为复辟大业转瞬之间就可成功,个人功名富贵也转瞬之间就可到手。在大喜过望的情绪支配下,三人跑去秦淮河、夫子庙“潇洒”了一夜。等他们急急赶到徐州,把密信交到张勋手中时,冯国璋已取消了“行动”。

此事之后不到五个月,冯国璋就当选为民国副总统。从当选副总统这一刻起,他就和主张共和的研究系党羽关系越走越近,甚至刻意去和他们套近乎,和复辟派的关系越去越疏远。在南京,不但康有为、潘博等复辟分子的名字不再被人提起,就是胡嗣瑗这样的老部下也不敢再到南京去,生怕被他大义灭亲。

而这次胡嗣瑗之所以敢去南京,且是满怀希望、信心百倍,就是以为冯国璋一定会大力支持已控制了北京政局的复辟势力。因为大功基本上已“告成”,只等他下山来摘取桃子就可以了。

出乎他意料的是,这次他兴冲冲地来到南京,不但见不着冯副总统的面,就是副总统府的门,也不准许他踏进一步,接着便发生二次“驱胡”的趣剧。

这次趣剧是由冯国璋的女婿陈之骥、侄儿冯家祜和副官长何绍贤联合演出的。傍晚时分，三人齐齐来到"胡内阁阁丞"的住处，不仅没有熟人之间的寒暄，连起码的待客之礼貌也无。三人对他恫吓说："副总统你是一定见不着啦！如果你还在南京逗留，我们就要对不起了！"

"胡内阁阁丞"也并非"为了信仰可以去死"的人，一看势头不妙，知道冯国璋的这一关通不过，复辟大业很难完成，于是连北京也不回了，撂下"内阁"不管不闻，竟自灰溜溜地跑到上海去了。

7月14日，冯国璋发出通电，请张勋等人"奉还大总统职权"于黎元洪。在通电中，他旗帜鲜明地反对张勋复辟，称："……国璋今日不赞成复辟，亦犹前之不主张革命。……彼(张勋)视京师为其营窟，挟幼帝以居奇，手握主权，口含天宪、名器由其假借，度支供其虚糜，任称文明为野蛮，委法律于草莽，此而可忍，何以国为"！还一再声称："中国政体已走上共和，不容许再有皇帝。"

自从清帝逊位这些年来，冯国璋抱有深深"故君之恩"且也有着"还政于清"的情节。可复辟真的实现了，他的态度怎么陡然又来了个突变呢？

原来，这里埋藏着他的大智慧和不亚于袁世凯那样的"大己"思想。

以前，他之所以希望清室复辟，除了感恩图报外，更为重要的是，可以借此维护他的"一等男爵"的世袭爵位。而现在他已是中华民国副总统，比那个"一等男爵"高多了，且只要遇上适当的机会，就可顺利爬上大总统的高位，成为万人之上的主宰。更何况此刻作为大总统的黎元洪已处在风雨飘摇的境地，朝不保夕了呢！他冯国璋愿做即将到来的中南海的主人，才不愿在"议政大臣"张勋手下做那狗屁"南洋大臣兼两江总督"呢！

接着，大总统黎元洪自知引狼入室，闹起了复辟，自己罪孽深重，对冯国璋的不合作也毫无办法，虽然恋栈，但也无可奈何花落去，在段祺瑞、冯国璋等人的压力之下，只好乖乖地通电全国去职。于是，冯国璋按照法律规定，以副总统身份在南京发出虞电，宣布代行大总统的职权。

07.

“三条腿”与一只“香炉”

这场复辟丑剧的引点是段祺瑞与黎元洪之间的府院之争，既然黎元洪引狼入室不得不垮台了，于是有“再造共和”之功的段祺瑞便从天津入京，并且复职国务总理，北方政局因段、冯掌控而逐渐稳定下来。

冯国璋以前是副总统，尚可滞留在南京，不来中央政府所在地北京办公；现在代行大总统之职了，不可不来北京。

1917 年 7 月 18 日，“老伙计”段祺瑞催促冯国璋赶快北上，前来继任总统。

随即，段祺瑞的亲信、参战陆军办公处主任靳云鹏奉段总理之令来到了南京，迎接冯代总统北上京城就职。

“老伙计”心诚意挚，虚位以待。

可是，南京是冯国璋这些年苦心经营的巢穴。是否离开这里，前往北京？冯国璋的左右“智囊”中有着两派不同意见，一派赞成他北上就职；一派不赞成他北上。在赞成派中，有两个理由：一是黎元洪不复职，若冯长期在南京代行总统，不但影响国际形象，而且妨碍政令推行，与国家和工作不利；另外一个理由，用军需总监张调辰的话说：“我们好不容易盼得有这么一天，现在我们要捧着老头去当大总统了，这个机会，怎么可以错过！”持反对意见的一派，以督军公署参谋长师景云和恽宝惠为首。恽宝惠的观点是：“做总统，要像袁大总统那样，才能做得好。像那黎大总统，手里没有实权，就让人给端下来了。古人说得好，‘猛虎在山，藜藿不采’，不要看总统在这儿威震八方，可一到了北京，人家处处拿法律限制你，就啥事都办不通了！所以，最好还是留在南京，由总理在北京处理政务。这样，可进可退，可以永立不败之地。”

赞成和不赞成两派智囊在冯国璋前各抒己见。他们都是专家型的人才，说起来滔滔不绝，口若悬河，并且各有各的道理。这使得冯国璋犹豫不定。本来他希望这些“专家的意见”能给自己一个指导，谁知智囊们意见完全相左。冯国璋被两派意见缠扰，哪里能决断？

可段祺瑞派来的靳云鹏还在等着回话呢。冯国璋只好把他招待在西花园里，除了请来秦淮河的名妓相陪外，还不得不时不时地经常“踱步”踱到那里，陪他说话，和他周旋。

一次，冯国璋又“踱步”踱到西花园里“闲坐”。靳云鹏劝他说：“总理曾经和我说：‘这一次冯四哥到了北京，一切的事都交给我，我敢担保冯四哥做一辈子总统！’”

冯国璋含笑不语。

接着，他又发表妙论说：“北方的大局好比是一个香炉，这个香炉有三条腿，大总统好比是这个香炉的一条腿，总理和东海（指徐世昌）是那两条腿，有了这三条腿，还怕那个香炉站不稳吗！”

冯国璋听着这些话语，虽然面带微笑，但仍然没作任何的表示。事实上，他哪里经得住他如此说来说去，加上张调辰一帮人不时力谏一些“良机万不可失”、“机遇稍纵即逝”的话语，面对大总统金灿灿的诱惑，冯国璋的心还是给他们说活了。

正在这时，段祺瑞给他打来了一个亲拟的电报，电文是干干脆脆的四个字：“四哥快来！”冯国璋接到这个电报后，拿在手里，指给身边的一些人看，又以得意、庆幸的神情对众人说：“你们看，芝泉这个粗！芝泉这个粗！”

就是“芝泉这个粗”，让他当即决定“择日北上就职”。

冯国璋决定北上之后，才和靳云鹏商量他北上的条件，向段祺瑞提出了“大三条”：一国务院秘书长的人选，除徐树铮外，任何人都可以；二冯的江苏督军的遗缺，由江西督军李纯调任，李的遗缺由陈光远继任；三任命张调辰为崇文门监督，张季煜为两淮盐运使。段祺瑞在回电里一一确认、同意。

紧接着，冯国璋的嫡系铁杆李纯派代表齐燮元到达了南京。他的任务，一是接受调督命令，二是商定冯走后的人事安排，决定江苏督署的原有人员，在李调任、冯离开后，一概原职原位不动。

前路、后路都铺好，万无一失了。

7月底，冯国璋坐着迎接大总统北上就职的豪华专车，离开南京。随行人员除了他的私人卫队之外，只有恽宝惠和秘书刘宗彝等不多的十几个幕僚，组成私人智囊团到北京后随时备冯国璋个人咨询。但这个专车的规模却是空前的，两个机车一前一后牵引着，且还由津浦铁路局机务处长蔡国器亲自在机车上指挥行驶。豪华专列在南京到北京的铁路上疾驰，不时拉响着欢快的汽笛。一行人很快就平稳地到达了京师。

冯国璋一下车，就径直去了总统府。

他在中南海选定的办公地点是春耦斋东间。当年袁世凯的办公地点是居仁堂的东间。黎元洪继任后，认为那间屋子有晦气，对总统不利，改在居仁堂的西间。这次冯国璋代任大总统，也怕晦气粘身，干脆弃居仁堂，选择了春耦斋。

冯国璋到任时，原来的总统府机构早已瓦解，人员都作鸟兽散了。他首先发表张一唐为总统府秘书长的任命书。因为张还在苏州老家，由恽宝惠以第一课主任秘书代理，令他立刻着手组织总统府秘书厅。

8月1日，冯国璋正式就职，成为孙中山、袁世凯、黎元洪之后的第四任民国总统。

08.

虎豹之争，哥俩儿打起来没完没了

官场免不了抱团

本来冯国璋、段祺瑞、徐世昌三位政治密友相约“三条腿”一起掌控民国政府这个“香炉”，这确实是一桩美事。谁知冯国璋来到北京主持总统府后没过多久，就和哥们段祺瑞闹起了别扭，已经终止了的府院之争接着又紧敲鼓点，开场上演了。

冯国璋和王士珍、段祺瑞三人本号称“北洋三杰”。他们从天津北洋武备学堂起，就是同学，且是结义兄弟，冯居长，王居次，段最小。袁世凯在小站练兵时，他们齐聚其下，一起做事，抱成团伙。袁世凯升任山东巡抚后，三人又随同到山东。在山东时，他们的抱团更是堪称天下一绝。白天，三人在一起办公，下了班，一同回家，吃了晚饭，又坐在月光下一起谈天说地。三个人，三个家，却完全像一个祖宗的大家庭。

当时冯家有个家塾,除了冯国璋三个儿子外,还有吴光新、段宏业三兄弟等三姓六七个子弟在一起“受教育”。段祺瑞对待“冯哥哥”儿子们的学业,和待自己的子弟一样重视。冯家几个儿子学习不好,贪玩,他经常申斥,甚至动手责打。当“冯哥哥”有病时,医生开的药方,有时要经过段祺瑞的同意后,才能煎给他吃。在风险四伏的大清官场里,三人抱得如此之紧、感情如此之深,亲密到如此程度,完全是生死系于一身。

然而,此一时彼一时。如今三人都发达了,各自都有了自己的事业和势力,往昔的抱团早就没了必要,甚至彼此还成了对方最大的竞争对手,于是乎,过去的一切情谊成了烟云。

这次小弟段祺瑞东山再起,掌控着北京政府的实权,本来心理上就占据优势,有凌驾于“冯哥哥”之上的资本。他的想法是,只要你冯哥一切听我段祺瑞的,你就可以永远做你的大总统,否则,就是亲哥哥也不成。他是强人,他的霸道做法是一贯的,上一届连有着“菩萨”之称的黎元洪都不能忍受,更何况一贯强势的“冯哥哥”?因此,哥俩儿的矛盾不可避免。

当然,这有一个累积、发展的过程。

在“冯哥哥”就任大总统之初,老哥俩儿的关系还是不错的。冯国璋甚至说过:既是责任内阁制,所以“人事不参加”,即重要人事安排,“段弟弟”的人上,也没关系,他总统不过问,并且他还说到做到。陆军次长出缺了,他手下的亲信张联棻等人有意给多年上不去的师景云谋下这个位置,一起去找冯国璋,说:“岚峰(师景云字)伺候您这么多年了,没有功劳有苦劳,现在陆军次长出了缺,是否可以提拔他一下?”

冯国璋听了,苦心婆心地对张联棻说:“岚峰要去,我看还不如你去。可是,我觉得你也不去为好。内阁里,咱还是不加入为好。”

冯国璋的意思是要尽力避免这些最易引起纷争的问题。

结果,鞍前马后跟随着冯国璋奔跑多年,也等候冯国璋多年,希望出人头地的师景云只好空有一心的梦想,不得不作了罢。

由于冯、段关系还比较好,府院之间也比较和睦。谁知就在这个时候,出问题了。

风起于青萍之末

有人认为官场是“蝴蝶效应”最易发、多发之地，一个微小的变化就能带动整个事件长期的、巨大的连锁反应，引发官场大事件。冯国璋和段祺瑞哥俩儿的矛盾完全应验这个道理，可谓是“风起于青萍之末”。

第二次府院之争，是从傅良佐督湘这事儿上爆发出来的。

一天，国务院的内务部次长张志潭循例来总统府盖印。当他把那需要盖印的命令，一件一件地递给冯大总统时，也顺便提出了傅良佐去湖南当督军的问题。

这时湖南省的军民两长——督军和省长之职都还空缺着，留着位置没派人去。张志潭转述着段总理的意见说：“傅是湖南人，又和省内军界人物有联系，所以段总理认为如果由他去督湘，是一定能够愉快地胜任的。”

可谁都知道，这傅良佐不学无术，不过只是段祺瑞的一位牌场密友而已。他虽然留过洋，也上过军校，现在挂职军界，可天天不干别的，就是陪着段祺瑞打麻将。他的这种搓麻精神被“爱好专注、单一”的段祺瑞赏识。时间一长，段祺瑞便觉得这搓麻也够辛苦的，于是赏小傅以此大职，让他也去发点财。

而冯国璋偏偏读了点书，一肚子迂腐，现在当了大总统，对官帽子看得更是严肃。他对“段老弟”的这位牌场密友不仅认识，也算是比较了解，立即对“段老弟”这样随意把官职赏给牌友的做法很反感，也不悦。

此刻他听了张次长的话后，边把已看过的命令一件一件转递给身边协助工作的恽宝惠，边回答说：“恐怕不见得吧！你还是回去跟总理再商量商量。”

就这样，冯国璋把段祺瑞任命牌友当督军和省长的“高见”给拒绝了。

隔了一两天，张志潭又来盖印。

在盖印时，他提出了段祺瑞让步的意见：或者让傅良佐去做湖南督军，或者是让他去做湖南省长，即由原来的督军和省长一肩挑改为督军或省长单肩挑一个。

可是，冯国璋还是不同意，换个方式拒绝说：“我原是准备让谭延闿回湖南……”

当他说到这还没说下去时，张志潭看了看照例在旁边当助手的恽宝惠。恽宝惠立即会意，便紧扣着冯的话头，接下去说："我们就是任命谭延闿为湖南督军，他也未必肯就。现在既然内阁提出傅良佐来了，依我看也没什么不可以吧！"

反正官儿是公家的，谁去当不是一样？当好当坏，又有什么关系呢！谁说会搓麻的人去当个省部级大官，就那搓麻的智商就一定干不好？难道让他管农业，人们就没饭吃；去管工业，工厂就起火爆炸；去管铁路，就火车要翻覆，一定会出事呢？就算是出点事儿，又损害自己什么呢？人民遭点殃，又不损自己一根毫毛。再说让傅良佐去督湘，就是把湖南折腾成一个偌大的麻将馆，自己远在京师，也没啥影响呀！"三条腿"、"两条腿"支撑"香炉"，不就是几人抱团结伙去平分天下好处和想干啥就干啥吗？不然奋斗这么些年，又为了什么呢！

恽宝惠这么一说，冯国璋也就算是想通了，没再说出什么反对意见。

傅良佐靠着一手牌技去督湘的事情就这样在不经意之间定下来了。冯国璋想通了，这事也解决了，孰不知"段弟弟"心里却埋下了解不开的疙瘩，对"冯哥哥""纠结"起来。

段祺瑞本来就不常到总统府来见"冯哥哥"。自打这事受了点阻拦后，就好像想法更多了，小肚鸡肠了，心理上过不去这个坎儿，和"冯哥哥"见面越发地少了。同样，"冯哥哥"明察"段弟弟"的生分后，似乎也不看重这份情谊，一个生分，另一个就更生分。于是，无论有什么事，不管是大事还是小事，两人都很少找对方当面商谈、一起解决。公事的生分，便是私情的淡薄。

两人越走越远。

其中，也有可以缓和的机会，但双方在这方面的意愿似乎都不强。

"段弟弟"唯一的爱好就是喜欢打麻将牌。"冯哥哥"就是不喜欢打，也不肯迎合"段弟弟"。一次，"冯哥哥"打电话给"段弟弟"，请他到府里来谈谈工作。"段弟弟"接了电话，正在牌瘾的兴头上，故意说："一定是四哥想打麻将了。"

然后，他辞别府上的牌友："今日就不陪你们玩啦！"高高兴兴地带上200元现钞，赶去总统府，准备和"冯哥哥"搏杀一场，过个瘾。

但"冯哥哥"和他谈完了公事后，明知他带了钱来赌博，却有意不提打牌之类的话。"段弟弟"已经主动"提"过一次了，现在人家也不说打，正襟危坐，拿出一副公事公办的样子。他也便不再提硬要搓麻打牌了，怏怏地便告辞回家。

但是，这牌瘾挠得他一路上都火气很大。想着"冯哥哥"如此不给脸，他肚子里更是生怨了,越是生怨越是生分。

两人都是大人无大量,哥俩儿的关系更僵了,并且绳子越拧越紧。

又一次,“段弟弟”坐着汽车,因事前往总统府。恰巧总统府内有一处木桥坏了。结果,他的汽车开到桥边,无法通过。看着断桥,“段弟弟”马上“明白”:这是“冯哥哥”故意挖断的,目的就是不准备和他见面。于是,马上命令车夫:“调转车头,回去!”愤然地转回去。

真相如何?是“冯哥哥”为了不见面有意挖断桥,抑或是“段弟弟”完全多想了?不得而知。

但无论谁是谁非,闹出这样的事情,说明两人的关系已到了不可言说的地步。

两人隔心,自然意见越闹越大,分歧也越来越不可弥合。

牌友当官从来都坏事

其实,哥俩儿闹分歧的主要原因还不是那些西瓜芝麻事儿,关键在于各自“治国方略”的不同。那些小事引出的矛盾只是加速他们的分道扬镳而已。

袁世凯垮台后,国家仍然四分五裂,各地方诸侯占地为王,城头变幻大王旗。面对中央政权不统一的状况,冯国璋是温和派,主张和平统一全国,段祺瑞是强硬鹰派,主张武力统一中国。而冯国璋谋事在先,在很早以前就做了不少的和平统一工作,比如,和西南实力派唐继尧、李烈钧等人建立了联系,他们从南方到北京,就常住在冯国璋的煤渣胡同家里。他在南京时,又和广西的桂系实力派大佬陆荣廷常有信使往来,后来还和他结成了结义兄弟,成了哥们。唐继尧原是冯国璋的学生。冯国璋曾派女婿陈之骥去西南四省联络。现在出任了代理总统,冯国璋便更是积极以行动来实现自己的和平统一全国的主张。

但是,“蝴蝶效应” 在官场上表现历来明显。事情还是坏在段祺瑞的那位牌友——傅良佐身上。

傅良佐一去湖南,立即把冯、段的治国策略上的分歧推向白热化,使得第二次府院之争一步步向一个高潮演进。

傅良佐去湖南不久,由于段祺瑞拒不恢复临时约法,孙中山在广州成立护法军政府，发起护法战争。西南军阀一个个全站在孙中山一边，支持护法运动，与段祺瑞成了死对头。战争爆发后，冯国璋仍坚决主张维持西南军阀的地位和地盘，换取他们对北洋政府的承认，于是暗地指使进入湖南的直系军队消极怠战，以友好换和平。

10月，第20师师长范国璋和王汝贤在湖南通电主和，接着又自动撤兵。这一下害惨了段祺瑞的亲信傅良佐。

这牌友打牌是高手，张张牌出得又准又狠，理政能力却不及牌场水平的十分之一，甚至百分之一，在湖南几个月干的很不得人心。这下范国璋和王汝贤一撤兵，他就吓得仓皇失措，竟然撂下一切政务不管，从长沙出走。他这一举就等于砸了整个牌局，害得入川的北洋军、段祺瑞的亲属吴光新断了退路，损兵折将，在川中大地狼狈败逃，那些官兵们荷枪实弹甚至常常被空手赤拳的辣妹子们缴械。

傅牌友完全推倒了北方阵营的多米诺骨牌。接着，曹锟、李纯、陈光远、王占元等督军纷纷通电主和。这使得段祺瑞的“武力统一”政策严重受挫。

由于傅良佐仓皇逃离长沙，砸了整个牌局，北京政府上下意件很大，就对他有个问责问题。“冯哥哥”主张从严惩办，可“段弟弟”坚决不同意，偏心护犊子。

两人争执不下。

一天，张志潭在盖印的时候转述段总理的意见说，段由于用人不当，让傅良佐一张牌砸了整个场子，激起众怒，准备引咎辞职。奇怪的是，“冯哥哥”听了后，只是简简单单地答了一个“噢”字，没有丝毫慰留的意思。

又过了三五天，张志潭又来盖印。“冯哥哥”竟然似乎等不及了地问道：“总理还不辞职吗？”

这一问实在是有些急迫。作为段祺瑞的心腹，张志潭虽是个内务次长，其实仗着段祺瑞的势力，并不怕这位“冯哥哥”，立即神情严肃地代为回答说：“辞呈就上来！”

结果，他一回去，“段弟弟”还真的认了真，把辞呈派人送过来了。

堂堂内阁总理居然可以为一位闯祸的牌友不受惩处而辞职，这样的总理自然是大有问题的。冯国璋于是不管什么战友、哥们之情了，公事公办，欣然接受。

冯、段之间的府院之争由于“段弟弟”的断然辞职竟然暂时告一段落了。

因为段祺瑞是责任内阁总理，冯国璋在没找到继任人选以前就让他递了辞呈，他既然辞职了，冯国璋就不得不去做下一步工作——找寻替人，于是连夜坐着汽车,亲自出马赶去史家胡同拜访陆征祥,要求他出来组阁。

陆征祥当年在袁世凯时代当过外交总长,臭名昭著的《二十一条》就与他有份儿。现在要自己夹杂在冯、段两大佬之间当"夹板",他自然没啥兴趣,于是断然拒绝了送上门的总理大位。

接着,冯国璋又请袁世凯时期当过总理的熊希龄和王士珍一同到府里商谈组阁问题。

冯国璋在春耦斋和两人谈了一大通,意思是两人中一人一定要上。可是,他们都是支支吾吾,没个明确的态度。

冯国璋只好悻悻地结束了谈话。

谁知谈话时熊希龄和王士珍两人没什么话语,走出冯国璋的门,两人一起去总统府秘书长张一膺办公室,话语就多起来了。在路上,两人边走边谈,一个字也没离冯总统提出的那个谁当总理的问题。熊希龄说:"我是决不做冯妇的!"

王士珍接上一句:"你不做冯妇,我倒可以做冯道!"

冯妇、冯道是谁?一个不做,一个可以做。冯妇是历史上出名的打虎能手。他因打死的老虎太多,于是洗手不干。过了几年,一次他驾着车外出,看见众人围着一只猛虎叫喊着,不敢近前。他立即手痒了,跳下车来,捋起衣袖,高举拳头直奔过去,拳如雨下,擒住了老虎。"再做冯妇",就是重操旧业的意思。冯道则是历史上出名的地道的真政客。他是五代时的人物,毫无政治操守,前朝垮了在后朝继续当官,接连做了唐、晋、汉、周诸朝的首相,见官就做,不分是非,因此为后人所鄙视。

听到王士珍的话,熊希龄便笑容满面地说:"聘老(即王士珍)既然愿意做冯道,这件事还不好办吗!"

谁知王士珍微笑着,一再地向熊老拱手作揖,表示"恳辞"、"告饶"。

两人这番相互戏谑,自然不可能去当"冯妇"或"冯道"。冯国璋找寻总理的工作再次遇挫。他万万没想到准了段祺瑞的辞职,却没人敢来接这茬。

最后,实在是没办法了,他把"结义老三"王士珍单独又请到府上,掏心窝子地说:"老聘(这是冯对王的爱称),你还能看我的笑话吗?"

"我除了勉为其难,还能有什么办法!"王士珍只好当"冯道"了。

冯国璋这才商定由王士珍以陆军总长名义兼署国务总理,并决定由王兼署国务总理后把恽宝惠调去做内阁国务院秘书长。

这样，府院之间又和谐了。并且，冯国璋抢占了官场制高点。

随后，他抓住这个难得的机会，立即寻求与南方的和平，让王士珍内阁发表由孙中山的密友、护法派谭延闿为湖南省长的任命，借此表示“中央”不主张对西南军阀们用兵。接着，他在没了内阁阻力的情况下，频繁地和西南军阀大佬进行联系，推进和平统一的国策。

官场的魔方

谁知老二段祺瑞并没有罢休，尾大不掉。于是乎，官场再次演绎“螳螂捕蝉黄雀在后”的悲喜剧。

就在“冯哥哥”一步步推行他的“和平统一”国策时，拥护“段弟弟”武力统一国策的主战派督军及其代表们纷纷跑去天津，在段祺瑞主持下，举行军事会议。这会议火药味浓厚，决定分兵两路，进攻湖南，为傅良佐从谭延闿手里夺回省长之位。

谁也没料到段祺瑞如此看重区区一牌友，但众人还是热烈拥护了他！

消息一出，谭延闿却慌了，为了护位，决定先发制人，派兵抢先攻占湖南岳州。这符合冯国璋的抗争之策。谁知在这南北战争就要全面爆发的关键时刻，冯国璋又获知了一个惊人消息：“段祺瑞的走狗”徐树铮正在和奉天的张作霖勾结，准备进兵北京，举行政变。张作霖是东北胡子出身，兵强马壮，他如果入关，北京哪里保持得住？非被颠覆不可，这个情报吓了冯国璋一大跳。

他顾不得一向所坚持的和平统一国策，立即转而处理威胁个人身家性命的安全问题。

一天，国务院正在举行国务会议，忽然一个总统府内尉打来了电话，传告冯大总统的话，说请总理、各部总长和院秘书长下午到总统府参加会议。午饭后，众人赶到春耦斋，总统府秘书长张一麐早已坐在那里了。

一会儿，冯总统从他的办公室慢慢踱了出来。坐定后，他首先宣布要去“南巡”。南巡？他在这紧要关头离开北京去干什么呢？冯国璋告诉大家说：“我这次到南方去，主要是为了征询南方他们几个人(指所谓的直系长江三督——江苏督军李纯、江西督军陈光远和湖北督军王占元)对于和战问题的意见，往返最多不过七天。”

说罢，他用眼神扫视众人一遍，看大家有没有不同意见。奇怪的是，“丞相”王士珍和众人都沉默地坐着，谁也没任何意见。这么沉默了一两分钟，内务总长钱能训才说了句：“总统还是不要轻动为好。”

接着，他解释说：“外面已经传出消息，说奉军就要进关。他们要是称兵犯京，总统可就回不来啦！”

这是相反的看法。冯国璋却没有接纳，反而坚持说：“现在是非我自己走一趟不能解决。”

接着，他转过脸和王士珍商量说：“在我出巡的这个期间，请总理辛苦辛苦代行几天吧？”

王士珍听了，嗨，代行总统，以前从没干过，脸上立即露出敬畏的神色，并微微地低下了头，肃然地坐在那里，不支吾一声，好像有点不好意思似的。不知咋的，他居然犯酸了。这样的酸气，冯国璋也有过，并且不怕，继续和他商量，说：“那么，总理把国印带去怎么样？”

王士珍这才把头抬起来，恭恭敬敬地回答说：“不！不！还是我每天带着秘书长到这儿来好了。”

就这样，冯国璋把南巡的事情决定下来了。

他的南巡计划是：乘坐专车由津浦铁路线南下，直到南京，在那里会见江苏督军李纯后，乘坐他已准备好的兵舰，先去九江，会晤江西督军陈光远，再去武昌，会晤湖北督军王占元，再乘专车由京汉铁路线北上，返回北京。这个计划已由军事处长师景云分别发电报通知了李、陈、王三督，让他们知照办理。

1918年元月，冯国璋坐着豪华专列南下，开始了他的“神州行”。

出乎意料的是，就在他走后第三天，正在青涩地掌管冯大总统托付的国印的国务院总理王士珍就接到总统府的电话说：“总统今天回来，仍在东车站下车。”

说好七天回来，怎么三天就回来，“神州行”变成了“短途游”了？王士珍立即带着全体阁员，一齐急急赶去东车站迎接。众人迎下冯总统后，又一起随他去了总统府。

一进门，冯国璋也不休息，就在春耦斋主持召开内阁会议。

更出乎人们意外的是，他这次讲话，和他一向所坚持的“和平统一”国策来了个一百八十度大转弯，开口就说：“我们要对西南用兵。”

怎么突然拐弯了？众人诧异不已。

但是，持续很久的南北的和平之门就被他这番话一下就紧紧关闭了。会议只传达了一个讯息：要对西南用兵，“和平国策”不玩了。

没料还有“在后黄雀”

到底是因为什么，冯大总统改变既定行程，急匆匆返回北京，并且一下就改变了一直坚持的“和平国策”？他的这次南巡真正是去做什么，做了些什么?!

按他自己的说法，这次出巡是为了征询长江三督对于和战问题的意见，可阁员们谁都知道李、陈、王三人都是唯他是从，是附和他的意见的主和派，若他们反对对西南用兵，那么，还有什么和、战问题要去向他们征询呢！

阁员们不知所以然，会后就纷纷乱猜、乱打听，随后传出了消息：冯总统这次本打算到了南京后，若北方的情况对己不利，就滞留在那暂时不回来。可当专车开到蚌埠时，安徽督军倪嗣冲首先上了专车，接着，江苏督军李纯的代表齐燮元也到了蚌埠。由两人这么一迎，反而使大总统放弃了原定计划，竟乘着原来的豪华专列，循着原来的路线转回了北京。

到底发生了什么事情？原来倪嗣冲和齐燮元两人是竭力劝阻冯国璋南巡的。

若是平常，冯国璋南下，他们唯恐迎接不热闹、接待不隆重而让他高兴，这次为啥反劝阻他南下呢？原因就在这老部下李纯作祟。

因为冯国璋若真以代理大总统身份长期滞留在南京，就等于在李纯旁边安了一个啥事都要过问的“婆婆”。尽管他一贯以冯的“忠实信徒”自居，但对这种牵涉到他个人利益的做法，还是不愿接受。因此，听说“老首长”南下，立即和倪嗣冲串通，迅疾启动应急程序，派出两拨人马前去阻拦。

冯国璋满怀希望地南下，原来认为不管北方如何不从自己，好歹还有根据地——南京可以依靠，有李纯等一批亲信将领护驾。谁知两拨人马先后前来劝驾，安徽督军倪嗣冲居然还不惜亲自上阵，并不糊涂的他何尝不明白老部下们那点小九九？对方几句话，他就明白了他们的心思儿。

利益使这帮手下由人变成了鬼。冯国璋居然遇到当年被自己背叛的袁世凯一样的“手下反叛”的窘境，应了那句老话：“不是不报时间未到，时间一到必然要报。”这年头谁都不地道，翻脸比翻书还快！既然南下没有任何实质性的意义，甚至还可能给自己添堵，此路不通，何必勉强？冯国璋当年也打过袁世凯的小九九，将心比心，设身处地，知道一旦部下起了此心就很难打消，一逼就可能“揭竿而起”。这样的心路历程使得他一下子变得很清醒了。

既然原以为的依靠反可能是祸害，南下求生之路反可能是死亡之路，还有什么好去的？权衡利害后，他决定干脆打道回府。

结果，就这样，冯国璋满怀信心地南下，半路上就被几个“铁杆手下”结伙撵了回来。

他怅怅地转回北京后，希望成了绝望，接下来，一贯坚持不放的主和之路随之大打折扣。在段祺瑞一伙主战派的重压下，回天无力的他面对内外相逼的困境，除了把向来所持的“和平国策”扔掉外，还不得不来个一百八十度大转弯，派直隶督军曹锟兼两湖宣抚使，率第3师等北洋军主力南下攻湘，为段祺瑞的那个小牌友去夺回失去的地盘而当着卒子。

政坛总是风云滚滚，许多事情始料不及，冯国璋几乎是突然之间由盛而衰，从权势的高地跌落到了谷底。手下一帮利欲熏心的铁杆居然成了砸向自己的大铁锤，“家”终于要败了。

尽管冯国璋在表面上态度有所转变，但他的心底里还是主张和平统一国家的，且也不甘心听人摆布，自然不肯死心塌地当主战派的小卒子。

此时徐树铮勾结张作霖的截械事件爆发，部分奉军也在小徐的指挥下陆续开进了关内，一支队伍还径直开到了京津铁路线上的要地廊坊，再跑几个小时就可以抵达北京城内，这弄得总统威信扫地不说，还直接威胁冯国璋本人的安全。于是，他发电报给张作霖，责问：“用意何在？”

东北“胡子”出身的张作霖回电说：“保护总统”。

冯国璋的虎威还在，又去了一电说：“既没有命令，又没有战事，要保护什么？”

对于张作霖的非常举动，冯国璋认为必须追责，这是作为国务总理的王士珍失职，不能把责任一股脑推给从头到脚坏透了的徐树铮一个人身上。于是对王士珍施压。王士珍一向是欺软怕硬，遇弱则强，遇强则弱，此刻见主战派已摆出阵势，冯老弟又有问罪之势，三十六计走为上，急忙让恽宝惠替自己拟了个请假呈文，并叫他代为呈递。自己连夜撂挑子走人,居然躲到天津的别墅,和小老婆一起过小日子去了。

当恽宝惠把"王相国"的请假呈文当面交给冯大总统时,他看了看,并没有因这一突发事件而露出一丝的诧异,自如地在上面批了几个字,意思是:请假照准,由内务总长钱能训暂行兼代总理之职。恽宝惠办好了命令,送到钱家请钱能训副署。他同样没露出丝毫诧异神色,也十分自如地在命令后面飞龙画风地写上"钱能训"三个字。

两人如此这般,似乎早就商量好了,否则也是先有默契。孰不知冯国璋此举完全是随意的,并且是破罐子破摔心态的赌气:管他老天就倒,民国就垮呢!原来,此刻他已完全屈服于主战派的压力之下,被气坏了,王士珍一调皮,他更加灰心,对无论谁来当总理,都无所谓,完全"超脱"了。

冯国璋超脱了,王士珍请假,见老兄没有任何挽留,于是干脆让冯老兄恶心到底,正式辞职。冯国璋对这样可有可无的人也不留恋,你撂挑子就撂挑子,反正大家都无所谓,我比你还超然呢,不就撂挑子,准许!

但是,国务总理这个位置不能空,也不会空。王士珍一撂挑子,"赋闲"天津的段祺瑞又被那些"忧国忧民"之徒(其实全是段的皖系铁杆)隆重地"请"回来。1918年3月,段祺瑞风风光光地复职了。

这一次,府院之间哥俩儿的势力完全颠倒过来,"段弟弟"占踞了"高地"。

没了权就是盖印机器

"段弟弟"一上台,"武力统一"叫得更欢更响了。"冯哥哥"力不如人,没办法。可他毕竟还是代理大总统,不是一个盖印机器,有时忍无可忍了,总还不免要发作起来。

一朝天子一朝臣,民国大佬们都有自己的一帮子人马。段祺瑞复职后,国务院秘书长仍是张志潭,恽宝惠回总统府秘书厅任原职。但张志潭到职只有区区三天,就被"小鬼"徐树铮勒令辞了职。法制局局长方枢被段祺瑞下令兼代国务院秘书长之职。于是,原来由张志潭盖印的差事就由方枢接手来办了。

一天,方枢来总统府盖印。恰巧总统府秘书长张一麐因病没上班,便由恽宝惠陪着他,来到了春耦斋冯国璋办公室。

冯大总统开始签字盖印了。他从方枢手里接过一件又一件的命令,看过后,又一件件地转给恽宝惠,忽然他转递命令的动作停住了,眼光停在一纸命令上,似乎在凝神注视,又像在思索着什么,脸上慢慢露出很不以为然的神色。约莫过了两三分钟,他一面用手指着那道命令,一面转过脸,向着方枢发话:"陆朗斋(陆建章字)就是有一百个该死,徐树铮也不是能够枪毙他的人,况且徐树铮这个副司令,到底是谁给的他?所以,我认为这个命令可以不下,你们再斟酌斟酌吧。"

方枢默默地坐在那里,张着眼睛,注视着冯大总统,脸上没有任何表情。等冯大总统说完了,他还是如此。冯国璋见他一言不发,觉得再说他个十分八分钟,也不会有任何结果,便把那命令随手放在一边,从方枢手里接过还没看过的命令,一件件,边看边又转递起来。

最后,他把所有命令全部看完了,恽宝惠也把它们全部盖好了印,一件一件地又都递给了方枢。这时,他又把那随手放在一边的命令,重新拿在手里,翻过来倒过去看了足足三四遍,与其说是在看,倒不如说还在思索。最后,他下定了决心似的带着极不满意的神情,用手把那份命令往恽宝惠跟前一推。

恽宝惠赶忙把它接过来。他这才看清那是一道褫夺陆建章官勋的普通命令,命令的词句确有些问题,如"兹据副司令徐树铮电称,陆建章由沪到津,来营煽惑,当经拿获枪决"等语,过分渲染了"徐小鬼",吹嘘和强调了某个人,不合程序。尽管命令写的孬,方枢都不说话,他恽宝惠有啥好说的?"当!"把印盖好,还给了方枢。

方枢还是一言不发,收拾所有的命令,收拾好了,便向冯大总统鞠了一个躬,退出了春耦斋。

他走后,冯国璋愤愤地对恽宝惠说:"你看,这有多么荒唐!徐树铮这么胡闹,难道芝泉就一点儿也不管么?"

本来,总统对国务院所办的命令,如不同意,可以拒绝盖印。可冯国璋呢,偶尔不免趁着此时来一点儿"硬气",但发脾气归发脾气,还是少了当年的硬度,只不过是抓住几个微不足道的细枝末节发几句牢骚而已,即使在细枝末节上,最终他的"硬"还是变成了"软",还是屈从"段弟弟"。

但是,这对在枭雄袁世凯手下混过的哥俩儿,谁也不是孬种,谁也不愿甘心去当对方的孬种。“冯哥哥”明里支持“段弟弟”的政策，暗地里又指使亲信李纯、曹锟抓紧与西南军阀接洽、和谈，还是执拗地推行自己的“和平国策”。

8月，曹锟手下的铁杆、代理第3师师长吴佩孚在衡阳首先发难，公开通电罢兵息争，并斥责皖系干将徐树铮越权擅专，胡作非为。皖系则以冯国璋代总统于10月任期届满重新选举进行要挟他，威胁要他下台。冯国璋自知这一届代理大总统，干得不漂亮，亲信不领情，对手不满意，连任毫无希望，于是也坚决反对“段弟弟”去当选总统。8月13日，他通电表示退职，并且声言：“盖国璋只渴新国之造成，以求时局之大定，其他无丝毫权利之心。”逼迫着“段弟弟”一起共进退。

“冯哥哥”在即将失去大总统时，连带着要把“段弟弟”拖下台，既然是府院之争，那么总统和总理都没干好，要走一起走。在众目睽睽之下，“段弟弟”不得不表态，为了国家民族也不恋栈，自动辞去国务总理。

9月4日，大权在握的段祺瑞利用安福国会选举徐世昌为中华民国大总统。

10月10日，徐世昌就职大总统。冯国璋终于被赶下台了。于是，他通电全国，名为报告代理总统一年之经过情形，实为发泄自己对皖系的愤懑，称：“查兵祸之如何酝酿，实起于国璋摄政以前，而兵事之不能结束，则在国璋退职以后。其中曲折情形，虽有不得已之苦衷，要皆国璋无德无能之所致。兵连祸结，于斯至极……人非木石，宁不痛心？”为此，他咬牙表示今后“绝无出山之意”。

徐世昌上任后，新总统拿出了姿态，为了表示自己的胸怀和大度，吩咐仍用总统专用汽车把老总统冯国璋送回帽儿胡同私宅。谁知一到帽儿胡同，冯国璋就对随同他一起回来的那一帮子幕僚、智囊——张联棻、师景云等人愤愤地说：“这一回，咱们是栽给芝泉了！歇两天！将来再看咱们的！”

原来，冯国璋“绝无出山之意”并非真话。徐世昌也深知冯国璋不是好惹之人，为平息他的不满，特准他仍节制北洋军第15、第16两师。

这样，冯国璋虽然下台了，退居二线了，手上还有两个师的兵力。虎落平川，还有东山再起的实力。

09.

壮志未酬，身先死

当官不发财请我都不来

位置就是权力。然而，民国政坛就是这样的冷漠和无情：你下台了，没了位置，再牛气，也没几人尿你。为什么？你不掌握国家资源，没有蛋糕可与大家一起分，那些想升官发财的蝇蝇之徒，费尽心思来找你干啥？冯国璋交卸了代理大总统职务后，在北京虽居闹市之中，却是门庭冷落。没住多久，1919年春，他便带着全家回河间老家去了，免得身心再受世态炎凉的折磨。

冯国璋返归河间故里，由北洋军第16师几个连轮番驻守护卫。此时的他从超级政客摇身一变，成为了田连阡陌的大地主兼官僚资本家。

冯国璋是有经商头脑的，这些年一直没忘记边做官边发财。有人说中国式之发财方法，不是搞生产，不是搞实业，也不是去做买卖，而是去当官，做官是发财的捷径，民国“猎官摸金”，成为“国民之常识”，与历届大总统们的躬体力行莫无关系。冯国璋可以说是在这方面做得好的典范。

他在中南海当大总统时，也当过生意人，一次居然把中南海里的那些无主的鱼儿捞去卖了赚钱。

中南海的鱼是前清皇家放养的，这些年来在海子里长着，一直没人理睬，越长越大，其中还有一条三尺长的红鱼和一条大鲤鱼，上面系着金圈，挂着金牌。冯国璋入主中南海后，看见湖中这些鲜活的鱼儿，居然起了财心。一日，他亲自带着一帮子人马，挽着袖子，将湖中的鱼一网打尽，然后命人拿去菜市场上高价出卖。一时之间，北京各处的市场上都在叫卖“总统鱼”，而所售之款尽入了冯大总统的私人腰包。为此，有人拟写了一副对联嘲讽说：

宰相东陵伐木，

元首南海卖鱼！

这些年冯国璋官当的不顺，财却没少发。他当着总统，四处投资，与大清状元出身的生意高手张謇在苏北合办盐垦公司，在京、津及南京开办钱庄、银号，还放高利贷。此外，他在开滦煤矿、启新洋灰公司、中华汇业银行等企业参股，甚至还去开金矿。不仅如此，他还大量进行不动产投资，仅在河间县诗经村附近就占有土地千余亩，在天津、北京都有成群豪宅。不爱钱的“段弟弟”暗地曾对手下亲信不满地说：“我与冯是旧友了，此君有个钱癖，固所深知。”这种“钱癖”是“超级”的。当官不发财，请我都不来；当官不收钱，退了没本钱。因为太贪，冯国璋才失去手下支持，进而不得人心，最后因贪财贪权“双贪”而黯然下台。

以前边当官边发财，身心常常两难兼顾，现在下野了，冯国璋干脆一不做二不休，决心运用自己积累的政坛人脉，全身心地去经商，实现自己的“人生终极目标”。而他这番搞法，完全是初生牛犊不怕虎的势头，无一不是大手笔，与几个哥们搞的全是垄断式经营，哪里肥水多，就往哪里插手，霸道得很，无人能敌，似乎要把政坛失去的从商场上夺回来。

天下生意，天下人一起做。他一把闯进来，就利用官家势力咄咄逼人，巧取豪夺，别说小本商人，就是那些历来不可一世的大商人也大受威胁，不得不紧急撤资、减员，缩小规模，以求自保。有些人忍不住公开指责冯国璋不守规矩，“擅自封殖”，有人甚至公开地说：“都有花不完的钱了，还要和别人抢饭吃?！”

指责有什么了不起？冯国璋什么风浪没见过，在政坛这些年厮混，各种各样的指责还少吗？与人面对面还对骂过！冯国璋也不客气，还口说：“项城雄主，吾学萧何田宅自肥之计，多为商业，以塞忌者之口耳。”此话虽然有点解释的味道，但潜在的意思是：我没了政职，赚点钱还不行么？做点生意，我也是无奈，借此堵堵那些嫉妒眼红我的人的口，不行么?！

谁都有权去做生意，这样通吃，着实是罕见。但是，谁又奈其何？谁撞上谁自认倒霉吧！

冯国璋在商场如此不要命地打拼，似乎真的放弃政坛的困惑和烦扰，一心去学朱陶公范蠡了,甚至有人预测:“民国朱陶公即将出现。”“民国朱陶公”自然就是“福布斯民国首富”。

世上没有开不败的花朵

人走茶凉,是官场不变的定律,就如世上没有开不败的花朵一样是硬道理。但是,很多官场下来的人对于这一不变的结果,却总是以以前风光得势时的心理去对待,于是乎,自己把自己弄得狼狈不堪,甚至被活活气死。

冯国璋也没有走出这个怪圈。

1919年10月,冯国璋带着满身的“商气”由河间返回了北京。到京第二日,他还不计前嫌去看望了老友段祺瑞,一贯反对打牌的他破例在段家打了四圈麻将。

前大总统回京,不免引起人们的关注,他此行的目的是什么?冯国璋似乎洞察人们的所思所想,早先就发出声明了:这次回京是处理第15、16师争取陆军部所欠月饷之事。

他还是禁卫军老部下们的“保护神”呢!

其实,他此行处理“欠月饷之事”,不过是一个借口而已——陆军部欠饷,前大总统写个手条,陆军总长还能不卖“老领导”一个小人情?他此行,一不是为做生意寻找新投资项目;二不是请旧僚老友出面把几个银号老赖的旧账收了,而是另有所谋——欲图东山再起,为联络直系铁杆将领而来。

然而,他已是力不从心了。

月底,冯国璋北京那个住宅——帽儿胡同突然打电话给刚处理父丧归来的恽宝惠,告诉说:“总统病得很重。”

恽宝惠赶到帽儿胡同时,“老首长”冯国璋已经躺在床上,不能下地了。他两颧发红,喘得非常厉害。恽宝惠急忙问道:“总统怎么样啦?”

冯国璋用手指一指嗓子,声音很低,断断续续地说:“我的痰堵在这里,吐不出来。”

冯国璋病了,冯家有的是钱,于是请来了最好的德国医院的大夫。名大夫狄博尔看了半晌,出来告诉家属说:“病很危险,他的左肺已经完全坏了。”

好端端的冯国璋怎么就坏了左肺呢？

冯国璋的这次得病，与他回到北京冷遇大有关系。

十来年前，冯国璋在清室退位时曾向禁卫军官兵承诺过：他永远不和他们脱离关系。以后，他一直在官场呼风唤雨，青云直上，这支部队被他带着，一直对他忠心耿耿。禁卫军改编为陆军第16师后，该师不归他管了，仍然派出一个营为“老首长”当卫队。冯国璋驻在南京时，也没有改变。后来，他到北京代理大总统，总统府的守卫改由陆军第15、16两师轮番担任，尤其是第16师，一直是他的近卫军。他交卸代总统之职后，该师还派出一个连守卫着他的帽儿胡同私宅。他回河间老家时，这一连人死活也要跟着去，冯国璋硬是没同意，据说发了大脾气，这些铁杆粉丝们才哭泣着作罢。

可这次冯国璋回到帽儿胡同时，师长王廷桢却奉陆军部命令把这一连人马调回师里去了，另由北京步军统领衙门改派部分游缉队来替代、守卫。自己下台不过一年时间，陆军部就作出这样人走茶凉的决定，冯国璋觉得这很让自己面子上过不去，特别这个王廷桢是自己多年的旧属，虽然陆军部下了命令，他也不该做出这么无情无义的事情来。商场上的春风得意被这政坛的冷水当头一泼，这事儿让冯国璋好不恼怒。

气归气，怒归怒。这年代你无权就无势，谁又理睬你呢？“老部下”反水也不是第一回！偏偏商场上这一年半载的春风得意使得冯国璋这个人彻头彻尾地“商人化”了，做事情只讲利润，与人交往只讲摆谱儿。昔日守家护院的，是精锐的铁骑卫队，一夜之间变成了北京市区的治安联防队，冯国璋怎么也想不通，以前的大智慧、大肚量全然没了，不由感叹一句：“天道酬恶不酬善，人道酬强不酬弱！什么弟子、门生，全是利益勾结，无情无义。我这辈子是被他们害了！”

他的这句话还真的应验了。

就在世态炎凉的郁闷中，他在一冷天洗了一个澡，不知是着凉了还是抵抗力低，就引起了急性肺炎的急遽发作。结果，病一发作没几日肺都坏掉了。

平时身体健硕的冯国璋病了没一个多月，12月28日凌晨2时，就在北京帽儿胡同冯宅去世，时年才62岁，成为“北洋三杰”中最早告别滚滚红尘，追寻“老首长”袁世凯而去的人。

在冯国璋去世后，他的家属发表了一个遗嘱式的“希望早日实现和平统一”的宣言，继续表明他“和平统一”国家的愿望。

段祺瑞闻讯，赶来冯家吊唁。冯国璋还没入殓，他进来后，依然保持向来毫无表情的面容，径直地走到遗体跟前，把盖在尸体上的盖帘掀了起来，看了看“冯四哥”的遗容，把盖帘放下，便回身走去了。

后来，他派人送来了一副亲拟的挽联，挽词是：

正拟同舟共济，
何期分道扬镳。

这个对联的意思是，我正准备和老哥一起再来同舟共济经营天下，哪料到老哥突然之间却与我分道扬镳，远走了。知情人看着这副对联，不禁哑言失声，相互说：“哪还什么‘正拟’呢？冯氏完全是被活活气死的啊！以后我们就是死，也不能提前退休。”

由于冯国璋原配吴氏早几年就已去世，且已葬在河间冯家祖坟。冯国璋去世后，吴氏夫人所生的几个子女希望父母合葬在一起。可北洋政府却要在河间修建一座冯公林。几个子女一商量，说父亲奉令国葬，那就势必不能再和母亲“并骨”，只能如此办了：备办两口棺材，一口里装冯的遗体，另一口空的。出殡时，两口棺材同时抬出帽儿胡同，运回河间原籍。

1920年2月2日，两副棺材运到了河间诗经村，装有冯国璋的遗体的一口棺材便抬到了他的祖坟，和死去的夫人合葬。那口空棺材抬向冯公林去了。

冯公林，是仿照他的“老首长”、前总统袁世凯的墓地叫“袁公林”而命名的。

人死了，钱还没有用完——这是不是冯国璋的另一个“悲剧”呢？而史学家们总结他的垮台和最后被气死的两大变故的前因后果，认为他的最大悲剧就在于官场最恶劣的环境下抱团结伙，兴，也是由于抱团，败，也是由于结伙，“老首长”、“老部下”、“大兄弟”全是如同他本人一样的利益之徒。

第五章 我老粗，我行贿

大老粗，昏庸无能，爱财无为，当官靠钱开路

01.

"穷狗奋斗记"

官员不必有好基因

中国官场那些达人们总是把"龙生龙凤生凤"、"将门虎子"当做定律，西方的政坛大佬们也把"家族领袖基因"作为"人才培养"的必要条件之一。因此，有人说：官员的土壤必须要有着优良种子播种下去。春天来了，种子才能发芽、开花、结果，官员必有好基因。

其实，这是一个悖论。

民国贿选大总统曹锟就打破过这个中西方官场流行多年且至今还在盛行的"定律"。

曹锟出身非"将门"，也非"龙门"，而是很"基层"、很"草根"，居然是"狗窝"。

1862 年 12 月 12 日，天津大沽口已是一派天寒地冻，异常寒冷。穷造船工曹本生家里，一个婴儿呱呱坠地。年迈的祖母望着窗外三尺多厚的大雪，想起今年是壬戌年，这孩子该是属狗的，皱着眉头叹了口气，喃喃地说道："咳，大冬天，又来了一条穷狗！"

祖母说的这条"穷狗"就是后来的"首富"和"大总统"曹锟。

曹锟生在一个贫寒之家。父亲曹本生在大沽一个船行当排工，常年给人造木船，家里穷得响叮当，不过先后生有五男二女，长子曹镇，字馥庭；次女曹大姑；三子曹锟，字仲珊；在曹锟之后还生有四子曹锐，字健亭；五子曹钧，字秉权；六女曹二姑；七子曹锳，字子振。因家中排行老三，曹锟发迹后，人称“曹三爷”。

曹家很穷，虽然不是世界首穷，在大沽也算得上最穷的行列。穷归穷，但是人就得要吃饭，曹家偌大的家却全靠曹本生一个人在船行当木匠赚钱维持，全家生活时常陷入困顿之中，饿肚皮是常事。因此，孩子们稍微大些，便要参加劳动，开始自食其力。

小时候，曹锟和老弟曹钧每天清晨天还不亮，就背着筐出去采一种叫黄须的野菜，掺在玉米面里蒸窝头吃。全家人靠这种野菜窝头果腹、个个饿得嘴长毛尖，瘦得皮包骨。又过了两年，为了减轻家庭负担，18 岁的曹大姑嫁给当地一户毛姓人家。毛家比较富裕，逢年过节能周济一下亲家，曹家少了一口人吃饭，加上毛家的周济，日子渐渐好转。曹本生性子憨直，但为人要强，人穷志不短，又勒着腰带，拧巴着供孩子们去识几个字。于是乎，曹锟兄弟虽然常常饿肚子，却居然读过几年私塾。

1878 年，曹锟 16 岁了。曹本生让他学造木船，曹锟死活不肯；叫他去学做农活，他也不依。一日，曹本生问道：“老三，去干什么？不可能总这么闲着吧。”

“做买卖吧。”曹锟羡慕那些做生意发财的。

可曹家哪有本钱做买卖呢？曹本生只好让他去卖布。

因家里穷，买不起手推车，曹锟便把布匹搭在肩上四处去叫卖。孰知他没心思卖布，整日东游西荡，不是交朋友，便是躲在树林子学武术，玩够了就和人喝酒，喝酒就贪杯，贪杯就必醉，喝醉了便席地而卧。有时街上一些顽童，见他醉卧街头路边，便趁机把他钱袋里的卖布的几吊钱偷走。曹锟酒醒后，一摸钱没了，不问不骂，一笑了之，也不去追问。穷二代也炫富。于是大沽一带的乡亲们都管他叫“曹三傻子”。

俗话说“好药难治冤孽病，好话难劝糊涂虫”，父母见曹锟不成器，次年便托人说媒，将西大沽一家姓郑的姑娘娶过来，让老婆来管他，“收”他的“心”。

郑氏比曹锟大两岁，相貌平平，但为人通情达理，过门后上敬公婆，下疼小叔小姑，对曹锟更是十分体贴。小两口和和睦睦，很少口角。曹锟被老婆一管，还真的走正路了，日日背着布匹四下叫卖。有时，他还跑到天津城外，甚至到外地去叫卖、赚钱。

俗话说:“生意不如手艺。”曹锟不去学木匠而去贩布,能在这“龙生龙凤生凤、老鼠出身打地洞”的世道走出贫穷,改变命运吗?官家都是“持剑经商”。曹锟贩布游乡,自然不会那么一帆风顺,要碰壁。结果,一件很小的窝心事情逼得他又撂了挑子。

一日,曹锟一路贩布,来到了保定城。在城门口,两个守城的士兵拦住他,死活就是不让进城,曹锟“说理”,反被他们谩骂嘲笑一番。无端受辱,年轻气盛的曹锟窝了一肚子火儿,想起自己寒来暑去,历尽千辛万苦,也没能改变吃苦受累的命运,想起乡间一句俚语:“狗行天下吃屎,狼行天下吃人。”暗下决心,拿出狼性去当“狼”,立志从戎,当兵吃粮做“狼”去。

可巧的是,他从保定一回到天津,就遇见李鸿章的淮军正在城内招募新兵,敲敲打打,折腾得声势很热烈。他立即跑去报名。

由于他身材魁梧,又练过武术,且粗通文墨,立即被征兵的官员录用,并且还当上了副兵。

这是1882年的事情,曹锟正好20岁。

仕途少了“好爸爸”难成

曹锟参军后,经历了先甜后苦、由好变坏的过程。

姑娘爱花,小子爱炮。抱着要去做“狼”的信念的曹锟一去部队,恰如老太太吃豆腐,先是真对上嘴,找到了自己的“人生方向”。这副兵大小是个职务,他很珍惜,当兵很认真,且很注重言行,年纪轻轻,就学得一副官模官样。与别的暴发户不一样的是,他又没丢穷人的本,平时工作很吃苦,办事也显得很稳重,这样的开始便是成功一半了,渐渐进入一个谁也想不到的“人生佳境”,好运像顺杆爬着就来了。

第三年,即1885年,李鸿章在天津创办武备学堂。这是中国最早的一所近代化陆军军事学堂。入学条件比较严格,由于上司郑谦的帮助,曹锟拿到了考试资格。考试那日,他一进考场,那副官模官样就镇住了不少的考官。考官们交头接耳:“这是哪位大人之后啊?”“不是哪个皇室家族的小鬼,就是哪位大人的乖婿。”他们宁愿弄错,也不愿错过,马上签准:“录取!”

曹锟居然神差鬼使般进入了其他人想进也进不了的高级学堂。

他虽然文化程度不高，但勤学好问，吃苦耐劳。1890年，李鸿章亲自来到学堂主持第一届学生毕业考试。身高体胖的曹锟年轻气盛，拿出天津人说相声的那种演技，大模大样地有问必答。结果，原本大字识不了几个的曹锟居然被李大人点为前茅。

随后，李大人还把他与段祺瑞、冯国璋等人一起奏给朝廷进行重点表彰。

武备学堂毕业后，曹锟被分配到淮军提督宋庆的毅军任哨官，由一名普通的士兵跨入了军官的行列。但是这下到了基层，就是要进行实力比拼了。不过，这基层拼的实力不是真本事，而要靠好爸爸。

曹锟步入军旅生涯中最难跨越也是最关键的起始时期。由于难以跨越，他蹉跎了整整四年都没有“进步”。穷人穷在哪？就穷在没有“好爸爸”。为了有一个“好爸爸”，有的人为了谋得升迁，把祖宗挖到了汉代×××县衙小吏。当曹锟才悟到这一点时，1894年，中日战争爆发，打破了他的“找爸行动”。

将才是打仗打出来的。没有好爸爸，当兵的去参战，在拼杀中取得战功，也可以达到飞升梦想。曹锟的部队“非常荣幸”地获得了到朝鲜参战的机会。谁知一上战场，就大败而回。曹锟虽然人高马大的，但没立下任何战功，于是也成不了将才，归国后还是在军中当“酱菜”。

不久，袁世凯在天津小站成立新建陆军督练处，到处招兵买马，收罗人才。曹锟在哨官位置上一混就是五年之久，没好爸爸，也没啥真本事，这在等级森严的大清王朝、大小官位被官家富户垄断的剽悍时代一直升迁不上。怎么办？他听说段祺瑞、冯国璋等人都去了小站，树挪死人挪活，便也想去投奔“革新明星”袁世凯。

于是，他带着武备学堂的毕业证来到新建陆军督练处。袁世凯见他长得“虎形而有福相”，且粗通文字，遂派为步军左翼第1营帮带。

袁世凯本人就是落魄官二代，发迹后用人，更加讲究对方的门第、家族背景，且公开宣称过信奉“将门虎子的世袭论”。穷小子曹锟去投，不过是从一条死路转入另一条死路，有啥意义？在新部队感受到巨压之后，曹锟开始钻营、寻找“好爸爸”。

结果，他不知从哪里打探到天津宜兴埠有位绰号叫“曹大帅”的曹克忠，与袁世凯是世交，并且至今还有来往，于是备了一份厚礼，前去拜访。有了大礼，又是曹姓本家，这位“曹大帅”当场就认曹锟做族孙。这样，曹锟总算傍上一个出身好有背景的人物，虽是给人家当了孙子，但好歹摆脱了穷小子出身，半真半假也总算“跃入”了官家门庭，成了“富贵人家之后”。

通过这层关系，曹克忠再带着姨太太一起去向袁世凯请托。

袁世凯问清曹锟的身份后，立即给予特殊关照，升他步军第1营管带（相当于营长），不久又升为学兵营统带兼督操营务处提调。

曹锟倒是“人来疯”，越当官就越干得好，加上平时那副官腔很到位，大模大样的，又与领导们走得近，步步高升。1899年，袁世凯提升他为武卫右军学兵监督，隔了一年，又升他为武卫右军步队帮统。五六年间，曹锟成为了袁世凯手下一员干将，位列段祺瑞、冯国璋、王士珍之后，为北洋系第四大将。

曹锟给人当孙子，完全当对了，开辟出了人生另一景。

官场流行一些升迁秘笈，有的说想当官，一靠命，二靠风水，三靠靠山，四靠知识。其实，曹锟的经历却颠覆了“四条金律”中的两三条。命？他是“穷狗”的命；风水？他曹家连自己的房子都没有，何来风水？知识？他识不得几个大字，不懂得什么风雅颂；唯有靠给人当孙子当来的靠山。孰不知官场之路就是这样，一朝有了靠山，朝中有人，便打通了升迁之路，以后就一通百通。

曹锟的“靠山”和“朝中人”自然是北洋老大袁世凯。

他的飞升离不开官场恩师袁世凯的大力提拔。

1901年山东河口决堤，情势危急，时任山东巡抚的袁世凯亲赴工地指挥，并且调用武卫军工程营携带最新器械和炸药前去救急，曹锟也跟着去了，部队上阵，制住了险情。事后，袁世凯论功行赏，曹锟以补用都司受到嘉奖。

10月，曹锟率部因镇压义和团有功，再次受到袁世凯的表彰。

1903年，京旗常备军成立，曹锟被调去任第一协统领。1905年，他被任命为京畿第一镇第一混成协协统（相当于旅长），跻身于北洋新军高级将领的行列。

曹锟这般高升，其实能力并不无过人之处，甚至他连一般能力都谈不上。他贩布出身，一不会打仗，二不会谋划，当了官也没啥新思维，完全属于按部就班、上面说啥照葫芦做啥之类的庸才。可他就是被上面看重。

为什么？这与大清官场的升迁法则有关。大清官员升迁，一是看背景、后台，满清大后、前朝子孙常常被挑中选中为“最杰出人才”。二是选用武大郎。在武大郎的时代,上级自然选择比武大郎更矮的"人才"当手下,才可避免以后超越自己,养虎成患。曹锟虽然平时为官高调,但越是高调,"曹三傻子"的本性越暴露无遗,露出的弱处越多,所谓猴子蹦得高,红屁股被人瞧见的愈多。但他的平庸、无能反因为对他人没有威胁,不遭人妒,而成为他升迁的优势。

"装谁像谁谁装谁谁就是谁"

越是庸才越不遭人嫉妒,这是官场铁律。因此,曹锟能在官场一直坐直升飞机,走绿色通道。他越不折腾,越是旋转着当"飞人",并且前途越来越光明。

1907 年,清政府突然心血来潮,改革地方官制,以便把更多的家族子孙们推到权位上去。袁世凯的老朋友徐世昌受命领北洋军中最精锐的第三镇调往关外,驻防长春附近。被袁世凯视为亲信的曹锟,又好运来临,搭上了这班对一般人不靠站的升迁列车,被委任为第三镇统制。

这个第三镇可不简单,将领全是北洋各镇"骨干的骨干",是袁世凯的基本力量。清廷把此军调往东北,目的就是为了控制东北。掌管这样的铁军,曹锟有自知之明,没立一寸军功而受禄,难以服众,声望也不够,因此担任统制后,丝毫不敢松懈。为了用心治军,他经常微服私访,了解士兵疾苦,关心士兵冷暖。

东北天冷,他下令军需处为每个官兵缝制一副皮毛耳套。这立即受到官兵们的感激。在大清官员纷纷刮地皮,克扣军饷的大环境下,将与兵的关系都很僵、水火不相容,将领们可能打胜仗获得官兵称赞"常胜将军"之美名,但"爱兵如子"名声都难得到。曹锟此举颇得军心。由于部队驻扎在郊外,很偏僻,生活很无聊,有的官长接来家属,在城里租房子住;有的在城里娶上了临时夫人,过起金屋藏娇的日子,对此等违反军纪的做法,曹锟也不闻不问,当老好人,以笼络人心。结果,他虽然才能平庸,因为会笼络人,与小将乃至小兵关系都好,一时名声很好。

因为名声好,给人的印象就好,口口相传,就一好百好。后来当过袁世凯英文秘书的顾维钧就据此好名声,称他"是个天生的领袖"。

但是,曹锟的"领袖威望"只限于第三镇,在长春民间分数不仅不高,还极低。为什么?一是文墨太少,二是能力平庸。他初到长春时,当地一些文人雅士纷纷登门拜访，欲结交驻军将军。小货郎出身的曹锟和这些文人雅士咬文嚼字，很不适应，在言谈中，甚至连"风土"二字是啥意思都弄不清楚，没交流几次，就被对方看穿了底细，不久"统制是个草包"的说法就传遍长春城内外。

这让曹锟又恼又气，发誓要在长春杀几个秀才辟谣。

他的手下有位管带，叫吴佩孚，是个大智慧的将才。他阻止了"首长"这种"杀人逞威"的想法，并为他设下了一个文会来澄清谣言。

一日，长春城内外的各路文人墨客纷纷接到驻军邀请，参加曹将军的文会。

所谓文会，就是"以文会友"的文友大会。文会全是由摆上大碗酒和大碗肉的大桌子组成，吴佩孚代表曹锟接待。各路文人坐在大桌子上边吃边进行恳谈。趁着大家醉意熏熏的时候，吴佩孚突然站起来，朗声说道："我今日出一对联为大家助兴，上联是：'墨兰数枝宣德纸'，谁对个下联？"

孰不知平时号称"才高八斗"的众文人你看我我看你，全傻眼，被难倒了。为什么？这联太难了，"墨兰"即画，"数枝"是数量，宣德纸则是装载这"墨兰数枝"的载体，三个词构成一个相依相托的整体不说，其中，"墨兰"是修饰关系，"宣德纸"是修饰关系且"宣德"是地名"纸"是物名，下联不仅要对上这些意义、修饰关系，还要对上上联的平仄。这样玄机重重的超级下联，谁有这本事一下子能脱口说出来？众人正想得头疼时，一直隐身藏在内室的曹锟居然从里面走了出来，大声说："我对个行么？"

不待众人回答，他便接着说了下联："苦茗一杯成化窑。"

众人先是一惊，有人甚至脸上露出不屑：我还对不出来，这武夫草莽能对出好联？孰不知低头一细想，"苦茗"对"墨兰"，且是修饰关系；"数枝"对"一杯"，数字对数字，量词对量词；"宣德纸"对"成化窑"，地名对地名，物名对物名；并且平仄也完全相符合，不差毫厘！这个下联对上联确实天衣无缝，惟妙惟肖！"哗"众人在吴佩孚的带领下立即热烈鼓掌。

曹锟这次"大展文采"，偶露了一手，"卧龙吟"令长春城内的文人们大开眼界，从此不敢再小觑曹将军了。这些蜗居僻远的文人们孤陋寡闻，孰不知这副对联是关外的隔朝的明代画家郑板桥之作。事后，"歪秀才"吴佩孚自占了一副对联记载此事：

看我非我我看我我亦非我;
装谁像谁谁装谁谁就是谁。

曹锟看后,哈哈大笑:"哪朝的官场不是这样啊！妙哉妙哉！"

曹锟带领第三镇在东北驻守,长达数年之久,基本无事可做。他带部队,尽管是三流的点子,但使出的是一流的执行力。他尽心保护好这支被袁世凯视为看家的武力,并竭力讨好"首长",官当得安安稳稳。袁世凯下野当钓翁后,曹锟到什么山上砍什么柴,到什么火候使什么锤,拿出当初被袁世凯逼着锤炼出的讨好本事去讨好清政府,帮助朝廷镇压人民,博取皇室信任,由于表现突出,屡次受到清政府的嘉奖。1911 年 4 月,他被授予副都统衔,7 月,升为总兵,以提督候用。至此,曹锟由一贩卖布匹的街里混混,成长为一个手握重兵的新军将领。

02.

紧跟领导,又"玩"领导

失误得买单

官场无情。袁世凯下野后,风口浪尖上的曹锟急忙施出"躲"字诀,与"老首长"关系降温最快且幅度最大,成为北洋大将中少数"识时务者"之一。

人一走茶就凉,人岂能无情乎！曹锟一心钻营,哪明白这个处世道理？袁世凯垮台了,他就干脆与清廷的关系一边倒,为仕途与那些贪婪之徒热乎得不得了！

官场如战场,不会处世、会处官,仕途同样精彩。但若"两不误",才是真正的"人际关系达人"的"智慧选择"。曹锟的这个短板还是让他不得不为能力稍逊一筹而出现的这个失误买单,仕途"耽误大半年"。

辛亥革命前夕,曹锟和第三镇奉调至娘子关,监视北方阎锡山等势力。不久,武昌首义爆发，袁世凯出山后，在革命党和皇室之中脚踏两只船进行拉偏架，以攫取民国大总统之职。很快，他与革命党达成了逼皇室下台而自己上台的秘密协定，可是清廷却久久“不决大计”，少壮派还蠢蠢欲动。这时北洋主力全被调去湖北战场，袁世凯只好将老部队曹锟和他的第三镇调往北京，以控制北京城的局势。

京师高层风云变幻，第三镇在北京城内为袁世凯保驾，却一直是于无声处听惊雷，没有作为，急得只想“干大事”的曹锟心急如焚，日日跺脚：“老虎狮子占地盘，撒点尿就属于它领地，而我们呢！”他曹三爷呢？蜗居在北京，哪也不能去，哪怕是一块小地盘都没占，而革命大业一日一步往前推进，却没任何机会去“建功立业”。

1912年南北议和后，连清廷都宣布下台，袁世凯要当民国大总统了，曹锟还是毫无作为，被袁世凯“凉拌”，在兵营和家里两边赋闲，眼巴巴地说：“无出兵的机会啊，哪怕是为大帅搓搓背也好！敲木鱼、撞钟的日子真难熬啊！”

曹锟实在是熬不下去了，急得又无法可想。这时袁世凯才启用他。

南京临时政府派出一批专使兴师动众来到北京，要迎接袁世凯南下去南京就职大总统。去南京就职是孙中山让位的条件之一，袁世凯不去大总统就到不了手。袁世凯却认为去南京的话，只能做一个花架子总统，啥权都不施，也不能为自己办点私事，此乃孙中山的调虎离山之计。可是，这是孙中山让位的条件，公诸天下了，袁世凯心生一计：既然人家有决策，便来反决策，把这些专使吓跑，并且利用他们实现自己滞留北京的目的。于是，他便把驻防京师的曹锟叫了过来，下令他指示部下于2月29日在北京制造兵变，放火，烧、抢，造成北方不稳的假象。

折腾这假象有毛用啊？曹锟接受了任务，回了家里还十分纳闷：北方不稳，袁世凯不就更在北方呆不住？孰不知老奸巨猾的袁世凯的“政治智慧”恰恰相反，北京一乱，更说明他必须留在北京稳定大局，所以不能走人。可民国了，还这么土匪一般去打砸抢，不怕政府惩处么？这曹锟倒是有底，自己掌控着北京城的卫戍，难道还有自己打自己屁股的事儿？不管想通了没想通，机会稍纵即逝，苦盼时机的曹锟不管这些了，只以昔日的袁宫保、今天的袁大总统马首是瞻。

他一声令下，由第三镇换了名字的第3师精兵强将，一出动，个个是上等好身手，冲向大街，专门以抢劫贵重奢侈品为目标，东四牌楼以北及其南崇文门内外、正阳门内外均是乱兵抢劫的重点区域，抢劫犯一来，砸店铺，抢东西，稍有反抗就揍人，场面一派混乱。乱兵过处，风卷残云，当铺、钱庄、银号、绸缎店、珠宝店以及街道旁边的小康之家均遭“清扫”。打砸抢之后,大兵们又纵火烧房子,以焚烧来表示自己的不满。

他们在打砸抢的同时,还放乱枪。前来迎接袁世凯南下的南方使团下榻的宾馆附近,枪声尤为紧密。那些使团成员半夜突然被枪声惊醒,吓得半死,个个仓皇从窗户跳出,躲在外墙根底下蹲了大半宿,又冻了个半死。

这正是袁世凯所希望的效果。

在袁世凯的安排下,北京城内的大报小刊的记者们拿出收钱就办事的精神,妙笔生花,洋洋洒洒写下兵变新闻,全是怵目惊心的恐怖场面,带血带泪,第二日一起头版头条登出。这么一造势,政治效应立竿见影。袁世凯立即有了不走的借口:北方不稳,非得在北京坐镇掌舵不可。

受了惊吓的南方使团领教了北洋军的厉害,只好作罢,电告南京:袁世凯走不得,走了北京必将大乱。动乱和袁世凯南下不南下有多大的关系呢?他本人在北京不是都没镇住吗?说明他镇不住那些乱兵。唯一不走的理由是他的手下舍不得走,所以才闹事。既然是他的手下又岂有他说服不了的人?他管不住自己的手下,只能是一个骗自己的笑话。而偏偏这样连袁世凯自己都不相信的理由,南京方面相信了,并且答应袁世凯在北京就职大总统。以孙中山为首的革命党人对袁世凯最后的一点约束,就这样被消解得干干净净。

在民国开国之初,纵兵在北京城繁华大街上公然抢劫,只有曹锟这样的憨傻之徒才敢干或干得出来。就是因为这一次犯傻之举,他终于在袁世凯夺权线路图实施过程中立下大功,在袁世凯前把以前“当墙头草的傻”将功补过,地位大为巩固。

随后,中央政府迁至北京,袁世凯在北京就职。12 月 28 日,曹锟因为在北京的“功劳”,获得了陆军总长段祺瑞颁发的一枚白鹰勋章。

尽管兵变前后的真相被袁世凯和曹锟等人“雪藏”,孰不知内幕最后还是被人揭露出来。曹锟本就是穷小子出身,有人以他穷人当官比富人当官更坏更恶为名,指责他“其手段之卑劣,居心之险恶”。曹锟也因此事为人污垢。尤其是袁世凯称帝猝死后,曹锟的第 3 师以堂堂嫡系之身长时间背上“袁氏鹰犬”的恶名,直到他的后任吴佩孚接手,花了很大力气才得已帮助曹锟把恶名洗刷干净。这是后话。

当官也是弱势群体

在这乱世之中，干啥都有风险，当官也是弱势群体。曹锟紧跟袁世凯，冒险当了打手，取得了一些成绩，也获得了该得的官职，但官场如战场，仍然危机四伏，丢官的概率与成功的概率一样大。虽然是民国了，曹锟还是不得不拼命为袁世凯效劳，一则维系官位，二则获取步步高升的机会。

1913 年，因为宋教仁被刺杀，革命党发动二次革命，曹锟不得不率部上了战场。镇压二次革命之后，袁世凯派遣曹锟率第 3 师进驻岳州，作为袁世凯的一个重要棋子，布设在南方。1914 年 4 月 14 日，他又被袁世凯任命为长江上游警备总司令，专力弹压南方革命力量及西南地方实力派。此一时期，曹锟常驻武汉，宛如一只“九头鸟”始终围着袁世凯这只秃头老鹰飞翔，高调地攀龙附凤。

袁世凯称帝，他不遗余力地支持。1915 年 9 月，他与张绍以直隶代表的名义请求改变中华民国国体。一个月后，袁世凯的报答就来了，授予曹锟“虎威将军”称号；次年 12 月 21 日，“洪宪皇帝”袁世凯又授他为“一等伯爵”。但是，袁世凯的给予永远是交换性质的。“一等伯爵”也不是白给的。

1916 年 1 月 5 日，全国各地起兵反对袁世凯称帝，曹锟被袁世凯一纸号令派去四川督师，与蔡锷的护国军在四川对垒。

曹锟的部下纪律败坏，到了四川比在北京还胡来，到处烧杀抢掠，无恶不作，被四川袍哥追杀。加上兵都是北方从过来的，到了四川盆地水土不服，吃啥拉啥，战斗力急剧下降。护国军虽多没打过大仗，但多为滇蜀义士，反袁称帝决心很大，也很坚决，因此反占优势。两军相持对峙很久，曹锟毫无进展，总是在拉锯中。股市中有句话叫做：“久横必落。”说的是横盘久了必然要下落，这也适用官场。6 月 6 日，突然传来袁世凯病亡的噩耗，次日，黎元洪以副总统继任大总统。在对阵中的曹锟顿然失去为之奋斗的主子，一下子懵了。

袁世凯一死，被万人唾骂。曹锟当初如此高调支持他称帝，居然跟错了领导，一步错了，按照官场潜规必然要步步错下去。这下可好了，曹锟孜孜追求来的荣华富贵眼看着就要随风飘走了。

好在他还是有官场智慧之人，率部在四川滞留着，像毒蛇一样蛰伏，以静制动。

过了一段时间，风声果然缓了，没有追究，没有问责，也没有声讨，甚至连舆论的一丝风波儿都没有，讨袁护袁之战宛若一切都没发生过一样。7月，曹锟率部返回大本营——保定。

原来是老天不绝人之路。袁世凯一死，北京政府的大权没落在“异己”、副总统黎元洪手里，反被袁世凯一手培植的北洋系掌控，段祺瑞成为实力派大佬。曹锟本就是北洋派老四，段祺瑞一上台，黎元洪当了陪衬，曹锟这下又时来运转，9月16日被段祺瑞任命为直隶督军。

曹锟还是没因为老主子完蛋而垮台，相反还分享了因为袁世凯死去遗留的“红利”，掌管了京畿要地——直隶省，真是傻人有傻福。

官场如打虎

官场就是这么玄妙。官员们在工作的时候昏昏沉沉，或表现出没啥能力，甚至有些傻、很天真，而这往往看不出一个官场人的智商到底高不高、他的前途发达不发达。衡量一个官场人水平的标准，得要去看他在个人利益上清醒不清醒，为自己办事时给力不给力、能力强不强。这才是准绳。曹锟在前一方面绝对是弱者，在后一方面则绝对是佼佼者。

在私利方面，在别人看来是“曹三傻子”的他不仅不比别人差，甚至还要超越同辈、同僚许多倍。只要是自己的事情，他不仅想得远，而且想得深，想了还有果决的行动，出起手来及时、犀利，是绝对的高智商、一流的点子、一流的执行力。

曹锟当了直隶总督后，地位之高，其他督军、省长几乎很难企及。当年袁世凯就是在这个位置上崛起而成为“大清梁柱”的。曹锟取得这样的高位，靠的完全是过人的“福气”。于是乎，他在保定学起“老首长”袁世凯，在直隶这块黄金地上开始耕耘，着力培植自己的势力和财力。

曹锟像当初在东北那阵子一样，边狠打基础边等候机会。尽管官场讲究主动出击，等待机会是十分笨拙的，但他还是体现出国人的智慧，重在夯实基础。表面上，他的各项措施很傻很天真，其实比哪位督军、省长都精明、实在。在直隶，他采取“笨鸟先飞”办法，先整顿组织人事，再扩军建兵，然后开始刮地皮。

曹锟和黎元洪几乎是一样：大智若愚——工作时能力平庸，脑子并不笨拙，只不过心思决不花在利益之外的事情上。一旦他们着力在自身利益上下功夫，老实人的干法往往比其他人还扎实、认真，并且成效显著。

在曹锟一心经营直隶的时候，北京两大佬却上演着武行大戏。

黎元洪和段祺瑞的府院之争，越折腾越激烈。作为“京畿大臣”，曹锟不可能置身事外，不过这次他变聪明了，不再像当初对待袁世凯那样一边倒了。那时袁氏下了野，复出无望；现在总统和总理都在台上，大权在握。他于是在两人之间进行骑墙，紧随段祺瑞，又与黎元洪保持密切联系，两边当好人。

1917 年夏，段祺瑞被黎元洪施计免职，跑去天津，北京政局再次陷入混乱。曹锟见黎元洪占了优势，立即与大总统走近。正在他又准备一边倒时，7 月 1 日，张勋提兵入京，赶跑黎元洪，拥戴废帝溥仪复辟，自封议政大臣兼直隶总督、北洋大臣。

张勋是给前清皇帝看门出身的，也是穷小子发迹。但这复辟之举，完全是瞎捣乱。并且，他还不自量力地居然抢了曹锟的直隶总督。是可忍孰不可忍，曹锟立即与反张的段祺瑞联合。

7 月 3 日，段祺瑞在马厂誓师，宣布讨伐张勋。曹锟在保定宣布就任西路讨逆军的总司令。

不过，曹锟本人并没上战场去，仍然滞留在保定城内。但小小的保定城内已经完全按被动员起来了，热闹非凡，到处张贴曹锟的布告，言辞犀利地指斥张勋为“逃臣”，野心很大，挟持宣统搞复辟，就是谋国窃柄，是“民国巨贼”，罪行罄竹难书。同时，曹锟还高调声称自己素来持“改良政治”的良愿，政府有弊端可以去慢慢改革，但对任何复辟行为都是坚决反对的。很快，他的部队开去了前方。

曹家军与张勋辫子军作战时，从来一毛不拔的曹锟高调宣布：准备自掏腰包一万块大洋犒赏三军。

张勋本来就势单力薄，区区几千辫子兵窜进北京城，虽然吓跑了黎元洪，但哪里是段祺瑞、曹锟等老军阀们的对手。结果，讨伐军一上阵，不出一个礼拜，就把辫子兵打得稀里哗啦四处逃散。复辟丑剧一开演即告仓皇收场。

驱张之后，大总统黎元洪犯错，没资格再回北京，“再造共和”的段祺瑞恢复总理之职，盟友加老哥们冯国璋以副总统身份代理大总统，曹锟因为拥戴“再造共和”有功，以直隶督军兼省长，一肩挑两重担。

曹锟主政直隶省，权重四方。但他没忘“打虎亲兄弟”的箴言，十分顾家。他兄弟五人，和四弟曹锐关系最好。他觉得自己一肩挑直隶省，不如分羹给兄弟一起做一做，有福大家一起享，于是向段祺瑞推荐曹锐为直隶省长。

曹锐原在大沽玉盛号米庄学生意。自曹锟发迹后，干脆弃商从政，先任天津县清乡局长，后步步高升，到清末宣统年间就做到了直隶藩台。段祺瑞虽不贪财，却是“人事腐败第一人”，为了拉拢曹锟，管他什么兄弟掌权不兄弟掌权，立即点头应允。从此，曹锟兄弟分享直隶一省军政大权，曹锟掌军，曹锐主政，一文一武。

官场如战场，决不是浇地种菜那么简单。财场也如战场。两者都需要非凡的搏杀，亲兄弟俩一上阵，实力派加上实战派，刮净直隶地皮。曹家于是从“草根寒门”向着豪门大户快速奔进，权势滚滚而来，钱财越来越多。

夹缝中大有乾坤

经过张勋帮倒忙后，北京中枢政权全部掌控在袁世凯的徒子徒孙手中，争权的矛盾似乎解决了，实际上更深矛盾在产生、滋长。段祺瑞和老哥俩儿冯国璋合在一起，干仗就开始了。

段祺瑞的后台老板是日本人，一心想武力统一中国，造就皖系独霸天下的局面；而冯国璋的后台老板是英美人，一心要搞和平统一，造就直系独霸天下的局面。老哥俩儿，两条心，捏巴不在一起。他们身后的后台老板更是难讨好。日本要通过段祺瑞独霸中国，英美又不愿让它独占。内因外因，几个方面结合，就在中央政府出现以段祺瑞为首的皖系和以冯国璋为首的直系的对立。两派在傅良佐引发的是否进攻孙中山广州护法军政府的问题上把府院之争推向高潮。

为了对南方军政府作战，段祺瑞以各种名义向日本借款，且计划由四川进攻云南、贵州，由湖南进攻两广。而广州军政府中的桂系大佬陆荣廷原想通过老相好冯国璋维护南北现状。段祺瑞要向湖南用兵，他马上感到威胁，决定出兵援助湖南。南北双方之争在湖南步步升级。直皖矛盾也明朗化。

1917 年秋，南北双方在湖南开打。11 月 4 日，冯国璋指使亲信王汝贤、范国璋突然从前线来电主张撤兵停战，紧接着，长江三督也公开主张停止战争，附和冯国璋。这给段祺瑞莫大压力，控不住盘，眼看就要翻船，于是立即宣布下野。

段祺瑞和冯国璋北洋两大佬内讧，且都在台上掌权，使得长期在他们之下的曹锟左右为难，帮这也不行，帮那也不敢，只好继续装傻，静观其变。现在段祺瑞走人，局势明朗化了。11 月 8 日，曹锟与人联名发表“巧电”，主张停止内战，并表示愿意充当南北之间的“调停人”。

曹锟一边高调喊着“息兵”、“和平”，一边趁着“老哥哥”们内讧，打着折中旗帜，乘机扩充势力，从朱家宝手中夺得 20 个营淮军，扩充为五个旅，成为中国北方势力最大的军阀。

北洋派大佬大打出手，各人自顾自，马上引起了智慧之人的担忧。

一日，北洋耆老徐世昌找到曹锟，声色俱厉地向他指出：“芝泉太自信，而华甫(冯国璋字)也不应阴唆范、王倒戈失湘，而你们这帮子人又迎合他这种做法，不是促和，是促分！北洋团体分裂，你曹三爷也有责任。”

这话多么微言大义，多么敲人警钟！立即惊醒一贯扶强不扶弱的曹三爷！这个由“气死鬼”袁世凯打造起来的利益集团，是北洋系大伙儿活命的根基，哪能说散就散了？倒了段祺瑞，北洋系倒了柱梁，而垮了北洋系，覆巢之下安有完卵？团结才是力量。曹锟醍醐灌顶之后，11 月 20 日，立即向段祺瑞表示：“巧电没经过我本人同意就签发了，因此不算数。”

也就是说，对南方势力不能和，只能打。

曹锟做出了要“维护大局”的表态，段祺瑞如获至宝，马上派得力干将徐树铮赶赴天津，以副总统的职位为诱饵，说服曹锟同意派兵南下作战。

可冯国璋还迷迷糊糊，在局中乱转，仍一心想与南方军阀和解。 12 月 26 日，他又发表停战布告，责成南北双方军队各守原防，停止敌对行为。

曹锟是直隶天津人，冯国璋是直隶河间人，两人皆为直系联盟的可能性远比与皖系段祺瑞结成联盟的可能性大。谁知在关键时刻，曹锟却与段祺瑞结成主战同盟，这下“冯四哥”的势力陡然之间就单薄多了。他发出了停战令，但完全是一张废纸。主战一派还是照打不误。

冯国璋急得跺脚、骂娘，但还是毫无办法可想。

正在众人在南方和战问题上争斗不断时，另几把火也在不经意之间烧起来了。湖北荆州镇守使石星川突然宣布独立，接着，襄阳的黎天才等师长也跟着宣布“自治”，脱离北洋政府，组建湖北靖国军联军。 蝴蝶效应继续发酵。 1918 年 1

月,豫西的王天纵招集万余人,组成河南靖国军。中原大地呼啦啦树立起了两支靖国军大旗。这下中国要四分五裂了。大总统冯国璋压力顿增,眼看自己执政就要“执”成“千古罪人”,被迫发表讨伐令。孜孜以求的“和”成了空。

这时曹锟第3师已开到了湖北广水,准备进攻湖南,靖国军的大旗一亮,立即与原驻防宜昌的吴光新等人转而向荆襄进攻。不久,吴光新与曹锟手下大将吴佩孚分别占据荆州和襄樊。

当曹锟等进攻荆襄时,南方军政府的桂滇两系派兵向湖南岳州进击,于1月27日收回岳州。

丢城失地,段祺瑞火冒三丈。 在重压之下,冯国璋被迫发表电文,命令总司令曹锟、前敌总司令张怀芝进兵湖南。为了让曹锟出力,冯国璋同时委派他为两湖宣抚使。

曹锟得了官,正要大打的时候,又节外生枝。2月14日,冯玉祥在武穴通电反对战争,反对同胞之间自相残杀。

冯玉祥也是北方阵营的,半路杀出。冯国璋和段祺瑞都认为他成事不足坏事有余,大光其火,要对他开战。两个大佬对南北之战争吵不休,对打冯玉祥居然完全一致。在冯玉祥的灭顶之灾就要来到时,又窜出个程咬金。他不是别人,而是曹锟。曹锟站了出来,不肯附和两位哥哥对冯玉祥用兵。为了缓和局势,他提出了一个折中之策,对冯玉祥革职留任,开去陆军中将之职,由他曹锟来节制调遣。

冯玉祥见势不妙,自然愿意把部队交给曹三爷节制。这样,曹锟的力量更大了。

在这个扶强不扶弱的乱世中,没人去做雪中送炭的义举,只有锦上添花的佳话,弱者恒弱,强者恒强。 6月20日,北京政府再次提升曹锟,下令任命他为川、粤、湘、桂四省经略使。

曹锟“经略”川、粤、湘、赣四省,如此大的盘子,如此大的辖区,如此大的地方官,不仅为民国开国以来所仅见,在大清时也少有。为此,北京印铸局专门为他铸了一枚超级银质狮纽大印,足足2斤多重,比全国所有的督军、省长甚至内阁总长的官印都要阔气。段祺瑞还一再指示徐树铮三番五次给曹锟灌“迷魂汤”:只要拥附皖系,卖力帮衬,将来新国会改选,一定推他做副总统。

这让曹锟几乎醉了,日日在房子喝酒、作诗庆祝。

03.

第一次贿选，因为绯闻而坏了事

钱能让磨推鬼

1918 年 10 月 10 日，冯国璋的代总统任期届满，应由国会改选新的总统和副总统。这正是段祺瑞出手“合法”搞掉公开对仗两年多的“冯哥哥”的大好时机，可又忌讳直系力量太强。为了分化、离间“敌人”，他苦心拉拢仅次于冯国璋的直系二号人物曹锟。而曹锟呢，居然在众强人中间穿行像傻子一般乐在其中。

因为事实上祖先很荣光的段祺瑞在骨子里还是瞧不起这个津沽布贩子出身的曹锟，之所以许他为副总统，不过是欺他憨厚愚笨又贪心，是为对付冯国璋而施出的一个缓兵之计。曹锟却偏偏上当，沉醉在副总统迷梦中不说，还愈来愈以副总统自居，并且还想得更远：既然先前黎元洪、冯国璋皆由副总统“升级”为总统，那么自己只要捞着副总统，一准将来能稳笃笃坐上总统交椅。冷不丁之间，他超前做起总统梦，于是乎言行就如大总统一般了。

事情偏偏没有曹某人一厢情愿想象的那么顺当。

段祺瑞一手拼凑的安福国会粉墨登场后，9 月 4 日，参、众两院 430 多名议员进行投票选举，选出了新总统徐世昌。第二天，继续选举副总统。谁知到会者竟不足昨日的 1/5，根本无法投票，投票也无效，白搭。国会只好临时决议，延期选举。

这不啻给做着副总统梦的曹锟兜顶浇了一瓢凉水！

“鬼”自然出在可以叫谁当总统和副总统的那些握有选票的议员们身上。

这次选举副总统，议员们之所以缺席如此多人，完全是有意搞罢选。背后的原因，除了占多数的皖系安福俱乐部议员不配合外，还有什么旧交通系、研究系等非皖系议员也是各怀鬼胎。不过，他们倒不是存心要难为“老实人”曹锟，把他晾起来折腾他，只是不满安福系独霸国会才故意罢会，另外就是还有所图。

原来，既然选举是走过场，自己好不容易选上议员，才有“投票权”，谁有权不用，入宝山而空手回呢？这些议员都是人人抱着发一笔“选举财”的念头来京城，希望趁此捞一把，满载而归。选举徐世昌为总统后，不少议员直言不讳地放话说："我们选总统尽了义务，选副总统不能再白尽义务了！""尽义务"，本来就是议员们的"义务"，现在"不白尽义务"，即是要支付报酬。这完全把选举变成赤裸裸的交易，并且公开伸手要钱了。

他们罢选，能解决问题的实权人物当然是段祺瑞，而他已通过选举实现了目标——重拳推出了北洋老官僚徐世昌，达到了逼迫冯国璋下野的预谋。他原本就不是真要选曹，此时乐得袖手一旁，装聋作哑。

这样，曹锟的梦越来越迷茫。

9月下旬，段祺瑞继续对"选副"乐作壁上观。曹锟手下大将吴佩孚挺不住了，领衔直系大员发出通电，质疑北京政府伪造民意，"包办选举"。包办选举，就可能直接导致选举无效。其实，民国哪一次选举不是包办的呢？段祺瑞包办归包办，但还得像真选举那样骗着人，一不能让人闹，二不能让人揭盖子。吴佩孚一闹，大总统选举是否是民意选举、有没有包办，立即成为媒体的焦点，段祺瑞终于慌了，不能不转变初衷，捧曹当选来缓和眼前危机。于是，他亲自给国会写推荐信，称曹锟"功绩昭然，维持大局"，"若能当选副总统，必能翊赞元首，尊重法律，裨益国家"云云。为此，还派出亲信，游说奉系张作霖支持选曹。

事情"山重水复"，忽又"柳暗花明"，曹锟自然喜出望外。

但工作要做到位，必须要出钱，因为议员们已有话在先，不能白忙乎，给钱才投票。一日，段祺瑞暗示曹锟说："要想选举顺利，哪能不得破点费、花点票子，打点关系呢？"

曹锟生性嗜财，当公家的官，要自己出钱，一听要破费就心疼。绰号叫"曹三傻子"的他并不傻，相反在金钱上尤其精明，立即说："徐世昌当选总统没出票价，凭啥我曹锟就该放血？"

"不放血，哪能拉到选票。"段祺瑞说。

事情确是这样，有钱能使鬼推磨。官场除了认血缘外，钱的作用往往更大更神奇，只要数量足够了，没有办不成的事情，甚至还能使磨推鬼。曹锟当然知道不花钱，这帮猪仔议员肯定会像上次那样罢选，随后硬是缠住北京政府，以"发付军费"名义支付他150万元大洋，再挪作"贿选副总统"的运动费。然后，他和手下们经过商定后定价为：每张选票价2000块大洋——凡投曹锟一票，当场兑现支票一张。

巧妙一动脑筋，曹锟的自家腰包一个子儿也没掏，成功达到“既办事又不花钱”的“理财最高境界”。

落马与桃色新闻

10月9日，国会参、众两院选举副总统大会终于开场了。奇怪的是，到会议员依然稀稀拉拉，蔫精走神。众议院议长、安福系骨干王揖唐见形势不妙，立即急中生智说：“建议将会场大门关上，只许进，不准出。”

此举目的就是为了凑足法定投票人数。孰不知他话音甫落，连一些先前已到会的议员也觉得气氛不对，起身急匆匆离席。

后来，王揖唐又听说有50多名旧交通系议员在万牲园（即动物园）游玩。他立刻自己驾车，赶去那边拉人，怎奈议员人人像泥鳅，他拽住张三，跑了李四，费了九牛二虎之力，才拉回八人。

人数不够，当天的副总统选举只能流产。王揖唐不得不沮丧地宣布：“改期至10月16日再选。”

岂知14日那天，又有近百名非皖系议员提前动身，跑去天津吃花酒去了。选举在即，都全不把“国事”放在心上。然而，王揖唐却被蒙在鼓里，15日晚才获知这个消息，次日就要选举开会了，他急得连夜纠集一伙孔武之徒，分乘12辆汽车，风风火火赶往津门“绑议员的票”。

在天津卫，他们搜遍青楼妓院，一口气“捉”住40多名议员，也不等这些“肉票”们穿好衣裤，光着屁股就通通塞进车内。

这时已是16日凌晨3时许。

时不我待。这些被“捉”的议员在车上狂吼乱叫，谁知又惊动了街头巡警。巡警跑过来，不管三七二十一就喝令检查，并且蛮横不讲理地扣下驾驶证。他们不认识王揖唐等人，等到王揖唐联系到他们的上司时，已把自己累坏瘫倒在地上。时间不等人，休息来不及，必须尽快启程，马上赶回北京与会。待12辆汽车急急抵达北京时，晨雾里又逃脱了好几名借口解小手的议员。

上午，王揖唐还不死心，派人在城里挨家逐户“坚请”议员到会场投票，京师警察总署也特地给国会加岗增哨，严禁议员中途开溜，但还是不足法定人数，选举还是以流产而收场。

曹锟已答应投票给钱，议员们也是为钱而来的，为何最后还是事情黄了呢？事后过了好几日，曹锟等人才渐渐厘清贿选失败的底细，问题居然出在曹锟本人身上。

个别非皖系议员继续罢选，有政治方面的操守原因，但多数人包括许多安福系成员在内的议员这次缺席，最主要的不是冲着段祺瑞了，而是直接冲着曹锟"太瞧不起人"而罢的选。曹锟巴结他们都来不及，怎么还瞧不起他们呢？

其实，完全是他无意之中犯了大错。

说好花钱买选票后，恰好有人在《顺天时报》上看到一则消息：曹锟花 10 万银元，从武汉妓院新纳一刘姓女子为"侧室"。这桩买卖不胫而走，马上激怒了众议员，纷纷骂曹锟"吝啬"，"目中无人"："一张选票才区区 2000 元，议员的身价仅及他小妾的 1/50。"因此，谁也不买曹锟的账，甚至赌气跑去天津吃花酒，以示"我们也是人，狎妓也不是玩不起！你那点小钱我们并不在乎"。

官员与女人从来是不断缘的。曹锟不经意间被桃色新闻砸中，并且败事了，有所得有所失，万物皆然，官场也是如此。大处着眼，小处着手，忽视了决定成败的细节，曹锟的傻于是害了自己，黄了副总统梦。

这次选举流产后，段祺瑞认为皖系对曹锟副总统选举已作最大努力，够意思了，于是对曹锟悻悻地说："既然数番无济于事，就不必再行此种徒劳无功之选举了。"

这场丑剧于是以没有结果而暗淡地落下了帷幕。曹锟和那个秉承段意、赤膊上阵的王揖唐双双出尽洋相，脸面丢光。

选举被议员们砸了场子，"上层"似乎对落选的曹锟意犹未尽。随后，刚刚上任的大总统徐世昌授予他一柄九狮纽宝光金刀，以表彰他"于国家做出的巨大贡献"。曹锟虽然得到如此之隆宠，但没当上副总统，心里还是不快，且在选举中丢人现眼，于是十脆称病，回到保定当他的土皇帝去了。

曹锟一走，议长王揖唐也觉得这次丢脸丢大发了，尤其是去天津卫青楼抓人、坏人好事，做了缺德事儿作了"大孽"，在人前抬不起头，恼恼地说："理想主义者，这是社会的倒退，道德的沦丧。"

于是也学曹锟样儿，脚底生滑，到汤山密林之中隐居，"消极避世"去休养了。

04.

人家斗法，曹锟也夹杂在里面

可惜了一段千古佳话

1919 年 12 月，直系大佬冯国璋病逝，曹锟被奉为直系首领。他虽然继续坐镇保定，但仍可对北京政府颐指气使，权倾一时。

曹锟对于政事、国事确实能力平平，所恃的主要是手下大将吴佩孚。而他左右那些亲近之人却眼红、嫉妒，不时报告“独霸”洛阳的吴佩孚如何专横、如何狂妄、如何贪婪。曹家兄弟曹锐和曹锳对“吴小鬼”最是不满，把他看做眼中钉，这使得曹三哥暗中不得不对吴佩孚存有戒心。吴佩孚对曹首长左右那些小人和裙带也极为不满，可他出生于孔孟之乡山东，为人重道义，因为是曹的老部下，对“老首长”始终很恭顺，同流而不合污。这样，曹锟与吴佩孚一北一南互相呼应。

幕后当大佬，名不正言不顺。“师徒俩”决定与皖系决一雌雄，夺取天下。

段祺瑞当上北洋系继袁世凯后的老大，打跑了黎元洪，打跑了冯国璋，此刻却受到自己之下的曹锟的挑战，哪里受得了？直、皖之间的矛盾更加激化。

1920 年 7 月 14 日，内讧引发直皖战争。结果，战争只进行四天，腐败的皖系就被直系打败，曹锟和吴佩孚大获全胜，段祺瑞被迫通电辞职。

随即，曹锟和奉系大佬张作霖举行天津会议，商量组阁一事。

曹锟本准备推荐王士珍去当总理，但为了巩固与张作霖的关系，最终同意“大张”出请他的儿女亲家靳云鹏来组阁的建议。8 月 11 日，靳云鹏内阁组成。8 月 14 日，曹锟、张作霖两位大帅乘坐专列进京，受到在任大总统徐世昌等人以大清时的帝王之礼迎接。

为共同垄断北京政府，曹锟、张作霖达成了分赃协议。曹锟为直、鲁、豫三省巡阅使，吴佩孚为副使；张作霖晋授为镇威上将军。双方各向北京政府索要军费 1000 万元后，9 月 4 日双双联袂离京，返回天津。

在天津，由张景惠、靳云鹏撮合，曹锟将 7 岁之女曹士英许给张作霖 8 岁之子张学思。

曹、张两人结成儿女亲家,打着骨头连着筋,关系更加密不可分了。曹、张两亲家合作,内阁总理又是张作霖的亲家靳云鹏,三个亲家统掌天下,岂不是天下又一则“佳话”?

官场的多数佳话都是连篇假话,因此千古佳话很少。“三个亲家的佳话”虽然是实打实的“佳话”,却也经不起考验,很快“佳话”成为“笑话”,“千古”不起来。

直、奉两派只维持极其短暂的“黄金时期”,之后,直系为保住既得利益不得不四下继续抢占地盘,奉系为扩大势力范围也不断向关内发展,中国终究就这么大,双方很快形成尖锐冲突。内阁完全受直、奉两系控制,芝麻大的一点事情,均需双方同意,靳云鹏虽仍乐此不疲,但内阁却越来越运转不下去了。

1921 年 4 月下旬,靳云鹏眼看天下纷争难断,于是邀请张作霖、曹锟和两湖巡阅使兼湖北督军王占元到天津开会调停,时称天津四巨头会议。

在会上,几大佬就财政、内阁、裁兵等问题进行激烈讨论。直奉双方虽各有所妥协,但让步很少,无法解决根本性争执,反使得矛盾更加激化。会开了一个多月,最后,四位大佬除通过一个反对南方派在广州选举孙中山为非常大总统的通电外,不欢而散。

内阁支撑数月之后,不得不垮台。12 月 17 日,靳云鹏宣布辞职。“三亲家佳话”因为一亲家垮台,“千古”当即就破了产。不过,两亲家的缘分却还在继续,佳话或许还可有救。

12 月 24 日,张作霖推举亲日派梁士诒当国务总理,并且获得操控同意。靳云鹏完全出局了。

又一段千古佳话没了

这个梁士诒上台后,还是袁世凯时代的那副德性,一屁股坐在日本人怀里,日夜干的全是如何卖国祸民的事儿,引起全国不满。吴佩孚趁机攻击梁内阁,并且将矛头直指他的幕后靠山——张作霖。

吴佩孚造反,要搞内讧,张作霖急了,生怕那些卖国事儿让他一股脑说出,置之于阳光下，不盖住，闹大了就没法儿收场，为此拼命在亲家曹锟身上下功夫。为了“分化曹吴”，他不断派人对曹锟强调说：直奉之间存在的问题都是吴佩孚一手造成，如果不压吴打吴，将来直奉之战必不可避免；如果亲家之间开战，伤和气不说，将是两败俱伤，给南方孙中山和皖系段祺瑞以“渔翁机会”。因此，必须打吴压吴，才是大局、大智慧。

曹锟貌似憨厚，并不傻，脑子比一般人都精明。尽管每个人都说吴佩孚不好、坏，他却偏偏信任他，且大事还是照样信赖和依靠。因为治国理政乃至处理大事，确实是他曹三爷的短板，正因为有吴佩孚支撑和出主意，直系才在皖系、奉系的争斗和厮杀中能一枝独秀。人人都说吴佩孚不好，事实上他正是直系的中流砥柱。曹锟重用他，才得以有直系今日的大好局面。

曹锟用人，不仅不是糊涂，而且是“有方”。因此，要他去打压吴佩孚，只能是乱挥乱舞着大棒，玩假打，骗骗老亲家。

直奉之间的局势还是越来越紧张，缓和不下来，于是许多人不约而同地奔走调解，希望化解两亲家之战。赵尔巽、张锡銮、王士珍、张绍曾、鲍贵卿、孟恩远、曹锐、王承斌、秦华等名流往来奔走，嘶声振臂呼喊：“双方得悬崖勒马！”可口口声声“两败俱伤”的张作霖见化解无效，暗中早已布置好了战争。吴佩孚也认为难免一战，磨刀霍霍。两人都在走极端，都要杀出去争了这口气，这些奔走和呼喊不仅无效，反为即将爆发的战争散发着团团迷雾，为两位战争狂人打烟雾弹。

张作霖“打”的计划很充分，准备包围洛阳，斩杀“吴小鬼”。为此，他和广东方面接洽，准备由粤方分兵出湘、鄂、赣；张勋的旧部与安徽督军张文生一起届时起兵，“会师”安徽；山东督军田中玉也同意在山东响应；陕西督军陈树藩表态届时进攻陕西；另外，张作霖还拉拢河南督军赵倜与赵杰两兄弟，希望他们反吴，乘虚捣毁吴佩孚的“洛阳老穴”，哥俩儿也满口答应。各路人马联系好了后，张作霖一声令下，奉系大军纷纷入关，进驻军粮城、独流、津沽、密云、古北口和津浦线的良王庄、马厂、芦台等地。

奉直大战如箭在弦。

曹锟倒是真的不希望兵戎相见。因为一旦开战打仗，不仅搅得自己吃，吃不好，睡，睡不安稳，还得拿“自己的血汗钱”往火坑里砸，破了财，还免不了灾。因此，他愿当太平佬，于是一再约束吴佩孚：“小不忍乱大谋，忍一时风平浪静，不要走极端。”同时派亲信、直军第23师师长王承斌三次去奉天,向张作霖表达善意。张作霖对“老实亲家”不愿战也没恶感,派察哈尔都统张景惠到保定,回拜曹锟。曹锟趁机建议把北京和直隶境内的奉军调走,以免两军太近,万一擦枪走火,引起冲突。张亲家慨然同意,下令张景惠主持关内奉军撤退之事。

两亲家联手了,要和平了。

谁知张亲家正要撤兵之时,曹亲家突然改变了要求奉军撤走的主意。

咋啦?

原来曹家兄弟曹锐生怕奉军一撤退,“吴小鬼”的势力更大,兄弟俩压都压不住,于是以亲情说服曹三哥,然后自己跑到奉天,向张作霖挽留关内奉军,不要走了。

“留下来?”张作霖很意外。

曹锐向张作霖解释说:“攻击梁内阁完全是吴佩孚个人行为,与曹家兄弟无关,吴佩孚跋扈自专,很多方面并不听三哥命令。保定再好的东西到洛阳都变味,世界上最脏的地方就在他吴小鬼心里。”

“兄弟,我挺你!”张作霖虽然对他的话半信半疑但也表示说,“奉系所恨,只是吴佩孚一人,对亲家毫无怨恨之意。”

曹家和张家在大局上达成了一致,当着夹板的傀儡总统就好办了。

1922年2月15日,徐世昌通电对内阁卖国问题表态,略云:“至于整饬纪纲,则本大总统职责所在,不敢不勉。”把责任推到内阁,保全张作霖的面子;同时,他还暗示要“训斥”吴佩孚,并提议由梁内阁陆军总长鲍贵卿组阁。

鲍贵卿也是张作霖的儿女亲家,于曹锟来说,完全是上次的三亲家模式,应该也没什么大的过不去的坎儿。为此,徐世昌便命鲍贵卿本人到奉天去和张作霖商量任职之事。

哪知张老帅见到鲍亲家,却沉下脸说:“霆九(鲍贵卿的字),你如果要过总理的瘾,可以自己上台,何必千里迢迢来关外问我!”

他一句话,便令鲍内阁流了产。

为何张作霖这次不要“佳话”了呢?他的智慧是:既然两亲家可以控制局面,何必多此一举再添个人授人以话柄?无聊的人才去显摆自己!

两亲家把国事当家事处理,各方面人士自然不服气,自己不敢去发言,只好都在关注“主持正义”的吴佩孚的态度。而吴佩孚呢，因为兵力散在陕西和两湖，尚未部署周全，一直装着瞎子。有人催问急了，他甚至还发出通电“辟谣”，说他和奉张决不开战，私人关系好得很哩。

这么一折腾，几个月便匆匆地过去了。

无心插柳

两亲家掌控国家，没人发出“乏力的抗议”，但并不说明他们就已万事大吉，稳操胜券，可以“千秋万代”下去。

1922年二三月间，段祺瑞从北京悄悄溜出，去了天津；孙中山在广州声言要北伐。北方局势变得万分险恶，这对直接执政的直系极为不利。张作霖于是对直系态度强硬起来，以换防为名，动员大批奉军入关。吴佩孚也是初生牛犊不怕虎的牛人，不顾南方孙中山北伐的危险，在京汉线上扣留各地的运输车辆，运兵运粮，调动军队，准备应战。

这让曹锐大为恐慌。

3月8日是阴历二月十二日，是张作霖57岁生日。他以祝寿为名再次跑到奉天。张作霖待他仍像往常一样，有说有笑，可一谈到政治就打哈哈，顾左右而言他。曹锐吃了迷魂药不甘心，只好去找张作霖的亲信孙烈臣打听虚实。孙烈臣眨巴着眼睛说：“咱们大帅想请教四爷，究竟是部下亲呢，还是亲戚亲？”

部下是指吴佩孚，亲戚自然指张亲家。

曹锐立即指天发誓说：“曹家兄弟决不会纵容部下做出对不起亲戚的事情来。”

孙烈臣笑着说：“好吧！咱就把你这话回复大帅。”

果然，之后张作霖的态度就变了，次日就主动地和曹锐谈起了政治，并提出了四个“不战”条件：

(1)梁士诒销假复职，复职后让他自动下台；

(2)吴佩孚不得兼任直、鲁、豫巡阅副使，专任两湖巡阅使；

(3)段芝贵督直；

(4)直军退出京汉线北段,京津地方完全划归奉军屯驻。

张作霖开价这么高,其实已是下定决心要和吴佩孚拼了,如若他反对梁士诒复职,就胁迫大总统徐世昌下令讨伐。

谁知事情偏偏又一波三折。就在这时,北京爆出一个大贪腐案。财政部以盐余作担保,发行债券向民间那些财神们敛财,叫做什么"八厘债券",总额9600万元。由于直系攻击,总统府和国务院不得不另成立一个"偿还内外短债审查委员会",由审计院、检察厅及银行界重要大佬合组而成,并以司法负责人董康为委员长。他们本打算以这个委员会为贪腐掩幌子,蒙混过关。不料,委员会一审查,发现里面水很深,黑洞太大,贪腐数字惊人,也眼红了,于是提出参劾案,建议法庭传财政当局和有关人员到案对质。财政总长张弧见风色不妙,吓得三十六计走为上,弃职逃往天津保命。

吴佩孚立即抓住这个贪腐大案大做文章,称董康是"包公再世",要挟北京政府立刻下令将张弧撤职查办。此刻曹锐还在奉天转圜呢。

这"黑钱"连着许多"黑佬"。张作霖看到吴佩孚的电报,就来气了,声色俱厉地质问说:"曹家兄弟,这个姓吴的根本不把咱亲家放在眼中,实在太欺负你们了。他攻击北京就是打击我,打击我无非是逼你们和我作对。如果没有我,还会有你们吗?三哥如果碍于情面,我只好代你们教训他了。"

张作霖盛怒了,并且要开打。曹锐的解释没用,也拦不住,求人不如求己,只好急急赶回保定,要求三哥施压制止吴佩孚的"胡说乱为"。在言谈中,他又趁机说了吴佩孚许多坏话。

曹锟感到事态严重,为了缓和张亲家的怒气,决定对吴佩孚再约束,免得把财政部乃至北京政府那些见不得人的盖子全揭开,当即电召吴佩孚到保定面商一切。谁知吴佩孚心知肚明"老首长"的这点心思,借口军务忙,不能分身,不来。这下曹锟真的恼了,说:"如果他要一意孤行,我们曹家兄弟就在张吴两人之间宣布中立。"

吴佩孚不能没了直系的支持,只好向老大让步,表示说:"一切问题请老帅作主,我绝对服从。"

张作霖就要拉响战争之雷,事情万分紧迫。曹锐等不及三哥与吴佩孚协商办法,自己代吴佩孚拟了一个电稿于3月10日发出,这个电报主要是五点内容:

(1)元首提议梁士诒组阁，张、曹两使均赞成，佩孚反对梁氏乃反对其媚外政策，根本不牵涉他方。

(2)佩孚服从曹使，对于张使采同一之观念，既服从，其不反对也明甚。

(3)共和国家，内阁失政，国会得而弹劾之，人民得而攻击之，不能因佩孚反对梁氏，疑为奉直之间另有问题。

(4)奉直好比人身上的元气，而内阁好比股肱，不能因为股肱有疾而自戕元气。

(5)张、曹两使遇事和衷，起初并无芥蒂，表面虽有奉直之名，其实无界域之分。因此，对于直奉之间的谣言都不足信，完全是别有用心的挑拨。

贪腐也好，国家也罢，官场之人的处世之策就是先保自己。为了保自己，吴佩孚同意发电报。于是，其他人都认为事情有转机了，赵尔巽、张锡銮、王士珍、张绍曾、王占元、孟恩远纷纷表示要在电报上共同列名，出面调停。

在曹四爷的联络下，电报分别发给张作霖和曹锟。电文如下：

“比年国家多故，政潮迭起，其间主持国是，共维大局实两公之力为多。近以阁题发生，悠悠之口，遂多揣测。又值双方军队，有换防调防之举，杯蛇市虎，益启惊疑，道路汹汹，几谓战祸即在眉睫。其实奉军入关，据闻仲帅原经同意，两帅复有奉直一家，当与曹使商定最后安全办法之谏电，两公和平之主旨，可见一斑。况就大局言之，胶济接收伊始，正吾国积极整理内政之时，两公任重兼圻，躬负时望，固不肯作内争之导线，重残国脉，遗笑外人。即以私意言之，两公昔同患难，谊属至亲，亦不忍为一人一系之牺牲，自残手足。事理至显，无待烦言。现在京津人情，震动已极，粮食金融，均呈险象，断非空言所能喻解。非得两公大有力者躬亲晤商，不足杜意外之风谣，定将来之国是。弟等息影林泉，惊心世变，思维匹夫有责之义，重抱栋榱崩折之忧，窃欲于排难解纷之余，更进为长治久安之计，拟请两公约日同莅天津，一堂叙晤，消除隔阂，披剖公诚。一面联电各省，进行统一。弟等虽衰朽残年，亦当不惮驰驱，赴津相候，本其一得之见，借为贡献之资。爱国爱友，人同此心，迫切陈词，敬祈明教。两公如以弟等谬论为然，并请双方将前线军队，先行约退。其后方续进之兵，务祈中止前进，以安人心，而维市面。至于电报传论，暂请一概不闻不问，专务远大，是所切祷！”

众人还另拍一意思大致相同的电报给吴佩孚。

其实,吴佩孚就在曹锟身旁,这样两人"各发一份"的做法,纯粹是骗骗不知情的天下人。于是乎,这桩弹劾案便不了了之了,发财的蛀虫们拿了那些钱,说:"感谢张曹二公相救!"安心理得享受去了。

都想在家里舞大刀

但是,几大佬这么一折腾,政潮更是方兴未艾。梁士诒既不辞职,也不销假回来,外交总长颜惠庆代理内阁,累得要死,时间一长,就坚决不肯继续为人作嫁衣衫了。徐世昌虽是政坛老狐狸,可面对这盘烂摊子,也不知如何出手,只好催促直奉大佬尽快推出一个两方都能接受的人出任总理。张作霖大度地表示:"竭诚拥护元首,应由元首主持。"

吴佩孚也表示:"军人决不干政。"

两人如此轻松表态,弄得徐世昌更不敢"主持",只好私下派人前去打探几大佬的心思。突然,手下报告一个极秘消息:张作霖准备向全国建议召开"统一会议",去恢复旧国会,目的是想改组北京政府,驱逐新国会所产生的总统。3月12日,张作霖公开亮牌了,通电各省,催促办理国会选举。这个消息得到证实。

这直接威胁徐世昌的总统之位。他也不客气了。4月8日,自作主张任命周自齐为国务总理。

其实,这是徐世昌的"无力反抗"。选择周自齐,不过是他没办法中的办法。因为只有让梁士诒下台,才可向吴佩孚交代;而梁士诒和周自齐同属旧交通系,周自齐上台实质上仍由旧交通系掌权,换汤不换药,对张作霖没有损失。更可取的是:周自齐刚从美国回来,身后有着"洋人的影子",还可向美国借款。之外,徐世昌也可满足自己的私心:两人一向关系很好,周自齐组阁,府院之间也可因此达成"和谐佳境",府院结束斗争,就可创造一些传世佳话。

可他发表周自齐为内阁总理的命令后,还在休假的梁士诒本来一直装着瞎子,这下却睁开了眼睛,首先提出抗议说:"内阁未被批准辞职以前,只能由原班阁员代理总理,周自齐不是阁员,凭啥来代理总理?这种代理非但违法,而且不靠谱。"

梁士诒的抗议有法理根据,徐世昌这么做确实"违法"。但在官场混,处理这点小事情,他大总统自然不在话下,当即大笔一挥,把4月"9日"倒填"8日",发布一个更换阁员、任命周自齐署理教育总长的命令,并发出一份更正电报,再在周自齐署理内阁总理令上补一个"兼"字,就轻松搞定"一切法律难题",什么法都被他一把扔到茅坑去了。

"合法"了,任你去说什么"不靠谱"吧!

孰不知徐世昌自以为聪明的一举反而把事情弄得更糟糕。张作霖和吴佩孚之间并没因发了一封电报就好起来,徐世昌此举反使两人均认为周自齐上来,都是对方使间的诡计,损人利己,大大减弱了自己在政府中的话语权,于是双方反而因此磨刀霍霍,战鼓频催。

他们背后的洋老板更是紧密关注中国局势。直系的洋老板首先按捺不住。美国公使休士当面劝告张作霖:"应根据华盛顿会议精神裁减奉军。"英国公使艾斯顿也建议奉系不得在京奉路驻兵,天津领事团根据李鸿章当年画押的《辛丑条约》不许他在天津驻兵,并抗议奉军占领塘沽车站的"野蛮行为"。北京外交团警告直奉双方不得断绝京汉、京奉、津浦各路交通,免得影响他们观光旅游。

洋人一插手,事情就比国内那些军阀自己捣乱处理起来更是难了千万倍。自诩聪明过世的徐世昌毫无办法,作为他的智囊的北洋元老们无一不搔头抓耳,纷纷说:"列强、洋人要闹,就无能为力了。"局势更加不可收拾了。

局面要烂,捣蛋的不少,救局的没有。旁观者是如何的心情呢?

段祺瑞和皖系完全是隔岸观火派,见状一个个"暗喜"不已:直奉火并,打个两败俱伤,他们就趁隙而上,重整河山重开张。其他落魄赋闲的"政坛边缘人"也是心情大好,说:"火并吧,火并吧,打个天翻地覆!"希望通过大打让局面变换,给自己带来新的"政治生命"。因此,直奉要开战,真心劝架的几乎没有,旁观者还幸灾乐祸。

而唯有曹锟却还算冷静,一直在沉默之中。有人说他还在继续玩着"韬光养晦"策略。

兄弟们都当了孬种

在这场大佬级别的角逐中,张作霖一直占据着强势。

1922年4月初，他终于出手，风风火火闯神州了。他的手下大将张作相率领第27、28师入关，驻扎在独流南面。4月10日，奉军暂编第7旅又入关，驻扎在津浦路良王庄，卫队旅也进驻津浦路一带。4月15日，奉军又有两旅入关，驻在塘沽、天津一带。16日，李景林率领万余人开到独流。17日，张作霖令四个炮兵营携带54门大炮，进驻马厂，辎重兵进驻芦台；4月20日，派马队进驻通州。随后，奉军改名为镇威军，以张作相为关内军总司令。张作霖计划以一个军开往徐州，会合张文生的新安武军，从陇海路进攻河南，并约河南督军赵倜为内应。另一路奉军则于4月17日开抵京汉线的长辛店。

张作霖要开战了，但表面上还下了一道手令：严禁天津奉军损害曹家一草一木。尽管如此，战争逼近，直系不得不备战，曹锟于是撇开亲情于一旁边，亲自主持在保定召开的高级将领军事会议。

司令部军医处处长潘承禄和第23师师长王承斌应邀前来出席会议。谁知参谋长熊炳琦却交代他俩说："你们两人先等着。"

两人在参谋处坐着等着。可会散了，还没叫他们。官场最忌讳的就是坐冷板凳。当大家纷纷从会议室里走出来时，坐了冷板凳的王承斌很难堪，红着小脸儿。潘承禄见状说："咱们走吧！"

王承斌回答说："走吧！"

潘承禄找不出什么话安慰他，随便说道："师长，怎么样？仗打得起来吗？"

王承斌很不自然地说："咱哪知道！"意思说会议没参加，内中情形如何知道。

潘承禄接着说："师长到我那里坐坐吧？"

"我还有事，再见吧。"

二人就此分手了。

潘承禄心想说好去开会咋就不叫人进去呢？必有原故。于是赶去参谋长熊炳琦家打探。熊炳琦也是刚从会场回来，见着潘承禄，边让坐边说："老弟，我很对不起你。会议时帅座（指曹锟）曾叫我请你，因为孝伯（王承斌字）的关系，若单独请你上去，光剩下他一个人更难堪，因此我擅自做主，说了一句谎话，说'潘处长因病请假，军医处的事我们明天继续再议罢'。请老弟多多原谅。"

"原来如此，没有什么！"潘承禄接着说，"参谋长没事吗？如果没事的话，我扰您一顿饭行吗？"

“首长”倒是不忙，马上说：“太好了，欢迎欢迎。”

接着，彼此入座。熊炳琦说，“你的来意我已明白，是不是为了孝伯的事？”

“到底为了什么不让他参加会议？我替孝伯难过。”

熊炳琦说：“兄弟我才真难啦！在会上，我几次提出说孝伯还在外面等候命令，可没人理睬，你说叫我怎么办。”

潘承禄说：“为什么这样对孝伯呢，总有个原因吧？”

“咱哥俩说话，别让外人知道。”熊炳琦说，“洛阳方面有密信给大帅，说孝伯和关外有秘密关系。据说是孝伯的参谋长主谋联络的，因此对孝伯要回避一切。”

潘承禄惊讶地说：“不至于吧？”

“这谁晓得呢？”熊炳琦说。

潘承禄说：“一旦打起来，对孝伯如何安置，这对我倒关系不大。可是孝伯这一师人用不用，对我倒有关系，我要得对该师准备战时的医护工作。”

“这一师人用还是不用，听布置再说吧。”

谈话就此结束。吃了饭后，潘承禄闷闷而别。

王承斌是奉天人，如果和张作霖勾结，变数就大了。可曹氏兄弟不愿去和亲家翻脸，更怕兵戎相见，因此抱着“惹这一身骚干啥”的态度，对奉军不阻止，还节节退让。谁知奉军还没开到天津，曹锐就把省长公署的文件和用具席卷而逃，留下警察厅长杨以德代理直隶省长，所有驻天津的直军都撤退回保定。曹省长连自己的大沽老家都不管不要了，城内的文武百官更是害怕了，立即像躲瘟疫一样，有本事的躲租界，没本事的躲乡下，介于两者之间的，偷偷跑回保定。

奉军进了天津，继续南下山东，还没到德州，德州的驻军第 26 师师长曹七弟——曹锳也弃职出走，径自退回保定。

打虎父子兵，上阵亲兄弟。两个弟弟都不争气，望风而逃，曹锟对他们真是又气又无可奈何，只好派张国熔代理第 26 师师长，将该师撤回正定县。然而，面对奉军的前进之势，他不比两个不争气的弟弟争气多少，居然电令津浦路一线的直军不得抵抗，把所有营房及德州工厂让给他们，随后，自己也把保定的家眷送去汉口，对外公开表示自己愿意下台。

三兄弟都当了孬种，别说去打虎，没听见虎叫，就撂枪杆子，开溜了。有趣的是，曹家为中国北方最大豪门，权势最大，没料到也是龟孙子。

官场不会避免“傻人傻福”

在骨头的软硬上，曹三哥其实与曹四哥、曹七哥并无二样，都是一个父亲生的，保命、求生，于曹氏兄弟来说，永远是第一位的。

但曹大帅电令不抵抗，引起手下将领的一致不满。吴佩孚的硬气一来，不顾“老首长”的指令，调兵遣将，准备应战，把“老首长”直往战事上逼，捉鸭子上架。曹锟没办法，顺势任命他为总司令，以保定为大本营，分头抵御。

4 月 29 日，张作霖下达总攻击令，第一次直奉战争正式爆发。

这次战线拉得很长，像条长蛇阵，东路在天津浦路马厂一带，西路在京汉路的长辛店一带。但最激烈的战斗是在长辛店和琉璃河之间。两军战斗打响后，互进互退，互有伤亡，难分胜负，进行拉锯。激战到 5 月上旬，奉军在卢沟桥、长辛店终于扛不住了，战败而逃。

吴佩孚的硬，终于为曹锟增加了在北京政府中的砝码。在直系将领们的要求下，一直躲起来的大总统徐世昌也露面了，下令免除张作霖所任各职，听候查办。

你要撤职，还要查办，谁怕谁啊？在日本人的支持下，5 月 12 日，张作霖宣布东北独立，我的地盘我做主，随即又宣布自任东三省保安总司令，继续整军备战，以图反攻。

张作霖的后台老板日本人出面了，奉系的后台老板英国人也不再躲在后台。6 月 17 日，双方在英国的干预下停战议和，直军全权代表王承斌、杨清臣，奉军全权代表孙烈臣、张学良在秦皇岛海面的英国克尔笛号军舰上签订停战条约。

双方约定以山海关为两军界线，各管各，井水不犯河水。

第一次直奉战争以直系大获全胜而告终，这是曹锟做梦都没料到的。经过这一战，直系完全控制了北京的中央政权。做梦都想去当总统的曹锟决定马上驱逐徐世昌，由自己登台。但是，他的这个念头马上由吴佩孚打消了。

吴佩孚比他想得更深远，更全面。他主张召集旧国会，把黎元洪挖出来复位，用“恢复法统”的名义先过渡，然后使直系统治“合法化”，让总统和国会都成为直系的傀儡，曹首长在黎元洪“补足任期”后再“名正言顺”地通过选举取得大总统之位。

他为何多此一举呢?

关键的是时代不同了。袁世凯垮台后,凡是当大总统的,什么都不怕,就忌讳一脚登上宝座又被赶下来,于是谁想当大总统都不得不非常看重这虚假的"合法化"——通过国会选举"选"上去。

曹锟虽然野心很大,现在实力也够,可也怕强行上去再被撵下来。听了吴佩孚之言,"欣然同意"。于是,两人领衔发出征求恢复国会的通电。

这马上得到一大批军阀、政坛大佬和社会名流的支持。之后,孙传芳多次发表通电,主张恢复"法统",请黎元洪复职,要求徐世昌下野。徐世昌官当久了,得罪人也多,没人支持,没办法,恋栈不成了,6 月 2 日,被迫下台。

6 月 11 日,赋闲多年的黎元洪入京就职。

然后,他下令撤销 1917 年 6 月 12 日的"解散国会令"。8 月 1 日,旧国会议员重新召开会议,宣布恢复约法及国会,实现了直系所倡导的"法统重光"。

曹锟勉强去战,推推扭扭,谁知一战下来,居然成了北京政府的太上皇,堂堂民国之大,谁又有他这么好的冲天运气呢?曹四哥则说:"希望多大,失望就有多大。没希望,事情反而还会成功!"

熟悉曹氏兄弟的人们纷纷羡慕得要死,眼巴巴地说:"傻人傻福,我们若像他们这么傻,福气肯定也没有,真他妈的祖宗哪年哪月烧高香了!"

05.
曹家有花不完的钱,却总欠着军饷

讨薪是常事

1922 年直奉战争结束后,张作霖的奉军退出关外。直军获胜后,各部仍回原防地,第 23 师仍驻保定,为曹锟大本营保驾。

仗打赢了,胜利果实都是曹家兄弟自家人“吃”的,对一般人来说,论功行赏轮不上,没有份儿,官兵和原来一样:军饷欠着,没钱花,穷困潦倒。

经过战争,在一阵惊心动魄后,日子又复平静。一平静下来,众人就觉得无聊。一天下午,潘承禄跑到保定宪兵司令部找司令王赞青聊天。两人东扯西扯,唠嗑唠了一个上午,王赞青留潘处长吃饭:“别走。没什么事,在这吃饭。”

两人刚在饭桌子前坐定,城东方向就“啪啪”传来几下枪声,极稀疏,是步枪的声响。众人以为是士兵走火,没介意。接着又是一阵枪声,再就是机枪声响。过了一会儿,突然“轰”一声,大炮也发言了。潘承禄便问王赞青:“司令,你说这是咋回事?这是哪的枪声?保定周围都是咱自己人呀!咋有这种声响,你听到报告了吗?”

“没有。”王赞青满不在乎地说,嘴里还吧唧吧唧嚼着一块大肥肉。

潘承禄急了说:“你是宪兵司令,城防有责,还不赶紧下令!”

王司令这才用军用电话查问,一问才知第 23 师一个营闹事。这时从城东关蔓延到南关,枪声、炮声连成一片了。情形愈来愈紧张。王赞青对潘承禄说:“你没事跟我一同上城去看看好么?”

“好。”

潘承禄撂下筷子随他去了东城。

两人上城一看,城外熙熙攘攘的官兵一派混乱。他们聚集一起,不听宪兵的劝阻,异口同声地高声喊着:“要饷!要饷。”

原来第 23 师官兵好几个月没发饷了。以前是发得少,欠饷,官兵虽都是月光族,倒还可以生存,现在干脆停了。好几个月不发饷,没米下锅,人人叫苦不迭,找上面也没说法,走投无路,实在饿肚皮饿得难受,只好走极端,以聚众闹事的方式开始“讨薪”。

因为是部队,讨薪与普通职员不一样,多少带着一些野性和暴力性,情绪一失控,官兵们就开枪放炮。王赞青亮着嗓子喊了几句:“回去!回去!”

官兵不仅没有回去,反而折腾起来,拉开枪膛,枪弹“哧哧”飞向他们。潘承禄说:“这子弹不长眼睛呀!”立即准备开溜,说:“赞青,这里无事可做,我回去看看。”

王赞青也正想开溜,可当着他的面不好走,马上说:“你回去也好。太危险了!”

下城时,潘承禄心想这个情形持续下去,还不把保定城翻天?得赶快向曹锟报告,请他想办法制止乱兵,于是跑去督军公署。当他走进办公室时,只见曹锟坐在办公桌前,面带冷笑,王承斌坐在沙发上低头直哭。曹锟见他进来,说:“你来了,很好,坐吧。”

他才坐下,王赞青也随着屁股后赶到,报告城外混乱的情形,但吞吞吐吐,不敢说明出事的原因,就退了出去。曹锟又转头对王承斌说:“你是来陪我,怕一旦有事,好和我一道死,是不是呀?咱多半生是从枪炮里滚出来的,还怕死吗!”

王承斌哭着说:“请大帅听信我的话,这件事我事先一点也不知。”说着,又哭起来了。

“孝伯,我听你的话,已经信了好多年,今天怎能不听信呢。”曹锟说,“你回去吧,不要紧,我不怕死。”

但王承斌哪敢走?还是坐着,哭着。

潘承禄直想报告第23师要饷闹事的情况,当着王承斌的面不好说,见他们这么僵着,也没办法调停,于是说:“大帅没事,我回去了。”

他出来后,又跑去参谋长熊炳琦家。谁知正遇上熊炳琦要出门,问道:“有事吗?”

潘承禄说:“从城上来,是第23师要饷。”

熊炳琦向外走去,于是两人边走边说,到大门外要分手时,潘承禄说:“他们既是要饷,还是想办法答复他们才好。”

熊炳琦说:“好,我就去。”

熊炳琦上城去,接见官兵们,大声向大家“说明”当前国家的困难,并接受他们的要求说:“明日发饷,但目前必须立刻停止行动。”

他的话生了效。第二日,官兵们果然发了两个月的饷。一场意外的闹事算告结束。

但是,部队欠饷依旧是惯例。

当官就发财

这并不是说曹氏兄弟穷,相反,这社会有吃得少的,就有吃得多的。

这些年,曹锟的几个兄弟随着曹三哥步步高升,吃得越来越多。尤其是随着曹锟在政坛运气越来越好、权势越来越大,曹家越是发达。财富的积累往往与权势的增长成正比,官越大,财富的积累就越快,一年能跃上好几个台阶。曹家年年有百万大洋收入的财富大单,十几万、几十万的"中等喜报"几乎月月有,形成兴盛一时的曹氏家族。

民国以来,历届总统、副总统乃至幕后控盘大佬的国策都是"藏富于己",把国家当自家,老子儿子、女儿女婿和七大姑八大姨一起分食国家财富,人人巧取豪夺,敛财发家。曹锟掌控北京政权,离大总统一步之遥后,曹氏兄弟更不甘落后,相反因为原来太穷太贫更加奋发,对内克扣军饷、薪水,对外见钱就上,贪婪过人。众兄弟通过空手套白狼的高妙手段,掠尽天下财富,富盖天下。

另外,全家人还都靠着老三、老四的权势下海做生意。

大哥——曹镇专门搞房地产开发,兼营商业。他仗着两个弟弟的势力强夺大沽高家港大户高明镜每年可获利10余万大洋的高家港河滩地,进行开发性经营,房地产搞得呼呼作响。建房外卖外,他为了给曹家祖先修建家祠,扩展地基,强拆老邻家的房屋,刨人家的祖坟,但乡人畏之如虎,敢怒不敢言。

老四曹锐是政坛和商海的"双栖明星"。

在曹家几兄弟中,曹锟与四弟曹锐感情最厚,曹锐又把自己的独生子曹士藻(曹少珊)过继给了曹锟,因此曹老三对曹老四十分信任。曹老四本来是做生意的,后来老三可以安排官位了,便弃商而仕。他当官也不忘发财,买官卖官,把直隶省100多个县的县长职位,按特、大、中、小等定价,小县8000元,中等县9000元,大县1万元,天津、滦县、清苑等要县属于"特缺",实行单独临时议价,非三四万元不能到手。交钱后,官位的"使用期"只有一年,过年得"续签"。他当直隶省长后,每年仅出卖县缺一项就收入上百万元。

另外,他还经营利丰大米庄、被服厂、同福饼干公司等,从各地强行廉价采购米面和被服原料,不出运费,不纳捐税,再以高价售给部队,从中牟取暴利。

这样的官倒,来钱容易,也来钱大。

曹老三也不是传说中的"傻子",也是两手硬,边执政边捞钱。他的财富来源也完全是多元化的,但收取了现金,则多由曹老四去经营,大部分存在外国银行,如花旗银行、汇丰银行和东方汇理银行,进行钱生钱。不过,这些存款都是用的假名字存储,由曹老四经手,他本人不露面。

曹老五曹钧也是多元化发展的实战派。他本在大沽美孚油庄任职,专门做暴利的石油买卖。曹锟担任直隶督军后,他当选为安福国会议员,在涉足政界的同时身兼天津证券物品交易所理事长和天津同福饼干公司、北方航业公司董事长。此外,他还在廊坊开设珠宝店,在天津开设大信诚五金行。钱也比老三、老四少不了多少。

老七曹锳,本是清末秀才,读书人出身,后由老三送去测量学校学习,毕业后出任过陆军测量局长、第26师师长等职。他是靠山吃山的高手,从事的是"以军生钱"的经营,以采办军需为名到处贩运烟土,获利累累。但他在曹锟面前不得宠,常常自称是曹家"最穷的穷人"。1924年春节,曹氏家族因经济问题大闹矛盾,全家都生气。他对内弟发牢骚说:"我们曹家现在就是四哥手内钱最多,三哥虽当总统,还不如他。大哥、五哥财产已过千万,还嫌不够……"

曹家兄弟们的子侄也都是"财富新锐"。曹老大成为地产大鳄后,他的儿子们都子承父业,全部搞房产和地产。曹老五的儿子曹士杰兼任保定电灯公司董事,得便宜钱。曹锟也不甘寂寞,在"士杰小侄"的公司里莫名有10万股份。

孰不知是因为原来太穷还是其他什么原因,这曹家越是有钱,却越是吝啬,对外或说对公家绝对一毛不拔,那些官兵活命的军饷,都被他们拖着去吃利息,对内也是你争我夺,闹出一桩桩家庭不和的事情来。这"小气"惹出不少事端来,闹着家人和外人都不安宁。但出事,也改变了曹家兄弟的吝啬和贪婪。

农历十月二十一日,是曹锟的六十大寿。

直系控制北京政权,北方已是直系天下。作为"直系第一人"的曹锟踌躇满志,决定大寿大庆,以此扩大自己的"政治影响力"。

生日这天,曹锟的住宅光园内外张灯结彩,门前车水马龙,各省军政要员纷纷奉承巴结,大送寿礼。权重一时的吴佩孚特地从湖南赶到保定,做总招待员。曹锟见他如此恭顺,十分高兴,对幕僚们说:"子玉(吴佩孚字)生性古怪,却独能推崇老夫。这也算是前生的缘分咧!"

众人争着奉承说:"吴帅无论怎样威望,咋比得上老帅勋高望重,震古烁今?此中不但有缘,也是老帅德业的感召啊!"

曹锟听了十分开心。

为了助兴,他特地用重金请来了梅兰芳、余叔岩、杨小楼、程砚秋、尚小云、白牡丹、小翠花等戏剧界名流来保定唱堂会。演戏七天,单单对唱堂会的犒赏就达30万元大洋。

尽管曹家有的是钱,生日如此铺张奢侈,挥金如土,但对军队照旧拖欠军饷,因此,讨薪的事情还是不绝如缕,经常发生,闹得高层不得安宁。对此,曹锟铁腕镇压,自己的刀砍自己的肉,一点儿也不痛。

这时保定东门外驻有一个炮队,每星期曹锟都要检阅一次,但这样的保命部队也欠饷。就在曹锟生日后不久,炮队因欠发军饷,发生哗变,架起大炮向市内督军署方向开炮,进行“暴力讨薪”。曹锟勃然大怒,大拍桌子,说:“立即派人抓捕肇事者。”肇事者被抓住之后,曹锟还不解恨,下令斩其首级,悬挂在城门楼上示众。

几家富,天下穷。民国仍不是“人民之国”,不过是几个豪门大家族的国与家而已。中国有一句老话说:“一家饱暖千家怨,半世功名半世冤。”曹氏家族等区区几个大豪族得大钱失大德,拿着这么多钱又有什么用处呢?

报应的时候,自然可以料定,只是时间问题而已。

06.
智取“吴大头”

官员为何爱“庆生”?

俗话说:“饱暖思淫逸,富贵想当官。”穷小子曹锟富贵了之后,进取心极强,最想当官发财,且终极目标是当“最大的民国大总统”。

这些年他确实发财了,富豪当够了,官也是什么官都当了,该当的当得差不多了,就差这副总统、大总统没当过。徐世昌垮台后,他让黎元洪当着大总统顶班,自己躲在幕后操盘,时间越长越觉得心里不是滋味。他瞄准这个宝座已经多时,着急地等候着,并且已等得唇燥口焦,只恨不能一屁股坐上大总统宝座去,却还得等候选举之日的来临。

他有一个很私人的爱好,每逢生日的时候,总要像北京城的富豪们那样大操大办一场，年年如此。每年的“庆生”都少不了，必须得去做。

其实，他的心思并不在于“庆生”，“庆生”不过是一种“时不我待”的焦虑症发作。各省督军、省长纷纷前来祝寿。慢慢地，有人就察觉出了他这种年年生日年年大操大办的“深度思维”，于是奉承曹锟说：“大帅足可以当总统。”

上一次“庆生”之后，北京政坛高层人士中最活络的人干脆说：“大帅愿意当总统。”

这个总统梦，让曹锟不知做多少年了。直到这次直奉战争之后，它才步步走向现实，这多少让他有些欣然。对于政坛内部的那些传言，他本人也不隐讳，谈及此事时公开提醒手下亲信们说：“这总统必须经过国会选举，才算合法，上去被撵下来，最没意思。”

确实，只有经过这道程序，大总统才坐得住，不会被人拉下马撵下台来。因此，选举仍是摆在曹锟面前的一道必须去跨越的关卡，为此他在焦虑之余开始了“迈坎子”、“越障碍”。

如何迈，如何越？

曹锟自有妙招。

在春夏之交的一天，曹锟四省经略使署副参谋长王坦在秘书长王毓芝办公屋内与几个人闲谈。直隶省长王承斌忽然说：“养怡（王坦字）很有主意，能不能把这一个疑窦给我们打开？”

王坦一头雾水，说：“什么疑窦呀？”

王承斌说：“大帅愿意当总统，是当得当不得，当好不当好呢？”

“那就得看是为着什么来当了。”王坦说。

“啥都行。”王承斌说，“当官不为啥，为自己呗！”

王坦是曹锟手下亲信中的智多星，笑着说：“若是为国，责任艰巨，当不得；若是为自己，要快快下台，就当得。赚了一辈子钱无用处，老了不愿意干了，买一个总统当，当上两天，回家养老，以终余年，当得。为下台而当总统，是最好的办法。可要早走，要快下，有这个决心，就可以当。无此决心，不可以当。”

他把曹锟当总统当做退休前的过一把瘾来看待，这新鲜是很新鲜，但符不符合主子的心思却难说。接着，他又说：“钱多了，后人守不住。普通人有个二三十万尚且对后人不好，害了子孙。能当总统的，儿孙哪有好的呢？人的一生，就怕升官发财。升官发财尚且不好，何况当权财顶峰的总统呢？”

王坦这“顶峰论”，好像说曹锟当总统就会害自己，还会害子孙，并且这“升官发财也不是啥好事儿”。他这口气完全是一副超脱的高人。

事实上，他也是凡夫俗子。

他对当官发财的事情看得如此清楚，话也说得如此明晰，高论也完全是洞察当前局势的睿智之言，但他看得清、想得明白，行动上却做不到，脚步和身子还是往嘴巴说的相反方向而去。在这期间，他和王毓芝早就出手了，联络了一些议员，如王泽南、战涤尘等二十多个人，一起为曹锟竞选总统提前“行动起来”了。

为了打赢这场“选战”，他们精心挑选了好几个地点作为“选战”联络处，每个地方都敲定了领头人、联络人，分工负责去拉选票，准备选举时玩暗箱操作。选战联络处，一是“猪尾巴大院”，领头人为张岱青，联络员数名；一是“汉南寄庐”，领头人为吴恩和，联络员金永昌；一是“绒线胡同南庐”，领头人为王钦宇，联络员也是数名。

这王坦居然还是曹锟拉选票的干将，言与行如此相悖，颇有为虎作伥的味道——可官场之人，谁又是按照自己说的那一套去做呢？！王坦不是神，也难顾及要被财富和官位“害”掉的子孙啊！

曹锟实现大总统目标的途径是去选举，手法是去暗箱操作。他有思想，铁杆手下们就有行动，于是计划在极强的执行力下快速地推进。

钞票就是通行证

然而，总统之路从一开始就似乎不那么平坦，问题、困难很多不说，还出现节外生枝的“险情”。

一天，王坦在王毓芝办公室里谋划“选战”，忽然闯进来两个人。

他们都是从基层上来的，一个是直隶议员谷芝瑞，一个是山东议员史刚峰。二人不是来搞上访，一开口就句句离不开选举和暗箱操作。言谈之中，哥俩儿还提出一个“若向锅中添水，不如灶内抽柴”的妙计。王毓芝和王坦一听，开始很糊涂，渐渐听出名堂后，却吃了一大惊：“你们这抽柴，就是要打倒众议院议长吴景濂啊？”

“是的。非打倒他，曹帅才可以选上大总统！”谷芝瑞挥舞着拳头说。

王坦心中暗暗着急了，急忙说：“你们别胡来，别胡来啊！”

王毓芝面对谷、史二人脸不露色，嘴巴里也说：“瞎搞！”

为什么两人如此反对？

原来吴景濂已被列入曹锟要重点拉拢并参与暗箱操作的主要操作手人员名单中，若是王毓芝等人拉住了他，到时不知情的议员们用选票一把将他“打倒”，抽了柴，再换上其他的人当议长，这暗箱操作还咋能弄得成？

哥俩儿走了，王坦摸着额头上的汗珠说：“这吴景濂可倒不得啊！”

王毓芝也明确地说：“他若真被撵倒，我们办大选就前功尽弃了。”

王坦着急地说：“咱们这个事情一年多了，弄得满城风雨，路人皆知。急不如快，我看还是马上攻下他好。”

“谁说不是呢！”王毓芝摸着脖子上的“肉葫芦”说，“孝伯、子玉和大头(指吴景濂)商量不好，拿不下。怎么办呢？”

王坦说：“孝伯、子玉两人商量不好，我去，也未必商量得好。大头这小子怕老婆，他老婆怕我。我去，应该行。”

“那你还不快去？”王毓芝笑着说，“阎王好见小鬼难搪。想不到你还是一个惹不起阎王惹小鬼的好人，你打算什么时候去？”

“我得打电话问他人在家不。”王坦说，“在的话，马上就去。”

王坦打通电话一问，吴景濂恰巧在家，于是就约定在家等着。

他坐着王毓芝的小汽车去吴家了。

吴景濂住在小麻线胡同一号繁华区。到了他家中，王坦说了几句闲话，就拉住他往他老婆屋里走，见着吴夫人说：“大嫂，今天我来有正事，不说笑话。”

“什么正事，还要到这里说？”“大嫂”笑着抱怨说，“我家大头这几年风里来雨里去，啥好处也没捞到，好事找不上门。你有啥正事，不是又欺负大头老实吧！”

“这年头官确实难当，发点财更不易，大嫂不是不知道！”王坦说，“不过大哥也上年纪啦，现在应该想一想养老的事情啦。”

“早就想了，没路子，想破了大头，还是没办法，干着急呀！”“大嫂”直言直去，说了自己的苦，接着似乎明白了什么，问道：“你有什么好事？说嘛！”

“大哥现在当着议长，议长不是终身的，更不世袭。哪天人家一起哄，说不要当就不能当了，不如乘着在台上的机会捞把钱回家，哪天都可以吃饭。”王坦把话引向了正题。

“哪里有这样路子，打着灯笼找不着呀！”“大头”好像被点着痛处了，“再没机会，就下台了。”他确实“忧患意识”很强很重。

“现在曹锟势力威望正好当大总统，只要大哥不给从中作梗，他这个总统就成啦。选举的时候，不用议长费一点劲儿，我们已经联络好了，只等好日子来临。准备好了一切，到时大哥发通知召开选举会就可以。只要选举成功，要多少钱给多少钱，要哪一个官给哪一个官。你们看好不好？”

“好，好！”“大嫂”和“大头”像两小孩子一样很听话，且都笑满了脸蛋儿。

王坦接着又说：“曹锟这些年当官，很走运，赚了一辈子钱，不买一个总统当，买什么呢！有钱买个总统当，那才叫有钱会花！再说花钱买总统，总比去当贪污犯强得多吧，比那些拿着枪把子命令人家选举强得多吧。”

这“交易”自然比贪污、强抢好，文明，且都有所得，自然是好事一桩。谁知精明的“大嫂”却认真地说：“哪说买就买的着呀！你以为菜市场买菜呢！”

“是呀是呀！”吴景濂也不住地搓着手。

王坦继续交底说：“事情我们都已准备好了，明天我把参谋长和秘书长领过来，和大哥一见面，就等于曹锟本人和大哥见面一样。这事就算定妥了。随便你哪一天开会选举，这事就算完成了。将来给钱的时候，我们三个人都不管，由孝伯一人经手。孝伯在小时候就出入你家，到现在不是一两年了，你们一家人一样，还信不过他？”

“大嫂”看着“大头”，“大头”沉吟了一下，果决地说：“好吧，你说咋办就咋办吧。”

接着，三人开了一阵子玩笑，王坦就起身告辞，并且说：“明天我就把熊、王两位领来和大哥见面。”

他从吴家一回去，就要王毓芝给保定方面打电话。曹锟的参谋长熊炳琦接到电话，非常高兴地说：“兰亭（王毓芝字）别挂，等我报告大帅一声。”

一会儿，他告诉说：“报告过了，大帅要王坦今晚去天津和四爷见个面。”

王坦明白，曹锟是要他再去向曹锐报告一遍。

当晚，他赶去天津，见了曹锐，曹四爷也很满意，乐哈哈地说：“这下可大发了！”

王坦又连夜赶回北京。

次日，他和熊炳琦、王毓芝在油房胡同“选战”联络处一起吃了午饭后，前往小麻线胡同一号吴宅。

几人见面，谈得很圆满，决定给议员们送钱买票，议长吴景濂40万元，其他每位议员5000元。

当晚，熊炳琦带着“好消息”赶回保定了。

07.

断水断电，抢大印，逼黎元洪的宫

烧好香，拜好佛

曹锟率领全家兄弟们从“草根”跃入富豪之列后，完全陷入“拜金主义”，成为“有钱能使鬼推磨”的信徒。这次为了实现人生的“终极目标”，居然忘记第一次贿选赔了银子、臭了名声的教训，第二次进行贿选。

花钱买选票，正如王坦所言，如此把刮来的钱分一些给“大家”，一则可以避免贪腐恶名，二则比拿着枪杆子逼着人家投票，文明得多。曹锟此举也符合“老实人办事”的特点。但是，老天爷能遂人之愿吗？

很多史事和现事表明：混在官场，人言不足恤，祖宗不足法，但天命却不可不畏。官场流行“君子三畏”——畏天命，畏大人，畏圣人之言。其中，大人就是掌管官帽子的上级领导，你不畏他就不赏赐官帽子，不得不畏。圣人之言，即为官秘籍，比如“不跑不送，原地不动”的官场潜规则，就不可不畏，否则不仅原地不动，甚至还可能掉下去！在“三畏”中，这“两畏”几乎难有人不尊不从。而“畏天命”排第一，可见其威力、杀伤力和重要性。

因此，当暗箱操作一步步进入程序之后，曹锟对别的不担心，却对这“老天爷”很不放心。

他与中牟人缪金梁是老哥们。两人志同道合，并且有几个“共同点”，一是缪金梁也是资本家、大富豪，家里有的是钱；二是两人同为佛教信徒，迷信得不得了。在竞选大总统之前，曹锟忧虑重重，得了严重的官场焦虑症。缪金梁闻讯，附耳劝慰老友说：“你到中牟凌济寺求佛默念默念吧。”

凌济寺是缪金梁出钱，由另一好友李元庆主持修建的一座佛寺，坐落在中牟城南十五里的贺庄，是他们专门用来“讨老天爷高兴”的地方。

“有用么？灵么？”曹锟半信半疑地问道。

“烧好香，拜好佛，什么事情都能干！”缪金梁说了自己的一些“经商故事”，并且告诉好友说，“啥事都一样，当总统求一求，也灵验。”

“那我去。”

缪金梁于是委托李元庆专门接待曹锟。

1923 年 3 月 1 日，曹锟带着一大帮子人马来到了凌济寺。他焚香叩首后，躬身祷告默念。然后，在李元庆的引导下去扶乩。结果，乩语居然出现了一个大大的“囍”字。

这几乎让曹锟晕倒了。

他站起来后，当即给了凌济寺一笔大钱，当晚还在李元庆家中住了一晚，餐餐吃斋。

流氓对流氓

这边“囍”字都出来了，可北京城内的黎元洪还赖在大总统位置上，死活不走人，完全是一副不讲道德的恋栈恋权行径。这让曹锟又着急又没办法。

6 月初，他终于等不及了，密令北京城中的军警：“撵人。”

军警干什么事情，敢于出手，并且完全是“打黑除恶”的强硬手段，什么方式最狠毒，就用什么方式，什么手法最缺德，就用什么手法。对恶人如此，对好人也是如此。结果，这次他们出手，对“大总统”兼“大好人”黎元洪也是如此，先是突然之间挖了总统府门前的路,黎元洪并不惧怕,反而说:“真高兴啊!今天中午痛快地喝一回!”

这大总统还沉迷于自己的童话中,好,那就走着瞧。

当晚,军警们就采取断然措施,一队人马出动,居然断了堂堂总统府的水,拉了堂堂总统府的电闸。这下把黎元洪和妻妾们害惨了,吃夜宵没了,想喝点酒水没了,洗澡也洗不成了,晚上还得打着手电。

这没水没电,生活质量大打折扣,黎大总统哪吃得了这苦?这国家的事情,从没谁如此卖力吃苦过。自家的事儿,他都没这么干过、苦过。他终于忍受不了了,怎么办?和这群流氓是没办法抗争的,于是决定撂担子,干脆走人,一了百了。

6月13日下午5点钟左右,长期在政坛折腾、左右逢源的京兆尹王芝祥忽然从日租界德义楼饭店急急赶到磁县官矿驻津办事处,找到郑廷玺说:“王承斌等人在天津北站拦住了黎元洪的火车,向他索取大总统大印和信章,闹得相持不下,要打起来了。”

“真的有这事儿?”

“嗨,形势险恶,真是不得!”王芝祥继续说,“听说你与黎元洪相识,辛亥革命以来我与他也有一些交谊,咱为何不去尽尽力、解解围呢?”

郑廷玺何许人也?可以去解围?王承斌是直隶省长,王芝祥当年也差点当过直隶督军,一直在政坛混着,郑廷玺呢,不过是一名技术人员。他在煤矿、工厂当过厂长、工程师。直皖之战后,曹四爷把他调来直隶在磁县官矿局当总办,兼筹张家口商埠事宜,为曹家效力。事实上,他充其量是个技术官员,虽然是在官办企业当领导,但对军事、政治一窍不通,并且涉足甚浅。此刻他马上说:“我人微言轻,哪办得了这种大事。”

他说的是实话,并且是那种“一切都与我无关”的“技术人员态度”。可王芝祥急得不行了,拉着他说:“机不可失。无论如何,咱们一定得去看看。”

郑廷玺不得已,只好同他一起,屁颠屁颠赶去天津北站。

这时黎元洪的专列还被拦在那里。

王承斌带着直隶警务处长兼天津警察厅长杨以德、天津镇守使赵玉珂、京奉铁路局长水钧韶和天津地方其他要员在京奉铁路局警务处长办公室里,正脸红脖子粗地你一言我一语,研究如何尽快把大总统黎元洪携带的大小15颗印信夺到手，给保定坐镇等候此事消息的曹锟一个交代。可是，黎元洪死活不松口。

折腾老大半天，王承斌等人才弄明白，大印不在火车上，而在黎元洪的如夫人黎本危那里。杨以德只好又与北京方面联系。天气很闷热。他一手拿着话筒说话，一手挥着扇子，一只脚蹬着凳子，一副气势汹汹的兵痞样子大声地嚷着。北京方面则由曹锟的亲信、内阁部长高凌蔚等人负责。双方声嘶力竭地商量从如夫人黎本危那里要回那十几颗大印的办法。

民国从来就是枪杆子说话。要回那十几颗大印，还需众人如此，苦苦地绞尽脑汁想办法？派人去抢，不就啥都成了？难道一帮子大男人，还有军警助力，还怕她一个弱女子？这倒不是众男人苦苦守着"好男不跟女斗"的道德古训而不敢去打女人，而是"老实人"黎元洪智高一筹，高瞻远瞩地让他们即使冲破道德栅栏，也无法见到黎本危小姐本人。

他在离开北京时，把大小15颗大总统印信，全交给秘书瞿瀛，然后如此如此这番。瞿秘书按照他的密嘱，带着箱子，随黎本危小姐一把钻进了东交民巷的法国医院，"住院"去了。

这法国医院是洋人办的，完全是中国人的禁区。这年头谁敢去惹洋人、踏雷池啊？众男人就困在这"洋"字上，苦苦地犯了愁。

曹锟本人还在保定等着候着。众人必须迎难而上，把问题彻底解决，于是边商量，边随时向曹锟报告，请示办法、策略，与"老狐狸"黎元洪进行周旋。

与黎元洪"斗智"的同时，还有不少人在火车与铁路局警务处之间来回穿梭，进行传话，往返磋商。这样要命的折腾，这样高强度的工作，黎元洪哪受得了？困在火车上，走，走不了，躲，没地方躲，还受惊吓，害怕得要命。众人来来往往，进行骚扰。老天爷也似乎有意要折磨他，天气格外燥热。黎元洪身体肥胖，血压高，三伏天身上还穿着正式场合脱身不得的白色西服，因为长时间的着急，连饭也没吃，简直要得狂躁症，可事情还得不到解决，也没解决的希望。他蜗在车厢内，嘴里不住地唠叨："性命真是濒于危境，性命真是濒于危境！"

正在这时，王芝祥和郑廷玺双双赶到，与王承斌、杨以德等人一碰面，便决定去火车上见见黎大总统，做他的思想工作。黎元洪远远见两人走进车厢，便大声喊道："老熟人，你们来啦！我快死啦！"

王芝祥马上接过他话，也大声回答说："既然如此，大总统何苦这么折磨自己呢？”

“是啊，饭也不吃，大总统不要小孩子脾气嘛。”郑廷玺也急忙走进来，劝说黎元洪，“这样还不是害了自己的身子骨！”

两人婉言劝解，黎大总统终于顺坡下驴，答应由铁路医院的大夫给他注射安神的药针，并吃了一些由铁路局早早就备好的点心和晚饭，情绪渐渐安定下来。

晚7点多钟，高凌蔚电话报告与黎本危小姐交涉的情况。黎小姐的答复是："不见总统亲笔手谕，决不交印信。”

王芝祥向黎元洪婉言劝说："事情已到此等地步，请总统早点息事宁人，了结此事，早点回家休息吧，保重身体要紧啊！”

是啊，有什么比身体更重要呢？黎元洪如醍醐灌顶，于是同意写手谕。一阵龙飞凤舞后，他把手谕交给了王芝祥。

王芝祥得到他的手谕，如奉着圣旨，马上赶回京奉铁路局警务处长办公室。王承斌对京奉铁路局长水钧韶说："马上准备车子。”

水钧韶特别调来一只车头，挂上一节车厢，便载着王芝祥去北京办理索印手续去了。

王承斌等人继续在原地候着，并派人看守着“老狐狸”黎元洪。

晚9点钟左右，众人终于接到了高凌蔚的电话，说国务院秘书厅秘书长张廷谔已如数拿到印信了。王承斌等人请示曹锟后，才下令黎元洪的专列开往天津东站，放黎元洪回英租界的私邸。

黎元洪一回家，就沐浴休息，据说一觉到天明，次日起来后说："真是无事一身轻啊！”

黎元洪去天津前一日，数十名亲黎的南方派议员抢先到达了天津，等候他莅临。谁知黎大老板居然弄成了如此结局，还说“真是无事一身轻”，真是扶不起的阿斗。但不管他们如何不甘心，想折腾，曹锟的暴力倾向已经显露，于是谁也不敢去当面顶撞、去撞枪子。

这几个为首的“刺头”走了，反倒使得北京清净了不少。

当“诚意”遭遇“不道德”

黎元洪走了,但是按宪法规定,总统须由国会选举产生。可是,国会还不被曹锟驾驭,于是京城里的直系“选战人员”纷纷利用公民团和军警,劝阻尚在北京的议员:“不要出走,好事在后头。”

然而,“空洞的诱惑”在见多识广的议员们面前就是“真的诱惑”,也成了假的了,完全吊不起他们的兴趣,也没人相信。

为了抢时间,曹锟只好决定于6月19日国会开宪法会议时实行“逼选”。谁知偏偏有人事先通风报信。议员们也不傻,抱有戒心,生怕到时大门一关,不选就出不了门,一个个商定“拒不出席”。逼选不成,合法大选更是无望,只剩下贿选一途,且唯此“华山一条路”了。

曹锟不得不把精力完全转向“花钱买票工作”了。

6月23日,他秘密建立了大选筹备处,下设财政、交际、外交、文书等股室,并且明确确定:议员投曹锟一票,价5000元,总统选出后一日领款,对于出力大的,另外支取“特别经费”。众人开始了“最后的一搏”。

王坦等人的行贿大行动开始了。大家到前门外二条胡同大有银行找银行负责人汪小舫领钱,然后谁经手联络的议员就由谁去送钱。送钱的事情还不好办?六七天就全部完事。谁知,钱议员们都收下了,但谈到选举这个正事的时候,他们都是三言两语就说完了,不再提及。于是,事情还是叫人忐忑得很。

熊炳琦、王毓芝等人送了钱,心中却没底,忐忑之中,跑去保定,找到曹锟,担心地说:“这些家伙钱收下了,话都不肯多说一句,会不会收钱不给办事,诈了我们钱?”

曹锟收钱受贿是老手,说:“人家收下钱了,怎么好对你多说?多数人应该能信守信誉!”

曹锟这话大体准确,符合国情。当然,也有例外。

黎元洪湖北老家的一位众议员收下了王坦等人送给的5000元后,不退款,反而公开把这件事抖露给报界。结果,贿选消息不仅上了报纸,支票还被拍了照片赫然印在头版头条上。

尽管如此,还是有不少议员没有道德,拿了支票却走人,陆续离开北京,跑去天津。一人奔跑，众人跟随，“学习／跟随效应”导致最后出走的达到一二百人之多。他们没道德，走人不说，还在天津共同开会，“公推”众院副议长褚辅成为头，继续商议“反抗”。多次开会后，他们议定南下上海，相机组成“合法政府”，反对贿选。结果，曹锟发给众人贿选的5000元大洋报酬，又当路费又当餐费、住宿费，陆续南下。

曹家拿出了诚意，可是遇到不讲道德的议员。

眼看进了票仓里的选票开始走失，8月24日，众议院议长吴景濂假借国会名义，利用国会预备费项目做出两个议决：

(1)两院每星期开常会时，出席议员均由国会预备费内支给100元大洋。

(2)每次开会时发给出席证，然后领取出席费。

这样，每个议员不走、留在北京“按时参加会议”的话，每月可领出席费400元大洋。这是一笔不少的数字，可以够普通人家大半年的生活费。但是，面对这些“滑头议员”，曹氏家族还是不放心，决定根据大选中的地位和作用分别论价，再进行联络和行贿，除了众议院议长吴景濂40万元外，参议院议长王家襄也送16万银元，另外秘密支付其他政团首领20多万元，各省议员头目、政团头目分别送特别酬劳费二三万元不等，这些钱绝不赖账，在曹锟当选后全部兑现。

这官场的“诚意”与“不道德”之战，到底谁能获胜呢？

08.

贿选之战：不亚于战场激烈

官场人气总是忽涨忽降

官场虽是实力为王，但人气也是很重要的宝贝。尤其是“选战”，若是人气不足，当选的胜算就很难说。

曹锟既然拿出了大力度的措施“拼人气”,效果立竿见影。

天下熙熙皆为利来,天下攘攘皆为利往。国会议员中的那些头头们,谁人能生活在真空中呢?都不是,都不能脱凡绝俗。他们见钱眼开,收钱后,撂下一句话:“行动说明一切。”一方面与曹锟组织贿选的王毓芝、王坦等几个主要人物互相勾结;一方面发挥“自己的影响力”拉拢议员,以凑齐投票的人数。

这次为了当上大总统,一贯只进不出的“中国第一人气家族”曹家兄弟们的确拿出了绝大的决心,不惜下大血本、大赌注,势在一搏,为那些为“选战”奔走、效力的人们,免费提供吃喝玩乐,吃饭有指定的免费饭馆,换服装有指定的免费绸布店,娱乐有指定的免费妓馆。

好待遇就能吸引好人才。擅长发表鼓吹文章的议员马骧、敢于打架的广仔议员江灏、善吹拍说大话的议员金贻厚等“达人”都汇聚在了“为曹大帅打选战”的旗帜之下。

为了使得吴景濂出尽力,曹锟还暗示王坦向他许诺:“大选告成后畀以第一任国务总理相送。”“吴大头”收了钱,还另有前程,更加大卖气力。他手下的那些马仔、助手们也都做着“一人得道,九族升天”的迷梦,终日为其卖死力。马骧的笔杆子几乎日夜没停,日日有大作见诸报端。

天津人温世霖眼看众人干得欢,生怕自己不给力,急中生智,拉起了一个全民社,主要人物为“双王”——王观铭、王汉岐和“双张”——张济五、张馨吾。“温社长”的目标是大选告成后继袁乃宽为农商总长。在烟灯之前吸到得意时,他忍不住对郑廷玺说:“如果我当了农商总长,我是个外行,你是办实业的专门人才,我就请你屈就次长,帮帮我的忙。”

郑廷玺还是“技术人员”的“不入流”,并且冷静地认为这离题尚远,默默地没有回答他。

他似乎没兴趣,其他出力的人却不少,许多利益集团也纷纷出人出力,进行捧场、热身、炒作,以期望到时分得一羹“总统汤”。

吴景濂指挥着内阁的高凌蔚、吴毓麟等贿选主要出力大佬,也带着内阁以外的王承斌、边守靖等干将,四下奔走。各种势力相互勾结。参议院议长王家襄、众议院副议长张伯烈(湖北籍),收了钱本不愿办事,但实力不如吴景濂,另外眼红以后的“分红”,不再忸怩,转而识时务地附和着“吴大头”,一起效劳奔走。

于是乎，曹锟成了“官场人气王”。

曹锟当总统的“选战”大氛围终于被渲染、预热起来了，不过总笼罩着一层贿选的阴影，挥之不去。

北京城内谁都知道他要买总统当，并且饭后茶余就叽叽喳喳地议论。消息像长了翅膀似的飞出北京城。买总统当？人们先是一怔，接着就极力进行反对，其中，段祺瑞的安福系反对尤为激烈。

再按耐不住的是“三造共和”的段祺瑞。他身在江湖之外，势力不大便采取极端措施，密派曹锟的死对头——胡云滔携炸弹到保定，刺杀“曹三傻子”，进行“定点斩首行动”。

这胡云滔与曹锟有深仇大恨。他曾因携公款私逃，被曹锟全国通缉，为了那点钱弄得有家不能归，有妻妾不能共处，不得不一直“潜”在东北鲍贵卿的军中，暗无天日地混着日子。对只准自家发财，不准别家喝汤的曹锟恨得咬牙切齿。这次他就要借“公义”报私仇，置曹锟于死地。他几经周密勘察，把“斩首行动”“定点”在南关公园戏院。

9 月 26 日，南关公园戏院上演《中秋月》，曹锟前往看戏。稍后，胡云滔身藏一枚炸弹，也混进了戏院。戏开演后，他发现曹锟坐在楼上，当即冲着他投去一枚炸弹，可并没炸中曹锟，仅伤一名观众，其余的人立即尖叫着逃跑。胡云滔趁乱逃出，然后，一口气跑到大慈阁附近的一家饭馆。没过多久，军警前来搜查。胡云滔见势不妙，拿出“飞”功夫，越墙而逃，出城后，急急潜回东北，再次躲到老主子家“搞潜伏”去了。

胡云滔这么一闹，又把局面弄糟糕了。曹锟的“选战人气指数”噌噌下降至少几十个百分点，没人气，跟随效应就逆转。

有人支持就有人反对

那些本不甚反对贿选的议员被南关公园戏院的爆炸声一吓，又跟着外跑、出走。眼看离大选的日期(10 月 5 日)越来越近，收钱跑人的还是一簇接着一簇，北京城内有投票权的议员日渐减少。

一切回归到原点。

他们跑到上海后，聚集在褚辅成旗下，分别拜访章太炎、岑春煊、唐绍仪诸名流，请他们出面“主持正义”。章太炎先生是辛亥元老，和黎元洪关系最好，非常想帮他们一把，可惜没实力，只能是谁来拜访，空叹息一次。“老革命”岑春煊本是清末公子哥出身，虽多年在官场混，其实政治见识还是停留在当公子哥时的水准，见着众来人，声音朗朗，一味地强调说：“你们既然为黄陂（即黎元洪）打抱不平，那就应该叫黄陂出及十万元来办事。”他的高见居然是去学曹锟，让黎元洪拿钱来和曹锟玩一次“财富比拼”，真是老糊涂了。议员们听了，笑着一哄而散。

昔日所谓的名流都被大时代废了，甚至连普通人的思维都没有了。议员们沮丧不已。

朗朗乾坤，总算还有一个明白人。

他就是袁世凯的老秘书后又担任过袁世凯第一任内阁总理、再为共和与“老首长”闹翻的唐绍仪。并且他对黎元洪被撵出之事特别不平，与贿选派的较量也很起劲。在深思熟虑之下，他竟然定下时间，设下私宴，挑选南下上海的各省议员中的代表人物，一共二三十人，一起到宾馆里座谈。

宴罢，众人酒醉饭饱，进行会谈。

“带头大哥”褚辅成先陈述“我们南下的目的”，说：“我们打算先成立拒贿议会，然后在沪组成政府，黄陂暂时不南来，拟请少川先生担任国务总理，全权办理一切。”

这少川先生谁啊？就是这次请客吃饭做东的唐绍仪也。他此言一出，“唐少川”忽然站起，怫然作色说：“我何德何能做黎黄陂的国务总理？”

他这口气大有自己与黎元洪相差千万，一个天上一个地下，有着根本不可比的差距之意，而且把褚辅成的话当成是对自己出钱设宴座谈是想当总理做法的误解和侮辱。

议员沙彦楷立即说：“这是约法上的国务总理，不是黎黄陂的国务总理，请唐先生细思。”

褚辅成还是吃了嘴软的人，这次吃饭喝酒最多，只好接着细声地问道：“少川先生的意思怎么办呐？”

唐绍仪说：“我的意思是组织委员制政府。”

众人顿时就傻了，谁也说不出话来。为啥？这“委员制政府”完全是新式洋玩意儿，都没听过。“唐少川同志”解释好久，沙彦楷当过京师高等审判厅推事兼任庭长，满脑子都是啥法呀律呀的条条杠杠，凡事讲究个法理啥的，马上追问说：“这有何根据？”

谁知唐东家居然说：“不要什么根据，只要各国承认便行。”

这崇洋媚外的脑子，完全是在西洋留学时被灌坏了、折腾糊涂了。沙彦楷当即指出这个思想的“不可行”说：“军阀有兵，我们无兵，纵使有各国领事承认，一出租界，便一步也不可行，奈何？”

“唐少川同志”不知“奈何”，反过来问他：“那据你说，怎么办？”

沙彦楷说：“我们只有用建国的约法与之相抗，他们便奈何不得。”接着他对众人进行“普法教育”：“国会是由约法产生的，政府也是由约法产生的，所以他们搞贿选，名义上也要拿约法上的国会做幌子。如果离开约法，国会便一刻不能存在，如何能成立政府？”

他还是在法言法，三句话不离本行。“唐少川同志”听了半晌无言，最后还是不相信“法”，坚持说：“我可以请各国帮忙。”

还是崇洋媚外的本性不改，沙彦楷见他口口声声外国、洋人硬是不开窍，有些生气，说：“这是我国的内政，恐怕各国不能帮忙，所以我们只有依照约法行事。”

他的思维照旧在废纸一般的所谓“法”儿上打转，“唐同志”岂又能迈出自己的洋思维？也转不过弯，站在自己的立场上“一根筋”地强调说：“外国人哪管你约法不约法？”

“沙同志”更是生气了，针锋相对说：“我们是中国人，不能不讲约法。”

“唐同志”出钱做了东，居然受人奚落，眼看两人拧巴不到一块，也不管自己是宴会东家和座谈发起人，悻悻地站起身子，一言不发地走人。

在两人斗嘴巴的过程中，代表国会的褚辅成抑或代表黎元洪的章士钊等人都噤若寒蝉。唐绍仪一走，众人也觉得这餐饭吃的没意思，于是不欢而散。

事后，他们才弄明白唐绍仪不是要当什么总理，而是想乘机攫取委员会的委员长，取黎元洪而代之。他这么横插一杠，造成了反对派的僵局。随后，南下议员多次开会，多次宣称：“可以肯定的是：我们走的是正路，而曹锟走的是邪路；直系笑在当前，而我们将笑到最后。”但对于下一步如何办，人人都没办法。每个人都有自己的一套，都觉得啥意见说了都白说，得不了多数人支持。

于是，到会的人一次少一次。大家意兴阑珊了。

选票权最重要

这时，在北方的保定，曹锟也陷入尴尬之中。

原计划选举后领钱，由于议员们太狡猾，不得不联络一个人，就得事前付款，先送钱。结果，折腾到现在，钱已花掉了一大半，票数却还缺一大截。每日，曹锟对直接操办这事儿的王承斌急得不行，又是发火又是骂娘，并且自己也折腾得寝食不安，常常半夜起床吩咐手下去急办什么事关议员、选票的事情。

一日深夜，郑廷玺已经睡熟，王承斌突然打来电话，紧急约他到常朗斋某私宅谈话。

这也是贿选的一个办事点。不过，这里负责联络的都是金融界名流，并为王毓芝管理财务。郑廷玺一进门，便见高凌蔚、吴毓麟、王毓芝、王承斌、边守靖、熊炳琦、吴景濂、张鲁泉、项致中、云章、于振宗等贿选干将都在里面，大吃了一惊。这些人大多抽鸦片，都是夜猫子，每日白天无所事事，到了夜里三四点钟过足了烟瘾，才有精神办事，办着事时还得抽着大烟。这次紧急会议主要是解决曹锟白天发火的事情——选期已近，票数还差如此之多，花了这么多的钱下一步怎么办。

高凌蔚说："必须把已去上海的那些议员拉回来，才能凑够票数。如果能拉到40多人，富余也不过10余人。"也就是说，凑足票数还差30多名议员。

"那么派谁去上海呢？"有人立即问道。

王承斌说："郑廷玺去吧。"

他一提议，众人都说："小郑去趟上海，办妥此事。"

郑廷玺立即急眼了，大声说："现在上海还是安福系浙江督军卢永祥、淞沪护军使何丰林的势力范围，这项工作，恐怕不是我小年轻没经验能完成的！"

"我们都比你年岁大，你年轻，关键是没啥嗜好，行动便利。"

什么"没啥嗜好行动便利"呢？意思即我们都年纪大了，到了上海难免不去下妓院、上赌场，那样会误事，你郑廷玺没这些嗜好，不会误事。大家说的在理，可小郑还在犹豫不决。

这时,议员张鲁泉自告奋勇地说:“我也去上海,协助你办成这件事。我有一个好助手,名叫倪寄尘,是一个上海通,哪方面都有熟人,吃得开,尤其是上海英国工部局方面,他与那些包探平时就联系密切,遇事可请他们帮忙。李安陆(政学系国会议员)已早去上海,住在孟渊旅馆,与各方已取得联络,你到时与他配合,肯定好办事。”

经他这么一说,郑廷玺碍于情面,只好答应说:“那就冒险一行吧。”

曹四爷的心腹边守靖说:“子郊(王汉岐号)现在住在南京,专门负责招待,你遇啥事也可以跟他商量。”

“我去的地方是卢永祥、何丰林的势力范围,子郊所住的地方是齐燮元的势力范围,王是安全的,我是危险的。”小郑执拗地说。

边守靖拍着小郑的肩膀说:“老弟,鼓起勇气来,去一趟吧。俗话说得好,不入虎穴,焉得虎子呢!”

郑廷玺的“走”就这样定下来了。

次日,王承斌交给郑廷玺7000元旅费和交际费。郑廷玺于是带着书记官、仆从一起乘坐火车南下。

到了南京下关,他就找王汉岐谈话。

王汉岐一见到他,马上递过来一张报纸说:“你来的消息报纸已经披露了。上海之行很危险呀,可以不去吗?”

“既来之,则安之。不然就要成为笑话。”郑廷玺说,“万一误了大事,那就没办法对人交代。”

他边说边低头一看,报上的大标题为“郑廷玺赴沪拉人”七个大字,以下把他此行的来意、行踪都写得大致不差,旁边还以“贩卖猪仔”四字为标题,刊登一幅漫画。郑廷玺的字号本为“寿臣”,漫画画了一个人手持竹制钓竿,赶着许多“猪仔”,并用变体字“寿臣”虚虚实实作这个人的背景,合念起来,就成了“寿臣贩卖猪仔”,可谓极尽讥讽之能事。

讥讽就讥讽吧。郑廷玺使命在身,哪管得了这些“无聊的奚落”?于是,坐着汽车去南京城见江苏督军齐燮元。

可是反对派并非就讥讽两句就罢休。当汽车行至风仪门外上坡时,忽然有子弹"簌簌"从汽车后面穿过,幸好枪法不好,没有击中汽车。郑廷玺见到齐燮元时,齐大督军已获知他在凤仪门外被谋刺的消息,立即召来江苏军警要员,责成他们说:"赶快搜查暴徒,要快,要狠!"

齐燮元与郑廷玺同庚,都不满 40 岁,正是风华正茂的好时候。谈话之中,齐燮元忽然问道:"曹三爷对我怎样?"

郑廷玺知道他关心自己的仕途和前程,告诉他说:"三爷对我说过,你壮年聪颖,对他很诚恳,他极喜爱你。"

齐燮元立即神态高扬地说:"天下恶乎乱,定于一,谁能一之?不嗜杀人者能一之。"

什么意思?是说他自己不杀人,还是说曹锟呢?而这些年来,两人都杀人无数。谁能定天下,当那个"一"?郑廷玺不明白,但心里有事也不想问。聊了一阵就告辞。吃罢中饭,火急火燎乘火车赶去上海。

到达上海,他在跑马厅一品香饭店住下,随后就去天津路的华昌银号与同仁联系;又与张鲁泉、李安陆、倪寄尘等人接洽,分头拉拢在上海的各路议员,讲好条件,约定一同回京办法。

在上海,郑廷玺是曹锟的特使,是一些人眼中绝对的"大红人"。他的老同学杨曾谦从报纸上得知他到了上海,想了不少的办法找到他,说:"老同学,你是天津人,说天津话,对上海人地生疏,行动诸多不便,我愿为你助一臂之力。"

"好!欢迎你和我一起完成大事。"

趋炎附势的杨曾谦成了郑同学的贿选助手兼大秘。

时值旧历中秋节,晚上,华昌银号上海分号同仁集体在闽菜馆"小有天"摆下饭局,招待"北京来的客人"郑廷玺。

郑廷玺的哥哥郑廷铸是该分号的经理。这饭局,其实是众人拍"郑哥"马屁而设的。

十里洋场纸醉金迷,凡宴会,越高档,越要妓女"侑觞"。郑廷玺一时之间置身妓女们之中,其中一人居然是国会议员乌泽声的下堂妾。他们在北京时就常见面,老熟人。在北京时,她是风姿绰约的姨太太,没料到到了上海,居然成了妓女,这让郑廷玺暗暗惊讶。她倒无所谓,照样打情骂俏。期间,她出去了一小会儿,回来后急速附在郑廷玺耳旁小声地说:"你听听隔壁那些人开会,说的是什么话?"

郑廷玺偷偷侧眼看去,呀,全是熟人啊!他们是褚辅成、焦易堂、张继等一伙,好像在开会。他细细一听,他们居然说:“郑廷玺在沪拉拢议员,我们固然不要杀害他,但必须阻止他的行动,待北京贿选过了期限,再放他回去。”

这些人要施展缠身计啊,决不能上当!郑廷玺生怕他们此刻就出手,啥也顾不上,饭也不敢吃,借故赶快告辞,跑回饭店,准备脱身走人。

恰巧这时齐燮元发来电报,让他速去南京。于是他急速赶上闸北待发的火车。临开车时,他一再叮嘱助手杨曾谦:“务必换地方住,避免出啥意外。”

他跑到南京,见过齐燮元,获知没别的事情,就是北京方面催他赶快多拉些议员北上,时不我待,只好当夜又乘车返回上海。

天方拂晓,他才拖着疲倦的身子返回原住的饭店,谁知一推门进房间,就吓了一大跳:床上睡着一名裸体妓女。他诧异地问茶房:“这是咋回事,杨先生哪去了?”

茶房说:“昨晚江北的流氓跟杨先生打架,一起被扭送到包探厅去了。这个女人因为出堂晚了,这房空着,就给她借宿了。”

郑廷玺立刻判断:准是褚辅成等人干的!立即改住东亚饭店,并找人去“捞”杨曾谦出来。

当日上海的报纸又登出两则消息:一则“郑廷玺抱头鼠窜”,一则“江北流氓扰乱旅客,各罚苦力三个月”,杨曾谦被“罚苦力”去了。可是,郑廷玺老家——天津当日报纸居然登出“王省长的使者郑廷玺在沪遇害记”以及郑“全家哭泣”的消息。这事一闹,急坏了上海英国工部局,连忙派出红毛包探们昼夜跟随郑廷玺,进行“贴身管家式保护”。

郑廷玺没了安全顾忌,放手与张鲁泉、李安陆、倪寄尘等人日夜活动,拉拢回沪的议员。办法很简单,为避免“受贿”嫌疑,不付现钱,现场签约,聘请他们为直鲁两省公署顾问,答应每人每月200元工资并“随时可与两省长接近”的承诺。有的议员表示满意:“这个办法保险,工资如不断之水,月月有,很好。”

“那就快回北京吧!”郑廷玺说,“你们和家眷回京的所有费用,齐燮元督军已就近备办好了。”

其实,能当议员的,谁又没钱呢?但不少议员临时就回京费用又提出加码要求。大选期限已近,他们还为这点钱在留沪还是回京之间摇摆、拖延、讨价还价。郑廷玺于是吓说他们:“你们不去,人家照样当选,你们反而失去投票的大功,北归能获得丰厚实惠和待遇,何乐而不为?”

郑廷玺一硬,再给点小钱,不少人便准备北上了。

比战场还惊险的一幕

上海虽是何丰林的势力范围,但曹锟选举总统“势在必成”,英国人都已“顺水推舟”。他何丰林本事再大,也不敢与洋人唱反调,因此官家阻力不大。但民间阻力却不少。而所谓的“民间阻力”不过又是褚、焦、张等人花钱雇请、组织来的一大批人马,他们伪装成“群众”,进行拦阻。其实,不管谁当总统,那些真正的“群众”都是没饭吃饿肚皮、受欺负,谁都没这闲心去折腾。这伙“假群众”聚集在闸北车站,喊着口号,拼命要拦挡议员们北上。

不少议员们愿意启程,可车站有人拦,上车有人拖,想走也走不了。郑廷玺报告曹锟,“大首长”也是急得搔头。最后,在几位智囊的策划下,郑廷玺临时决定采取声东击西的办法“密送”议员到南翔车站,再从那里登车,到达南京后,由齐燮元负责转送。

可郑廷玺把这办法一说,议员们却不同意,纷纷说:“送了我们,家眷怎么办?”

这年头议员们虽然在外面吃花酒,逛妓院,却个个爱家、顾家,模范得很。郑廷玺遇到这样的“模范丈夫”们没办法说服,只好临时调来一批汽车将他们和家属紧急运送南翔车站。

这一折腾使得“抢运”比战场打仗还十万火急。

为什么?

因为时间已紧迫得必须以小时来计算了!

众议员在浦口登车北上时,已是10月2日了,一千多里的路程只有两天时间、几十个小时,出不得一点差错儿,一刻也耽误不得。好在郑廷玺以前有战前抢运矿石、机械的“企业工作经验”,如法炮制。

10月4日傍晚,“被抢运”的议员和家属坐着火车,终于到达了天津东站。

郑廷玺正准备调火车去北京时,忽然国会议员杨永泰领着政学系一帮人马跑过来,要拦劫议员,并且准备好了熙来饭店的房间,以拖过北京大选的期限。

郑廷玺现身了,大声对杨永泰说:“大哥,你看这种情况,还能把他们拉走吗?”

说话之间,赶过来的警察和路警立即快速地筑起“人墙”,把杨永泰与议员们隔断。杨永泰看得见火车上的议员们,却可望不可即。郑廷玺这么一提醒,他猛然醒悟:议员能从上海“跑”出来,自己纵有天大本事,也难把他们拦住!立即自我解嘲地说:“算了,让你吧。可惜,老弟你帮的非人!”

郑廷玺才不理睬他“非人”不“非人”,喊道:“开车!”火车马上就启动了,向着北京急去。

当他们顺利无阻地到达北京前门车站时,交通总长吴毓麟已派来了很多招待员,准备好了接他们的汽车。因为次日就是大选日期,时间紧迫。火车一停稳,吴毓麟就吩咐说:“招待员和汽车分成两帮子,一帮人马送议员家属回住处,一帮人马送议员去东方饭店下榻,以便明日按时入场选举。”

此时已是选举前夜。吴景濂等人还是着急得不行。因为人数还是不足。为凑足法定人数,众人临时决定:即使不投曹锟票而出席会议的,也给5000元支票一张。

10月5日,“神圣的选举之日”来临了。王承斌站在国会门口,见着郑廷玺走过来,长长舒了一口气说:“入场议员,除原在北京的,加上你从上海拉回来的,符合法定出席人数外还富余十几人,真是不容易啊!”

“人数我们算是凑齐了。”郑廷玺说,“会场内行不行,就要看吴大头和边守靖他们了。”

会场进行选举,他们不是议员,进不去,只好在外面静等。投票后,首先出场的是议员王人文。他见着郑廷玺,立即说:“我这样做,可算是对得起曹三爷啦!”

选举结束后,吴景濂在大会上报告统计结果:票数与人数相符,投票总数为593票,四分之三应为443票,曹锟得480票,按大总统选举法当选为中华民国大总统。议员们立即鼓掌如雷,卖力到底。

在保定的曹锟获知自己当选了时,大大松了一口气:“谢天谢地,总算通过了,银子没白花!”

这次贿选买总统,他和全家族总共花掉1350万元大洋,代价不菲,好在贿选成功。

钱与人气

好事总是多磨。

10月9日，大选之后第四日，南方的孙中山在广州海陆空大元帅府主持会议。会议决定讨曹。孙中山以大元帅名义下令讨伐曹锟，通缉贿选议员，并电段祺瑞、张作霖、卢永祥几位大佬一致行动。同时，他还对那些历来对中国人称王称霸的列强们发出宣言：中国全体人民视曹锟的贿选为“僭窃叛逆”，请不要承认。

但他的实力不够，只属于“舆论监督”，对曹锟有点压力，但不会让他怕。这种反对声音没阻止住北京方面的任何行动。

次日，众议长“吴大头”就亲自捧着新总统的“当选证书”，乘坐专车前往保定，面递新总统曹锟。

此时保定城内的商家都悬挂着飘扬的国旗，曹锟的亲信们像家里办喜事一样，一片欢欣。吴景濂来到曹府，见到曹锟，说了不少这次他当选是“众望所归，人心所向”的美言。虽然都是弥天谎话，曹锟也假惺惺地回复说：“感谢国民的厚爱！”

然后，他接过当选证书，再次酬谢“吴大头”一张10万大洋支票。“大头”于是说：“请曹大总统乘坐原车一起回北京就职。”

在亲信们的簇拥下，曹锟带着睥睨天下的豪迈心情，摆出“天子模样”，登上了回京的专列。

尽管全国声讨声一片，曹锟这个总统也确实是买来的，可谁又能如何呢？他照样是总统了，且接受了合法化的“总统证书”。在专列上，曹锟浮想联翩，最大的感受是一份真切的体会：“钱是万能的。”在感悟了“真理”的好心情下，他遐想万千，对人生大发感慨，不时还“幽”“大头”几“默”，活跃车厢内的气氛。

谁知一下车，他就又感受到“钱不是万能”的窘境：在前门火车站欢迎的，只有总统府礼宾司司长黄开文及少数官员，群众没一个，外国大使更无一人，原想象的热闹的欢迎场面，连影子都没有。这让他大为扫兴。

尽管如此，他还是硬着头皮，照着既定程序赶赴总统府去宣誓就职。

接下来的就职典礼也不隆重。参加的人员除了曹派亲信外，就是拿了钱被骂为“猪仔”的议员，撑场面的，多是北京城内的军警。总统就职大典居然也是如此：没人捧场，没人喝彩。这年头，干啥事情，虽然可以自己爱怎么地就怎么地，可就没有人当真。

这样的冷静场面未免太不给曹三爷面子了，曹四爷就十分生气，乌鸦嘴控制不住，见人就骂道："庙小妖风大，乱世现象！完全没了规矩。"

钱再次在人气前打了败仗。

曹锟就职后，对外发表了一份文告，云："锟军人，于政治初无经验，今依全国人民付托之重，出而谋一国之福利，深思熟虑，不胜兢惕！所私幸者，国家之成立，以法治为根基；总统之职务，以守法为要义。历任总统，皆系一时之彦，只以国家根本大法未立，无所依据，未克实施。锟就任之时，适在大法告成之际，此后庶政举措，一一皆有遵循，私心窃幸遭遇有过于前人也……当此国事未宁，民生正困，财政竭蹶，军事未戢之时，瞻顾前途，诚不敢谓有必达之能力。然不畏艰难，出于素性，所以答我父老昆季者，惟此至诚而已。近年以来，政治潮流，日新月异，譬之医者，不愿泥古，自囿于方书，不敢骛新，以国为试验。语云：'为政不在多言，顾力行如何耳。'谨以服膺，施诸有政。"

曹锟此时为何口口声声"法"？原来在就任之日，他同时公布了《中华民国宪法》。这个宪法是由宪法会议制定的，虽不过一纸空文，但他因为贿选心虚补做了一种"善后"。这部宪法居然是近代中国第一部正式颁布的宪法。

曹锟买来一个总统，干的是"官大于法"的勾当，却又衍生一部宪法，倒是其他历届总统都所不及。

09.

当总统：就是一个"争"字

一当官就变坏

曹锟大总统就职后，下一步就必须向国会提出国务总理同意案，去组建内阁，开始掌权执政，管理国家。

“吴大头”自认为这次“选举”有功，且曹锟亲信事先也明确暗示过，以为当这个国务总理很有把握，和曹锟一回到北京，就俨然以未来总理自居，说话的口气、做事的派头，完全是舍我其谁的“二当家”做派，狂傲得不得了。谁知在他以为胜券在握时，半路上冲出个程咬金——代理过黎元洪总统之职的高凌蔚杀了出来。

这高凌蔚比“吴大头”还贪，且官瘾还大，以往几届内阁人员变更时都有他暗中捣蛋的影子。这次他跳出来与“大头”搞竞争，其他骑墙的政客纷纷加入其中，两方明争暗斗，扰攘不休。一次，开会发生争吵时，议员万钧一怒之下居然用墨盒“砍”吴景濂的“大头”，演出一幕怪剧。

池浅王八多。这把曹锟气得要死。

曹锟觉得别人不行、出丑给自己添堵，而他在众人眼中，也没走出“一当官就变坏”的怪圈。

农历十月二十　日，又是他一年一度的生日。

曹锟喜欢“庆生”是出了大名的，现在当了总统，趋炎附势的人更多了，都把这“庆生”之日看得比“双十节”还重要。上午8时起，外国使节和在北京城内的文武高官，集体不约而同地来到了怀仁堂候着，准备向曹大总统祝寿。

谁知迟迟不见大总统本人出来。大家只好枯坐着，无聊地等着。直到11点多钟，总统府收支处长李彦青才身穿青色大礼服出来，裤子膝盖上还有灰土的痕迹。

这是怎么回事呢？

原来他方才正跪着给大总统“打烟”呢。

接着，曹锟出来了，头部、颈部都捆扎着白纱布，神气很不屑。生日场面一点也无往年之隆重，他如此这般，似乎完全不看重“庆生”了。

这又咋的了呢？一直喜欢“庆生”的他为何对自己的“出生之日”如此敷衍？这完全不是曹氏作风啊！孰不知坐上大总统之位后，曹三爷顿然没了以前“时不我待”的紧迫感，对生日的兴趣也淡然了许多。以前求众人，现在当选了，不求人了，自然硬朗起来了。他的这些心绪加上贿选花钱太多的心痛一起汇聚，反映到行动上，对这次“庆生”就不重视了。不重视，便连起码的待人之礼也不在乎了。

众人送来了重礼，反受冷落，也敷衍着拜寿，拖拖拉拉，孰不知结果还是害了自己：拜完寿时已将近正午，曹家也不留饭，搞起了“廉政建设”。不留饭，众人只好很无趣地散去。

直系大将冯玉祥身着蓝呢将级制服，欲走还留，威风凛凛地站在怀仁堂门外坡道上，见着郑廷玺，忍不住抱怨说："这成何事体，真是不得了。"

不留饭，中国人有意见，洋大使也很恼火。他们带着夫人前来，早就准备像以往那样大撮一顿，这次照样被冷落，大为不满，于是公开讥讽说："没想到曹总统先生也有娱乐人的天赋啊！"

送了礼，连餐饭都吃不上。曹锟不是当总统比以前更"廉洁"了，除了"曹家不是永远都求人"的心理作祟外，关键的是，这次贿选花费太多，生怕"一选返贫"，一心疼就不愿再去"拔毛"，连吃餐饭都吝啬了。

跟随者的悲哀

这次贿选"出"得太多，曹家就变得什么都看重了，一举恢复以前"只进不出"的惯例了后，不仅在经济上小气、吝啬，在官帽子赏赐上也比以前缩手缩脚了。

过了一个多月，安徽出事了。安庆省署的一名卫兵在集市买东西，因为争秤理论缺斤少两，与小贩发生争吵，两人扭打起来，附近的警察闻讯赶来，本是进行调解，结果却弄成了拉偏架，也被"神圣不可侵犯"的卫兵揍了起来。

卫兵单枪匹马，终究势单力薄，如何打得过人数众多的警察？省长吕调元接到报警，毫不客气，当即下令自己的亲生儿子率队前去弹压，把所有在场的警察们全部撂倒，狠狠地教训了一顿。

他之所以出手这么犀利，倒不是护省署小小一个卫兵的"犊子"，而是要"击打"曾谋任省长未遂的警察厅长刘道章。

这刘道章土霸王出身，当着"警匪一家"的老大，哪里肯让步？立即借口警察受辱，向省署提出辞职。他先前想当省长，这次辞职当然是假的，是"反威胁"、"反迫害"的抗议。官大一级压死人。吕调元岂会相让？正准备同意辞职时，刘道章先发制人。随即，全城警察罢岗。

警匪一家。警察一闹事，问题就大了。市面上那些与警察勾结并受到教唆的流氓、地痞纷纷出笼，四处捣蛋，弄得安庆的"维稳形势"大不稳，烧杀抢掠恶性事件日日发生。在上下的压力之下，理亏的吕调元终于在省长宝座上坐不下去了，被迫向北京政府引咎辞职。

12 月 31 日，曹锟宣布将吕调元免职。

吕调元一走，安徽省长的大位就空下来了。曹锟打算叫在贿选关键时刻立下大功的郑廷玺去继任，于是找来自家兄弟曹锐商酌。

曹四弟一听就反对，大声地说："你好糊涂啊！这有三不相宜：一、安徽人做官的人很多，各有才能，人人都很不好相处，也难处好，不成不成；二、吕调元和郑廷玺交情极深，他硬去接任，就好像打劫老朋友，不妥不妥；三、郑现在正办着矿，他办矿是天造地设的好人才，不好另找人替换，走了曹家损失太大。"

曹锐有褒有贬，且还为郑廷玺设身处地设想了若去接任的很多"不妥"，其实目的就是一个，好让自己去卖官。

他这么一说，当了总统反对亲人"耳顺"多了的曹锟一听就从了。他"小气"了一下，曹锐就推荐人选，于是另行发表别人为安徽省长。

这样，在曹锟当选后论功行赏诸"功臣"中，为他当选总统立下"关键巨功"的郑廷玺反成为唯一没获赏赐的人。

该办的事不能总拖着

时光进入 1924 年，曹锟折腾了好几个月，还没把内阁组好，全靠兄弟曹锐协助，暗中挑着总理挑子。

俗话说老大憨老二奸，又蔫又倔是老三，老四老五捣蛋调皮。这话也没错。尽管在曹锟眼中曹四弟足智多谋，但事实上他几乎是捣蛋大王，除了啥好处都往自己怀里搂外，干啥都是拆台。曹锟当大总统了，还是当初直隶总督的作风，没啥国家观念，也没啥大局思维，反而因为上次"出血"太多，更加看重自家利益。为了把买总统的钱捞回来，把曹四弟长期留在自己住处的卐字廊，遇事随时商量。

可内阁不"组"起来，就是总统无能，曹家兄弟也没法儿给全国人一个交代。

眼看农历新年来了，曹锟这样没内阁的瞎折腾，终于挺不下去了，不得不痛下决心确定一个人来当总理。

经过一番考虑，他决定将“爱斗争”、“人事复杂”的吴景濂和高凌蔚两个人，统统都不要，去找年过六旬且在前清做过督抚的孙宝琦来组阁。

这孙宝琦当年是典型的“官二代”，大清时以父荫任户部主事，后改任候补直隶道员，当过不少的官职，且还在国外当过外交官，进入民国后更是官运亨通，当过外交总长，代理过国务总理，当过审计院长、财务总长兼盐署督办等等，官职多得数不清。但这几年不行了，正在下坡路上折腾，当着国家税务督办。

他做梦都没料自己在仕途下坡路上狂奔时突然被曹锟启用！

此事事先毫无征兆，他也没想过。本来他当着税务督办，虽然职务不高，但是油水十足，每月坐领纹银 1200 两，心满意足。这一日，他正坐着小汽车南行，准备到南方猫冬去，才到天津，忽然有人从后面乘车急急追过来，边追边喊：“孙大人，是孙督办吗？停车停车！”

孙宝琦以为遇上土匪，司机拼命跑，这一跑一追又是几十里路程，来人才总算把孙宝琦撵上，说：“大总统叫你回去组织内阁。”

他先是一怔，接着兴高采烈地回到北京，才知道这等好事是任前内阁内务总长的妹夫颜惠庆从中撮合做成的。

无心插柳柳成荫，何等美事！孙宝琦满心欢喜，准备延揽几位知心好友入阁，于是四处邀请亲朋好友进行“恳谈”，请他们“以国家为重”出任要职。

不料，几日后，曹锟见着他，却拿出一张名单，上面开列着：外交总长顾维钧、内务总长程克、财政总长王克敏、陆军总长陆锦、海军总长李鼎新、司法总长王宠惠、教育总长范源濂、农商总长颜惠庆、交通总长吴毓麟。孙总理一看这张名单，不由得倒抽一口冷气：责任内阁全体成员都已由总统指派好了，自己这总理连组阁权都没有，还当啥总理啊！最为关键的是，自己都和私下确定的备选人员都已谈过话了啊！

总理都是曹锟给的，没办法，他吞吞吐吐地提出一个意见：“王克敏在国会中有查办案，不宜提出，请改提龚心湛为财政总长。”

曹锟满脸不高兴：“国会查办，就不能管财务啊？”

这王克敏确实不是什么好鸟。他生性贪财爱钱，身上好几桩贪腐案都还没了结，身上背着案子。这样的贪污犯若是纳入内阁，连内阁都要臭了。孙宝琦觉得自己身为内阁总理，竟要照单全收，不仅自己那些好友们要全被撂开，连臭名昭著如王克敏这样的贪污犯都没权不要,心里比吃了苍蝇还难受,极不舒服,一赌气,跑到海淀承泽园“避嚣”去了。

他一走人,妹夫颜惠庆随即赶来劝驾。

然而,妹夫此行完全是多此一举。在他进门之前十分钟,孙宝琦已完全想通了:这总理得来容易,可又有多少人争着想当而不得,花钱买得要多少银子啊!立即不声不响地跟着颜妹夫回了北京城。

1924 年 1 月 15 日,孙宝琦率领内阁宣布就职。虽然姗姗来迟,曹锟终于拉起了自己的执政班底。

当官就有一两红人

在曹锟的执政班底中,不得不提一个人。那就是他的红人——总统府庶务长兼北京官钱局督办李彦青。

与孙宝琦这样的“官二代”、颜惠庆这样的“洋二代”(其父为美国大学毕业的传教士)来比,李彦青可以说是来自最底层的“草根”。

他原是哈尔滨一家澡堂为人擦背的搓澡工,日日光脚裸背,穿着大裤衩,在澡堂替人搓污垢。曹锟率第三镇驻兵东三省时,冬天常去澡堂洗澡和取暖。李彦青常给搓背。他不仅搓背功夫高明,嘴巴子功夫也很高,尤其“甜”,什么爷呀大人呀不离口,折腾得曹锟非常惬意,洗一次澡堪比泡十次温泉。最后,曹锟干脆把这小子叫到身边,当随身仆役,独占了这难得的“资源”。

李彦青跟上曹锟之后,人生就开始了飞跃,完全与昨日最底层的打工搓澡仔生活告别,很快就做起官儿来了。虽然啥也不懂,却步步高升,隔几年上一个大台阶。曹锟当大总统后,他跟着飞升为总统府庶务长兼北京官钱局督办,要权有权,有钱有钱,啥都不愁,快活似神仙。

李彦青官当大了,但在曹三爷前还是“老彦青”。曹锟每次入浴,仍非他搓背不可。

一天,李彦青正和京城几名银行高管在家里打麻将,忽然总统府来电话说:“总统已经披上浴巾,请六爷(李彦青排行第六)赶快去。”

接电话后,李彦青不敢怠慢,急忙离开牌桌,踉跄而去。此事一时传为笑谈。

笑归笑，达官贵人们对李彦青还是很尊敬的，个个争着对他溜须拍马，大献殷勤，就连靳云鹏、潘复、程克等大员见着他，都是点头哈腰，恭敬异常。有的内阁总长还不惜屈尊降贵，跟这位搓澡工出身的"草根"结拜为兄弟，见了他满口"六爷六爷"的叫。李彦青更加得意忘形，目空一切。

但曹锟对他还是要求十分严格，该呵斥的时候毫不客气。孙宝琦筹组内阁时，以前当过内务总长的程克想找个总长当当，纠缠着李彦青，曲意逢迎不说，还和他结为兄弟，请他助一臂之力。李彦青真地跑到曹主子前为"程兄"吹嘘，说他如何如何有才，如何如何能干，如何如何忠诚，可以重用，最后，他按捺不住，生怕曹锟还"不明白"，干脆赤裸裸地说："大帅就叫他当内务总长吧。"

不料曹锟把鸦片烟枪一甩，立即跳起，大喝一声："你是什么混账东西，总长也是你保举的吗？"

这一声喝吓得小李子脸色大变，连声说："失言失言，我有罪！我有罪！"

原来，曹锟还是把他当做一名仆役看待。这让李彦青多少为自己的低微身份伤心过好久。

尽管如此，不知怎的，曹锟后来还是把程克硬塞进了内阁，且是内务总长。这说明骂归骂，呵斥归呵斥，小李子在曹大总统眼中还是蛮有地位的，呵斥甚至责打只不过是曹大总统对他"严格要求"而已。

李彦青嘴巴子极甜，说话极合曹锟的心意，曹大总统对小李子简直像烟枪一样一天也离不开，不仅洗澡搓背这样的事情离不开他，就是许多政事，也需要他来"辅佐"。

一次，孙宝琦正在召开内阁会议，忽然接到总统府的电话，说："李六爷就要来列席会议，曹三爷有话由六爷向内阁传达。"

一听这话，祖祖辈辈在官场混着的老"官二代"孙总理顿时就晕了，随即脸拉得很长。一回到会场，他就生气地跺脚说："一个搓澡工来列席内阁，千古奇闻啊！"

其他总长们也无不惊愕。

在众人眼中，出身低微的李彦青官当得最大，即便是总统府庶务长，抑或是北京官钱局督办，仍是一地位低下的"搓澡工"。一个搓澡工，凭什么资格来参加内阁这样的"中枢重要会议"?！可他是曹锟派来的，扯着大旗，因此众人面面相觑，谁都觉得这个做法有失体统，可谁也不敢说要将他拒之门外。

堂堂内阁要员，在前清至少是二品以上的大官，在外国全是部长级别，现在居然要和一个"搓澡工"一起开会，还要听他的"传达"，人人左右为难，唉声叹气，感慨世风堕落，叹息官场"深层问题"和"沉疴痼疾"急需一剂猛药。

"这些题外话都不能解决问题，"有"智多星"及时提醒说，"关键是当前怎么办？"

"怎么办？"有人干脆声言，"他来就是大总统来啊，谁人拦得啊！"

最后，还是官场老手孙宝琦经验丰富，办事老到，站起来，当机立断地说："立即休会，大家休息。"

结果，李彦青赶过来后，孙宝琦出面与他会晤，进行会议之外的非正式谈话，把曹锟大总统的"意思""接受"过来。

此事总算靠着孙宝琦的"大智慧"勉强应付过去。大总统如此"胡来"，真让"内阁部长"们大伤了一次自尊心。

李彦青虽然得曹锟的意，但在这个讲究"好爸爸"、"好基因"的社会里，还是免不了被人瞧不起，撞上某个强人、大佬碰一两次大壁。

一日，当过段祺瑞政府教育总长、内务总长的孙洪伊从天津来京。五十几岁的"孙老"是北方名流，还是曹锟的天津同乡。当朝大佬曹锟和吴佩孚不知着了什么魔，都以前辈待他，对他非常恭敬。许多直系和西南方面相商洽的事，也由他居中传达和周旋。李彦青见他后，亲自引他去见曹锟。

途中，他边走边对"孙老"说："近来三爷情绪不好，您见三爷时，请不要谈政治，免得他生气。"

孙洪伊惊奇转过头盯着他，接着气恼地说："我又不懂立正稍息，也不会抹澡擦背，不谈政治，还谈什么？！"

他呵斥，还用手指点着李彦青的头。小李子碰着硬人，终于老实、不敢说话了。

这事后来让孙宝琦等人知道了，纷纷叫好。

身边不可有"佞人"

在这个世俗的身份社会里，真正能摆脱门户之见待人的大佬，自然是同为"草根"出身的曹锟。但是，"穷人"之间也不一定就能和谐相处，比如小李子与曹四爷。

曹四爷曹锐住在卐字廊，被曹锟看重，“打虎亲兄弟”的做法使得那些趋炎附势、如蚁附膻的人们争着与曹四哥结交、往来，于是乎，不少超级大礼单常常转入了卐字廊。这让李彦青和总统府秘书长王毓芝等人眼红得不得了。

眼红而不得，就会嫉妒、恨。李、王便视曹四爷为眼中钉、肉中刺，开始联手挤兑他。

偏偏曹家两兄弟有缝让他们钻。

曹锟和曹锐，一个老三一个老四，同一个父亲生的，性格上却大有差别：曹锟做事粗枝大叶，大大咧咧，曹锐处处惜小，针眼都不会放过。这就成了精明的李彦青、王毓芝挑拨离间、钻空子的鸡蛋缝。李彦青用重金为曹锟买来了古玩，让曹三爷“鉴宝”一番后，乘着曹四爷外出时故意把它们放在卐字廊的桌上。曹四爷一回来，见到桌子上的这些贵重稀罕的古玩，便问小李子：“这东西很贵重，咋随便放在这里？”

李彦青说：“总统买的，不太喜欢，四爷留着玩吧。”

曹四爷收下后，曹三爷发现自己那里的古玩又不见了，便问小李子：“我那些古玩呢？”

李彦青又答说：“四爷看见喜爱，拿去了。”

“你瞧！这个四爷总是这样爱小，我喜欢的东西，他总是抢夺。”曹三哥立即生气了，一气就没法儿打住，想得更远了：“他要是常在这里住下去，那还得了！”

李彦青看兄弟俩争宝贝，暗中庆幸离间已成，于是更进一步排挤曹锐出府离京，和王毓芝等人一再向曹锟进言：“四爷曾对别人说，我三哥长于军事，对于政治不透彻，这次当了总统，日理万机，很不放心，非我在此，事莫能为。而事实上，凡要见总统的人，必须先见四爷。这样，四爷岂不无形之间成了总统，总统岂不无形之间成了傀儡吗？”

曹锟当总统也是看做当当年的皇帝一样，最讨厌身边有“佞人”，历史上多少皇帝就是因为身边的“佞人”而亡国亡命了，教训不可谓不深啊！曹锟听了这话，以为自己真的被四弟架空了，大为生气。

兄弟俩先是争宝贝，现在争总统了。曹锟终于“忍无可忍”，出手了。

一天，曹锐办公之后照例等着午饭吃，谁知过了很久，仍然不见厨房开饭，便问厨役：“为啥到这时还不开饭？都饿晕了！”

“总统说不要做了，”厨役回答说，“总统请四爷去外边吃！”

曹三哥哪里是请四弟吃中饭呢？曹四弟为政多年，在官场上混也不是一日两日，不是傻子，终于明白事情原委：三哥是要赶自己走人啊！于是约上自己的亲信边守靖和郑廷玺一同去全聚德吃了那餐中饭已过、晚饭未到的“中饭”。

随后，他就回天津老家“蛰居”，不再过问北京方面的大事小事了。

曹四弟走了之后，曹锟还是很生气：“当总统有什么？就是一个争字，兄弟之间也还要争，真是人心难测！”

10.

稀里糊涂中遇到政变

钱，这玩意儿

曹锟当了大总统后，凡是要见总统的，无论是何人，都得先由承宣处司司长徐文彩派人领到李彦青那里，向他说明为何事要见总统、要向总统说些什么话，然后由李彦青安排时间、次序，派小随从二三人带着他们去见曹锟，并在左右进行监视。

谁去见大总统，不是有天大的机密和重大的事情啊？李彦青如前清太监专权，尤其是身边总不离二三小随从，让众官员、众名流觉得不快。因为他们监视，见着曹锟，说啥都不便，于是乎，众人以后能不去见总统，就不去见了，免得消息泄露，自己给自己惹麻烦。

而曹锟呢？一坐上这大总统宝座，就心满意足了，啥进取心都烟消云散，终日浑浑噩噩，没人来见，就乐得享受这份“国泰民安”的清净，如聋似哑似的独居在深宫，由几个漂亮的妻妾陪着，每日横陈在一榻上喷云吐雾。

曹锟把自己的家由小李子当着，就与明朝那些宦官、太监把持朝政差不多。他本人对于天下事的掌控可想而知，以后的结局也就可以预料了。

曹锟在权力巅峰之上心满意足，内心却还为当初贿选的巨大开销而心疼，一日心血来潮，突然想出了一条生财之道，急忙把“经营高手”郑廷玺找来，想和他一起研究遵化白马川钨矿的事。

郑廷玺先去李彦青那里“报到”，正好碰见陆军检阅使冯玉祥在那里。冯将军正在向李庶务长兼官钱局督办诉苦，说他的部队断了军饷，官兵军装穿烂没补充，困难到了极点，弟兄们苦不堪言，并恳求说：“请李庶务长特别帮帮忙，先借五万元接济接济。”

冯玉祥本是河南督军，因和吴佩孚闹矛盾，才跑去保定投奔曹锟的。

当初，他去见曹锟，也是穷途末路，宛如今日见着李庶务长兼官钱局督办一样，大肆诉苦：“吴玉帅压迫我，弄得我不知怎样办是好，看样子是要缴我的械。”

“不会，他怎能缴你的械？不要疑心太重了嘛！”曹锟解释说。

随即，他见冯玉祥还是不得释怀，便热情相助说：“既然你俩不和，我另给你想办法，你上我身子后头呆着去吧。”

不久，曹锟就发表冯玉祥为陆军检阅使，率部移驻北京城的南苑。冯玉祥对曹大总统感激不尽，竭诚表示拥戴。可他没料到了北京郊外，没了地盘去筹饷，刮地皮不成，只能靠财政部和总统府收支处拨款，“吃财政饭”。但这“财政饭”很难吃，款项不到，他不得不隔几日便跑财政部和总统府收支处，苦求财长王克敏和李彦青等人，结果，要不到钱，还受尽了白眼。

此刻冯玉祥求李彦青给五万元救急，李庶务长支吾了很长时间，还是没答应。冯玉祥好话求人话说多了，他就露出极不耐烦的样子，弄得等米下锅的冯将军左也不是右也不是，如坐针毡。

就在两人尴尬地僵持着、郑廷玺要走人的时候，一个古玩商风风火火地闯进来了，见着李庶务长，便拿出一只翠狗给看，说：“六爷您把玩把玩。”

李彦青仔细“把玩”着，很喜爱，于是问：“要多少钱？”

古玩商回答说：“15 万块大洋。”

李彦青说：“你小子要发洋财，不值 15 万。10 万块大洋，卖不卖？”

这李大庶务长撇下正事和奸商你来我往地讨价还价，来回折冲，结果给冯玉祥部队 5 万元吃饭钱拿不出来，却花 12 万将翠狗买下。为此，他还当着冯玉祥的面叫来会计，交代说：“开个支票付给他(古玩商)。”

冯玉祥亲眼见着这样欺负人的事，大受刺激，面色忽红忽白，可胳膊拧不过大腿，有啥办法？于是继续“静坐”。结果，“静坐”到天黑，也没弄得一分钱。

当郑廷玺与曹大总统就开矿的细枝末节都谈完谈妥回来，冯玉祥还在这里。

李庶务长见天色已晚，便安排“夜生活”，叫来贴身随从秘书说：“把今晚请客的帖子拿过来。”

然后，他在一大堆帖子中挑来挑去，决定下来了，说：“赴财政总长王克敏的宴会。”

很快，王克敏来了电话催人。汽车在门外点火待发。他来不及去厕所，又对随从秘书说：“赶快拿来溺器。”结果，当着冯玉祥和郑廷玺的面小便，然后，扬尘而去。

冯玉祥无可奈何地与郑廷玺一起走出门，边走边骂道：“一文钱没给，还当面给这样的侮辱，真他妈的操蛋！”

冯玉祥受王克敏和李彦青的多方刁难，吃着财政饭却挨饿受冻，对他们恨之入骨。

谁说当官没风险？

曹锟在中南海里胸无大志，吃喝玩乐，怠于政事，凡事不管。外面的世界却是风云变幻，尤其是关外的“东北虎”、曹锟的老亲家——张作霖变化最大。

自第一次直奉战争，他被曹锟、吴佩孚击败出关后，就处心积虑，筹划雪此一败之耻。1924年秋，江浙战争爆发。他认为时机已到，一面通电支援卢永祥，一面进兵榆关、朝阳，窥伺关内。

曹锟也决定迎战，保卫自己的权势。9月17日，吴佩孚受曹锟之命担任讨逆军总司令，在中南海四照堂对各将领进行军事拒敌部署。结果，冯玉祥被他派为第三路总司令，负责出古北口经滦平、承德向北进军，抗击奉军。这一出兵，居然成了曹锟和吴佩孚等人命运的转折点。

转折的魔方枢纽就是冯玉祥。

政治即吃饭，会不会做官，会不会打仗，甚至能不能得天下，关键是看会不会吃饭，饭局弄得好不好，因此官场上饭局特别多。10月22日，外交总长顾维钧在家摆下饭局,邀请王坦和议员孙润宇、米振标等人在他家吃晚饭。

饭桌子上,众人闲谈着。

突然,孙润宇用警告的语气说:"注意呀,冯玉祥这人靠不住,不应当叫他带队伍到前方去。"

王坦了解当初曹锟收罗冯玉祥的那一段往事,很不以为然地说:"这一桌吃饭的人都靠不住,冯玉祥也不至于靠不住吧。"

孙润宇听了,默然不语。旁人也事不关己不搭腔。王坦觉得自己这样说话,有些失礼,给人难堪就是给自己难堪,完全有违"联络感情"、"交朋友"的"饭局精髓",于是赶紧拐弯,说了些笑话,才把这个尴尬场面敷衍过去。

不料第二天早晨,他刚出门,就看到街上都是佩着"不扰民,真爱民,誓死救国"臂章的军队,一问才知道冯玉祥已于昨夜班师回京,将曹锟囚禁在延庆楼里,通电"主和",与奉张共讨曹、吴,自己昨夜说的杞人忧天的话居然打自己了一个大嘴巴。

冯玉祥咋发动兵变了?

冯玉祥与吴佩孚一直矛盾很深,结果,曹锟和吴佩孚的一些亲信也跟着主子对他排斥、刁难。曹锟的老亲家张作霖则慧眼识人,主动派使者和冯玉祥联系,两人便"好"上了。这次冯玉祥奉命出师讨张,暗中准备倒戈,借口筹措军需、修理军械,故意延拖出兵时间,被逼着上路后,每天只前进三四十里便宿营休息,到达滦平后,干脆停止不前。当他获知直军东线彭寿莘部屡战失利的消息,同时接到总部参谋长张方严"九门口危急,望速进军"的电报后,当即决定趁机倒戈。10月19日,他下令将后队改为前队,潜行回师北京,对曹锟和他的政权动手。

当他逼近北京时,城内外已是风声鹤唳,而曹锟在"深宫"内茫然不知。李彦青也是蒙在鼓里。孰不知负责戍守北京城的北京警备副司令孙岳,居然是冯玉祥的共谋。22日,冯部第22步兵旅旅长鹿钟麟率部与孙岳一会合,当晚主力从安定门进入北京城,占领电话局、电报局和火车站,不费一枪一弹就控制了北京城。

进城后,冯玉祥下令鹿钟麟包围总统府,把曹锟囚禁,同时派兵逮捕一直刁难自己的"两大恶魔头"——王克敏、李彦青。

冯兵来到李宅附近时,天已经大亮。有人发现了冯兵,立即打电话到李宅报告。仆人从睡梦中惊醒,摸着话筒就开口骂道:"啥时候,还打什么电话?惊醒你爷爷的好梦！”

电话里说：“有紧急事要禀告六爷。”

仆人恶狠狠地喝道：“六爷刚睡下，就是杀头的事也等到睡醒再说！”“哗啦”一下就把话筒挂了。

几分钟后，捉拿李彦青的冯兵就敲开了大门，冲进内室。李彦青被他们从床上拉下来，只审问了几句，就被拖到郊外枪毙。临刑时，小李子大呼：“总统救命！”

孰不知大总统曹锟此时也被冯兵封锁在延庆楼的屋子内，出不了门。

王克敏倒很机敏，闻风兵变就逃进了东交民巷的洋租界，逃过了一劫。

就这样，曹锟驻防城内的嫡系部队全部被孙岳带人缴了械。

爬得越高，摔得越重

1924年10月25日，冯玉祥在北苑召开军政会议，决定成立国民军，并邀请南方的孙中山北上，主持大计。

这时驻防总统府的护卫军，有两个团的人马，是曹锟的嫡系部队，兵变时为了照顾曹锟的面子，就没动他们，让他们继续为曹总统当保镖护驾。谁知他们没了自由，当了没缴械的俘虏，居然嘴巴子还硬，扬言说：“一旦吴玉帅派兵来援，就保护曹大总统打出北京城去。”

鹿钟麟获知这个情况后，立即报告冯玉祥。冯玉祥说：“曹锟违法贿选，当然不能容他再拥兵盘踞公府，继续行使大总统职权。”

随后，为了保命，曹锟被迫接受了冯玉祥提出的三个妥协条件：

(1)下令停战。

(2)免去吴佩孚本兼各职。

(3)自动退职。

11月1日，教育总长黄郛挂名代理总理的新内阁成立，并宣誓就职。可曹锟还没通告退职，这样下去就是弄成一国两主的尴尬。冯玉祥于是派内务部次长薛笃弼偕曹锟的老参谋长赵玉珂于次日前去晤见曹锟，劝他赶快自动退职，并把大总统印玺移交。为此，他密令鹿钟麟带兵前去总统府接防。

次日上午,薛笃弼的汽车在延庆楼前“嘎”地停住,鹿钟麟手下的团长李向寅也率兵同时到达。薛笃弼与赵玉珂下车后,相偕进入延庆楼,去见曹锟。

鹿钟麟也带着几名卫士赶到,立即命令李向寅:“将曹总统的岗哨兵一律斥退,改由国民军值岗。”

“好嘞!”李向寅应着。

“赶快把曹的护卫司令刘少泉叫来。”鹿钟麟又下令。

刘少泉是曹锟姨太太刘氏之弟。谁知他外出未归,鹿钟麟说:“把曹锟的卫队旅旅长曹士杰叫过来。”

曹士杰是曹锟的亲侄子,突然听说鹿钟麟传唤,大吃一惊,只好和参谋长仇某,硬着头皮来延庆楼。鹿钟麟严肃地对他说:“曹大总统已经通告退职,本人奉政府之命前来接防。你马上下达我的命令,叫你的部队火速整队,徒手开往天坛驻扎。我已派大卡车供你们搬运行李和用具。今后你部的饷粮,由我负责发给,马上开拔,不准迟延。”

曹士杰俯首听命,唯唯而退,一会儿卫队全部开出。

从此,总统府的警卫由李向寅团担任。

薛笃弼与赵玉珂见到曹锟后,把冯玉祥要他下台的意思转达。曹锟起初没表示任何意见,当着大哑巴。他的左右亲信见状,立即附耳对他小声地说:“国民军已派兵占领了总统府,咱们的护卫军全部开往天坛去了。”

曹锟一愣,于是马上说:“通告退职吧。”

“大印呢?”薛笃弼问道。

“于退职日派上将徐邦杰移交国务院保管。”曹锟有气无力地说。

鹿钟麟也进来见曹锟,告诉曹锟说:“本人奉命前来接防,已经弄好了。请不必惊慌,可安心居住。至于你今后的安全,由我负责派兵保护。不过,你千万不可轻举妄动,以防意外。”

曹锟面对这样一伙以前可能理都懒得理的人无可奈何,故意做出一番镇静的样子,强作笑颜,连声说:“好、好。”

鹿钟麟要走了,曹锟突然叫道:“等一等。”

“什么事情?”鹿钟麟停住脚。

曹锟走上去,厚着脸皮说:“请求鹿司令将马棚里我那几匹心爱的洋马给我留下。”

到这时候了,对几匹宠物马还放心不下,完全是当年乐不思蜀的刘阿斗啊!如此没出息,鹿钟麟更是瞧不起他,未置可否,便扬长而去了。

这曹锟真是当代阿斗。此时他除自己丢了总统不说,与他一直关系最好的曹四弟也因为兵变而死了,居然还有心思对几匹马儿放心不下。

曹四弟曹锐咋说死就死了呢?

他赌气回天津后不满一年,这次战火就要烧起了。曹锟一再派人到天津,恳请他来北京协助,为哥哥担任军需总监。他不得不动身,到了北京,仍住㐅字廊。

谁知住在㐅字廊,就被囚于㐅字廊。

冯玉祥夺取北京时,他就在这个㐅字廊里被逮捕。随后,冯玉祥为了让他吐出一些贪污赃款,报销一批军费开支,一直威逼他出钱。他死活不拿:“钱从前是有的,都被三爷买总统用光了。”冯玉祥因为钱以前受骗无数次,这次死活不信,逼着他要。

曹四爷在政坛混了大半辈子,知道官场的险恶,误以为冯玉祥要杀他,与其被人杀死,不如自己就死,居然吞下一大堆鸦片自杀了。

亲兄弟死了,曹锟居然还有心思念念不忘几匹马儿,真是令人不可思议。

这当官当成这份儿,也真该垮台了!

一落魄人就疯?

曹锟垮了,蛰居天津日租界宫岛街五载。被吴佩孚驱逐的皖系首领段祺瑞,又在张作霖和冯玉祥的一致拥戴下,于11月22日赴北京,就任执政。

段祺瑞正式上班后,鹿钟麟立即跑去执政府,请示道:“对曹锟应如何处置?”

段祺瑞愤然作色说:“可交国民公审!”

对总统搞公审,民国从没这样的先例。段祺瑞对老战友曹锟如此下狠手,“黑心”对“黑心”,倒完全是出乎局外人鹿钟麟的意料。

“曹锟贿选,法宜重惩。”鹿钟麟含笑劝说,“不过,他已经通告退职,又与执政是多年北洋好友,私交极厚,我认为似乎宜从宽处置,不必过严。”

"依你看,究竟如何办理?"段祺瑞还是厉声。

他这副态度好像与曹锟两人以前根本不认识,更别说是北洋老相好、同在一个屋檐下住过!鹿钟麟解释说:"我的意思,现在不妨仍让他暂住在延庆楼,不准去别的地方,由我派兵负责监视。一旦正式政府成立后,再依法处理如何?"

段祺瑞听到这,似乎还不满意,过了好久,脸色才缓缓转过来。鹿钟麟再提"合理化建议":"我的意思,目前对曹锟不但不宜严惩,还可派人代表您送给他点礼物,进行安慰才是。"

当了囚犯还慰问,事儿完全不靠谱,但段祺瑞声色俱厉也不过是人家请来摆在堂上骗鬼的傀儡,没有决策权,而鹿钟麟却代表冯玉祥,只好让步,打着官腔问道:"你说给他送些什么好啰?"

"送别的东西也没必要,还是送些钱给他花吧。"

段祺瑞不情愿地问:"送多少?"

鹿钟麟说:"我的意思,先给他 10000 元如何?"

"好吧,就这么办。烦你代表我给他送去。"说罢,段祺瑞吩咐左右,"备钱吧。"

结果,手下弄来交通银行 10000 元钞票,用布包封好,拿了过来。段祺瑞当面交给鹿钟麟说:"烦你为我转送。"

鹿钟麟捧着这一堆纸钱出了执政府大门,立即前去延庆楼。

曹锟正在福禄居吃涮羊肉,听说鹿司令来了,立即放下筷子,请他到内室相见。鹿钟麟寒暄几句后,直奔来意:"我这次来是代表段执政慰问,并送上薄仪 10000 元,供你日用生活之需,务请接纳。"

曹锟哪有见钱不要呢?雪中送炭,居然感动之极,连称谢谢,并且说:"芝泉还真够朋友啊!"

这糊涂可不是一般人能有,程度让鹿钟麟非常吃惊。

曹锟被囚,坑了自家亲兄弟不说,也坑了亲信们。不过,贿选帮凶王坦倒没被追究或者问责。在外面很自由,他却很关心"当囚徒"的"老领导"的安全。

一日,他跑去延庆楼看望"老首长"。

这里是重重警卫,他好不容易进了延庆楼的门,只见一位冯部营长穿着便衣陪着"老领导"坐在那里。

"老领导"当了"囚徒",没他想象的那么沮丧,神态倒很镇定。王坦进来后,问候着“老领导”,谁知曹锟却慢慢地说:“当时你们大家把我拥戴出来,这时又由大家把我看管起来,怎么办都可以,我没什么说的。”

他居然与王坦说话了。

怎么回事呢?

原来他把自己的铁杆亲信王坦也看成是“倒曹派”。在官场上,多数官员尽管在位时风风光光,如何高瞻远瞩,如何洞察若火,难得糊涂;但是,一旦下野,就像突然吃了啥引起犯傻的毒药,脑子就一夜之间变得不灵活,犯糊涂,分辨不了是非,所谓一落魄人就疯、就昏,是最经常不过的事情。因此,尽管现在“老领导”糊涂得不分是非,王坦不好如何去申辩,于是也不撇清自己,安慰了他一番,就悻悻地告辞出来。

在延庆楼里,曹锟与冯玉祥派的营长同吃同住同生活,两人整天在一起。楼内外的交通和通信机关也由冯军把守。曹锟与外界基本上断绝了联系。

入冬之后,他一再提出一个外出要求:要去拜拜菩萨。

12 月 5 日,经过特许,在营长等人的护送下,曹锟再次来到当初乩得“囍”语的凌济寺。这次他跪求的乩语是:“你问我,我问谁,普天下都是贼。”

他一眼看罢,立即扔下,默默无言,怅然而去。

回了延庆楼,他对身边的贴身仆从说:“我家的总统花 1000 多万大洋,也是‘贼’吗?!”

一涉及他自己的利益,曹锟就不糊涂了。

11.
“冯玉祥没反了您,吴佩孚可真反了您了”

懵懂之中有希望

这次冯玉祥与张作霖组团拿下北京政府的大权,拥段祺瑞当着傀儡,自己当着太上皇。可一山难容二虎。

没过多久,两人就起了内讧,发生政争。

首先是国民军主动挑起事端,与张作霖的大将李景林动起了干戈。开始李景林不支败退,继而反攻,国民军又败,双方在天津周围打起拉锯战。接着,奉系郭松龄反张,又是一场混战。在日本人的支持下,郭败张胜。之后,为了报复冯玉祥勾结郭松龄反奉之恨,张作霖决定大军攻冯。

为了一举“破冯”,张作霖与曹锟的手下大将吴佩孚弃嫌修好,结盟联兵讨冯。山西拥兵自重的土霸王阎锡山见有利可图,也参加反冯联盟,并出兵大同,袭击国民军后路。国民军陷入四面楚歌之中。冯玉祥见局势不妙,于1926年初通电下野,宣称去苏联旅游,将北京政府的军政大权托付给亲信张之江、李鸣钟、鹿钟麟等人。

临走前,他密授“五虎上将之首”张之江一计:“为分化敌人,不妨两面求和。”

张之江受命于危难之际,不过也不是“诸葛亮在世”,没有别的拯危之策,就只好遵照冯玉祥的谋略,一面派人赴沈阳及天津见张作霖、张学良、张宗昌等人,就商停战协定,一面派人去汉口及保定,会见吴佩孚、靳云鹗、田维勤等大佬,磋商合作条件。

吴佩孚正等着时机崛起,于是派亲信耿延熙为自己的代表,从天津前去北京,参加国民军和直系的合作谈判。

这耿延熙在谈判之后,赶去延庆楼,谒见被囚禁的“老首长”——曹锟。

曹锟在“象牙塔”里蜗居着,对外面的世界一无所知,见着耿延熙,才打开了通往外面世界的一扇窗,仔仔细细地询问“老部下”吴佩孚当初如何逃出战地,这一两年又是如何过的,现在状况如何,等等。

耿延熙一一相告,外面的情况让曹锟惊叹:“楼中一日,楼外三年。”

辞别曹锟后,耿延熙立即回保定,与那里的直军将领集体商议与国民军合作事项,经过讨论,决定提出两个先决条件:一恢复曹锟自由;二国民军让出京汉线。以上两条办妥后,再议其他。

这时段祺瑞因为勾结日本人大肆卖国,引起北京学生游行,爆发死伤几十人的“三一八”惨案。全国人民激愤,一致要求严惩段执政,捕拿凶手。吴佩孚直接致电段祺瑞:“应知罪自退,内阁应自行解散,执政府的卫队亦应依法严办。”逼段祺瑞走人。

鹿钟麟也不客气了，准备对段执政出手。

谁知他没动，对方却先动起来了。在段祺瑞指使下，安福系分子与奉方勾结，准备里应外合，打倒国民军。坊间也传闻执政府宋玉珍卫队旅届时要进行内应。鹿钟麟等不住了，抢先“制人”。

4月10日，天没还亮，鹿钟麟下令关闭城门，断绝各处的电话联系，派大刀队分别占据东西两火车站，严查安福系分子；并派兵到执政府及东四三条吉兆胡同段宅前后设岗，对老奸巨猾的段祺瑞进行“监视居住”。

段祺瑞在政坛混多年，早已成精了，居然抢在鹿钟麟的大兵来到之前，乘日本顾问大谷的汽车，逃进了东交民巷桂乐弟大楼，由“日本友人”出面进行“保护”了。

段祺瑞跑了，执政府没人主政了。

当日上午9时，归鹿节制的国民军驻北京第11师师长韩复榘由曹锟的老秘书长张廷谔导引，来到了延庆楼拜会曹锟。

在会谈中，韩复榘报告了早晨段祺瑞事件的经过，并宣布从本日起恢复曹锟的自由。然后，请曹锟出面致电吴佩孚，斡旋和平。

这一段时间以来，曹锟闭门思过，“自我反省”，明白了很多“以前想都没想过的道理”，马上回答说：“我安居在此甚为满意，至于维护和平，责无旁贷。我也是国民一分子嘛，只要个人力所能为，就应努力去作，促成和平，就减免了兵祸嘛！”

说罢，他就转过头对张廷谔说：“命电吴，望吴电达奉方，停止军事行动，以便协商善后，共维和平。”

谁知吴佩孚接到“老首长”的电文，居然不相信，认为此电是鹿钟麟假借曹锟名义拍发的，于是置之不理，也不回复。

曹锟的“和平之心”石沉大海，杳如黄雀了。

尽管段祺瑞的内应夭折，奉军和吴佩孚的直军还是照旧向着北京一路杀了过来。没过了几日，奉军占领了离北京不远的通州，直系大军田维勤部前锋已进抵卢沟桥，对北京形成三面包围。

城内国民军的局势更加紧张了。鹿钟麟虽然亲自与田维勤在北京密谈数次，愿意让出北京，以“土地换和平”，并请吴佩孚入京，主持大计，合力对奉，但吴佩孚坚决反对，并且态度十分强硬：“冯军一日不缴械，则本总司令一日不罢休。”

在枪杆子是王道的中国，缴了械，不就啥都没了？鹿钟麟自然不愿意，日夜苦思救亡之策，想来想去，觉得与其旷日持久僵持下去，最终也无济于事，反不如全军撤退，转到南口去。也就是说，打不赢就跑，开溜。主意既定，就准备走人。

4 月 15 日，临行前，他派参谋陈继淹为代表，前去延庆楼内见曹锟。

陈继淹告诉曹锟说："本军将撤离北京，鹿总司令特派我向您告别。并请今后多加保重。如果您喜欢一同出京的话，我们已给您备妥专车。若一时不便同去，也决不强求。"

曹锟回答说："烦你转告瑞伯(鹿钟麟字)，谢谢他的关怀，我近来身体不好，一时不便外出，想暂住在此，不想去别的地方。"

曹锟说不走，陈继淹果真也不勉强，起身告退。

鹿钟麟听了陈继淹的报告，说："携曹同去南口，去了要吃要喝，没有必要。叫李向寅从总统府撤兵吧，任他自由行动。"

鹿钟麟一撤出北京，曹锟左右没了监视，行动不受任何限制，终于获得自由了。

曹锟被冯玉祥以贿选借口关押，等于在延庆楼坐了一年多的"牢"。国民军这么一溜，当初讨伐他贿选一事一直没正式宣判，就这样无形之中告一段落，一了百了。

不是人家太强，而是自己太傻

曹锟恢复自由的第一天，奉系张学良就派人来找王坦，说："请你同我们去见曹锟。"

第二天，王坦陪着张学良、张宗昌、李景林一起出现在延庆楼。张学良见着曹锟就跪在地下，磕了好几个头，并且说："三大爷，我给您老赔不是来了。俺爸说对不起您，我们一定拥护您复位，大总统还是您的。"

曹锟当即回答说："不能干了，我德薄能鲜，以后国家大事要靠你们青年人了。"

"俺爸说了，您老尽管复位，做您的大总统，有他老在旁边站着，看谁敢说什么。”张学良一口一个“俺爸”,传递着某种信息。

李景林也跟着说:“我们一致拥护您,您老尽管放心。谁不听话也不行。”

这话够硬气的。不过,张宗昌还硬气,掏出手枪晃了晃,瓮声瓮气地说:“谁不听话,我的铁匣子来教训!”

曹锟还是没信心,说:“这一年多我什么也没办,倒吵起家窝子来了,你们看还能当总统?”

张学良等人齐声说:“您老别说了,再说别的,就是不原谅我们了。”

在旁边的王坦见状,急忙插话说:“亲戚朋友会吵嘴,兄弟手足也会吵嘴,父子有时也吵嘴,夫妻吵嘴的时候更多。这都算得了什么?过去的事,就都不要提了。”

曹锟便不提“过去的事”了,满脸是笑容。

众人闲扯了一阵,张学良等人便告辞。出门后,张学良说:“养怡,你明天好好跟三爷说说,咱们一定就这么办了。”

王坦答应:“好吧,一切包在我身上。”

次日,王坦再次去延庆楼见“老领导”,转达着张学良的意思。曹锟半信半疑地说:“张学良这个小孩子,说的话靠得住吗?”

“靠得住,没问题,是张作霖叫他来的,这我都知道。”王坦说。

曹锟听了,很高兴。

谁知就在他们谈话之间,前来延庆楼看望曹锟的人,也渐渐多起来了,不是直系旧人,就是曹三爷的老亲旧友。他们都是结伴前来探望快两年都没见过一面的曹锟的。王坦见意思已经表达清楚了,再说下去也是几句原话,便结束谈话,让“老领导”一心一意去会客了。

之后,为了通知原来那帮子人马“老领导”恢复自由了的好消息,王坦在外面跑了整整两天。当他拖着疲倦的身子回到延庆楼时,张廷谔告诉他说:“曹已拍出通电,告诉各省说冯部已撤出京畿,北京安静如常,意思是希望各地拥护他恢复大总统,但没得到各方面的反应。”

王坦说:“大家开会研究研究。”

经过研讨和向各方面探询,他们才知道各路大佬都在观望最具实力的吴佩孚的动向。而吴佩孚对“老首长”想复位的通电至今并没明确表明态度,是迎是拒,无人能知。

到了这时,曹锟才决定迁出总统府,搬到羊市大街去住。

吴佩孚自上次失败后东山再起,花费了一年多时间。除耿延熙上次向曹锟“汇报”了一次他的情况外,这一年多来他到底在干些什么?不但在延庆楼被“画地为牢”当“囚犯”的曹锟懵然不知,连“外面”的王坦等人也不大清楚。为了告诉吴佩孚北京的情况和了解他本人的情形,曹锟决定派人到汉口去一趟,见见吴佩孚,一探究竟。王坦自告奋勇说:“我去一趟吧,也好跟子玉(吴佩孚字)研究研究。”

曹锟说:“很同意。”

此时京汉路半通半不通。王坦上路后,坐一段火车,骑一段驴,又坐一段火车,有时还坐上一段牛拉大车,经过七天七夜的奔波,终于到达了湖北汉口,然后打电话和吴佩孚联络,双方约定次日上午到吴佩孚的查家墩司令部见面。

第二天,吴佩孚一见到王坦,就取笑他说:“炮手来了。这一下没把你这土蛋砸碎呀!”

“不但没砸碎,还磨成铁的了。”王坦也笑着回答。

接着,两人扯了一些分别之后彼此的情况。吴佩孚于是问王坦道:“你想干点什么,直接说吧。”

王坦一听,明白他误会自己是来找差事了,笑着说:“干什么都可以,不过这倒不忙。我想还是先把总统的事办停当,再说我个人的。”

王坦把拥曹复位的意思说了一遍,并告诉吴佩孚说:“张作霖那边已经没问题,都说妥了。”

“你这种想法和做法都是应当的,不过恐怕难以实现。”吴佩孚当头给王坦浇了一盆冷水。

最具实力的张作霖都答应了,还有啥困难?曹锟本就是大总统,不过被冯玉祥关押起来“收了监”而已,现在他垮台了,拥曹复位名正言顺,咋就难实现了呢?

吴佩孚说:“我自山海关下来,一到汉口,就发出通电护宪,人家都不理,现在怎再好去提它呢!三爷这人你不是不清楚,在前台他是唱不好的,我看还是请他在后台呆呆吧。等我把大局奠定好了,咱再商量。”

吴佩孚话说到此了,“王大炮”还是放炮:“今非昔比,现在同你在山海关刚下来时大不一样了。盱衡大局,还是咱说了算。大家还是以你为马首啊!”

吴佩孚不等他说完,就用什么“好马不吃回头草”呀、什么“兵不再役”呀等一些话来堵他。王坦又只好在他的话中插话，反复地说出自己的理由。可吴佩孚还是坚持己见，不答应拥曹复位，理由是：困难太多，基本上不可能，也没必要再去干费力不讨好的事情了。

"王大炮"怎么说也说服不了"吴秀才"。平时通情达理的吴佩孚好像突然犯犟，走进了死胡同就是不出来似的。王坦弄不清是自己脑子不好使了还是吴佩孚脑子不行了，以话驳话，打仗似的说了一通，反而弄得自己浑浑噩噩了。

他从查家墩司令部出来后，去找在汉口"避难"的吴景濂。

见着与曹锟一起"落难"的"大头"，王坦把和吴佩孚见面的情形说了一下。"吴大头"马上拦住说："这事儿不要提了。我和他谈过，他不答应。听说他还和一些人议过绝对不再拥曹。"

王坦问道："你看子玉到底为何如此反常呢？"

"不是他反常，而是你太傻了。""大头"却清醒地说，"人家如此犯犟，有什么原因呢？不过就是他不愿头上再戴顶帽子，让一个婆婆管着罢了。"

王坦这才恍然大悟：原来如此！

此时老参谋长熊炳琦也在汉口，王坦又跑去和他谈。他也是与"吴大头"一样，提起这事儿就摇头，唉声叹气说："想复职，前途暗潮太多。"

王坦一看这事情绝对没了希望，第二天就搭火车快快地回了北京。

到了北京，他一下车就直接去了曹家。见着"老领导"，头一句话就说："冯玉祥没反了您，吴佩孚可真反了您了。"

曹锟一愣，问道："他说了些什么呀？"

王坦便将吴佩孚的话述说了一遍。曹锟听了后，像是替自己解嘲又像安慰王坦说："子玉不会不相信你，也不会不相信我。我早就想到，他怀疑张作霖对我这样卑躬下气，是不怀好意。这也不用怪他。先不说了，你好好休息休息吧。"

曹锟倒好像啥都想通了。

不久，他又从羊市大街搬回保定住了，但后来似乎还不甘心，又叫清末状元刘春霖去了一次汉口，与吴佩孚商谈复位的事，仍没得到"老部下"的同意。

5月，曹锟向全国发出通电，宣布正式辞职。

随后，直鲁两军又发生内讧，争夺保定城，曹锟眼看保定也不能安身，只得跑去河南，投靠在吴佩孚手下，住在开封龙亭。在龙亭，他每日写写字，画画画，与军政务方面保持书信往来。张作霖也常捎信给他,依然称他为“亲家”或“三哥”。但他在政治上完全是“困龙”一条,没有可以作为的一丝儿机会。

当上总统就很满足的曹锟已过了一次总统瘾,面对这样不可为的局面,想起上次凌济寺“你问我,我问谁,普天下都是贼”的乱语,再也无意与“贼们”打交道了,从政之火日渐渐熄,最后干脆心已死,说:“一了百了,免得与人争长短。”

12.

磨难之后:“清爽”与“不清爽”

清官难断家务事

谁都不可能在官场上做永远的不倒翁。然而,曹锟下野后,老天爷就像是纠缠上了走霉运的他,还是不容他,似乎要对他的好运进行“报复”。

1927 年 2 月,为了阻止国民革命军东进河南,奉军渡河南下,吴佩孚自郑州撤退而逃。曹锟无处可以依靠,只得匆匆离开河南,回了天津老家。

在天津老家,他的日子还是过得不清爽。

这倒不是因为政治,而是家务事烦人。

曹锟住在英租界内的 19 号路,和郑夫人及陈太太住在一起,一不做生意,二不当顾问骗钱,过着“完全的家庭煮夫式生活”。

这些年他在政坛上风风火火,感情生活也是多姿多彩,先后娶了四位夫人,即郑氏、高氏、陈氏、刘氏;生有三个儿子,即曹士岳(陈太太所生)、曹士岱、曹士嵩(均为刘太太所生,士岱 9 岁夭折);四个女儿,即曹××(郑夫人所生)、曹士熙(高太太所生)、曹士贞(陈太太所生)、曹士英(刘太太所生)。

这些夫人和子女给曹锟在官场生涯之余带来过乐趣,也有苦涩。

郑夫人是曹锟的原配。 两人感情一直很好,生过一女(30 多岁时病故)。曹锟虽然娶过三个姨太太，但对郑夫人百依百顺。郑夫人是妻妾中的“大姐大”，也很有老大的风度，为人较敦厚对其他妻室的子女也视为亲骨肉。曹家子女都称她为“老娘”或“老婆儿娘”。

她与其他人不同的是，爱清静，不喜热闹，不习惯在大场面抛头露面，不抽烟也不喝酒。曹锟每次有朋友或同僚的女眷们来访，或者有饭局，她总托故不出席，由其他夫人作陪。

二夫人是高太太。她性情贤淑、温柔，容貌美丽，少言寡语。她出身天津一个小康之家，精通诗文，爱好文学，颇有才气。她的哥哥高某曾做过曹锟的上司。高某见曹锟身材魁伟、相貌堂堂，便将19岁的妹妹嫁与曹锟。婚后，高氏才知曹锟家中早有妻室，为此郁闷成疾，结果在女儿士熙出生不久就病死，时年只有20多岁。

高太太死后，曹锟约在1912年娶了三太太。

三姨太叫陈寒蕊，天津西大沽人。曹五弟曹钧与她父母相识，便说服他们将20岁的美眉女儿嫁与三哥曹锟。陈寒蕊见曹锟大自己近30岁，家中又有妻室，十分不乐意。曹锟一再向她保证：一明媒正娶，二去了曹家绝不会受气，等等，约法好几章。陈家父母也羡慕曹锟的财势，执意要女儿出嫁。陈寒蕊勉强同意，婚后生下女儿曹士贞。

曹锟时已50多岁，还没一个能传香火的儿子，心中闷闷不乐。一天，他和曹四弟对坐，谈些家常，忽然长叹一声说：“不孝有三，无后为大，我年近60，膝下犹虚，真是愧对祖宗啊！”

啥都不缺，就缺一个儿子，咋办？曹锐也只有一个儿子，名叫士藻，正当弱冠之年，聪明伶俐，见三哥如此伤心，就宽慰说：“三哥何必为此事忧烦。把士藻过继给您，做个一子兼祧，岂不很好？”

兄弟俩于是商量妥当，择个吉日，把曹士藻接进了督军府，并取字“少珊”，从此曹锟也“有了儿子”，且待士藻如掌上明珠。

事有凑巧，过继嗣子不久，陈太太就怀了孕。曹锟万分欢喜，请来保定马号以算卦为业的“铁嘴”司岳三算太太生男还是生女、平安不平安。司岳三说：“欢喜，双喜，喜到临头，便知分晓。”

曹锟不敢再问，疑疑惑惑地送走了“司铁嘴”。

1918年陈太太分娩，生下一个胖小子。恰值吴佩孚在湖南前线攻克岳州，真是双喜临门。曹锟前半生无儿,57岁得子,高兴得合不拢嘴,于是下令张灯结彩。各界人士纷纷前来致贺。为庆祝吴佩孚在湖南前线的胜利,曹锟给儿子起名为"曹得岳"(即曹士岳),还下令给"司铁嘴"盖房挂匾,委以副官之职。

从此,陈太太更加得宠。

陈太太虽是得宠,但脾气却越来越坏。夫人太太们之间争风吃醋,大家庭里尔虞我诈,勾心斗角,使得她很不适应,心情很不好,日子一久,便火气越来越大,性情越来越暴烈,变得反复无常,时常为一些小事冲着大老公大吵大闹。

曹锟虽然宠爱她,也惧她三分,结果,不仅家里下人躲着她,连她的亲生女儿也不敢和她亲近。她的寝室和客厅陈设十分豪华。曹锟为她置办的衣物成箱成柜,却都存放在库房,她舍不得穿,缎子袄穿露了棉花,也舍不得扔;吃饭也不讲究,很少亲自点菜吃,每天由伙房自便,做什么吃什么。但她并不是没有爱好,酷爱打牌,几乎每天都要打,一坐就是半天,赢了就喜形于色,输了就冲人大发脾气。

这样的太太,虽然立下传承香火的大功,却是给家里添乱。曹家里鸡犬不宁,也有她一份子。

四太太,名叫刘凤威,天津郊区人,出身贫寒。她先唱河北梆子,后改唱京戏,专攻老生,艺名"九岁红",曾轰动过京津等地。曹锟酷爱看戏。在任直隶督军时,一次看戏一眼就看上了刘凤威,几次派人说媒。

谁知刘凤威执意不肯嫁与曹锟做小。曹锟死缠着不放。刘凤威的母亲见无法摆脱,便要求曹锟下龙凤帖,明媒正娶。曹锟也不孬,当即答应,次日就送来龙凤帖及聘礼。

这样,刘凤威就嫁给了曹锟,时年19岁,而新郎官则是50多岁的老头了。结婚后,她告别了舞台,以后虽在大老公前也很得宠,但因为自己喜欢的艺术才华被婚姻活活扼杀,又与陈太太不和,郁郁寡欢,加上性情刚烈、好强,家庭的琐事一起就更加暴躁,与秉性温和的曹锟不合。

刘凤威生一女曹士英和两子曹士岱、曹士嵩。她虽然小时候因家穷没上过学,但很聪明,思想开明,不守旧,时常告诫儿女要尊重佣人,不许随便支使,更不许呵斥。有时儿子曹士嵩因为使不动佣人向她告状。她一听就发了怒:"你有手吗?为什么要支使别人?还有脸说呢!"

她还有一条规定:夏季下午3点钟之前,家人一律不准支使佣人到街上买东西，并告诫儿女们："你们是人，佣人也是人。"

刘凤威交际广，朋友也多。

曹锟几个妻妾，各人有各人的风格、个性，聚在一个锅里吃饭，折腾得曹家每日几台戏轮流着上演。

家里让曹锟不省心的，还有一个人。

那就是嗣子曹士藻。

郑夫人一度当家，曹士藻大了，就由他掌管财权。她几乎不过问，乐得这份清静。可曹士藻却不是什么好鸟，鬼主意最多，并且全是损人利己的招儿。

1924年冯玉祥发动政变时，曹锟被囚延庆楼，家人心急如焚，四方奔走，设法营救。一天曹士藻来到妹妹曹士熙家，装出很悲伤的样子说："父亲在冯玉祥那里很受罪，得花大钱才能保出来，我一时凑不出那么多钱。"

曹士熙救父心切，立即把自己10万元存折拿给了他。

事后，她获知他根本没把钱拿去营救父亲，后悔不已，但又不敢在老爹面前提起。

陈寒蕊和刘凤威相继生了儿子后，都视过继来的曹士藻为眼中钉、肉中刺，想取消他嗣子名分，免得日后和曹士岳、曹士嵩三分家产。

结果，机会还真来了。四爷曹锐服鸦片自杀后，曹士藻没强人撑腰了。两太太在曹锟耳边争着说他这也不是，那也不是，满身都是缺点，坏得不能再坏，再劝老公说："四弟仅此一个儿子，不能让他无后，还是让少珊早些归宗为好！"

曹锐为保住那点钱自杀身死，孰不知反而让曹锟损失巨大——由他经手的在外商银行的存款，被这些强盗们全部拒绝承认，存折也不知藏哪去了。巨大损失使曹锟大伤脑筋，于是那份兄弟之情更加淡漠，最后架不住两位姨太太步步紧逼，只好派人把四弟遗孀严淑君请过来，婉言商量。

严夫人乃大家闺秀，出身书香门第，知道世态人情冷暖。大伯一开口，她就爽快地答应让曹士藻归宗，与曹锟脱离父子关系。

可是，曹士藻为曹锟掌家这么多年，归宗后，曹锟几个亲生儿子还小，不得不继续两边跑，还是管着曹锟家的万贯财权，于是进行报复，以权压人，在大伯家闹腾，继续乱上添乱。因此，曹锟下野后的"退休生活"注定不会安宁。

一点梅花天地心

回到天津后，刘太太不愿同曹锟他们一起住，在英租界泉山里盖了一所小洋楼，带着一双儿女搬了进去。

连年不顺，连个稳定的家都没有，让曹锟挫折感越来越强，妻妾们的分居，让他心情更加郁闷，心情影响身体，于是原来硬朗的身子变得愈来愈差。而家里的财权牢牢控制在曹士藻手中，连曹锟也奈何不得他。众太太和子女也是满肚子的不满和嫉恨。郑夫人对啥事都不闻不问，陈太太脾气古怪，刘太太性情刚烈，孩子们也常在外惹是生非，闹得一家不安宁。生活在这样的环境中，曹锟心情不能好起来，事业上遇到重大挫折，生活上无休止的烦恼，越来越纠结，于是“后果很严重”，他的糖尿病终于挺不住了，越来越严重。

1928 年的一天，他不得不给刘太太去信说：“庆（曹士藻的乳名）的心肝坏了，他们也不管我，我可能不久于人世了，对士英和士嵩我管得少，觉得很对不住你，你要照顾好他们。”

刘太太见老公的信写得如此悲凉，并且对以前的亲情疏远大有悔意，既心疼又生气。因为与陈太太有矛盾，她本想不管此事，但经不住母亲和姐姐劝说，只好找到大哥曹镇商议。曹大哥建议说：“你把三弟接到泉山里住住吧。”

“泉山里人多嘈杂，不利于养病。”

“那你们就在外面租房吧。”

刘凤威便在外面租了一处房子，把曹锟接去住，又请来德国医生给他治疗，自己也终日守候在床边。几个月后，曹锟的病日益好转，她便把他接回了泉山里。

曹锟下野后，身边无兵，来到泉山里居住时身边只有两个侍从，一个先生（相当于秘书），一个贴身仆人。好在他还有不少的积蓄。刘太太便花钱请了几个英租界的门岗。家中还有三个老妈子及几个丫头，专门伺候儿女们，收拾屋子。除此之外，还有两个伙夫，一个司机，一个当差的。一家子住在一起，饭来张口，衣来伸手，出门有车代步，倒也不添麻烦。

曹锟的病好转后，心情也好起来了，每天起得很早，到院中练练自己编的一套虎拳，再回到屋里打坐练气功，早饭后不是练书法，就是画画。

曹锟喜爱国画，画梅花、山石、螃蟹、一笔虎等图案很是出彩。他有一枚曲形章，上写“一点梅花天地心”，每次画完梅花，便盖上这枚图章。他还有一块黑石图章，上刻“万代一如”。他画的画或书写的条幅右上角常常盖一枚章，上写“弱冠从戎服劳国家四十年 归田年七十以后怡情翰墨之作”，右下方署别号“乐寿老人”或“渤叟”。这么画梅画虎画石头，很是怡养性情，他脾气也随和多了。

当“草根”的幸福

曹锟跟着四姨太刘凤威生活在一起，当了“草根”，倒是找回了久违的幸福。

在泉山里，曹锟家中一天到晚都有客人，昔日的那些“老部下”，如齐燮元、高凌蔚、赵玉珂、熊炳琦、靳云鹏等人，全都在时代的风浪中淘出了局，英雄不再，但都是曹家的常客。众人有时谈谈政局，有时打打麻将，谁也不觉得寂寞。

与曹锟关系最厚的，自然还是吴佩孚。但他也如同“老首长”一样，被时代的大潮逐出了主流政坛，“靠边站”了。落魄之后，他也隐居在天津赋闲。但他宣布过“三不(即不借外债、不进租界、不纳妾)主义”，不进曹锟居住的租界，只好时常派子女前来探望。逢年过节，曹锟和刘太太也派子女去探望吴佩孚。

由于家底子厚，曹锟的晚年生活很幸福。

好心肠的刘太太常常施舍附近的穷人，有时送些馒头、有时送些豆汤。天津有个万锡粮庄，她每年都派人买许多“条子”(一种用来购买玉米面的字条凭据)，等到来年春天青黄不接时，把它们施舍给贫民窟的穷人，持“条子”的穷人则到万锡粮庄领一定数量的玉米面糊口。

刘太太信佛，曹锟也信佛，两人一起烧香念经。刘太太常去朝山，曹锟年纪大去不了，便花重金买了一尊金佛放在天津大悲院中，请人画了一幅“圣迹图”，每天朝图跪拜。

这样的生活另有一番乐趣。一次，刘凤威穿着女仆的衣服去街上相面，相面先生说：“你虽是女仆，但有一品夫人的贵相。”她又惊又喜，当即就给了相面先生 100 块大洋赏金。

13.

理不清的国事与家务事

"朋友"的烦恼

个人生活平静，中国却注定是不平静的。

1931年九一八事变，日本帝国主义强占东北后，矛头指向华北。几年折腾下来，1935年，南京政府屈从日本人的压力，在北平成立冀察政务委员会。

华北沦陷后，曹锟的老部下纷纷落水，出任汉奸政权要职。土肥原贤二极力拉拢曹锟，想以他为首成立傀儡政府。

一日，几个日本人身着便装，来到了天津英租界，邀请曹锟出山。曹锟怕得罪他们，想开门召见，但刘太太堵着门，不许他出去，并指桑骂槐高声叫骂。

日本人讨了个没趣，灰溜溜地走了。

事后，见多识广的刘凤威在老公前面历数日本人在东北三省犯下的罪行，说："就是每天喝粥，你也不能出去为日本人办事。"

曹锟被太太一开导，醍醐灌顶，点头应允，同时告诫自己的一双儿女说："你们要记住你娘的话啊！"

日本人碰壁后并不死心，又派在冀察政务委员会当委员的曹锟好友齐燮元来做说客。

一天半夜，齐燮元叩门求见。曹锟的门卫遵照刘太太的嘱咐，任君门外叫，就是不开门。

撞壁后，齐燮元很生气，从此不去曹家了。

刘太太见晚上还常有日本人的说客半夜敲门来访，便立下一条新规定：晚9点钟锁大门，不许家人出去，也不许客人们来访。大门钥匙由她亲自掌管。一天，高凌蔚又奉日本人之命来访。进来后，曹锟正躺在炕上抽大烟。他突然见到这位"老部下"，脸色骤然大变，把烟枪狠狠往地上一摔，大声吼道："你给我滚出去！以后不许你登曹家的门!”

高凌蔚吓得浑身哆嗦,当即被曹家几个侍从架了出去。这么像囚犯一样被架出去,从此他也不敢登曹家的门了。

曹锟之所以能不为金钱、地位所动,坚决不为日本人做事,保持了民族气节,除与这时风起云涌的抗日浪潮外,还与直系亲美英有关,但曹锟本人具有比较强的民族意识和四姨太的话是根本。

最无奈下一代不争气

沉到民间,曹锟对国事清醒了,但民间有民间的烦恼,家务事还是那么扯不清理还乱。

首先是曹锟当初引以为“双喜临门”而骄傲的儿子曹士岳不省心。

他因为是曹锟第一个儿子,又是老来得子,一直娇生惯养,结果,读书就逃学,后来干脆连学也不上了,折腾下来,居然成了大字识不了几个的文盲;年龄再大一些,就出入舞社、妓院,四处当嫖客。曹锟气得不行,只好让他早些成婚,免得在外乱嫖,沾染性病。1936 年,18 岁的曹士岳和袁世凯的第 14 个女儿袁祜贞结婚。

那摆脱不清的养子“曹少珊”也乱上添乱。他虽在曹士岳出生后不久便认祖归宗,实际上仍把持着曹锟家的财产大权。曹锟的子女们十分不满,为此闹矛盾,吵了不少的架。曹锟看在曹四弟的面子上,不忍心对曹士藻过于苛刻,却又不能左右家里这个局面。好端端的家庭乱糟糟的,这成了他的一块心病,常常唉声叹气,很是烦恼。

在这种乱哄哄中,三姨太陈寒蕊的精神病越来越严重,时常大闹天宫。曹士岳新婚之夜大闹一场后不久,她接着把家里闹了个翻天覆地后,因为精神病重度发作而亡,时年 44 岁。

家是中国人最看重的东西,任何潇洒的人在家这个港湾上都潇洒不起来。曹锟不胜其烦,也毫无办法。

时光一日一日地过。

1937 年七七事变后,天津被日军占领。这些侵略军无恶不作,搞得天津市民人心惶惶。曹锟女儿曹士英的一个十分要好的高中同学常到曹家来玩，刘太太见她长得很漂亮，担心地说："现在街上很乱，日本人到处抓花姑娘，不要来回跑了，就搬到我家来住吧。"

"我们家就保险啊？"曹锟说。

还是刘太太见多识广，说："我们这儿是租界，还是安全些。等安宁了，再回去。"

就这样，曹士英的这位女同学就在曹家住了下来。

国难让曹锟有些愁了，有时忍不住叹气说："我们当政的时候好歹没外国兵在中国作乱，现在被那些人折腾成什么样子了，老百姓怎么办啊?!"后来，国事更坏，蒋介石等人把首都南京都丢了。

孰不知国难又与家事混杂在一起，曹锟忧国没忧过来，家里又出事了。

1938年2月，曹士岳与袁祜贞因为琐事又吵了起来了。两人一吵架，那些陈芝麻烂谷子的事又被翻了出来。袁祜贞的嘴巴子十分厉害，吵架就摆开架势开骂，满口京腔骂得曹士岳怒从心头起，恶从胆边生，冲过去抓住妻子的胳膊就拧，只听袁祜贞一声惨叫，这只胳膊被拧折了。袁祜贞带伤继续打架。

情急之中，曹士岳也犯了浑，居然掏出手枪以对待敌人的办法对待原配妻子，"砰!"弄响了扳机，当场把袁祜贞打伤，倒在血泊之中。袁祜贞忍痛抄起电话，向租界警方报了警。

结果，袁祜贞被送医院治伤，曹士岳则被警方拘留。

当日的《天津晚报》报道了"富二代"曹士岳开枪击伤"富二代"袁祜贞的消息。因为两人都是名人之后，又是夫妻，还是开枪打斗，几乎轰动了整个津门。曹锟的家丑成了人们街谈巷议的话题。

袁祜贞是谁？袁世凯的女儿。她住院后，袁家不甘罢休。虽然袁世凯早已去世，但袁家还是很有势力。曹士岳被关在拘留所，迟迟不能保释。为尽快平息此事，曹锟派人四下活动，以求袁家谅解。在袁祜贞住院的次日，他便令次媳带着3000块大洋的支票前去探视，并请曾任北洋政府总长的刘文泉、吴秋航等人出面调停。

袁府当家的是"大太子"袁克定，与曹锟本来相交甚笃，今见曹锟痛心疾首，也觉得再坚持和曹士岳打官司闹下去，有点说不过去，便有意和平解决。无奈袁祜贞的生母袁八老太太死活不同意，说自袁世凯去世后，家中大小事情都是由袁克定说了算,这回事关亲生女儿,她非要自主一回不可,坚持要与曹士岳对簿公堂,为女儿讨个说法。

事已至此,袁克定也无能为力,局面十分尴尬。两家居然打起了官司,要两败俱伤了。刘凤威跑去亲自做袁祜贞的工作,同意给袁祜贞 10 万元赔偿和治疗费,这才把袁祜贞"说通"。袁祜贞于是向警方提出,一夜夫妻百日恩,两人好歹夫妻一场,不愿看到曹士岳去坐牢。

袁祜贞收下 10 万元大洋后,曹士岳被刘凤威保出。两人协议离婚,结婚时袁家陪嫁的钱物全部退还。

这件家丑让曹锟气得半死。但是,曹士岳出狱后,还是没给父亲脸上争光,依旧花天酒地,吃喝嫖赌。曹锟没办法了。

与政治还是断不了缘

家事不能管,作为一个中国人,曹锟只好把精力转向国是,十分关注抗战局势的发展,每天都坚持阅读《大公报》,后来视力越来越差,便让女儿读给自己听。

一日,突然传来中国军队取得台儿庄大捷的消息,曹锟激动得一跃而起,说:"我就不相信,咱们还打不过那小日本!"

此后,他改变了晚饭后听报的习惯,让女儿饭前就给他读,似乎连一顿饭的时间都等不及了。

但是,他的岁月却不多了。5 月 16 日,因为感冒引发肺炎,医治无效去世,终年 76 岁。临终前,他握着女儿曹士英的手说:"台儿庄大胜之后,希望国军能乘势恢复失土,余虽不得见,亦可瞑目。"

曹锟下野闲居多年,但不作日本人的傀儡,终于获得了人们的尊敬。他去世的消息一经传出,他的旧僚们如吴佩孚痛哭不已,身披重孝遥祭。

撤离在重庆的国民政府也派人代为致哀;华北伪"政府"及日本政府为了收买人心,也派人前来吊丧、致哀。伪天津市长潘毓桂代表北京临时政府送来大笔抚恤金,遭到刘太太的拒绝。一时间,天津泉山里寓所曹锟的灵堂内外,放满了各界送来的挽联、挽幛、匾额、花圈。

6月14日，重庆国民政府发布训令，追授曹锟为陆军一级上将，训令中称：

“故陆军上将曹锟息影津沽，抱道自重，比岁以来，值寇势之方张，遭奸佞之叵测，威胁利诱，逼迫纷乘，而该上将正气凛然，始终峻拒，不挠不屈，通国具瞻，且于疾革弥留之际，以抗战胜利为念，忠诚纯笃，志节昭然，尤见军人之风范，足垂奕祀之清芬，今者老成永逝，轸悼殊深，允宜明令褒扬，式资当世楷模，特先颁赠‘华胄忠良’匾额一方，一俟寇氛靖平，再议饰终令典，凡其旧日僚属，能断志励操矢忠报国者，并当一体宏奖，优予登用，藉示眷念忠贞淑浊扬清之至意，此令。”

停灵祭拜一个月后，6月16日，进行出殡。

天津市前来观看出殡的达到数千人之多。刘凤威原打算遵照曹锟生前的遗愿，安葬在大沽口故里，因为天津已沦陷，大沽口一带枪声不断，征得元配郑夫人同意后，决定将灵柩暂厝于天津英国公墓内，等日后太平再另行安葬。

曹锟之死，对刘凤威打击不小，又加上一手操办丧事劳累，引起肾病加重，不久便卧床不起，于同年农历十月初四病故。

她一死，曹家另两位重量级人物也不行了，首先是养子曹士藻得重病。接着，郑夫人也卧床，1939年阴历四月去世，时年79岁。曹锟家里的其他人因为对曹士藻独揽财权有意见，谁也不愿出钱料理丧事。郑夫人的尸体一直停放在天津10号路原居所的地下室，直到1948年冬，天津即将解放时，曹士岳接受一位朋友的劝告，才把停放了9年的郑夫人遗体埋入了天津极乐园内。